E.-L. BONNEFON

CAPITAINE DU GÉNIE, BREVETÉ D'ÉTAT-MAJOR

L'AFRIQUE POLITIQUE

EN 1900

PARIS

HENRI CHARLES-LAVAUZELLE

Éditeur militaire

10, RUE DANTON, BOULEVARD SAINT-GERMAIN, 118

Même Maison à Limoges

L'AFRIQUE POLITIQUE

EN 1900

O^3

E.-L. BONNEFON

CAPITAINE DU GÉNIE, BREVETÉ D'ÉTAT-MAJOR

L'AFRIQUE POLITIQUE

EN 1900

PARIS

Henri CHARLES-LAVAUZELLE

Éditeur militaire

10, Rue Danton, Boulevard Saint-Germain, 118

(MÊME MAISON A LIMOGES)

PRÉFACE

———

Il n'y a pas longtemps que l' « informe Afrique » est découverte, et déjà les ouvrages parus sur le continent jadis mystérieux remplissent les bibliothèques.

Tantôt, c'est le récit des explorateurs, aux pages imprévues, aux aventures surprenantes, aux appréciations inédites.

Ici, c'est le livre d'un savant aux observations précises, aux déductions scientifiques ou aux théories audacieuses.

Ailleurs, l'historien s'attache à la vérité fugitive et propose à l'avenir les enseignements du passé.

Partout le chercheur et le philosophe apportent leur contribution à l'étude de l'Afrique et essaient de percer les ténèbres qui voilent ce côté de la planète humaine.

Mais ce qui n'existe qu'imparfaitement, c'est un ouvrage donnant la récapitulation annuelle des faits les plus récents en les accompagnant des appréciations qui fixent, en quelque sorte, la conclusion du passé et la préface de l'avenir. Un tel ouvrage serait assurément utile, et c'est cette idée qui a inspiré l'étude qui va suivre.

Cette étude n'a pas de prétentions. Simple résumé des faits les plus récents, recueillis aux sources qui ont paru les plus sûres, et réunis en un faisceau serré qu'on pourra embrasser d'un coup d'œil, son but est de rassembler les données politiques et géographiques fournies par le labeur incessant des pionniers africains pour en tirer des conclusions relatives à

l'avenir des sociétés européennes fondées sur les divers points
du continent noir.

Ailleurs, on trouvera des notions historiques plus ou moins
complètes, et nombreux sont les travaux de géographie et
d'exploration qui donnent, des pays africains, une idée souvent nette, mais parfois seulement nuageuse.

Plus rares sont les appréciations d'ensemble, qui permettent
de dégager des événements présents l'idée du lendemain, de
prévoir la destinée des races et l'avenir réservé aux colonies
hâtivement semées çà et là sur la vaste étendue de l'Afrique.

Certes, la guerre du Transvaal est de nature à changer bien
des choses sur le continent noir. Il n'a pas paru nécessaire,
pour arrêter cette étude, d'attendre que toutes ses conséquences politiques se soient manifestées. Il a semblé utile, au
contraire, de fixer la situation de l'Afrique au printemps de
1900, afin d'établir un terme précis de comparaison qui permettra, en un moment quelconque de l'avenir, de mieux se
rendre compte du chemin parcouru.

Avant tout, et sur toutes les questions, on s'est placé au
point de vue des avantages que la France peut retirer des
choses de l'Afrique.

Au milieu des luttes internationales et des discussions intérieures, en regard des hésitations de notre politique, des har-
diesses et des empiètements de nos rivaux, on a cherché à
discerner de quel côté se trouvent nos véritables intérêts, et
dans quelle direction il faut en poursuivre le succès.

La politique d'un grand peuple doit être faite de prévoyance
et d'esprit de suite. Une grande nation, vraiment respectueuse
de ses traditions et soucieuse de son influence, doit travailler
pour l'avenir encore plus que pour le présent.

C'est dans cette idée que l'on a essayé de déterminer
la conduite à tenir en présence des situations que la France
s'est créées en Afrique, ainsi que le moyen d'augmenter,

pour nos neveux, le patrimoine constitué depuis trop peu de temps et recueilli çà et là, un peu au hasard des événements.

Peut-être aura-t-on fait œuvre utile en contribuant à mettre davantage en lumière cette parole si vraie de Prévost-Paradol : « L'avenir de la France est en Afrique. »

E.-L. B.

20 Mars 1900.

INTRODUCTION

I

L'Afrique, tirée de sa léthargie depuis un demi-siècle à
peine, a vu se développer, par brusques soubresauts, des événements dont la répercussion a été profonde sur l'orientation
politique et économique des peuples de l'Europe.

La France s'est trouvée mêlée à la plupart de ces événements; mais, de toutes les nations qui se sont occupées des
choses africaines, aucune n'y a pris part au même degré que
l'Angleterre. On peut constater, en effet, que toutes les questions soulevées en Afrique ont été les conséquences de la
politique anglaise, surveillante attentive et jalouse du désir
d'expansion qui s'est emparé, depuis vingt ans, de la plupart
des puissances européennes.

Poussée par des influences étrangères désireuses de voir son
activité et son attention détournées des choses de l'Europe, la
France commença son expansion coloniale par la conquête
de la Tunisie, bientôt suivie de celle du Tonkin. A ce moment,
le gouvernement allemand, occupé à consolider et à équilibrer
son édifice politique, ne songeait pas encore à créer entre ses

peuples, par l'acquisition de colonies communes, un nouveau motif d'unité. Il en était encore à méditer la parole prononcée par le prince Bismarck après la guerre franco-allemande : « Je ne veux pas de colonies ! Pour nous autres Allemands, des possessions coloniales seraient exactement ce qu'est la pelisse pour certaines familles nobles de Pologne qui n'ont pas de chemises. » (1871.)

Mais les vœux politiques, même sincèrement énoncés, ne tiennent pas contre la nécessité et l'enchaînement des faits.

L'Allemagne, à force d'observer et d'analyser l'état d'esprit colonial des peuples voisins, entraînée surtout par son développement économique, finit par se persuader que les raisons qui forçaient l'expansion des autres s'appliquaient à elle-même, et elle suivit, mais de plus loin, l'action commune.

L'Italie l'avait déjà précédée, autant par l'inquiétude que lui causait l'émigration de ses agriculteurs que par suite de son désir de gagner l'amitié de l'Angleterre, sa nouvelle alliée.

La voie de la Russie était tracée en Asie. La Hollande, l'Espagne et le Portugal avaient assez à faire en cherchant à conserver les épaves d'un domaine colonial qu'on s'apprêtait à leur disputer. Mais la Belgique ne tardait pas à entrer en scène, et le roi Léopold se faisait reconnaître, au moment opportun, la possession des immenses territoires du Congo.

L'expansion européenne se produisait ainsi tout à coup, par suite de causes multiples, les unes tenant à la nature même de l'homme, d'autres prenant leur source dans la situation politique et économique créée dans le monde par la guerre de 1870-1871 ; d'autres enfin provenant de l'excès de civilisation de l'Europe, de sa surproduction industrielle, et de la participation aux affaires européennes des pays d'Amérique et d'Extrême-Orient.

II

La faim, qui, suivant le proverbe, fait sortir le loup du bois, jette aussi les nations en dehors de leurs frontières habituelles.

Tant que les peuples sont restés isolés, repliés sur eux-mêmes, sans posséder les communications nécessaires pour entrer en contact intime et faciliter les échanges matériels et moraux, l'humeur naturellement vagabonde des hommes ne trouvant guère à s'exercer qu'à travers les mers. Du choc des intérêts et des relations de toutes sortes jaillissaient des civilisations diverses, qui prenaient naissance et se développaient tout le long du rivage des mers; tandis qu'ailleurs, livrés à un isolement plus complet encore, certains peuples orientaient leur génie dans une direction particulariste et ne demandaient qu'à leurs propres ressources, matérielles et morales, la satisfaction de leurs besoins et la réalisation de leur idéal.

Alors on pouvait diviser l'humanité en deux groupes plus ou moins confondus de populations commerçantes, les navigateurs et les agriculteurs : les uns, poussés par la nécessité et l'espoir du gain, cherchant à procurer à leurs semblables le supplément de denrées qu'un sol parfois ingrat ne pouvait leur fournir; les seconds, avides de recevoir et de transmettre par voie d'échanges les produits qu'ils ne cultivaient pas eux-mêmes.

Durant de longues périodes de siècles, l'humanité vécut ainsi en casiers parfois distincts, chaque nation conservant son individualité propre et sa civilisation particulière, sans trop s'inquiéter d'établir par terre, avec les peuples voisins, des relations que la précarité des voies de communication rendait difficiles à entretenir.

Mais du jour où, sous des impulsions diverses : curiosité, nécessité, soif de jouissances et désir de conquêtes, les moyens de transport se furent perfectionnés, les besoins de l'homme civilisé augmentèrent rapidement; et, du contact des peuples, de leurs rapprochements, de l'échange de leurs idées et de l'adaptation mutuelle de leurs habitudes naquit une civilisation cosmopolite qui devait, par la force des choses, devenir de plus en plus raffinée et exagérée.

Peu à peu, les peuples que la nature avait fait cultivateurs devinrent industriels, autant par désir d'utiliser, au profit de leur fortune, leur main-d'œuvre, leur habileté et les produits de leur sol, que par la nécessité qui s'imposait à eux de s'affranchir des tributs économiques payés à l'étranger.

Plus tard, l'appât du gain tiré des exportations détermina, par l'enchaînement logique des faits, une surproduction industrielle qu'il fallut écouler, et l'on vit naître, dès lors, les systèmes économiques de protection ou de liberté des échanges, qui tendent de plus en plus à régler, quoique diversement, les rapports extérieurs des peuples civilisés.

Cette nécessité de satisfaire à des besoins factices de plus en plus impérieux amena l'homme civilisé, sous le vernis duquel on retrouve si facilement le barbare, à imposer par la force sa volonté et ses sentiments égoïstes. Sous prétexte de civiliser les races dénommées « inférieures », il ne songea, le plus souvent, qu'à leur faire absorber les produits de son industrie et qu'à exiger au rabais, en échange d'une civilisation mal adaptée et d'une valeur parfois contestable, les denrées de leur pays et même les produits de leur travail.

Ces races primitives ne s'y trompèrent pas toujours, et les révoltes qui soulevèrent souvent, contre les Européens, les peuplades de leurs possessions africaines suffisent à le démontrer.

Ce besoin d'expansion, qui s'est traduit par une sorte d'instinct colonisateur imposé à la plupart des peuples de l'Europe, dérive donc directement de l'héritage du passé et des conditions politiques et économiques particulières à l'ancien monde. Il faut aussi se souvenir qu'il a eu, comme nouveau et très actif stimulant, les relations multiples créées entre des sociétés rivales et aussi, pour beaucoup, la crainte que certaines

races ont fait naître au sujet de l'avenir des nations européennes.

III

L'Extrême-Orient et l'Amérique constituent, pour la sécurité économique sinon politique de l'Europe, un danger qui
s'affirme tous les jours plus menaçant.

L'Amérique, agricole et industrielle, ne fait plus mystère,
depuis longtemps, de son intention de nous chasser, lorsque
son organisation économique sera achevée, des marchés américains et de venir ensuite jusqu'en Europe faire concurrence
à nos produits. La doctrine de Monroe, considérée comme un
axiome politique par tout bon citoyen des États-Unis, est une
arme commerciale aussi bien que politique, et l'exclusion des
Européens du territoire américain est considérée comme devant
être le prélude de l'invasion de l'Europe par les produits
d'outre-mer. On s'est depuis longtemps inquiété des symptômes divers qui précèdent les grandes luttes, et la guerre
hispano-américaine n'a été qu'une escarmouche précédant
des batailles plus décisives.

Le danger, de ce côté, est au moins aussi redoutable et
peut-être plus immédiat que celui qu'on cherche à conjurer
en Extrême-Orient, où les victoires du Japon et les compétitions européennes ont eu le double effet de donner confiance
aux Japonais dans leurs destinées, en stimulant en eux des
ambitions exagérées, et de réveiller la torpeur de l'empire
chinois en lui prouvant qu'après tout la civilisation européenne peut avoir de bons côtés.

On se rappelle les dures conditions de paix imposées par les
Japonais à leurs voisins : le paiement d'une forte indemnité,
l'occupation provisoire des pays conquis, la cession de Formose et des Pescadores, l'abandon de toute visée sur la Corée.

L'orgueil des Chinois abattu et leur dynastie ébranlée gravement, on a vu le gouvernement japonais, bien placé pour
connaître la psychologie de l'âme chinoise, prendre une offen-

sive diplomatique non moins énergique que son action militaire et rêver d'établir sa suprématie en Chine sans montrer trop d'égards pour les intérêts européens.

Cette manifestation de la politique japonaise, inattendue et alarmante pour l'Europe, lui a imposé l'obligation de surveiller plus attentivement que jamais les faits et gestes de ce peuple intéressant, énergique et considéré jusqu'ici comme peu redoutable.

Plus alarmant encore est l'essor que menace de prendre l'industrie japonaise. Si l'empire du Soleil-Levant s'est senti de taille à reconstruire l'édifice vermoulu de l'empire chinois, et à guérir, pour en faire son serviteur, l'homme malade de l'Extrême-Orient, il s'est montré également décidé à utiliser les deux civilisations qu'il s'est données, celle de l'Orient et celle de l'Occident, pour créer un outillage et des moyens industriels dont la mise en action s'est déjà révélée par des coups sensibles portés au commerce de l'Europe (1).

A l'heure actuelle, les Japonais sont partout au delà des Indes. Ils cherchent, tout autant que l'Europe, à envahir la Chine au point de vue commercial par les procédés européens, comme ils l'ont envahie militairement en mettant de côté les préceptes chinois qui les avaient si longtemps guidés. « On ne fait pas un clou avec du bon fer, dit un proverbe chinois, ni un soldat avec un honnête homme. » Les Japonais ont préféré, à cette maxime orientale, les procédés occidentaux, et le résultat a été de leur donner une écrasante supériorité sur leurs voisins. Profitant en même temps, dans l'ordre industriel, des qualités de leur race, habituée à se contenter de peu et à vivre de maigres salaires, ils se gardent de rien emprunter à l'Occident en ce qui concerne le bien-être de l'ouvrier et le relèvement de son moral. Grâce à une main-d'œuvre abondante et d'un bon marché inouï, ils en sont venus à menacer, aux

---

(1) Certains diplomates japonais considèrent déjà l'Europe comme une collectivité vieillie et usée. Le comte Okuma a prononcé jadis les paroles suivantes : « L'Europe montre déjà des symptômes de décrépitude; le siècle prochain verra ses constitutions en morceaux et ses empires en ruine. »

Indes, le commerce anglais des cotonnades. Leur houille va jusqu'à Aden faire concurrence aux charbons anglais et on prévoit le jour où ils en exporteront jusqu'en Europe (1). Aux Philippines où leur nombre augmente et augmentera sans cesse malgré l'invasion américaine, aux îles Sandwich où leurs 20.000 émigrants ont réclamé des droits politiques, en Australie où ils sont accueillis comme commerçants et comme ouvriers, les Japonais transportent les procédés de la mère patrie et se font les propagateurs de ses produits (2).

Depuis longtemps, ils sont arrivés au Tonkin, en Cochinchine, à Java ; ils ont établi au Siam des colonies agricoles, et, aux Indes, des comptoirs commerciaux.

Leurs compagnies de navigation sont en train de remplacer les navires européens dans les mers de Chine et, depuis longtemps, le pavillon japonais a fait son apparition dans les ports européens (3).

Pendant ce temps, la Russie perfectionne son industrie, termine le transsibérien, continue sa vigoureuse poussée en Asie, inquiète partout l'Angleterre et s'apprête à se donner des débouchés exclusifs.

---

(1) Aux Indes, la consommation du charbon japonais a atteint 116.000 tonnes (1895). 108 kilog. de ce charbon ont un pouvoir calorifique égal à 100 kilog. de Cardiff, mais son prix, aux Indes, est 50 p. 100 moins cher. Le Cardiff est devenu, en Extrême-Orient, un combustible de luxe. Le charbon japonais va aux États-Unis et jusqu'en Australie. A Singapour, il vaut 12 à 15 francs, alors que le charbon anglais est payé 25 francs.

(2) Les cotonnades anglaises sont particulièrement menacées. Dans les dix dernières années, les exportations de cotonnades entraient pour 25 p. 100 dans les exportations générales de l'Angleterre, représentant un chiffre de 1.500 millions. L'Inde absorbait 30 à 40 p. 100 de ce chiffre ; elle s'est mise à lutter contre l'Angleterre et est en train de ruiner les fabricants du Lancashire. Le Japon, à son tour, est venu exporter ses cotonnades dans l'Inde, dont il menace la fabrication. 67 fabriques du Lancashire ont perdu environ 10 millions en 1893, tandis que 37 fabriques japonaises donnaient de 8 à 28 p. 100 de dividendes en employant 5,780 ouvriers payés 0 fr. 45 par jour et 19,219 ouvrières payées 0 fr. 21. Ces salaires, payés en argent, ne représentaient, au cours du change, que 0 fr. 22 et 0 fr. 10 par jour.

(3) L'importation des soies, d'Extrême-Orient en France, est de 325.225 kilog., alors que celle de tous les autres pays est de 285,000 kilog. Alors même que la hausse de la main-d'œuvre japonaise ait été de 100 pour 100 depuis 1896, le kilog. de soie ne revient qu'à 60 francs au Japon tandis qu'il est de 90 francs en France. (Séance du Sénat du 3 février 1899.)

Tous ces indices sont autant de menaces pour l'avenir industriel de l'Europe occidentale, et la fermeture possible des marchés de l'Extrême-Orient aux objets manufacturés de l'Occident crée aux nations européennes l'obligation de chercher ailleurs des débouchés nouveaux.

Telles sont les causes des précautions prises par toutes les puissances occidentales, en face du réveil économique depuis longtemps prévu de la race jaune, pour assurer la sauvegarde de leurs intérêts matériels ou moraux. Il n'est pas jusqu'aux questions religieuses qui ne viennent prendre parti dans la lutte.

On avait remarqué, déjà avant la guerre sino-japonaise, les efforts tentés par le sultan de Constantinople pour lier des relations avec le Japon. La protection des musulmans qui peuplent les provinces méridionales du Céleste-Empire, qui en forment la partie la plus énergique et qui, depuis l'insurrection des Taïpings, sont tenus en suspicion par les Chinois, fournissait au sultan un terrain d'entente facile avec les Japonais. Ainsi s'expliquent les envois d'ambassadeurs entre deux pays qui semblaient, au premier abord, n'avoir rien de commun, et le voyage de ce navire de guerre destiné à montrer au Japon le pavillon du commandeur des croyants, et qui trouva, pendant la traversée, une fin si tragique.

Une action analogue a été envisagée par la papauté, qui, effrayée peut-être de l'infériorité numérique des diverses communautés chrétiennes en regard des masses humaines disciplinées par les religions asiatiques, cherche à grouper, dans une alliance commune, sous le patronage du pontife romain, les chrétiens de toute origine et de toute race.

C'est là une grande idée, digne du cerveau d'un Léon XIII; mais ses conséquences, si intéressantes soient-elles à envisager, ne sauraient être analysées dans cette étude spéciale aux choses africaines.

IV

De tous les pays qui ont, à des époques diverses, tenté les navigateurs et les explorateurs, le premier reconnu, au moins dans sa partie septentrionale, et celui qu'on a mis le plus de temps à explorer dans ses détails, est certainement l'Afrique.

C'est cette partie du monde qui est aujourd'hui désignée pour servir de débouché à l'Europe, autant à cause de sa proximité que par suite de la facilité relative avec laquelle ses populations se laissent dominer.

Dès les origines, « l'informe Afrique » (1) a subi l'empreinte de l'Europe après celle de l'Asie. Des conquêtes successivement entreprises par l'Europe chrétienne et par l'Asie musulmane devait naître fatalement le conflit qui depuis longtemps déjà est passé à l'état aigu. De ces deux religions d'essence supérieure, toutes les deux civilisatrices à des degrés divers, le nègre fétichiste subit d'abord l'influence de la religion musulmane; et la propagation du mahométisme en Afrique eut pour premier effet de faire luire un rayon civilisateur sur cette « terre des monstres ».

On s'est demandé pour quels motifs les populations des plateaux du Soudan se distinguent des autres peuplades nègres de l'Afrique par leur beauté physique. On a vu, dans ce fait, le résultat de la salubrité relative du pays, situé en dehors des limites de la forêt dense dont les miasmes déforment et abâtardissent les races autochtones. Mais on y a constaté aussi l'effet produit par l'influence d'une religion supérieure telle que la religion de Mahomet, si souvent décriée, malgré ses facilités d'adaptation aux besoins moraux et matériels des peuples primitifs et méridionaux.

Ce puissant instrument d'une civilisation relative n'a-t-il pas été capable de répandre une certaine grâce et un sourire

---

(1) Élisée Reclus, *Géographie universelle.*

particulier sur les branches de la souche nègre commune qu'il a pu atteindre et civiliser? C'est ce qu'ont pu constater des explorateurs tels que les Stanley, les Monteil, les Binger, qui ont trouvé partout les peuples musulmans de l'Afrique dans un état de civilisation plus avancée que les races noires fétichistes.

On ne peut s'empêcher de remarquer, en effet, que, là où le mahométisme n'a pas pénétré, le fétichiste obéit toujours à des pratiques hideuses; il tue et souvent dévore son ennemi vaincu. Le musulman se contente de le réduire en esclavage et de le faire servir à ses besoins et à ses plaisirs. Le chrétien relève l'homme à terre et lui rend sa liberté.

L'introduction du mahométisme en Afrique a donc été, il faut le reconnaître, un premier bienfait pour les peuplades autochtones et fétichistes, qui ont pu, sous son influence, acquérir un assez haut degré de civilisation. Si les Arabes chasseurs d'esclaves ont soulevé l'indignation du monde civilisé, on ne peut en rendre leur religion entièrement responsable.

Aujourd'hui se livre en Afrique une lutte sans merci entre les deux religions, lutte dont l'issue ne saurait être douteuse. Là-bas l'ennemi de l'Européen c'est le musulman, tant que son fanatisme ne saura pas s'accommoder de transactions avec le roumi, et qui doit, ou disparaître par refoulement, ou modifier sa religion. Sur ce dernier point, il ne semble pas que la tâche soit impossible et que l'on ne puisse arriver un jour à faire vivre côte à côte, grâce à une réforme religieuse ou à un retour vers la religion primitive dégagée de fanatisme, des populations qu'il serait impossible de mettre en ce moment sur le même pied d'égalité ou même simplement au contact.

Jusque-là, l'Européen est condamné à conserver à l'égard du musulman l'attitude du vainqueur. Le temps, ce grand dissolvant de toutes choses, aidé par la raison et la fusion des idées, parviendra peut-être à rapprocher deux fractions humaines que les siècles, encore moins que les hommes, ont séparées de plus en plus jusqu'à nos jours.

Mahomet, qui a donné le Coran comme une loi immuable, a conseillé aux musulmans de vivre en paix avec les chrétiens.

Dieu ne vous défend pas d'être bons et équitables envers ceux qui n'ont point combattu contre vous à cause de votre religion et qui ne vous ont point bannis de vos foyers. Tu reconnaîtras que ceux qui sont le plus disposés à aimer les fidèles sont les hommes qui se disent chrétiens. (*Le Coran.*)

Déjà, en 1841, le maréchal Bugeaud obtenait des ulémas de Kairouan la consultation (1) suivante :

Quand un peuple musulman, dont le territoire a été envahi par les infidèles, les a combattus aussi longtemps qu'il a conservé l'espoir de les en chasser, et quand il est certain que la continuation de la guerre ne peut amener que misère, ruine et mort pour les musulmans, sans même chance de vaincre les infidèles, ce peuple, tout en conservant l'espoir de secouer leur joug avec l'aide de Dieu, peut accepter de vivre sous leur domination, à la condition expresse qu'il conservera le libre exercice de sa religion et que les femmes et les filles seront respectées.

Il y a de nombreuses années, la société asiatique de France recevait d'Abd el Kader un ouvrage musulman qui contenait les lignes suivantes :

Tous les prophètes, depuis Adam jusqu'à Mahomet, se sont accordés sur les points fondamentaux : tous ont proclamé l'unité de Dieu et l'obligation de lui rendre un culte..... Les modifications survenues à diverses époques portent sur des principes de circonstance, sur des dispositions qui ont été utiles en un moment et qui ne le sont pas dans un autre..... On voit qu'au fond ces trois religions (chrétienne, juive, musulmane) n'en font qu'une, et que les distances qui les séparent ne portent que sur des points de détail. On pourrait les comparer aux enfants d'un même père qui sont nés de mères différentes. Si les musulmans et les chrétiens voulaient m'en croire, ils se mettraient d'accord et se traiteraient en frères pour le fond et pour la forme.

---

(1) Par l'intermédiaire de Léon Roches, interprète en chef de l'armée d'Afrique, qui obtint des docteurs de Kairouan la fettoua (consultation) ci-dessus avec l'aide de Tedjini et de ses mokadems (19 août 1841). De Kairouan, Roches partit, sous l'habit musulman, pour aller soumettre la fettoua à l'approbation des docteurs du Caire et de La Mecque. Il l'obtint au Caire le 6 novembre 1841 et à La Mecque en janvier 1842, malgré l'opposition faite par Senoussi dans l'assemblée (medjelès) des ulémas de La Mecque.

Ces deux consultations, qui semblent se compléter l'une
l'autre, sont assurément remarquables : elles ont aussi le
mérite d'ouvrir un vaste champ d'espérances à tous ceux qui
ne croient pas à la fatale irréductibilité de la religion musulmane.

V

On peut dire que tous les peuples sont colonisateurs.
Cela résulte de l'amour du changement, de la curiosité de
l'inconnu et du désir de bien-être que tout homme a au cœur.
Les migrations des peuples antiques et l'expansion coloniale
moderne sont, à ce point de vue, des phénomènes du même
ordre.

Ce qui manque à certains peuples, ce sont les institutions
propres à activer l'émigration. Et ce qui le démontre, c'est que
les Français, après avoir été au xviie et au xviiie siècle,
parmi les premiers colonisateurs du monde, paraissent avoir
perdu momentanément leurs facultés migratives. Or, les qualités de la race sont restées les mêmes ; mais, entre les Français
qui ont fondé les sociétés du Canada et de la Louisiane, et ceux
du temps présent, il y a la différence créée par les institutions
de deux époques distinctes. Les Anglais, qui ont conservé
précieusement leurs traditions, leurs lois et leurs mœurs (1),
sont restés ce qu'ils étaient autrefois au point de vue colonisateur. Leurs qualités de peuple migrateur se sont même
perfectionnées proportionnellement, pourrait-on dire, au développement de leurs facultés commerciales.

Aujourd'hui, l'Angleterre est beaucoup moins une nation,
au sens élevé du mot, qu'une agglomération d'intérêts particuliers puissamment soutenus, sur tous les points du monde,
par une solidarité qui fait le fond de la politique anglo-
saxonne. La protection efficace dont jouit le citoyen anglais

---

(1) En premier lieu la liberté de tester.

envers et contre tous, mise en parallèle avec l'indifférence que la plupart des autres États manifestent pour les intérêts particuliers de leurs nationaux, est une des raisons qui provoquent le plus l'émigration des Anglais.

Ceux-ci, disséminés en sociétés plus ou moins nombreuses sur tous les points du globe, sans jamais perdre de vue le sol natal et les intérêts généraux de leur immense empire, se sont habitués peu à peu à n'être étrangers nulle part et à considérer le monde comme une grande annexe de leur petite patrie.

C'est ce sentiment qui inspirait, en juin 1896, la conclusion suivante d'un discours du leader de l'impérialisme, M. Chamberlain :

L'avenir de l'Angleterre dépendra surtout de la population anglaise d'au delà des mers. Nos compatriotes nous quittent en nombre de plus en plus grand pour se rendre dans des pays lointains, et nous souhaitons que les terres où ils se rendent soient aussi anglaises que celle qu'ils quittent, et qu'eux-mêmes continuent à entretenir nos aspirations communes pour la grandeur de la race britannique. Les forces qui tendent à la cohésion de l'empire sont supérieures à celles qui tendent à le désagréger.

On a dit maintes fois que tout succès d'un peuple étranger sur le terrain colonial était considéré par les Anglais comme un empiètement sur leurs droits ; et il est juste de remarquer qu'il n'a pas manqué, en Angleterre même, d'esprits éclairés et généreux pour dénoncer ce travers du caractère britannique.

On rapporte que sir Charles Dilke, causant avec un homme politique anglais des traités africains conclus en 1894, se serait écrié : « On n'a pas confiance en nous ! » Ce mot rappelle la parole prononcée par Wellington, en 1818, au Congrès d'Aix-la-Chapelle : « Notre nation est honnête, mais nos diplomates manquent de probité politique. »

L'histoire de l'Angleterre et, sans remonter bien loin dans le passé, les récents événements d'Égypte, du Venezuela, du Transvaal, sans parler des mille incidents soulevés par la politique britannique, donnent à cette parole une confirmation éclatante. Il n'est pas jusqu'aux atteintes portées aux droits des nations plus faibles, telles que le Portugal et les Boers, qui n'aient soulevé jusqu'en Angleterre l'indignation de la partie la plus saine de la population.

On a attribué à lord Salisbury, alors lord Cranbourne, les paroles suivantes, prononcées à propos des affaires du Danemark, en 1863 :

L'Angleterre a une échelle mobile pour sa politique étrangère. Elle empoche sans mot dire les affronts des puissances de premier ordre, et elle tend même l'autre joue à un nouveau soufflet. Elle se tait et rumine son ressentiment avec les États ses égaux. Au contraire, avec les faibles, elle se plaît à tirer une vengeance éclatante et à leur demander compte de tous les ennuis dont elle n'a pas osé se faire dédommager par leurs auteurs.

L'aventure de Fachoda fournit la confirmation de ces appréciations, de même que le développement en Chine du conflit anglo-russe et la guerre du Transvaal.

Il est piquant, en tous cas, de voir l'homme politique qui jadis dénonçait au monde les vices de la diplomatie de son pays jouer plus tard le rôle que l'on sait dans les questions coloniales récentes. *Quantum mutatus...!*

Le chef du parti opposé, M. Gladstone, faisait profession d'idées analogues :

Nous sommes impopulaires dans le monde entier, disait-il. Les Français ne nous aiment pas. Les Hollandais nous haïssent, et, d'ailleurs, c'est naturel. Les Allemands nous ont montré, à propos de l'affaire du Transvaal, comment ils étaient disposés pour nous. Or, quand un homme est détesté par tous ses voisins, on ne peut s'empêcher de se demander ce qu'il a fait pour le mériter. Et de même je ne peux m'empêcher de me demander si cette impopularité de l'Angleterre n'est pas, en grande partie, sa faute. Avez-vous remarqué que, ces temps derniers, l'Angleterre s'est plusieurs fois soumise à un arbitrage international et que toutes les fois la décision des arbitres a été contre elle? C'est là, pour moi, un sujet de réflexion des plus affligeants (1).

---

(1) *Propos de Gladstone*, recueillis par M. Vollemache.
Le même recueil contient d'autres idées intéressantes de Gladstone :
« L'avenir est, pour moi, un mystère. Impossible de deviner ce qui va venir. »
« Ni la démocratie ni la science ne m'effrayent autant, pour l'avenir, que

Sans parler des revirements de la politique anglaise dans le conflit sino-japonais, de l'action diplomatique engagée à propos de l'Égypte, ces paroles reportent, le souvenir vers les divers litiges soulevés un peu partout, dans ces derniers temps, suivant les nécessités des intérêts anglais.

On n'a pas oublié l'ultimatum au Portugal et la délimitation forcée de ses territoires africains; le litige avec le Brésil au sujet de l'île de la Trinité; le conflit avec le Venezuela, pour les territoires aurifères de la Guyane; le bombardement de certaines localités ottomanes du golfe Persique, et bien d'autres actes, récemment complétés par la guerre du Transvaal.

La politique anglaise, toujours renouvelée des mêmes procédés, a valu à l'Angleterre un empire africain dont on n'eût pas osé soupçonner le futur développement, il y a seulement vingt-cinq ans.

A cette époque, elle ne possédait, sur le continent africain, que l'étroite colonie du Cap, avec quelques comptoirs sur la Gambie, en Sierra Leone, sur la côte de Guinée, et sur celle des Somalis.

Ces possessions étaient, en somme, de minime importance, et l'Angleterre avait préféré porter ses regards vers d'autres régions plus renommées par leurs ressources et leurs destinées commerciales immédiates.

Le développement des colonies anglaises d'Afrique a commencé le jour où, par crainte de voir les Indes lui échapper, l'Australie et le Canada s'émanciper, les marchés de l'Extrême-Orient passer aux mains de ses rivaux, elle a été forcée de comprendre la nécessité de créer de nouveaux et importants débouchés à son commerce.

Certaines de ces raisons ont également déterminé d'autres

---

l'amour de l'argent. C'est là qu'est, à mon avis, le plus grand mal et le pire danger. »

L'expansion coloniale ne saurait comprendre M. Gladstone parmi ses partisans : « J'ai toujours soutenu, disait-il, que nous sommes liés à nos colonies par des liens d'honneur et de conscience. Mais l'idée que des colonies ajoutent quoi que ce soit à la force de la mère patrie, c'est là, pour moi, une idée aussi stupide que les plus sombres superstitions du moyen âge. »

Bornons-nous à enregistrer ces paroles, sans rechercher si elles ont été conformes aux actes des divers ministères présidés par M. Gladstone.

puissances européennes, la France, l'Allemagne, le Portugal,
à créer des colonies africaines ou à augmenter l'étendue de
leurs possessions, tandis que l'ambition poussait l'Italie en
Abyssinie et que le roi des Belges faisait l'acquisition du
Congo.

Cette expansion si brusque des intérêts européens en
Afrique est l'œuvre des vingt dernières années et restera
une des caractéristiques de la dernière partie du xixe siècle.
Déjà, avant la guerre du Transvaal, les colonies étaient fondées, les protectorats établis, les sphères d'influence déterminées, toutes les côtes étaient occupées, et il semblait qu'il n'y
avait plus place, en Afrique, que pour les compétitions rivales, mais pacifiques, de voisins mal délimités.

L'action britannique dans le Sud de l'Afrique est venue
ouvrir à la diplomatie des aperçus nouveaux et créer des
inconnues redoutables.

Si le commerce de l'Afrique a augmenté dans des proportions considérables, il ne faut pas se dissimuler que nous
sommes encore bien loin du moment où le continent pourra
être livré tout entier aux entreprises des Européens.

Les voies de communications, ce puissant moyen de civilisation et de pacification que les Romains, nos maîtres en
colonisation, employaient avant tout autre, sont encore à
l'état embryonnaire. Des essais remarquables ont cependant
été tentés, mais on constatera que les Français se sont montrés, sur ce point spécial, bien plus timides que leurs rivaux.

C'est cependant dans les routes et les chemins de fer que
l'on est d'accord pour trouver le moyen le plus rapide et le
plus sûr de répandre les produits et les idées, de faciliter
l'accès des régions à conquérir, de frapper l'esprit des indigènes et de leur donner une haute idée de la puissance matérielle et de la valeur intellectuelle, sinon morale, de leurs
conquérants.

Plus encore par les chemins de fer que par la force, on
parviendra à faire reculer la barbarie et à prendre action sur
cette matière malléable et instable qu'est la population nègre.

On verra, dans le cours de cette étude, que cette question a été envisagée, au point de vue français tout au moins, avec des détails qui nous attireront peut-être le reproche d'avoir été trop audacieux dans nos idées. Ce reproche n'est pas pour nous déplaire, car nous avons l'idée arrêtée que bien du temps et bien des forces ont déjà été perdus, et que, nous trouvant en retard sur nos voisins, nous devons, pour rétablir l'équilibre, doubler les étapes et redoubler d'énergie.

Notre extension territoriale, réalisée à la fois pour conserver notre situation dans le monde et pour empêcher nos rivaux de prendre notre place, a attiré aussi toute notre attention, et nous l'avons longuement envisagée.

Ainsi que l'a dit le général Philebert, « la solution géographique est aussi la solution politique, commerciale, militaire. C'est la forme du terrain qui jalonne les conditions de prépondérance et d'autorité. »

Ce précepte de stratégie coloniale nous a souvent guidé dans l'étude de l'avenir de nos possessions; et son application continue, réalisée par ceux qui ont la charge de nos destinées, serait de nature à nous assurer, sur le continent noir, la grande situation que nous devons tenir autant de nos traditions que des droits acquis par l'énergie de nos explorateurs et par le sang de nos soldats.

L'AFRIQUE POLITIQUE

EN 1900

ÉTUDE SUCCESSIVE DES RÉGIONS AFRICAINES

Les géographes, pour étudier l'Afrique, ont divisé le continent en Afrique septentrionale, occidentale, orientale, centrale, australe. Ces diverses dénominations concordent assez peu avec la forme même de cette partie du monde.

L'Égypte, par exemple, appartient autant à l'Orient qu'au nord de l'Afrique, et on ne sait trop s'il faut placer le Cameroun dans l'Afrique centrale ou occidentale.

Il y a, pensons-nous, une autre méthode à employer pour étudier l'ensemble du continent : c'est de suivre ses côtes, de faire le périple de ce bloc de territoires et, tout en conservant les anciennes divisions, de parler de l'hinterland en même temps que l'on envisage le littoral.

Telle est la marche que nous suivrons dans notre étude, en commençant par les pays les plus rapprochés de l'Europe, c'est-à-dire par l'Afrique septentrionale, et en continuant par les côtes occidentales, australes et enfin orientales.

On étudiera l'Égypte en dernier lieu, en la rattachant aux territoires orientaux, tels que l'Abyssinie, avec lesquels elle a eu, de tout temps, des contingences politiques d'un intérêt spécial, et on commencera immédiatement par la Tripolitaine et le pays de Barka.

CHAPITRE Ier

AFRIQUE SEPTENTRIONALE

Coup d'œil très général et très sommaire sur l'Afrique septentrionale, partout
étudiée. Questions à envisager spécialement dans ce volume.

L'Afrique septentrionale, qui comprend, avec le Sahara, les
pays africains baignés par la Méditerranée, n'est, de nos
jours, malgré les différences de coutumes et de religion, et à
cause de la facilité des communications et de la multiplicité
des contacts, qu'une sorte de prolongement de l'Europe.
Parmi ces contrées, le Sahara se distingue, il est vrai, par des
caractères nettement tranchés, des populations très particulières, une civilisation et une histoire encore peu connues.
Mais, des cinq pays qui s'étendent en bordure de la Méditerranée, l'Algérie, la Tunisie, l'Égypte, gravitent dans l'orbite
de l'Europe; la Tripolitaine, tous les jours plus investie et
plus fréquentée, ne peut tarder à tomber sous la dépendance
immédiate d'une puissance européenne. Le Maroc, seul, quoique fort entamé, cherche à conserver, avec un soin jaloux,
mais sans trop y réussir, sauf dans l'intérieur, les mœurs d'un
autre âge et l'isolement où il paraît se complaire.

Ces régions, déjà très étudiées, et dont les moindres événements sont chaque jour reproduits et analysés par toute la
presse, nous paraissent nécessiter, dans l'ensemble de notre
étude, un examen moins prolongé que les pays plus lointains
et moins connus. On trouvera sur chacun d'eux des ouvrages

spéciaux, traitant longuement les questions qui les con-
cernent. Aussi, nous nous bornerons, pour ne pas agrandir
indéfiniment le cadre de cette étude, à envisager rapidement
les derniers et plus importants événements qui s'y sont
déroulés. Mais nous insisterons, par contre, d'une manière
plus particulière, sur les relations de ces pays avec les autres
régions de l'Afrique, et nous ferons une exception en ce qui
concerne les récents événements d'Égypte, question brûlante
qui passionne une partie de l'Europe et que nous étudierons
en même temps que l'Abyssinie. Ces événements, qui forment,
comme ceux du Transvaal, un épisode saillant de l'histoire
de l'Afrique, méritent, en effet, d'être étudiés à la fois dans
leur genèse, dans leurs détails et dans leurs conséquences.

Tripolitaine et pays de Barka.

Tripolitaine. — Belle situation. — Rivalités européennes. — Relations avec le
Soudan. — Intérêts de la France.
Pays de Barka. — Son isolement. — Avenir possible.

Tripolitaine.

Comme tous les pays soumis à la domination turque, la Tripolitaine continue à se complaire dans un isolement relatif que paraît respecter, pour le moment, l'accord tacite des nations intéressées.

Sa belle situation, dans un enfoncement de la côte, les relations de commerce et d'alliances qu'elle a établies avec le Bornou et le Sahara central devraient en faire un pays privilégié, pour peu qu'une administration sage et prévoyante sût tirer parti de ses ressources et favoriser les éléments de prospérité qu'elle possède.

A défaut de la Tunisie, les Italiens ont depuis longtemps jeté leur dévolu sur la Tripolitaine, et il est certain qu'au lieu de tenter la fortune en Érythrée, ils eussent volontiers essayé de prendre pied à Tripoli si leur diplomatie avait pu endormir la vigilance de la Turquie, de la France et aussi de l'Angleterre, qui, en raison de son installation à Malte, aime peut-être mieux voir Tripoli colonie française que possession italienne.

C'est ce qui paraît résulter de la Déclaration franco-anglaise du 21 mars 1899, qui attribue à la France l'arrière-pays de la Tripolitaine, indispensable pour assurer la jonction de nos territoires africains et sur lequel ni la Porte ni l'Italie n'avaient de droits réels à faire valoir.

Cette Déclaration, dont nous donnons plus loin le texte (1),
et qui, avec la Convention du 14 juin 1898, forme, pour l'a-
venir, la base de nos droits africains vis-à-vis de l'Angleterre,
souleva, au premier moment, les protestations de la Turquie
et l'émotion de l'Italie. L'opinion publique italienne ne fut calmée, malgré le rapprochement économique franco-italien et
la présence de notre escadre aux fêtes de Cagliari, qu'après les
explications fournies par notre ambassadeur et le discours
prononcé au Sénat, le 24 avril 1899, par le ministre des
affaires étrangères, l'amiral Canevaro. Il convient de citer ici
les passages principaux de ce discours, qui précise l'attitude
de l'Italie à l'égard de ce nouveau traité :

Après l'occupation de la Tunisie, il devint évident que le dessein
de la France était d'étendre son influence au delà des confins méridionaux du beylicat, en avançant dans les régions où l'hinterland
algérien se confond avec l'hinterland tripolitain.

La Turquie, au contraire, tandis qu'il lui répugnait de négocier
avec la France pour ne pas définir clairement les limites de la Tripolitaine et dans la crainte que les négociations ne pussent paraître
la reconnaissance de la France sur la Tunisie, ne faisait rien pour
prendre possession de l'hinterland tripolitain, de sorte que la
France put, sans être troublée, continuer à étendre largement son
influence vers le Sud.

La Convention anglo-française du 5 août 1890 ne précisait pas la
limite vers l'Est entre le Soudan français et les régions du Niger ;
toutefois, on devait retenir que l'influence française pouvait arriver,
de ce côté, jusqu'à la ligne de l'extrémité sud-ouest de la Tripolitaine, jusqu'à Baroua.

La Tripolitaine perdait ainsi une de ses voies de commerce avec
le centre de l'Afrique.

La France déclarait vouloir respecter les droits de la Turquie ;
mais, au fond, cette expression impliquait seulement le respect des
droits du sultan sur le Fezzan et non sur l'hinterland de la Tripolitaine.
. . . .
Une note de la Porte, de novembre 1890, exagérait tellement
l'hinterland sur lequel le sultan croyait avoir droit qu'elle était de
nature à froisser les droits acquis selon la théorie même de l'hinterland par la France, l'Allemagne et l'Angleterre. Celles-ci ne

_____

(1) Voir l'Appendice.

pouvaient pas attacher d'importance aux prétentions turques et réglèrent leur situation autour du lac Tchad par l'accord du 15 mars 1894, délimitant les confins entre le Cameroun et le Congo français, et assurant pratiquement à la France la côte orientale et septentrionale du Tchad.

Le prétendu hinterland de la Turquie diminuait considérablement; la voie restait ouverte à la France vers les régions du Nil. Aussi, en 1894, essaya-t-on de rappeler l'attention de la Turquie sur la situation créée par l'accord franco-allemand; mais on n'obtint rien. Depuis lors, il était naturel que le Soudan français et le Congo français cherchassent à se réunir du Nord et de l'Est sur le Tchad, en étendant ainsi l'influence française à tout l'hinterland tripolitain, en traversant les routes des caravanes qui joignent la côte de Tripoli avec le centre de l'Afrique.

Effectivement, la France ne tardait pas à obtenir de l'Angleterre ce qu'elle avait obtenu de l'Allemagne. Un troisième accord franco-anglais, du 14 juin 1898, reconnaissait à la France, comme incluses dans sa zone d'influence, les rives du nord-est et du sud-est du Tchad jusqu'au Chari.

Ce rapide exposé montre que l'Angleterre, depuis 1890, indiquait qu'elle se désintéressait complètement relativement à l'hinterland tripolitain, tandis que la France le voyait ouvert devant elle sans contestation de personne. Pendant tout ce temps, la Turquie se taisait, et, au lieu de faire d'une façon quelconque acte de présence dans les oasis priucipales de l'hinterland tripolitain, elle se préoccupait uniquement de défendre vers la mer le vilayet qu'elle croyait menacé par nous, s'y armait et s'y fortifiait, croyant à des visées ambitieuses de l'Italie.

Ainsi nous nuisait ce fait que, loyalement, ouvertement, nous témoignions plus d'intérêt à la Turquie que les autres gouvernements.

. . . .

Telle était la situation lorsque survinrent la victoire anglaise d'Omdurman et l'arrivée du commandant Marchand à Fachoda, faisant craindre le péril terrible d'une guerre franco-anglaise qui pouvait être évitée seulement en délimitant les réciproques sphères d'influence en Afrique, de façon à satisfaire les intérêts et l'amour-propre réciproques des deux puissances. Aussitôt je prévis la probabilité d'une atteinte portée définitivement à l'hinterland de la Tripolitaine et je fis les démarches opportunes.

Mais il était depuis longtemps trop tard.

. . . .

Survint ainsi soudaine, mais non inattendue, la Convention du 21 mars, et quoiqu'elle engage seulement l'Angleterre et la France, cependant elle causa une grande impression en Italie. Le gouvernement s'en préoccupa également, bien que conscient qu'il n'y

avait pas faute ou imprévoyance de sa part. Ce fait serait arrivé
quel qu'eût été le ministère au pouvoir, car il était la conséquence
inéluctable de la politique suivie en Afrique par toutes les puissances intéressées pendant les neuf dernières années.

Pour arriver à la conclusion finale, il manquait seulement une
occasion propice. Celle-ci fut l'appréhension d'une grande guerre
qu'on voulait éviter à tout prix.

. . . .

Et nous ne devons pas trop nous plaindre s'il en est résulté pour
l'hinterland tripolitain un préjudice futur incertain, que, d'ailleurs,
nous ne pouvions pas empêcher.

Le gouvernement n'a pas manqué de demander à la France et à
l'Angleterre d'amicales explications, qu'elles nous ont fournies amplement, de manière à écarter tout doute sur leurs intentions et en
les accompagnant de témoignages d'amitié.

Les assurances qui ont été données établissent qu'il n'y a à
redouter dans le présent ni dans l'avenir aucune entreprise de la
France et de l'Angleterre contre la Tripolitaine, que rien ne sera
fait pour entraver les communications entre la Tripolitaine et les
régions centrales de l'Afrique.

Tripoli paraît aujourd'hui à l'abri des entreprises italiennes. Au surplus, toute tentative sur Tripoli ne manquerait
probablement pas de trouver la France préparée à prendre
des gages à proximité de la Tunisie et du Sahara, où Ghadamès et Rhat seraient entre nos mains d'utiles positions.

Ces deux localités, centres d'un commerce important, sont
les points de départ ou les lieux de passage de caravanes assez
nombreuses. Elles sont occupées par des garnisons turques
isolées qui conservent, au milieu de populations indépendantes, l'autorité tout au moins nominale des sultans.

Leur rôle, relativement important, sera examiné lorsque
nous nous occuperons du Sahara et de ses voies de communication.

Tripoli, malgré un port médiocrement aménagé, tient une
place prépondérante dans le commerce transsaharien. C'est
la principale place de soudure entre le commerce européen
et celui du Sahara, entre notre civilisation et les sociétés du
Soudan. Tripoli possède un outillage spécial pour le commerce
du Sahara, ainsi qu'un personnel habitué aux relations avec

le Soudan. C'est le point d'arrivée de toutes les marchandises provenant des régions avoisinant le lac Tchad, et c'est là que leurs prix sont débattus et fixés, comme dans une véritable bourse de commerce. Tandis que Tripoli est une des têtes de ligne du commerce du Sahara et le terminus de celui du Soudan central, Rhat et Ghadamès sont surtout des places de transit entre le Sahara et Tripoli, Gabès ou l'Algérie.

Il en est de même de Mourzouk, qui n'est, en quelque sorte, qu'un lieu de passage et de ravitaillement des caravanes venant du Bornou.

Le mouvement commercial entre Tripoli, Ghadamès, Rhat et le Soudan n'a jamais dépassé, même dans les années considérées comme les plus favorisées, le chiffre de 10 à 11 millions, importations et exportations. Ce chiffre, en 1895, a atteint la somme de 7 millions environ. Il s'est abaissé, en 1896, à 5.700.000 francs environ (1).

En 1898, le commerce d'ensemble de Tripoli s'est élevé à 9.500.000 francs aux importations, dont 1.800.000 francs de marchandises françaises, et à 9.938.000 francs aux exportations, dont 3.500.000 francs environ pour la France.

Au milieu des tentatives qui sont faites par l'Algérie et la Tunisie, aussi bien que par l'Égypte, pour détourner le commerce du Sahara et du Soudan, l'administration turque de Tripoli ne trouve d'autre moyen que la résistance passive pour conserver à ses négociants le monopole du commerce de ces régions.

Les protestations de la Turquie à l'égard de la Déclaration anglo-française du 21 mars 1899 ont abouti cependant à l'envoi à Tripoli, au mois de mai suivant, d'un nouveau gouverneur turc qui s'est empressé, dès son arrivée, de prêcher la fidélité au sultan et de promettre des réformes. En même temps, les garnisons étaient renforcées; de Constantinople on agissait sur les Senoussias pour les pousser vers le Soudan, et

---

(1) Rapport du consul de France à Tripoli. Le commerce soudanais, qui était tombé à 3 millions et demi en 1897, s'est relevé à près de 5 millions en 1898.

de Tripoli on entrait en relations avec Rabah, notre ennemi soudanais. On étudiera plus loin le développement de ces intrigues.

On peut estimer aux quatre cinquièmes du commerce transsaharien la part de la Tripolitaine. Aussi, tous les moyens sont-ils bons pour empêcher les étrangers de venir, non seulement prendre leur part des transactions, mais, surtout, examiner les moyens de détourner le transit.

En 1893, des négociants français firent des tentatives pour nouer des relations suivies avec Ghadamès. Ils n'eurent guère à se louer de l'attitude des autorités turques. On eût pu, dès ce moment, obtenir de la Porte l'établissement d'un consul français à Ghadamès et l'ouverture de ce marché à nos négociants algériens. On se borna, paraît-il, à demander le déplacement d'un fonctionnaire turc hostile aux intérêts français.

Mais la tentative fut renouvelée. Nous pouvons, aujourd'hui, obtenir le passage par Rhat et Ghadamès pour les caravanes venant de la Tunisie comme pour celles venant de Tripoli.

Gabès est le point d'attache désigné de ces caravanes; au mois de mars 1896, on a relevé l'arrivée à Gabès de l'une d'elles, venant de Rhat par Ghadamès.

La même année, on a constaté l'entrée, de ce côté de la Tunisie, d'importants envois de marchandises, là où les années précédentes il ne se faisait aucun trafic.

L'établissement de ces relations pacifiques, qui se développent d'une manière lente mais continue, est un heureux présage au point de vue de la possibilité d'attirer à nous et de développer la confiance entre les populations du Sahara et nos indigènes algériens et tunisiens. L'établissement, souvent conseillé, de quelques habitants de Tripoli dans nos possessions serait un moyen utile d'augmenter les relations et d'assurer leur développement. Mais, à Tripoli comme ailleurs, quels que soient les procédés employés, ils devraient être soutenus par une politique ferme et par l'assurance que la France est décidée à ne laisser porter aucune atteinte, soit à

son prestige, soit à la personne ou aux biens de ses nationaux
et de ses protégés.

Nous aurons l'occasion de reparler du pays de Tripoli
lorsque nous envisagerons les conditions de développement
des contrées voisines.

Pays de Barka.

A la Tripolitaine se rattache, au point de vue politique,
l'ancienne Cyrénaïque, ou pays de Barka, contrée très différente de la région de Tripoli.

C'est un plateau fertile et verdoyant aux cimes dépassant
1.000 mètres, nommé par les Arabes « la Montagne Verte »,
et dans lequel les anciens Grecs mettaient l'un des empla-
cements supposés du jardin des Hespérides. Le climat y est
analogue à celui de l'Italie, et le contraste entre cette région
et les pays sahariens qui l'entourent l'a fait considérer par
les nomades comme un lieu de délices.

Ce pays est cependant l'un des moins peuplés et l'un des
plus délaissés du littoral de la Méditerranée, bien qu'il comprenne la vaste région heureusement située au nord de la
dépression qui, de la frontière d'Égypte, va, par l'oasis de
Faredgha ou de Syouah, rejoindre la Grande Syrte. On n'y
compte pas plus de 300.000 habitants.

On sait combien étaient nombreuses, autrefois, les relations de la Cyrénaïque avec le reste du monde ancien ; aussi
doit-on s'étonner que l'influence de l'Europe n'ait pas plus
puissamment agi sur cette partie du monde africain si rapprochée de la Grèce qu'elle était considérée, sous les Romains, comme en faisant partie.

C'est que la Cyrénaïque n'est, en quelque sorte, qu'une
île sans débouchés. Entourée par la mer et par le désert,
son avenir est limité par le degré de prospérité que la fécondité de son sol peut lui donner. Elle n'a pas, comme la
Tunisie, qui lui fait face, ou comme sa voisine, la Tripoli-

taine, l'avantage d'avoir derrière elle tout un continent dont elle est l'entrepôt. Elle aura peut-être, dans l'avenir comme par le passé, quelques ports qui seront autant d'escales avantageuses pour le commerce; mais, ne se trouvant pas sur la grande route des échanges, elle risque d'être toujours éclipsée par les pays voisins de l'Est et de l'Ouest.

On a parlé à diverses reprises de l'occupation du pays de Barka par l'Italie. Certes, cette puissance y trouverait d'autres avantages immédiats, comme colonie de peuplement, que dans l'Érythrée; mais il ne faut pas oublier que c'est, au même degré que Tripoli, une dépendance de la Turquie, et qu'à ce titre les puissances soucieuses de l'intégrité de l'empire ottoman ne sauraient souscrire sans conditions à son occupation par un tiers.

La Déclaration anglo-française du 21 mars 1899 arrête au 15° de latitude nord la délimitation de la sphère d'influence française. L'Angleterre, a-t-on dit, eût peut-être été bien aise d'aller plus loin et d'amener une brouille, à ce sujet, entre la France et l'Italie. La diplomatie française, en tous cas, a été sagement inspirée, tout en réservant la solution de la question d'Égypte, de ne donner aucun motif de suspicion à la Turquie comme à l'Italie. Il a été ainsi possible de faire accepter à cette dernière puissance, qui, plus que jamais, avait, suivant l'expression de Michelet, « mal à l'Afrique », ce que les événements avaient rendu indispensable, tout en lui laissant l'espérance d'une place à prendre sur le littoral méditerranéen.

Il est utile de rappeler à ce sujet la thèse brillamment soutenue par M. Francis Charmes, dans un article du *Journal des Débats* :

Nous avons respecté les droits de la Porte et les espérances de l'Italie. Et, s'il en avait été autrement, nous aurions eu, nous aussi, des réserves à faire sur un arrangement qui aurait violé l'intégrité de l'empire ottoman et blessé les sentiments d'une nation amie. L'intégrité de l'empire ottoman est un des principes de notre politique, et, quant à l'amitié de l'Italie, nous avons suffisamment montré quel prix nous y attachions pour ne pas en relâcher les liens au moment même où nous avons eu la bonne fortune de les resserrer d'une manière plus étroite et plus intime.

Nous n'avons jamais eu la plus petite ambition du côté de la Tripolitaine.

Aussi, n'est-ce pas tant de la Tripolitaine qu'on parle dans les journaux italiens que de son hinterland : on nous accuse de nous en être attribué une partie. Il faudrait, pourtant, s'entendre une bonne fois sur le sens du mot « hinterland », introduit depuis quelques années dans le vocabulaire du droit des gens, mais qui est resté singulièrement vague et imprécis. Où finit l'hinterland d'un pays? Quelle en est l'étendue? Quelle en est la direction normale?

Tout le monde parle de l'hinterland, personne ne le définit. Dans le cas actuel, que doit-on entendre par là? L'hinterland de la Tripolitaine, c'est le Fezzan, et nous n'y avons pas touché. Soit, dira-t-on ; mais il ne suffit pas d'avoir le Fezzan comme hinterland de la Tripolitaine; il faut encore avoir celui du Fezzan, et, après ce second hinterland, on en demandera un troisième, et ainsi de suite sans jamais s'arrêter. Nous sommes dans le désert, et on s'en aperçoit: l'hinterland ainsi compris est un mirage qui fuit toujours devant les yeux. Eh bien! suivons-le. L'hinterland de la Tripolitaine n'est pas du tout dans la direction du lac Tchad; il ne s'étend pas en droite ligne du nord au sud, mais du nord au sud-est, entre les montagnes du Tibesti et le désert de Lybie. C'est là que sont, à travers les terres, les racines profondes de la Tripolitaine.

Qu'on nous pardonne le mot : la Cyrénaïque est le bon morceau de la Tripolitaine.

Si la Tripolitaine a un avenir, comme nous aimons à le croire, ce sera grâce à la Cyrénaïque; or, la Déclaration du 21 mars ne s'est occupée de son hinterland, aussi loin qu'on voudra le pousser, que pour l'exclure formellement des régions dévolues à la France.

La ligne qui a été tracée de l'extrémité méridionale de la Tripolitaine et du Fezzan jusqu'au M'Bomou se divise en deux tronçons parfaitement distincts. La coupure est au 15° de latitude. Au sud du 15°, la France et l'Angleterre ont pris des engagements réciproques à l'est et à l'ouest de la ligne. Nous abandonnons les territoires de l'est à l'Angleterre, elle nous abandonne les territoires de l'ouest. Mais, au nord du 15°, il n'en est plus de même. La ligne tracée par la Déclaration borne nos possessions à l'ouest; à l'est, la Déclaration est volontairement muette, et rien n'est changé à l'état de choses actuel.

....

Inutile d'ajouter que le gouvernement anglais aurait préféré le contraire. Il a lutté contre notre circonspection ; mais nous n'avons pas cédé. Tout l'hinterland de la Tripolitaine et de la Cyrénaïque a été maintenu aux détenteurs actuels de la province ou à leurs héritiers, s'ils doivent en avoir. Et alors que peut-on nous reprocher à Constantinople et à Rome? On nous reproche d'avoir pris le Kanem, le Ouadaï, le Borkou, le Tibesti : c'est la vérité. Mais ils ne font pas partie de l'hinterland de la Tripolitaine.

Qu'on nous pardonne cette longue citation; mais on ne saurait mieux dire, et les Italiens devraient être satisfaits de ces explications aussi bien que des sentiments que nous nourrissons à leur égard.

Telle qu'elle est, la Cyrénaïque est donc destinée à rester, au moins pour quelque temps encore, la proie convoitée par certains.

Son régime politique n'est d'ailleurs point nettement défini.

Le sultan de Constantinople donne bien l'investiture au moutessarif de Benghazi; mais, en réalité, il n'y a d'autre autorité dans le pays que celle du cheikh des Senoussias, dont le délégué à Benghazi a reçu le pouvoir d'exercer la justice.

On reparlera plus loin des Senoussias, dont un des centres de puissance est situé dans l'oasis de Djerboub, pays qui dépend nominalement de l'Égypte, mais qui se rattache davantage à la Cyrénaïque. Entre les deux pays il n'existe d'ailleurs qu'une frontière imaginaire, dont le point de départ est au golfe de Saloum. A l'intérieur du pays les populations reconnaissent bien l'autorité des fonctionnaires turcs, mais ceux-ci sont à la dévotion du cheikh des Senoussias, qui trouverait à lever dans le pays un grand nombre de partisans.

Les points les plus remarquables de la Cyrénaïque sont ses ports : Benghazi, qui fait avec la France un commerce assez développé; Derna, le golfe de Bomba, désigné comme devant servir à l'établissement d'un des grands ports militaires de l'avenir; Marsa-Soussa, où les Turcs auraient l'intention de

créer un port servant de débouché à une région qu'on peuple
d'émigrés musulmans venus de Crète.

Tobrouk est le port de ravitaillement et le débouché des
Senoussias et de l'oasis de Djerboub.

Tous ces ports entre les mains d'une puissance européenne
pourraient prendre un certain développement; abandonnés
aux Turcs, ils ne font qu'un commerce local de minime importance.

L'ordre des Senoussias.

Historique. — Son expansion. — Son rôle en Afrique.

De tous les ordres musulmans auxquels la France se heurte en Afrique, un des plus importants, comme aussi des plus irréductibles, est celui des Senoussias.

La fondation de l'ordre des Senoussias date de 1843. Elle est due au cheikh Senoussi el Medjahiri, originaire du Dahra algérien, qui, réfugié d'abord à La Mecque, se retira ensuite en Cyrénaïque, où il fonda sa première zaouïa à El-Beïda. Bientôt accoururent autour de lui des fugitifs musulmans de tous les pays, qui augmentèrent sa puissance au moment même où son influence s'étendait rapidement dans les pays environnants.

Vers 1855, se trouvant sans doute trop près de l'Europe et craignant la surveillance des Turcs, il se transporta à Djerboub, dans l'oasis de Faredgha, placée sous l'autorité nominale du khédive, mais, en réalité, indépendante.

Là, le mahdi fortifia sa puissance, étendant partout en Afrique ses intelligences et le renom de sa sainteté.

En 1859, son fils lui succéda et augmenta encore l'importance de Djerboub, où il éleva de vastes constructions servant à la fois de couvents, de casernes pour 3.000 gardes du corps, d'arsenaux et d'entrepôts. En relations avec l'Europe par le port de Tobrouk, il se procurait facilement tous les renseignements et toutes les armes nécessaires, tandis que, dans la Cyrénaïque, les fonctionnaires turcs lui obéissaient beaucoup plus qu'au sultan et que, d'un signe, il aurait pu y lever une armée.

Admirablement placés au point de passage obligé des caravanes de pèlerins qui, du nord ou du centre de l'Afrique, se rendent à La Mecque, les Senoussias se trouvaient, par cela même, en contact continuel avec les délégués du monde musulman de l'Afrique entière et pouvaient ainsi transmettre, rapidement et sûrement, le mot d'ordre à leurs affiliés, dispersés un peu partout dans le Soudan, le Sahara et l'Afrique du Nord.

C'est ainsi que des zaouïa ou couvents se fondèrent sur les principales routes du Sahara, dans le but de surveiller et de tenir au pouvoir du mahdi de Djerboub toutes les routes du Soudan.

En même temps, les mokaddems senoussias parcouraient les pays musulmans au pouvoir des infidèles, pour prêcher, non point la révolte ouverte, mais l'exil volontaire et la soumission absolue aux ordres du cheikh de Djerboub.

Le but avoué des Senoussias est, en effet, de former une confédération de tous les ordres religieux musulmans et de les rendre indépendants de toute autorité temporelle. Tout en réprouvant la violence, ils se sont rendus redoutables par leur organisation, leur discipline et leur solidarité.

Il est vrai que la religion senoussienne prescrit de refuser l'obéissance au sultan s'il s'écarte de la voie religieuse ; elle défend de parler au juif et au chrétien, et, si le chrétien ou le juif ne paie pas tribut, elle ordonne de le traiter en ennemi et même de le tuer. Il y a peu de Senoussias en Algérie, et cependant la France est à peu près la seule puissance jusqu'ici combattue par eux.

Aujourd'hui, les Senoussias ont des adhérents partout, du Congo à la Méditerranée et du Sénégal à l'Euphrate, et l'on estime à plus de deux millions le nombre des fidèles qui suivent la doctrine, paient l'impôt et reçoivent le mot d'ordre de leur cheikh El Mahdi Ould Si Mohammed es Senoussi.

En même temps que la conquête spirituelle, les Senoussias faisaient aussi la conquête réelle et complète de certains pays africains. Le pays de Barka était presque immédiatement devenu leur fief, ainsi que les oasis voisines. Une zaouïa importante, fondée à El-Istat, dans l'oasis de Koufra, fut chargée de surveiller les routes de l'Égypte au Tchad et de Tripoli à Khartoum. Bientôt le Ouadaï tout entier, travaillé par des émissaires, tomba sous le pouvoir du madhi, dont l'autorité s'étendit également sur le Kanem et jusqu'au delà du Baguirmi. Mais il vint se heurter, dans le Soudan égyptien, à l'influence d'un autre mahdi, celui qui devait soulever contre l'Égypte le Kordofan et le Darfour. Repoussé de ce côté, il continua sa propagande à travers le Sahara, fondant d'importantes zaouïas à Rhat, à Insalah, et chercha à gagner spécialement les Touareg, qui sont jusqu'ici les maîtres incontestés du commerce du Soudan.

Actuellement, les Senoussias tiennent sous leur domination effective ou indirecte le Sahara oriental avec la Cyrénaïque, une partie de la Tripolitaine, le Kanem et le Ouadaï. Mais, bien que leur influence s'exerce puissamment sur les Touareg, au delà de la route de Tripoli au Tchad, il semble cependant que des signes de décadence se soient déjà manifestés et que la propagande ne soit plus aussi active que par le passé.

Le voyageur Duveyrier disait des Senoussias :

La confrérie est l'ennemie irréconciliable et absolument dangereuse de la domination française dans le nord de l'Afrique et de tous les projets tendant soit à étendre notre influence, soit à augmenter la somme de nos connaissances sur le continent au nord de l'équateur.

Bien d'autres appréciations plus alarmantes encore ont été émises sur les visées du prophète et de ses partisans.

On a vu la main des Senoussias dans le massacre de la mission Flatters et dans la résistance des Touareg à toute tentative faite par la France pour pénétrer le Sahara.

On leur a attribué la résistance de Laghouat en 1852, la révolte des Ouled-Sidi-Cheikh en 1879-1881, l'insurrection de Mahmadou Lamine au Sénégal en 1886, l'assassinat de Dournaux-Duperré (1874), de Flatters (1881), de Palat (1886).

La police des Senoussias est admirablement faite. Tout visiteur est signalé à Djerboub longtemps à l'avance, et des postes de courriers à mehara sont organisés sur toutes les routes du désert.

Mais il faut reconnaître, d'un autre côté, que leurs progrès,

peu sensibles dans le Sud algérien, ont été à peu près nuls en
Tunisie, que les Touareg-Azdjers ne se sont point montrés
trop rebelles à l'influence française et que, dans ces derniers
temps, MM. Méry, d'Attanoux et Foureau ont pu accomplir
leurs missions sans trop d'obstacles visibles de la part des
Senoussias. Le colonel Monteil, qui les a approchés le plus
près, en parle comme d'une secte purement religieuse et peu
dangereuse au point de vue politique. Il signale, cependant,
le fait que la tribu nomade des Ouled-Sliman est entièrement
gagnée au nouveau prophète et qu'elle constitue un moyen de
propagande actif et énergique sur tous les pays voisins de la
route de Tripoli au Tchad. D'ailleurs, n'y aurait-il pas un in-
dice de crainte, de la part du mahdi, dans ce fait qu'il se
serait définitivement retiré de Djerboub dans l'oasis de Koufra, où il vient de fonder une nouvelle zaouïa, après avoir
installé son fils à sa place à Djerboub? Cette intention sem-
blerait dénoter le souci de reporter plus au Sud, hors des
atteintes du roumi, le centre de la propagande religieuse,
sans paraître, cependant, rien abandonner des conquêtes
passées.

L'absence de renseignements sur ce personnage mystérieux ne permet pas de tirer des conclusions certaines au
sujet de son action réelle sur les pays africains et de ses intentions futures.

On a prétendu que son changement de résidence lui avait
été inspiré par la politique anglaise, désireuse de contrecarrer
l'influence française et de faire surveiller plus étroitement les
routes du Soudan par les Senoussias, mieux placés pour cela
à Koufra qu'à Djerboub.

Les Anglais paraissent, en effet, avoir eu des intelligences
particulières avec le cheikh des Senoussias. Tout récemment,
à la fin de 1898, un voyageur anglais, M. White, a pu, sans trop
de difficultés, visiter l'oasis de Jupiter Ammon et en donner
une description. Ces intelligences pourraient bien ne pas
durer longtemps. Au mois de novembre dernier, on a annoncé
le départ du mahdi de Koufra pour le Soudan occidental; on
a ajouté qu'il était poussé par les Turcs et accompagné de

nombreux partisans. Cette offensive, suivant de près l'action de Rabah contre le Baguirmi et le Ouadaï, la marche de la mission Foureau-Lamy et le massacre de la mission Breton- net, témoigne que des événements importants ne tarderont pas à se produire aux environs du Tchad.

Quoi qu'il en soit, la divergence même des opinions émises au sujet du prophète indique la nécessité de surveil- ler ses agissements et de les combattre par tous les moyens et, notamment, par la concurrence des sectes musulmanes que la France a pu rallier à ses vues et à son influence.

Tunisie.

Succès de la politique française en Tunisie. — Situation économique du pays. — Son rôle méditerranéen. — Le port de Bizerte. — L'Italie en Tunisie.

Le succès de la colonisation française en Tunisie tient à de très nombreuses causes.

C'est d'abord le régime autonome, parfois réformateur, mais, le plus souvent, sagement conservateur, accordé au pays; l'homogénéité du territoire tunisien, qui ne présente point, comme en Algérie, trois zones distinctes, la similitude de ces contrées avec certaines régions du sud de la France et la salubrité de son climat. C'est ensuite l'heureuse situation du pays, orienté vers deux bassins de la Méditerranée et susceptible de subir plus facilement les influences étrangères, le grand développement des côtes, et, enfin, l'existence d'une population tranquille et sans fanatisme, qui sait vivre à côté de l'Européen et qui accueille avec un intérêt évident les manifestations multiples de la civilisation.

Il semble, aujourd'hui, que la Tunisie est définitivement entrée dans l'orbite de la France.

Le moment n'est cependant pas encore venu où l'opinion italienne, prise dans son ensemble et mise en présence du fait accompli, reconnaîtra sans arrière-pensée les bons effets du protectorat français en Tunisie; mais on constate que toute année qui se termine contribue à asseoir plus solidement l'influence française dans ce pays (1).

---

(1) Population civile française en Tunisie :

En 1880.........................	708 habitants.	
1891.........................	10.030	—
1896.........................	16.534	—
1899.........................	20.000	— environ.

Non compris les sujets français musulmans ou israélites qui n'ont pas qualité de citoyens français.

Il y a en Tunisie 90.000 étrangers, en grande partie Italiens et Maltais.

La superficie de la Tunisie est de 13 millions d'hectares, dont la moitié impropres à la culture.

On doit cet heureux résultat à la sagesse du régime politique imposé à la Tunisie et aux conséquences directes de la tranquillité ininterrompue dont elle a joui depuis l'occupation française.

Une rapide esquisse des conditions économiques actuelles de la Régence donnera la mesure de sa prospérité.

La loi du 19 juillet 1890, qui a ouvert le marché français aux produits tunisiens, a donné un vif essor au commerce de la Régence.

De 5 millions en 1886, les exportations passaient, dès 1894, à 26 millions. En 1895, un an environ avant la conclusion du nouveau traité italo-tunisien, le mouvement général des importations et des exportations atteignait 85 millions, dont 65 millions pour la France, 10 millions pour l'Italie, 12 millions pour l'Angleterre (6 millions pour Malte).

En 1899, le commerce général s'est élevé à 105.211.701 fr., dont 55.778.241 pour les importations qui sont, comme les exportations, en progression constante.

Pour 2 millions d'habitants, le budget tunisien est d'environ 25 millions (1). Les impôts, qui rentrent régulièrement, chose si rare en pays musulman, laissent annuellement un excédent de 10 p. 100. On ne demande, d'ailleurs, au contribuable que 13 francs environ par tête (90 francs en France), et l'indigène est heureux de recevoir, en retour, des travaux publics dont la dotation, pendant les seize premières années du protectorat, a dépassé 100 millions.

Avec cette dépense, qui n'a rien coûté à la France, on a pu terminer à peu près l'outillage des côtes, construire des phares, achever les ports de Tunis, de Sfax et de Sousse, creuser des ports de pêche, créer le port de Bizerte, qui n'aura pas coûté moins de 12 millions au budget tunisien. A l'intérieur, le réseau ferré a été considérablement augmenté par la construction récente des lignes de Tunis à Sousse (152 kilo-

---

(1) Pour 1899, le budget tunisien s'est élevé à 24.733.100 francs aux recettes et à pareil chiffre aux dépenses.

mètres), de Tunis à Zaghouan (48 kil.), de Sousse à Moknine. La ligne de Sfax à Gafsa (244 kil.) est terminée (1) et s'annonce comme devant changer la face des régions traversées, contrées arides, autrefois couvertes de forêts d'oliviers par les Romains; les phosphates de Gafsa qu'elle déversera sur le port de Sfax, commencé en 1896 et inauguré en mai 1899, sont considérés comme un élément de richesse inouïe, attirant dans un pays, jadis déshérité, la main-d'œuvre européenne et, avec elle, toutes les ressources de la civilisation (2).

. Le voyage entrepris en Tunisie, au mois de mai 1899, par M. Krantz, ministre des travaux publics, à l'occasion de l'inauguration du monument de Jules Ferry, cet illustre parmi nos coloniaux, a pu donner lieu à des manifestations diverses; il aura toutefois produit ce résultat de mettre davantage en lumière les effets obtenus, non seulement par le système du protectorat qui assure au pays la richesse, le prestige et une tranquillité inconnue en Algérie, par l'augmentation du commerce qui a triplé depuis quinze ans et a atteint 90 millions en 1898, mais aussi par le développement déjà prévu pour les travaux de l'avenir.

C'est ainsi que la ligne de Gafsa à Tozeur est décidée, ainsi qu'un tronçon de Moknine à Sfax, et que des propositions ont été adressées à l'administration au sujet des lignes de Kairouan à Thala et de Pont-du-Fahs au Kef.

Si, comme on l'a dit, l'œuvre de la colonisation est contenue

---

(1) Le chemin de fer de Sfax à Gafsa, commencé en septembre 1897, a été terminé le 1er janvier 1899. Ses 244 kilomètres, effectués d'après la méthode employée pour le Transsibérien, ont été construits avec une vitesse qui a dépassé, sur certains points, 1.500 mètres par jour. C'est un heureux précédent pour le Transsaharien.

(2) Les gisements de phosphates s'étendent de Tamerza à l'oued Stah, à 20 kilomètres ouest de Gafsa, sur 50 kilomètres de long et 10 kilomètres de large et sur une couche de 2 à 4 mètres. Ils ont été découverts, en 1885, par M. Thomas, qui en avait déjà signalé dans le sud de la province d'Alger, ainsi qu'à Tébessa, où l'exploitation, commencée en 1892, fournit 200.000 tonnes par an. On évalue à 7 millions de tonnes la quantité de phosphates existant dans la région de Gafsa.

La Compagnie des phosphates, au capital de 18 millions, a reçu, en échange de la concession des gisements et de 30.000 hectares de terrain, la charge de construire le chemin de fer sans garantie ni subvention et l'obligation de payer 1 franc de redevance par tonne de phosphate exporté.

presque en entier dans un programme de travaux publics, la Tunisie s'est vraiment réservé, avec l'aide de la France, un avenir plein de promesses.

Un des événements politiques les plus importants de ces dernières années a été, en Tunisie, l'ouverture du port de Bizerte à la marine militaire et marchande.

Le lac de Bizerte a 12 kilomètres de diamètre avec des fonds permanents de 10 à 12 mètres. Il est séparé de la mer par une langue de sable de 2 kilomètres de large, supportant des batteries dont les feux sont dirigés vers la haute mer, et percée d'une passe de 120 mètres de large et de 9 mètres de fond. Deux jetées de 1 kilomètre de long protègent l'entrée du port contre les sables, et comprennent un avant-port d'une surface de 100 hectares.

Pour la première fois, en 1895, nos cuirassés ont pu pénétrer dans ce vaste lac intérieur.

Ce fait, dont le retentissement a été profond en Italie comme en Angleterre, a eu pour résultat de nous créer une situation militaire favorable et enviée dans le bassin occidental de la Méditerranée.

L'Angleterre, par Gibraltar, Malte, Chypre et l'Égypte, coupait à chaque pas les communications entre les divers bassins de cette mer.

L'Italie, avec la Sicile, la Sardaigne et Pantelleria, rêvait toujours de Bizerte, qui lui eût permis d'élever entre les deux bassins de la Méditerranée une barrière de forteresses.

La France a pu heureusement et sans complications mener à bien une entreprise qui a pour résultat de rétablir l'équilibre des forces dans cette partie de l'Afrique. A l'occupation de Malte et aux menaces italiennes, elle a répondu par l'aménagement et la fortification du port de Bizerte, devenu non seulement une rade de refuge, mais aussi une position offensive de premier ordre. Relié par une voie ferrée au chemin de fer de Tunis à Constantine, le lac de Bizerte, possédant des communications assurées avec l'intérieur, débouchant vers la mer par une passe fortifiée, tenu à l'abri de toute attaque

venant du large, forme un des points stratégiques les plus
remarquables de la Méditerranée.

Déjà utilisé par le commerce, il a vu son tonnage augmenter rapidement, grâce à l'outillage moderne dont il commence à être doté. Déjà il fait concurrence à Tunis et attire
de son côté les produits de la vallée de la Medjerdah, en
même temps qu'il rend plus courte la route de Marseille à
Tunis. On peut, dès maintenant, lui prédire de brillantes
destinées au point de vue commercial. Il en est de même au
point de vue militaire, après les expériences qui ont été faites
depuis le 13 mai 1896, date à laquelle trois cuirassés, deux
croiseurs et sept torpilleurs de haute mer sont entrés et ont
évolué dans le lac, établissant ainsi la valeur de ce nouveau
point d'appui et de l'accroissement de puissance qu'il donne
à la France en Méditerranée. Le souvenir du voyage effectué
en octobre 1898 par M. Lockroy, ministre de la marine, est
encore présent à l'esprit de nos militaires et de nos marins
et fournit la preuve nouvelle de toute l'importance qu'on
attache, dans nos sphères gouvernementales, au développement du port de Bizerte (1).

L'organisation de Bizerte a été complétée au commencement de 1899 par l'envoi de renforts tirés momentanément de
la métropole et par la nomination d'un capitaine de vaisseau
comme commandant de la marine en Tunisie. Cet officier supérieur relèverait, en temps de guerre, du contre-amiral commandant de la marine en Algérie. Tout récemment la place de
Bizerte a reçu un gouverneur militaire et il est prévu, pour
elle, dans le plan général de défense des côtes, un crédit de
38 millions:

---

(1) Les forces militaires françaises stationnées en Tunisie comprennent une
division de troupes de toutes armes.

Ces forces s'élèvent à environ 15.000 hommes et sont à peine suffisantes pour défendre le pays contre les corps d'armée stationnés en Sicile et dans l'Italie méridionale et contre les 10 à 15.000 Anglais constamment maintenus à Malte.

La transformation progressive de Bizerte en port militaire entraînera vraisemblablement la progressive augmentation de ces effectifs. Il faut y ajouter la garde
beylicale, qui compose à elle seule toute l'armée tunisienne et comprend un bataillon d'infanterie, une batterie d'artillerie et un détachement de cavalerie.

Non moins important, dans les annales tunisiennes, au point de vue à la fois politique et économique, est le renouvellement, conclu le 28 septembre 1896, pour une période de neuf années, du traité de commerce italo-tunisien.

Le traité précédent, conclu en 1868 pour une période de vingt-huit ans, venait à expiration le 1er octobre 1896, et son renouvellement était pour l'Italie un sujet de préoccupations que justifiait assez l'importance des produits échangés autant que les intérêts des nombreux Italiens émigrés en Tunisie (1). La question capitale à envisager était, pour la France, l'abolition des capitulations, qui devait entraîner, par le fait, la reconnaissance par l'Italie du protectorat français. Ce résultat fut obtenu par des concessions consenties ou continuées au commerce italien.

Le *statu quo* est maintenu pour le régime des écoles italiennes, de la pêche, du cabotage. Des avantages sont accordés au sujet des tarifs douaniers, et des stipulations particulières règlent les points relatifs à la navigation, le traitement des sujets des deux nations en matière d'établissement et de trafic, le service consulaire et les extraditions.

La *Correspondance de Vienne*, qui passe pour recevoir des communications officieuses de certains gouvernements européens, commentait, en octobre 1896, la conclusion de cet accord dans les termes suivants, en envisageant cet événement sous son véritable point de vue :

Le point principal des négociations entamées à Paris concerne les capitulations existantes à Tunis et datant du temps de la domination turque. Or, le gouvernement français est d'avis que, maintenant que l'ordre règne à Tunis, grâce à l'administration française, lesdites capitulations n'ont plus de raison d'être. L'Autriche-Hongrie, l'Allemagne et la Russie ont déjà renoncé aux anciennes capitulations, la première en échange de la renonciation par la France

---

(1) En ce qui concerne seulement la culture de la vigne, le nombre des viticulteurs italiens a passé de 80 à 276 de 1891 à 1898. Il vient de se fonder deux Sociétés siciliennes qui ont acheté 3.000 hectares où vont être installées 200 familles italiennes.

à l'application à ses vins de la clause bien connue du traité austro-italien.

Ce qu'il y avait de plus difficile dans cette affaire, c'était de mettre d'accord la France et l'Italie, surtout alors que le cabinet Crispi, en raison de l'importance de la colonie italienne à Tunis, ne voulait pas pendant longtemps se rendre aux exigences de la France. Mais, depuis l'avènement du cabinet di Rudini et surtout depuis que le marquis Visconti Venosta se retrouve à la tête de la Consulta, les dispositions de l'Italie ont pris une tournure plus amicale. En se décidant à renoncer aux capitulations, l'Italie a certainement fait un grand sacrifice et a prouvé clairement combien elle désire entretenir des relations amicales avec la France, dans l'intérêt de la paix européenne. Dans le nouveau traité de commerce italo-tunisien, tous les intérêts et tous les droits garantis d'une manière générale par les anciennes capitulations devaient être spécifiés et définis, comme cela est d'usage dans les traités entre des puissances civilisées. Il y a là l'aveu tacite de l'Italie que la Tunisie est traitée comme un territoire français et, par là, paraît éliminée une des divergences les plus délicates qui existaient entre les deux pays voisins.

Deux années se sont écoulées depuis l'accord italo-tunisien conclu avec l'espoir et sous la condition tacite de voir cesser les revendications italiennes.

Il a suffi que la France se soit trouvée engagée avec l'Angleterre, dans le conflit de Fashoda, pour qu'un homme d'État italien crût le moment venu, en octobre 1898, de raviver les espérances de ses compatriotes.

Au cours d'un voyage accompli en Sicile par trois ministres de la péninsule, M. Nasi, ministre des postes et télégraphes, a prononcé, à Trapani, en face de la côte africaine, un discours dont les idées furent désavouées quelques jours plus tard, mais dont nous croyons devoir citer les passages essentiels :

Ce qui doit être un sujet de profonde émotion pour l'âme de tout Italien, c'est la présence parmi nous de représentants de la colonie italienne de Tunis. Mes collègues — qui ont pu recueillir la preuve que la pensée par moi affirmée plusieurs fois dans le Parlement n'était pas l'expression d'un vain sentimentalisme, ni le désir de maintenir ouverte une question déjà fermée — mes collègues, dis-je, peuvent constater aujourd'hui que cette colonie est une continuation de notre patrie et que, si la terre qu'elle habite ne nous appartient pas, cependant son âme est à nous, et que les nombreux et grands intérêts que nous avons là-bas méritent respect, tutelle et défense.

Il est vain de récriminer vis-à-vis des faits accomplis, mais le passé ne doit pas être sans enseignements pour l'avenir. J'ai dit à la Chambre que, même si le nombre de nos ressortissants était moindre ou tout à fait minime, les questions qui ont trait à Tunis seraient toujours d'un grand intérêt italien. L'histoire de tous les temps enseigne que l'Italie ne peut avoir de sécurité si elle n'est pas protégée du côté de la mer et qu'elle n'y peut être en sûreté si notre défense n'est pas proportionnée aux dangers qui peuvent surgir là où autrefois s'élevait Carthage.

. . . .

Nous nous réjouissons avec vous, représentants de la colonie tunisienne, que vous ayez conservé cette idée et ce sentiment italiens.

. . . .

Tandis que toutes les puissances se disputent la possession de terres lointaines, ce serait non seulement commettre une impardonnable erreur, mais se rendre coupable de lèse-patriotisme que d'abandonner la défense de nos colonies, notre droit d'exercer une part d'influence dans le monde et d'assurer à nos courants d'émigration sécurité, prospérité et respect.

. . . .

La réponse à ce discours ne se fit pas longtemps attendre. Peu de jours après était signé à Paris le nouveau traité de commerce conclu entre la France et l'Italie.

Cette esquisse trop rapide suffit à montrer les remarquables résultats obtenus en Tunisie par une politique prudente et ferme.

On a fait pressentir les conséquences qui pouvaient en découler au point de vue des questions méditerranéennes. On verra plus loin quels effets on peut en attendre en ce qui concerne le développement de l'influence française dans les territoires de l'intérieur.

Algérie.

Condition actuelle de l'Algérie (commerce, chemins de fer, population, etc.). — Les tendances séparatistes. — Besoins et demandes des colons. — Ce que l'Algérie coûte à la France. — L'ordre des Tidjania. — L'armée d'Afrique. — La pénétration vers le Sud.

L'Algérie, si bien nommée « la France nouvelle » (1), nécessiterait un ouvrage spécial. Il serait trop long d'analyser les événements récents qui ont pu se passer dans cet intéressant pays. On n'en retiendra que ce qui a trait à sa situation d'ensemble, à ses relations avec les pays voisins et au rôle que l'Algérie, prolongement de la France, pourra jouer dans les événements futurs.

Quelles que soient les appréciations, souvent intéressées, que l'on a portées sur notre colonie, les faits sont là pour démontrer que son développement prend tous les jours une extension plus grande.

La France ne saurait trop se féliciter des résultats obtenus, au point de vue agricole, par la constitution des vignobles algériens, l'exploitation des céréales, l'élevage des moutons, l'extraction des produits des mines et les perfectionnements des moyens de production agricoles et industriels.

C'est, comme partout ailleurs, par la construction d'un important réseau de routes et de quelques voies ferrées, encore trop peu nombreuses, que l'on a le plus développé la production et le commerce algériens.

Dans son rapport distribué au Sénat en 1895, M. Labiche, rapporteur de la commission de l'Algérie, signalait les avantages inappréciables que la colonie avait tirés du développement de son réseau ferré.

---

(1) Edmond About.

En matière de colonisation, ajoute-t-il, il est difficile d'espérer des résultats immédiats; on travaille surtout pour l'avenir. En ce qui concerne l'Algérie, l'avenir ne s'est pas fait attendre bien long-temps.

En 1865, époque où les premiers tronçons du réseau ferré ont été construits, le commerce général se chiffrait par 265.814.224 francs, les importations dépassant les exportations de 39 p. 100.

En 1886, le réseau actuel étant presque entièrement terminé, ce commerce atteignait 418.567.014 francs, les importations ne l'emportant plus que de 11 p. 100 sur les exportations.

En 1893, année que nous avons signalée comme ayant été moins favorable, le chiffre total du commerce s'élevait à 432.326.516 francs, et, malgré la moins-value de la production algérienne, l'importance des exportations ne le cédait encore que de 19 p. 100 à celle des importations.

En 1890, les exportations, s'élevant à 293.029.623 francs, ont dépassé les importations, qui n'ont atteint que 272.947.618 francs (1).

M. Labiche concluait en invitant le gouvernement à encourager par tous les moyens la construction des voies ferrées et les procédés de colonisation.

Les chemins de fer, indispensables au point de vue économique, ne sont pas moins nécessaires en ce qui concerne l'état social d'une colonie qui doit se préoccuper de l'absorption des divers éléments européens composant sa population (2).

Une page du rapport cité plus haut donne, malgré son opti-

---

(1) D'une statistique présentée au congrès de géographie d'Alger par la chambre de commerce de cette ville (mars 1899), il résulte qu'en 1898 les entrées dans le port d'Alger ont été de 4.077 navires (dont 917 français et 225 anglais), représentant un tonnage de 3.430.022 tonnes. En 1888, le mouvement des entrées avait été de 2.529 navires, avec un tonnage de 1.310.000 tonnes. En 1898, les sorties ont été de 4.074 navires, jaugeant 3.437,320 tonnes. Le total des entrées et des sortie pour 1898 atteint donc 6.867.342 tonnes.

(2) En 1840, on ne comptait encore qu'une population rurale de 1.580 individus, qui exploitaient une superficie de 2.743 hectares. En 1891, les Européens, sans compter l'armée, étaient en Algérie au nombre de 483.475, dont 267.672 Français. Voici les résultats du recensement de 1896 :

Français	317.937 ⎫	528.147
Européens	210.210 ⎭	
Marocains, Tunisiens	17.022	
Israélites	48.763	
Indigènes	3.765.606	
TOTAL	4.359.538	

misme, une idée assez nette de cette dernière question, qui
préoccupe les esprits, en France comme en Algérie.

De 1886 à 1891, la population française a progressé de
48.601 personnes, et la population étrangère de 12.600 seulement. Cette différence doit être attribuée, d'après M. Labiche,
d'une part à l'émigration, d'autre part aux naturalisations.

Les inquiétudes parfois manifestées sur le développement de
l'immigration des étrangers en Algérie n'ont pas de raison d'être ;
on peut, en effet, se rendre bien vite compte que l'esprit français
agit d'une manière prépondérante sur la masse des étrangers qui
sont venus collaborer avec nos nationaux à l'œuvre de colonisation.

La loi du 26 juin 1889 sur la naturalisation a produit des effets
remarquables : c'est la règle générale que les fils d'étrangers, surtout dans la population espagnole, de beaucoup la plus nombreuse
en Algérie, acceptent l'obligation du service militaire, sans hésitation, tout naturellement pourrait-on dire, et deviennent ainsi
Français. Les exceptions sont rares. Le plus grand nombre, pour
ne pas dire la presque totalité des fils d'étrangers, encore aujour-
d'hui à l'âge de minorité, seront alors, depuis longtemps, devenus
Français, et, avec eux, les enfants qui naîtront d'eux.

Les étrangers établis dans la colonie sont, au surplus, il faut bien
le reconnaître, des auxiliaires utiles et même, dans l'état actuel des
choses, des auxiliaires indispensables de la colonisation française.

Dans la province d'Oran, les Espagnols sont les ouvriers précieux
d'une industrie considérable qui permet de tirer parti de ces
immenses territoires où ne pousse que l'alfa, de ce qu'on a appelé
la « mer d'alfa ». C'est à ces mêmes Espagnols qu'il faut également
attribuer la plus grosse part dans les cultures irriguées qui font la
fortune des plaines du Sud de la Mina et de l'Habra, comme les
cultures maraîchères, si florissantes sur certains points du littoral,
sont l'œuvre d'émigrants des Baléares, de l'Italie méridionale, de
la Sicile.

Ces constatations sont justes dans leur ensemble. Mais beaucoup d'Algériens ne se font pas faute de protester contre la
concurrence de la main-d'œuvre étrangère et d'émettre des
craintes sur le danger que fait courir à la prédominance française l'existence des groupements espagnols et italiens de la
colonie. On est parti de là pour attaquer la loi de 1889 et demander sa suppression ou sa modification. Il est certain que

l'état des choses existant actuellement est digne d'attirer l'attention du législateur, aussi bien en ce qui concerne la question israélite, qu'il est impossible de nier, qu'en ce qui touche celle des étrangers, bien moins aiguë, mais non moins importante.

Tous ces éléments épars ont fait redouter la formation d'une population aux allures particulières, avant tout algérienne, c'est-à-dire plus dévouée à ses intérêts immédiats qu'aux intérêts généraux de l'Algérie et de la France.

Cette crainte pourrait être fondée si la métropole se refusait obstinément à donner à l'Algérie la part de libertés qui lui est nécessaire. Mais, quelles que soient les tendances de la population algérienne d'origine européenne, on doit observer qu'en raison du nombre des indigènes qui ne sauraient s'assimiler pour le moment, de la proximité de la mère patrie et, surtout, de la nécessité de recourir à l'armée de la métropole pour assurer l'existence de la colonie, celle-ci ne peut songer à manifester les sentiments d'autonomie qu'on lui prête, autrement qu'en demandant l'augmentation progressive et lente de ses prérogatives.

Il est un fait remarquable que l'histoire met en lumière et qui est digne de fixer l'attention : c'est le peu d'aptitude que les populations du nord de l'Afrique ont montré, pendant le cours des siècles, à se gouverner elles-mêmes.

A part quelques petites sociétés particulières, telles que celles qui occupent des massifs montagneux comme la Kabylie et le Riff, l'ensemble du pays a toujours été conquis, dominé et même converti par le premier passant venu. Il faut remonter aux rois numides pour trouver les traces d'un gouvernement un peu important d'autochtones indépendants.

Depuis lors, les Carthaginois, les Romains, les Barbares, les Arabes, les Turcs et, enfin, les Français ont successivement imposé leur domination à des populations qui, prises dans le détail, montrent cependant des qualités guerrières remarquables.

Il faut en chercher la raison dans la configuration du pays, qui ne se prête pas à la constitution d'une nationalité particulière et vivace.

Sur les côtes, pas de ports naturels commodes et sûrs, — *terra infelix carenis* — sauf Bizerte, placée d'ailleurs dans une situation excentrique, et qui, par suite de la déviation des grands courants commerciaux, ne peut guère espérer, malgré les imposants souvenirs légués par Carthage, recueillir, au point de vue social, l'héritage de l'antique métropole.

Au Sud, le Sahara, cette autre mer vaste et continue, aux rares archipels, se laisse pénétrer par les explorateurs et les commerçants, mais ne possédera jamais que de petits groupements organisés, vivant séparément et probablement incapables de se fondre entre eux ou avec les voisins.

Entre la mer et le Sahara, une série d'escaliers à peu près parallèles à la côte, séparant le pays en zones trop étroites, le divisant en plusieurs casiers distincts, déterminés par les érosions transversales des oueds et par les soulèvements de quelques massifs jetés çà et là. Dans ces casiers se sont développées des populations qui, indépendantes ou conquises, ont conservé des caractères les distinguant, à la fois, des agglomérations voisines et des conquérants de passage.

Ces caractères expliquent les différences persistantes observées entre les nations arabe et kabyle, qui, sans se mélanger ni se superposer, ont donné elles-mêmes naissance à d'autres groupes particuliers.

L'extrême diffusion des moyens de communication pourra seule apporter un remède à cet état de choses, créé par des causes primordiales qui ont marqué d'une empreinte particulière les quatre provinces françaises de l'Afrique du Nord et ont fait naître les caractères bien tranchés qui les distinguent entre elles.

Pour les mêmes causes, la conquête et la défense de ces pays doit s'envisager par théâtres d'opérations distincts.

On n'y trouve pas, en effet, comme dans la plupart des pays

de l'Europe, un objectif décisif ou un massif formant réduit, dont la conquête entraîne celle du pays tout entier; on y constate, au contraire, plusieurs échiquiers correspondant à des réduits distincts et obligeant le conquérant à procéder par approches successives et par opérations séparées et parfois divergentes. L'histoire de nos expéditions en Algérie est là pour démontrer ce fait que l'avenir ne peut manquer d'enregistrer de nouveau (1).

Il résulte de là qu'on trouverait difficilement, dans l'Afrique du Nord, les éléments naturels qui concourent d'habitude à la formation d'une grande nation, en admettant même que les peuples qui l'occupent soient capables de se fondre en un tout homogène.

Trop de raisons s'opposent à une fusion, même éloignée, entre musulmans et chrétiens. Le mélange, plus facile, qui est en train de s'opérer entre Européens de nationalités différentes amènera sans doute, comme on l'a dit plus haut, l'avènement d'une société mixte dont le caractère général dérivera, avec prédominance des mœurs et des idées françaises, des tendances particulières aux trois peuples qu'on a appelés des nations latines.

Quelles seraient les conditions d'existence d'une pareille minorité livrée à elle-même, en présence d'une masse indigène pour longtemps encore irréductible et mécontente?

---

(1) Si Anvers a pu être un pistolet armé au cœur de l'Angleterre, Gibraltar et Malte sont deux canons braqués sur l'Algérie. A Malte, l'Angleterre entretient de 10 à 15.000 hommes. A Gibraltar sont des réserves en quantité indéterminée. Ces forces peuvent être jetées, en moins de vingt-quatre heures, soit sur Raschgoun, soit sur Bizerte. D'où la nécessité d'entretenir dans l'Afrique du Nord une armée entière et, pour ce qui a trait au temps présent, l'obligation de lui conserver les quelques renforts envoyés de France au début de 1899 et trop tôt rappelés, quoiqu'en partie. D'où aussi la nécessité de surveiller étroitement les tentatives déjà manifestées par les Anglais d'établir des postes stratégiques en Sicile, en Sardaigne et aux Baléares. Que l'on n'oublie pas cette parole, prononcée par un agent étranger, en Algérie, — et non des moindres : « L'Angleterre ambitionne l'Algérie! » Le mot a été dit au moment de la tension politique de décembre 1898.

Il n'est pas inutile de rappeler à ce sujet que le projet de défense coloniale, soumis au Parlement, prévoit une dépense de 2 millions pour organiser la défense mobile navale au cap Matifou et à Mers-el-Kébir et pour allonger la forme de radoub d'Alger.

La réponse ne saurait être douteuse, pas plus que la conclusion des constatations qui précèdent.

Les difficultés que la nature a opposées à la création d'une nationalité puissante dans l'Afrique méditerranéenne, difficultés encore aggravées par l'existence d'une mosaïque de peuples à tendances et à religions différentes, s'opposent plus efficacement que la force aux idées séparatistes émises par certains et récemment reproduites pendant les crises de la vie publique algérienne.

Si, à la faveur d'événements quelconques, une séparation venait à se produire entre la métropole et la colonie, la question de l'indépendance de celle-ci se poserait immédiatement, et il ne faudrait pas de longues années pour constater qu'elle ne se serait affranchie d'une tutelle naturelle et bénigne que pour retomber lourdement sous la dépendance économique ou politique de protecteurs plus exigeants.

L'exposé et l'analyse des besoins, des demandes et des désirs des colons algériens exigerait des volumes entiers. On se bornera ici à préciser les principaux, dont l'énoncé seul jette un jour assez vif sur les conditions actuelles de la colonie. Nous le trouvons dans le résumé suivant, exposé par M. Étienne, député d'Oran, à l'occasion du vote du budget de 1899, au rapporteur du budget de l'Algérie (décembre 1898) :

1º Utilité de rattacher l'Algérie au ministère des colonies ;

2º Loi de 1889 sur la nationalité ;

3º Décret Crémieux ; abrogation de la loi de 1889 et du décret Crémieux, mais, pour l'avenir, sans effet rétroactif ;

4º Police des grandes villes algériennes à placer sous l'autorité exclusive des préfets ;

5º Jury algérien ; création de cours d'appel à Oran et à Constantine ;

6º Politique à suivre dans le Sud pour l'occupation du Touat ;

7º Rapports avec le Maroc ; expansion pacifique ;

8º Création de points d'appui et de ports de refuge, tels que Mers-el-Kebir, Arzew et Raschgoun ;

9º Création de centres et suppression des formalités pour abrége les délais trop longs; 60 hectares à accorder à chaque colon au lieu de 35; maintien du système des concessions et des ventes;

10° Création de routes, conduites d'eau, canaux, barrages, plantations d'arbres et reboisement;

11° Autorisation à accorder au gouverneur pour traiter directement des achats de terres aux indigènes pour la création et l'agrandissement des centres, et pour statuer sur la désaffectation des dotations communales;

12° Seconder le renouvellement du privilège de la Banque de l'Algérie (ces pouvoirs appartiennent actuellement au ministre); création des caisses agricoles;

13° Accorder à l'Algérie le privilège des bouilleurs de cru, comme en France;

14° Réduction des tarifs de chemins de fer;

15° Rachat des Compagnies de chemins de fer algériens; constitution de deux réseaux au lieu de cinq actuellement existants; question des gares et des haltes à construire;

16° Question du phylloxera;

17° Forêts de chênes-liège à exploiter;

18° Chemins de fer de pénétration d'Aïn-Sefra à Djenien-bou-Resg et prolongements; le Transsaharien; ligne d'Aïn-Temouchent à Marnia et de Tlemcen à Raschgoun;

19° Question de la sécurité; déplacement des tribus d'un département dans les autres; augmentation des brigades de gendarmerie;

20° Impôts arabes; réformes à introduire conformément au rapport Clamageran au Sénat;

21° Enseignement des indigènes devant porter uniquement sur la langue française; procédés de culture à leur apprendre;

22° Multiplier les soins médicaux dans les tribus et rendre la vaccination obligatoire; créer des ambulances dans les tribus;

23° Création de points d'eau dans le Sud;

24° Colonisation française sur les hauts plateaux;

25° Établissement du homestead pour les indigènes et les colons;

26° Création de chambres d'agriculture par décret.

Notre programme serait plus simple. A notre avis, l'Algérie ne pourra se développer largement et sans entraves qu'à la condition de calquer son régime sur celui que l'Angleterre accorde à ses grandes colonies : Canada, Cap, Australie.

Il est question de lui accorder l'autonomie de son budget, réforme indispensable à l'essor de toute colonie. Qu'on aille plus loin encore dans cette voie féconde et bientôt les W. Laurier et les Cecil Rhodes naîtront en Algérie, *ad majorem Galliæ gloriam!*

Combien l'Algérie coûte-t-elle à la France ?

Entre les affirmations contraires des parties intéressées à rejeter du budget de la métropole sur celui de la colonie, ou inversement, des dépenses régulièrement afférentes à l'un ou à l'autre pays, on peut cependant se faire une opinion à peu près exacte. Au budget de 1899, on a demandé pour l'Algérie une subvention de 73.370.449 francs, soit une différence en moins, sur l'exercice 1898, de 368.513 francs.

Lors du vote du budget de 1897, on a indiqué le chiffre d'une vingtaine de millions comme étant le montant du déficit du budget algérien. On en a déduit que ce déficit devrait être comblé par un relèvement des impôts dans la colonie, et un calcul approximatif a paru faire ressortir que l'échelle des taxes françaises appliquées à l'Algérie augmenterait ses recettes de 44 millions.

Il était évident que ces affirmations soulèveraient des protestations. Bien que les chiffres ci-dessus n'aient pas été contestés, les Algériens ont expliqué que les 20 millions de déficit correspondaient, à peu près exactement, au montant de la garantie d'intérêts payée aux Compagnies de chemins de fer. Cette garantie d'intérêts tend à diminuer tous les ans, par suite des recettes croissantes des voies ferrées, et l'on sait que, dès 1899, la Compagnie du P.-L.-M. algérien n'en réclame plus. On doit conclure de là que, dans un certain avenir, les recettes de l'Algérie réussiront à couvrir entièrement ses dépenses.

Quant à l'augmentation des impôts en Algérie, on ne saurait l'envisager rigoureusement avant quelques années, sous peine de causer de graves préjudices à une industrie et à un commerce naissants. Le chiffre de 44 millions précité doit, d'ailleurs, être considéré comme un maximum que des discussions sérieuses ont ramené à 28 et même à 11 millions seulement.

Cette différence de traitement s'explique facilement par la différence de richesse entre la métropole et la colonie, qui interdit l'adoption du même régime d'impôts.

D'ailleurs, comment espérer attirer de nouveaux colons français en Algérie si on ne leur fait pas entrevoir un régime de faveur?

Il serait intéressant de rechercher, par contre, ce que l'Algérie rapporte à la France. On ne saurait mieux faire à cet égard que de citer le passage suivant du discours prononcé par M. Laferrière, le 11 décembre 1899, lors de l'ouverture de la session du conseil supérieur de gouvernement :

En ce qui concerne la situation matérielle de la colonie — et si l'on fait abstraction de la dépression passagère que la mauvaise récolte de 1899 aura produite — les derniers résultats constatés sont des plus satisfaisants.

Le mouvement général des échanges, qui était de 572 millions en 1897, s'est élevé l'année suivante à 588 millions, dont plus des trois quarts, 457 millions, sont des échanges avec la métropole.

Pour la première fois les exportations d'Algérie en France (232 millions) ont dépassé les importations de France en Algérie (225 millions), de sorte que notre compte commercial avec la métropole non seulement se balance, mais présente un solde créditeur de 7 millions.

Il serait intéressant d'évaluer combien ces 457 millions de marchandises circulant entre la France et l'Algérie rapportent au Trésor, soit à raison des recettes dont les compagnies de transports peuvent avoir à tenir compte à l'État, soit par les droits directement perçus sur les connaissements, lettres de voiture, correspondances postales ou télégraphiques auxquelles ces échanges donnent lieu. Si ces calculs étaient possibles, ils montreraient qu'un élément appréciable vient ainsi s'ajouter aux recettes que le Trésor effectue dans la colonie et contribuent à atténuer les sacrifices qu'il fait pour elle.

Ces sacrifices s'atténuent d'ailleurs chaque année par la seule progression des recettes prévues au budget. Cette progression qui, depuis une période déjà longue, a été d'environ 1 million et demi par an, sera cette année de plus de 4 millions.

Ce rapide exposé de la prospérité algérienne, tous les jours

grandissante, suffit à démontrer l'importance que la France
doit attacher au développement de sa colonie.

L'année 1897 a été marquée, en Algérie, par un événement
religieux qui a donné aux indigènes l'occasion d'affirmer
d'une manière tout au moins officielle leurs sentiments de
loyalisme à l'égard de la France. A cet égard, il ne saurait
passer inaperçu.

Le 20 avril 1897, mourait, à Guemar, dans l'oued Sauf, Si
Ahmed ben Mohamed Tedjini, chef suprême de la confrérie
religieuse des Tidjania, dont les ramifications s'étendent jusque dans le centre de l'Afrique. A l'occasion de ce décès, une
cérémonie fut organisée, le 4 mai suivant, dans la grande
mosquée d'Alger, et là, en présence des autorités françaises
et des chefs religieux arabes, le grand muphti, après avoir
prononcé l'oraison funèbre du défunt, protesta de ses sentiments de loyauté et de dévouement à la France. La réponse
du gouverneur général, M. Cambon, mérite d'être citée :

Je vous remercie des paroles que vous venez de prononcer. Je les
transmettrai à M. le Président de la République.

Nous sommes venus ici pour nous associer aux sentiments que
vous avez éprouvés en apprenant la mort de Si Ahmed Tedjini,
chef de l'ordre des Tidjania. Cet ordre considérable, dont les membres dominent en Tunisie, jusqu'au Bornou et au Sokoto, s'est toujours montré dévoué à la France.

Dès 1838, le père de celui que vous pleurez aima mieux voir sa
ville prise, sa zaouïa ruinée, ses palmiers coupés que de s'accommoder avec le plus grand de nos ennemis et, jusque dans cette
extrémité, refusa de se rencontrer avec lui. Son fils, Si Ahmed
Tedjini, après un moment d'erreur, ne cessa depuis de nous donner
des témoignages de son active fidélité.

Un de ses mokaddems, Abd el Kader ben Hameïda, accompa-
gnait le colonel Flatters et fut massacré avec lui. J'ai pu éprouver
moi-même combien le concours de Tedjini nous était assuré dans
les lointaines régions qui s'étendent jusqu'au Niger.

Il avait épousé une Française. Il vivait à Kourdann, et là où ne
se trouvait, il y a quelques années, qu'une source perdue, des jardins, des prairies, d'immenses plantations avaient remplacé le
sable. Il projetait, pour les pèlerins qui viennent en foule à sa zaouïa,

la création d'un hospice qu'il voulait confier aux Pères Blancs. Il servait la civilisation par son exemple et lui préparait la route.

Je ne doute pas que les successeurs de Si Ahmed Tedjini ne continuent ces traditions de dévouement qui remontent déjà à près de soixante années. Ils trouveront partout, pour leurs fidèles, la protection et la bienveillance de la République. La France connaît ses serviteurs : elle les aime et elle les défend ; et aujourd'hui, nous sommes venus près de vous pour montrer qu'elle sait honorer leur loyauté.

Mohammed ben Belkassem prit ensuite la parole au nom de son oncle, le marabout d'El-Hamel, cheikh de l'ordre des Rahmanya, et s'exprima ainsi :

La mort de ce défunt ne frappe pas seulement les frères de son ordre : elle attriste en même temps tous les membres des autres confréries algériennes, ainsi que le montre notre présence ici, sans distinction de secte.

Le fait de vous être associé à cette imposante cérémonie comptera, Monsieur le Gouverneur général, parmi les actes de votre gouvernement dont le souvenir restera éternellement gravé dans les cœurs de tous les musulmans.

Ce ne sont là, il est vrai, que des paroles officielles. Mais, quand on réfléchit, d'une part, à la fidélité constante de l'ordre des Tidjania et, d'autre part, aux sentiments de loyauté proclamés par les sectes musulmanes plus récemment ralliées à notre cause, on se prend à ne plus désespérer de la possibilité d'amener des rapprochements de plus en plus intimes entre Européens et musulmans, sous la réserve, toutefois, du respect réciproque des intérêts, des mœurs et des croyances. Les indigènes se rendent d'ailleurs compte, chaque jour davantage, que nous sommes « les gardiens de Dieu » en Afrique, et l'inauguration récente du monument du cardinal Lavigerie à Biskra, en février 1900, n'a suscité dans leurs esprits que du respect et même de la sympathie.

L'armée française d'Afrique, héritière des gloires de la conquête, comprend un effectif total de plus de 55.000 hommes, répartis en 39 bataillons d'infanterie (zouaves, tirailleurs, infanterie légère, compagnies de discipline et régiments étrangers), 37 escadrons (chasseurs d'Afrique et spahis), 15 batteries, 5 compagnies du génie, 9 compagnies du train, 5 compagnies de gendarmerie et divers corps accessoires. Avec les troupes de Tunisie, l'effectif total s'élève à environ 70.000 hommes et serait porté à 100.000 hommes environ par la mobilisation des réserves.

Ces ressources pourraient encore être augmentées en faisant un plus large appel au recrutement des indigènes. Mais on ne saurait guère compter, ainsi qu'on l'a prétendu parfois, sur l'organisation de réserves indigènes pour augmenter dans de fortes proportions l'effectif du temps de guerre. Cela tient à la nature même et aux habitudes de l'indigène, qui doit, pour entrer dans les régiments de tirailleurs, contracter un engagement de quatre ans.

A l'issue de cet engagement, ou bien il quitte l'armée, faute de goûts militaires suffisants, et l'on ne pourrait guère plus compter sur lui comme réserviste, ou bien, le plus souvent, il rentre dans ses foyers pour quelque temps, puis revient contracter un nouveau rengagement de quatre ans ou des rengagements successifs dans l'espoir d'obtenir une retraite qu'on ne lui donne qu'au bout de vingt-cinq ans de service. A ce moment, l'indigène qui s'est engagé aux environs de sa vingtième année atteint 45 ans; c'est un homme rompu à la discipline et capable d'un profond dévouement; mais il est déjà presque toujours usé pour la guerre de campagne et est vraiment mûr pour la retraite. Bien que les tirailleurs qui quittent le service après quatre ou huit ans soient relativement nombreux, il serait illusoire de compter sur un très grand nombre de réservistes indigènes.

Aussi, certains militaires ont pensé à recourir aux ressources de la population indigène, non plus en organisant le système des réserves, mais plutôt en établissant un système de milices, c'est-à-dire en demandant à chaque tribu un contingent déterminé. Ce système offrirait le double avantage de donner un recrutement d'hommes choisis et d'enlever à l'insurrection éventuelle des éléments précieux servant à la fois d'otages et de soldats.

Cette préoccupation et les discussions qu'elle a engendrées montrent qu'on a, dans les sphères militaires, le sentiment très vif de la valeur des races kabyle et arabe et des ressources de premier ordre que le recrutement indigène, s'il était développé, pourrait fournir, non seulement à la défense de notre empire africain, mais aussi à nos entreprises coloniales et au développement de notre pénétration en Afrique.

Le problème de la pénétration s'est posé de plusieurs façons, suivant le but qu'on a voulu atteindre.

On l'étudiera plus loin et dans son ensemble. Mais, avant de l'envisager, il convient d'indiquer rapidement quelle est la situation de la France dans le Sud algérien.

Trois voies ferrées en exécution ou en projet s'allongent sur la carte comme autant de tentacules vers le Sahara. Ce sont les lignes d'Oran à Aïn-Sefra, poussée sur Djenien-bou-Resgh ; d'Alger à Laghouat, qui s'arrête à Berrouaghia ; de Constantine à Biskra, qu'on demande depuis longtemps à prolonger sur Touggourt et Ouargla.

Dans son discours, déjà cité, du 11 décembre dernier, M. Laferrière consacre un important passage à la question des lignes de pénétration :

Si, maintenant, nous jetons les yeux sur l'ensemble du réseau d'intérêt général, nous constatons, non sans regret, qu'il reste stationnaire depuis plusieurs années, — non au point de vue des recettes, qui ont augmenté de plus de 7 millions depuis 1893, — mais au point de vue de l'étendue exploitée, qui n'a pas augmenté depuis cette époque et qui reste limitée à 2.905 kilomètres.

Il est juste de reconnaître que plusieurs lignes d'intérêt général sont à l'étude, et quelques-unes prêtes pour l'exécution : tel est le chemin de fer de Tlemcen à Maghnia et à la frontière du Maroc ; telle aussi la ligne de Biskra à Ouargla qui inaugurera une nouvelle forme de concession combinant l'exploitation d'un chemin de fer avec la mise en valeur d'une partie des territoires traversés.

J'aurais voulu pouvoir mentionner parmi les entreprises les plus prochaines le chemin de fer de Berrouaghia à Laghouat, que tant de mécomptes ont retardé. Le gouvernement général et le département d'Alger ont multiplié leurs démarches pour hâter son exécution. J'espère qu'elles ne seront pas infructueuses, surtout si le conseil supérieur veut bien y joindre l'autorité de ses vœux.....

....

Nous avons été plus favorisés à l'ouest de la colonie : le chemin de fer du Sud oranais, longtemps arrêté à Aïn-Sefra, est à la veille d'atteindre Djenien-bou-Rezg, à plus de 300 kilomètres de la mer. De là, et sans aucune interruption des travaux, il sera poussé à 31 kilomètres plus loin, à notre nouveau poste de Zoubia, à qui j'ai donné, il y a un an, le nom du grand explorateur français Duveyrier. Nous n'aurons plus alors qu'à franchir le col qui sépare cette région de celle de l'Oued-Zousffana pour assurer de ce côté notre pénétration saharienne et un facile accès vers les populeuses oasis du Touat. Aussi ai-je cru devoir solliciter du gouvernement l'autorisation de pouvoir mettre à l'étude ce nouveau tronçon de voie ferrée.

Pour assurer la construction de ces lignes, réaliser la prise de possession éventuelle des oasis du Sud, mettre un terme aux incursions et aux déprédations des coureurs arabes, touareg ou marocains, trois postes, sans compter Fort-Lallemand dans le Sud constantinois, ont été occupés et fortifiés dans ces derniers temps.

Hassi-Inifel, dans le haut oued Mya, signalé depuis longtemps comme un point indispensable pour assurer la surveillance du pays, fut occupé et organisé dès le milieu de 1892. Puis, à la suite de l'émotion produite au Touat par cette occupation et afin de bien fixer nos intentions dans l'esprit des indigènes, l'organisation de deux autres postes fortifiés fut décidée : Hassi-el-Homeur (fort Mac-Mahon), commencé en 1893, sur la route de Timmimoun, et Hassi-Chebbaba (fort Miribel), dans la direction d'Insalah.

Ces bordjs sont constitués par une enceinte carrée, crénelée et bastionnée, contenant, sur une de ses faces, une entrée organisée défensivement et, sur chacune des trois autres, un pavillon pour le logement et le matériel de la garnison.

Ils sont gardés par un certain nombre d'hommes de troupes sahariennes, troupes essentiellement mobiles, composées d'indigènes encadrés par des Français, connaissant le pays et

ses habitants, et dont l'organisation, décidée en 1895, a fait
faire un grand pas à la question de la pénétration française
vers le Sud. Tout récemment, pour assurer le ravitaillement
de la mission Foureau–Lamy, un poste a été établi à Temassinin, à environ 1.000 kilomètres de la côte. Nous aurons
l'occasion d'en reparler à propos de la pénétration du
Sahara (1).

Le récent discours de M. Laferrière contenait tout un plan
d'occupation et de pénétration sahariennes :

Après la mission Foureau-Lamy qui a traversé le Sahara tout
entier, escortée de forces algériennes qui ont partagé avec elle l'honneur de porter notre drapeau dans l'Aïr et jusqu'au Tchad, nous
venons d'assister au départ de la mission dirigée par M. le profes-
seur Flamant......... Cette mission sera bientôt suivie d'une
importante expédition scientifique et commerciale qui s'organise
en France pour explorer la région du Hoggar et les gisements
miniers qu'on espère y découvrir.
Oui, protection est due à tous ces pionniers de la science et de la
civilisation : non seulement une protection passagère pendant le
parcours des régions les plus mal hantées, mais encore une protection
permanente qui ne peut résulter que d'une bonne police du Sahara,
assurée par l'occupation des points géographiques et stratégiques
qui commandent la zone dangereuse.
.... Cette mesure suffirait sans doute pour que les agresseurs se résignent à demander l'aman, ainsi qu'un dissident plus

---

(1) On s'est occupé, depuis 1896, d'assurer les communications télégraphiques
transversales de nos postes du Sud et de perfectionner le réseau optique qui
couvre l'Algérie de ses cinquante-sept postes.
Les lignes électriques nouvelles récemment créées sont, dans l'ordre de leur
établissement, celles de :
1° Biskra-Touggourt-Ouargla-Ghardaia :
2° Djenien-bou-Resgh-Aïn-Sefra-Géryville ;
3° Géryville-Aflou-El-Ousseukh :
4° Biskra-El-Oued-Tozeur, tout récemment terminée et déjà prolongée jusqu'à
Gabès.
5° El Goléa-Fort-Miribel (février-mars 1900) avec prolongement probable sur
Insalah.
Ces lignes complètent notre réseau algérien et donnent la possibilité d'établir,
dans le sens transversal, des communications rapides, à la lisière du désert, de la
Méditerranée à la frontière du Maroc.

illustre vient tout récemment de le faire dans une autre région du
Sud. En cas de résistance, ils seraient facilement rejetés au delà de
la ligne de protection et d'expansion sahariennes que cette occupation permettrait d'établir.

Cette ligne reporterait à trois degrés au Sud celle qu'on avait
provisoirement tracée en jalonnant le désert de quelques bordjs
isolés les uns des autres et trop facilement tournés par quiconque
veut passer outre. Elle aurait derrière elle le massif du Tadmait
qui cesserait d'être un obstacle pour devenir un point d'appui ; elle
serait adossée sur un parcours de près de trois cents kilomètres
aux oasis qui forment sur ce point la verte lisière du Sahara algérien. Reliée à l'est à Temassinin que sa position au croisement de
plusieurs routes de caravanes avait désignée comme point de départ
de la mission Foureau-Lamy, appuyée à l'ouest à l'Oued-Saoura,
elle serait à la fois une ligne stratégique et politique.

Elle le serait plus encore, car elle offrirait une base d'opérations
et de ravitaillements, soit aux explorateurs, soit aux entreprises
industrielles et commerciales qui auraient le Sahara pour objectif.

Ces paroles, vraiment françaises, allaient bientôt être suivies d'un événement attendu impatiemment depuis des années : l'occupation d'Insalah.

La mission Flamant, partie d'Ouargla le 28 novembre,
escortée par le capitaine Pein et 130 goumiers, arrivait le
9 décembre à Hassi-Inifel et le 26 décembre à Foggaret-ez-
Zoua, où elle était bien accueillie. Le surlendemain, près
d'Iguesten, elle était attaquée par 1.200 indigènes d'Insalah,
leur tuait 50 hommes et en blessait 64 parmi lesquels El-
Mahdi-Badjouda, notre principal ennemi, et plusieurs notables
du parti antifrançais du Tidikelt qui restaient entre nos mains.

A cette nouvelle, l'escadron de spahis sahariens du capitaine Germain, qui se tenait à portée de la mission prêt à la
secourir, rejoignait le capitaine Pein et s'installait avec lui
dans la casbah d'Insalah.

Les deux officiers réunissaient ainsi 192 combattants. Le
5 janvier ils étaient attaqués par 2.000 indigènes auxquels ils
tuaient 150 hommes et en blessaient 200. Ce succès amenait
immédiatement la soumission de tout le pays.

Le 13 janvier un premier renfort de goumiers arrivait à
Insalah, suivi, le 18, par les 200 tirailleurs du commandant

Baumgarten, venus de Miribel et de Mac-Mahon. On pouvait dès lors s'implanter solidement dans le pays en attendant une colonne plus importante, en formation à El-Goléa, d'où elle arrivait le 15 mars. En même temps une ligne télégraphique optique, bientôt suivie par une ligne électrique, était poussée jusqu'à Miribel.

Cette occupation, obtenue sans coup férir, grâce aux habiles dispositions prises par le gouverneur général et à l'énergie des capitaines Pein et Germain, mettait fin à nos hésitations sahariennes et annonçait une politique plus active que M. Laferrière allait, le 2 février, affirmer à l'inauguration de la ligne de Djenien-bou-Rezgh. En raison de la situation politique de l'Europe, le moment est heureusement choisi, le Maroc ne paraît guère en état de s'opposer à nos entreprises et tout permet d'augurer de féconds résultats de l'action engagée par les deux colonnes qui, d'El-Goléa et de Djenien-bou-Rezgh, se dirigent sur le Touat.

Telle est, très sommairement exposée par ses côtés principaux, la situation actuelle en Algérie. On n'a pas voulu, pour ne pas agrandir démesurément le cadre de cet ouvrage, étudier plus profondément les questions de race, de religion, d'administration et de politique intérieure, importantes, cependant, à envisager lorsqu'on entreprend l'étude des choses d'Algérie. Il a paru suffisant d'appeler l'attention sur quelques faits permanents et sur quelques récents événements, afin de poser des bases pour l'étude de la pénétration du Sahara, qu'on pourra désormais entreprendre et exposer plus loin d'une manière générale.

Maroc.

Condition actuelle du Maroc. — Compétitions européennes. — Le changement de règne. — Intérêts de la France. — Importance politique et stratégique du Maroc.

Un des événements les plus remarquables survenus au Maroc dans ces derniers temps a été le changement de règne qui s'est produit au moment même où la guerre menaçait d'éclater entre ce pays et l'Espagne.

On se souvient des efforts faits par les Espagnols pour maintenir leur situation sur la côte de la Méditerranée, en face des tribus du Riff, fanatiques et hostiles à toute domination. Les événements de Melilla nécessitèrent l'envoi d'une petite armée, et l'on crut un moment, en Europe, que l'Espagne allait donner le signal du démembrement de l'empire marocain.

Déjà la rade de Tanger voyait accourir des vaisseaux de guerre représentant la plupart des flottes de l'Europe, et chacune des nations intéressées au partage de ces régions prenait ses dispositions pour prélever un lambeau des territoires convoités.

La sagesse de l'Espagne et la cordiale entente qu'elle noua à cette occasion avec la France réussirent à contrecarrer les visées intéressées de l'Angleterre, de l'Allemagne et de l'Italie. Le Maroc put continuer à vivre, mais il dut fournir des garanties à l'Espagne et lui payer une contribution de guerre dont le dernier versement ne fut exécuté qu'en juin 1896.

Ces concessions étaient à peine proportionnées aux dépenses et aux efforts faits par l'Espagne pour maintenir ses droits sur la côte du Maroc. Mais nos voisins, alors aux prises avec les difficultés qui devaient aboutir à l'abandon de

Cuba, ne jugèrent pas à propos de s'engager à fond au Maroc, surtout vis-à-vis des puissances européennes mises en éveil et prêtes à profiter immédiatement de tout désastre infligé aux Marocains et de tout prétexte fourni à leur intervention.

L'Espagne jugea plus opportun de laisser les choses dans le *statu quo* et de remettre à des temps plus favorables la réalisation de ses visées sur le Maroc.

La France, de son côté, ayant tout à craindre de l'appétit de ses rivaux, ne fit aucune difficulté de se ranger à l'avis du cabinet espagnol. Grâce à cette entente et aux mesures énergiques prises par le nouveau sultan, la paix fut rétablie, et l'influence française et espagnole fut consolidée à la cour de Fez.

Aujourd'hui, le Maroc ne maintient encore son indépendance que grâce au jeu de bascule, cher aux gouvernements d'Orient, qui lui permet de mettre aux prises la rivalité des divers représentants de l'Europe. Autant le sultan songe peu à résister sérieusement à toute démarche collective des consuls, autant il s'ingénie, à l'exemple du sultan de Constantinople, et d'ailleurs avec succès, à opposer les uns aux autres les intérêts particuliers et les demandes isolées. C'est tantôt l'un, tantôt l'autre des ambassadeurs européens qui s'enorgueillit d'une concession arrachée ou d'une réparation obtenue.

Mais ces succès de détail n'ont qu'une importance très relative, surtout en ce moment où la récente intronisation du nouveau sultan, successeur de Mouley Hassan, oblige la cour chérifienne à ne pas trop se fier à la fidélité de tribus toujours turbulentes et à concentrer toute son attention sur les questions intérieures et sur la consolidation du nouveau règne.

Ce changement de règne ne s'est pas effectué sans de grosses difficultés. Celles-ci menaçaient même, dès le début, d'être bien plus considérables qu'elles ne l'ont été en réalité. La mort de Mouley Hassan, survenue pendant les négociations avec l'Espagne, fit craindre, un moment, une explosion de compétitions. Mais les sombres prévisions qui accueillirent cette nouvelle ne se réalisèrent pas, et la transmission du pouvoir put s'effectuer sans trop de difficultés, mais non sans troubles intérieurs.

Les tribus marocaines, qui ne reconnaissent pas toujours volontiers l'autorité du sultan et qui ne lui paient l'impôt que lorsqu'il vient le réclamer à la tête d'une armée, crurent le moment venu de s'affranchir de l'obéissance réclamée par un prince jeune et sans expérience.

Ce fut aussi le moment choisi par les ministres européens pour renouveler leurs réclamations et recommencer leurs compétitions.

C'était, d'un côté, l'indemnité due à l'Espagne dont le paiement se trouvait en retard; ailleurs, les réclamations de l'Allemagne au sujet de violences exercées sur ses nationaux; enfin, les exigences de l'Angleterre et de l'Italie.

Il faut reconnaître qu'au milieu de toutes ces difficultés, les conseillers de Mouley Abd el Aziz ont su déployer de l'énergie et de l'habileté.

La répression des révoltés s'est effectuée, quoique avec lenteur, et quelques concessions, prudemment ménagées, ont apaisé les exigences étrangères. On signalait encore, au mois de janvier 1900, la répression sanglante d'une rébellion des tribus de Mesfioua, à l'est de Marakech.

Une des plus importantes parmi les révoltes intérieures a été celle du Tafilalet, provoquée, à la fin de 1898, par un conflit entre le sultan et son oncle Mouley-Rechid, gouverneur du pays. Après des vicissitudes diverses et de longs pourparlers, la rébellion fut apaisée, au moins momentanément, et, comme d'habitude en pays marocain, par des concessions réciproques.

Cette révolte tirait surtout sa gravité de ce fait que certains chefs religieux combattaient l'Empereur en lui reprochant de ne pas réunir les conditions exigées par le Coran, et aussi de ce que le Tafilalet est le berceau de la famille impériale et le point de départ de plusieurs invasions qui se sont autrefois déversées sur le Moghreb. Toute insurrection dans ce pays prépare ou mûrit les rébellions voisines et cause des alarmes justifiées à la cour de Fez et bien au delà du Maroc.

Cinq puissances européennes se disputent l'influence dans l'empire du Maroc : la France, l'Allemagne, l'Angleterre, l'Espagne et l'Italie, cette dernière beaucoup moins à cause des intérêts peu importants qu'y possèdent ses nationaux que par suite de son désir de surveiller le maintien de l'équilibre méditerranéen et de se créer, autant que possible, des titres à faire valoir au jour du partage éventuel.

L'Allemagne a vu, depuis plusieurs années, son commerce augmenter au Maroc. Ses négociants, ses industriels ont entamé, ici comme ailleurs, la lutte commerciale avec les autres nations, et sa diplomatie a secondé son action économique. On a parlé récemment de la cession à l'Allemagne de divers points de la côte atlantique. Il ne paraît pas que ces bruits aient eu un fondement sérieux, car ils n'ont pas été suivis d'effet; quoi qu'il en soit, la protection énergique donnée aux négociants allemands et l'envoi de missions auprès du sultan sont là pour montrer le désir de l'Allemagne de ne point laisser régler sans elle la question marocaine.

On a déjà envisagé le rôle de l'Espagne. Portés à considérer le Maroc comme le prolongement de leur territoire et ses habitants comme les descendants de ces Maures qui tinrent si longtemps la péninsule sous leur domination, les Espagnols considèrent toute expédition au sud de Gibraltar comme une sorte de croisade destinée à venger leurs ancêtres. Les Marocains sont vraiment leurs ennemis héréditaires, et toute conquête au Maroc est une sorte de réparation du passé. C'est dans ces sentiments intimes de l'âme espagnole qu'il faut chercher l'origine des guerres qui ont donné à l'Espagne ses possessions marocaines. C'est de là que dérivait cette idée que le Maroc est un champ réservé aux conquêtes espagnoles et un terrain interdit aux autres peuples.

Après de longues et patientes années passées à consolider ses conquêtes au Maroc et à surveiller, avec une attention constante, les desseins de ses rivaux, l'Espagne se trouve, aujourd'hui, à la suite de la guerre américaine et de ses dissensions intérieures, dans l'impossibilité finale de s'opposer aux tentatives de ses adversaires. En d'autres temps, elle eût pu prendre l'initiative d'un partage à deux et s'entendre avec la France pour ouvrir le règlement de cet héritage. Demain, elle sera forcée d'assister, les mains liées, à l'action qui s'accomplira à ses portes, sans trop savoir si l'on voudra bien tenir compte de ses droits et de ses traditions (1).

La France n'a pas à se réjouir de ce nouvel état de choses; elle doit plutôt y voir la preuve qu'il n'y a rien à gagner à retarder indéfiniment la solution des questions déjà mûres et que, faute d'être réglées par elle, ces questions pourraient finir par être résolues sans elle.

Au Maroc, comme partout, la politique anglaise s'est fait, dans ces derniers temps, remarquer par son habileté et sa décision. Depuis quelque temps, un syndicat anglais, opérant sous le nom de Compagnie de l'Afrique Nord-Ouest, avait établi des comptoirs au cap Juby, lorsqu'en 1895 le gouvernement marocain, désireux de faire constater ses droits, acheta les établissements de la Compagnie et, malgré les revendications de l'Espagne, fit reconnaître par l'Angleterre sa souveraineté sur les territoires situés entre l'oued Draa et le cap Bojador. Mais, par le même traité, il reconnaissait lui-même aux Anglais un droit de préemption sur ce territoire.

Depuis lors, un port marocain a été ouvert au cap Juby. Mais les tentatives anglaises ont repris sur d'autres points. En 1897, un autre syndicat se formait. C'était le *Globe Venture Syndicate*, qui affréta le navire belge *la Tourmaline*, pour faire du commerce, surtout celui des armes, sur la côte du Sous.

Bien accueillis par les habitants, les Anglais furent dispersés, au commencement de 1898, par les forces marocaines, et quelques-uns, faits prisonniers, furent amenés à Tanger et remis au consul d'Angleterre, après engagement pris par ce dernier de les faire passer en jugement.

---

(1) L'Espagne a essayé depuis longtemps, mais sans succès, malgré l'occupation de l'enclave d'Ifni, d'étendre ses possessions au nord du cap Bojador. Au mois de janvier 1900 on s'est plaint, aux Cortès, de ce que le Maroc s'est toujours refusé de mettre l'Espagne en possession du port de Santa-Cruz-de-la-Mar-Pequena, qui lui a été reconnu, en 1861, par le traité de Oued-el-Raz. Cette question va faire l'objet de nouvelles revendications auprès du sultan.

Leur chef, le major Spilsbury, fut, en effet, traduit devant le jury à Gibraltar et acquitté, après des débats qui révélèrent des faits intéressants sur le rôle joué dans cette affaire par les autorités anglaises. C'est un nouvel exemple, ajouté à tant d'autres, du système d'immixtion commerciale employé par l'Angleterre et ordinairement suivi, quand la proie est assurée, d'une intervention diplomatique et militaire.

La France est placée, au Maroc, au point de vue immédiat, en face de deux questions principales : l'extension de son influence par l'intermédiaire de son protégé, le chérif d'Ouazzan, chef religieux dont l'autorité est reconnue en Algérie comme au Maroc, et le règlement de la question de frontières à laquelle se rattache l'affaire du Touat qui est en train de se liquider à notre satisfaction.

La question du Touat est née, on peut le dire, du désir de la France de ne pas procéder brusquement à son extension vers le Sud et de la crainte de faire naître trop tôt des complications dangereuses.

Avant que le Maroc eût cessé de se montrer rebelle à l'influence française, les questions de frontières se réglaient sur place, entre autorités locales, sans bruit et sans secousses. Les événements de 1870 ont eu leur répercussion jusque sur nos frontières d'Algérie.

Depuis lors, en effet, sous des influences diplomatiques diverses, le gouvernement marocain, au lieu de laisser faire, comme par le passé, la police des frontières par l'autorité française, et de régler à l'amiable et suivant les usages constants des nomades, les litiges habituels, s'est efforcé de transporter ces questions sur le terrain politique, où il n'a cessé, suivant la coutume orientale, de soulever des contestations et de créer des malentendus.

C'est ainsi que prit naissance la question de Djenien-bou-Resgh, occupé par nos troupes en 1885. Après des pourparlers, le Maroc reconnut, en novembre 1885, la légitimité de cette occupation, mais il attendit un an pour la notifier aux populations des environs.

Aujourd'hui, les questions du Sud ne se règlent plus sur place; c'est à Tanger et à Fez qu'il faut, pour les moindres faits, entamer d'interminables négociations. Encouragé par notre condescendance, le gouvernement marocain ne tarda pas à élever des prétentions sur des territoires situés au Sud même de l'Algérie.

Jadis, on eût coupé court, par une occupation au moins momentanée, à des prétentions injustifiées. On s'avisa de négocier : pendant ce temps, le sultan du Maroc intervenait au Touat, y affirmait ses droits religieux et politiques et y installait des caïds. L'autorité marocaine était reconnue et les négociations continuèrent.

Il faut bien reconnaître qu'aucune nécessité urgente ne poussait la France à brusquer les choses et à provoquer un dénouement qui, par la force des circonstances, devait s'imposer avant longtemps.

Depuis quelque temps, l'attention s'était d'ailleurs reportée plus au Nord, du côté du littoral, où les Kabyles du Riff ne cessent de s'agiter, depuis l'avènement de Mouley Abd el Aziz, et de faire acte d'indépendance et de brigandage. Sur les côtes, en 1896 et 1897, des bateaux de commerce appartenant au Portugal, à la France, à l'Espagne, à l'Italie furent pris et pillés par les pirates riffains. Des indemnités demandées au Maroc furent payées et le nouveau sultan, poussé surtout par l'Espagne, dont les possessions étaient menacées, dut promettre l'envoi d'une expédition pour châtier les rebelles. Quelques troupes ont été envoyées, en effet, vers le Riff, où l'action marocaine est en train, en ce moment, de s'exercer péniblement.

Du côté de la frontière française, des événements assez graves se sont produits en 1897, 1898 et 1899. L'ambassade marocaine qui fut envoyée en France en mai 1897, et qui y fut reçue avec de grands honneurs, n'avait pas encore quitté Tanger que des troubles graves éclataient entre l'amel d'Oudjda et ses administrés, toujours pour des questions d'impôts. Les tribus kabyles des environs, après avoir obligé l'amel à se réfugier dans Oudjda, vinrent l'y assiéger et se livrèrent, en territoire français, à des déprédations qui amenèrent des escarmouches avec nos troupes et nos auxiliaires.

La situation de l'amel était des plus critiques, lorsque, à défaut de troupes, le sultan lui expédia un chef religieux, qui, à force de diplomatie et en promettant aux rebelles une remise d'impôts, réussit à les calmer.

Les troubles ont, d'ailleurs, repris dans le courant des années 1898 et 1899, et, malgré le débarquement, au mois de novembre 1898, à l'embouchure du Kiss, la rivière frontière, d'un détachement de soldats marocains venus de Tanger pour soutenir l'autorité du sultan, ils se continuèrent et durent encore.

Tous ces incidents de frontières nous obligent à une attention continuelle, mettent nos troupes en mouvement et donnent lieu à de constantes réclamations à la cour de Fez. Les tribus marocaines, réduites d'ailleurs à un état de misère navrant, sont hors d'état de payer les contributions réclamées par leurs autorités, et lorsque, comme au printemps de 1898, elles sont poussées sur notre territoire par la famine, elles donnent à nos indigènes algériens l'occasion d'établir une comparaison suggestive entre les résultats amenés par des guerres continuelles et les bienfaits de la paix française.

La France, on l'a déjà dit, n'a pas un intérêt immédiat à voir se résoudre la question marocaine. Son rôle paraît devoir se borner, de ce côté, à un état de défensive et de vigilance diplomatique, tout en se tenant prête à répondre, par une action énergique, précise et décisive, à toute entreprise tentée par une puissance quelconque sur les domaines de l'*homme malade* de l'Occident (1).

_____

(1) Il convient cependant de rappeler ici le vœu émis, le 23 novembre 1899, par la Société de géographie d'Alger :

« La Société de géographie appelle l'attention des sociétés françaises de géographie, des associations pour les études coloniales et du public français sur l'intérêt considérable qu'il y aurait à placer immédiatement l'empire du Maroc sous le protectorat de la France.

» Le protectorat d'une puissance européenne s'impose aujourd'hui. La France est seule à pouvoir le réaliser dans les meilleures conditions, avec les moyens dont l'Algérie peut disposer de suite dans ce but, et le régime nouveau serait favorablement accueilli par le sultan et par son peuple. »

La *diminutio capitis* subie récemment par l'Espagne oblige cette puissance à une expectative semblable, favorable à nos intérêts; et il y a lieu, semble-t-il, d'accueillir avec satisfaction la nouvelle de la réception cordiale qui vient d'être faite par le sultan du Maroc à l'ambassade russe envoyée auprès de lui, au mois de mai 1899.

Le Maroc, puissance religieuse avant tout, dernier vestige des royaumes musulmans indépendants du nord de l'Afrique, cherche naturellement à réunir dans son orbite toutes les tribus de même religion qui gravitent autour de lui. Il n'y a pas longtemps que l'empereur du Maroc était écouté et obéi jusqu'à Tombouctou et jusqu'aux rives du Sénégal. Mais, d'un côté, l'activité française et, de l'autre, l'esprit turbulent des tribus sahariennes, retenues seulement par l'ascendant religieux des envoyés du sultan, eurent vite fait de détacher du Maroc les populations les plus éloignées.

La limite entre l'Algérie et le Maroc a été tracée, d'un commun accord, de la mer à Teniet-Sassy, vers le chott El-Gharbi. Au sud de ce point, il n'y a pas de frontière entre les deux pays. La France n'y reconnaît aucun droit au Maroc, sauf le droit du premier occupant.

Les droits que les Marocains revendiquent, ils les tiennent de conquêtes passées et d'une occupation aujourd'hui tombée dans l'oubli; celle-ci s'exerçait autrefois aussi bien sur le Touat que sur les peuplades musulmanes qui parcourent le Sahara entre l'Atlas, l'Océan et le Niger.

Quelques-unes de ces tribus paient encore une redevance au sultan de Fez, mais presque toutes oublient leur ancienne sujétion pour ne plus se reconnaître que ses subordonnés spirituels.

Le Maroc surveille cependant avec jalousie, comme on l'a vu, l'accès de ses côtes et cherche à s'opposer à toute prise de possession, de la part des étrangers, d'un point quelconque de son littoral.

Un coup d'œil jeté sur la carte d'ensemble de l'Afrique révèle immédiatement l'importance politique et stratégique du Maroc. Ce n'est pas seulement à cause de sa situation sur l'une des rives du détroit de Gibraltar et de l'importance de ses deux façades maritimes que les débris du Maroc sont si convoités par diverses puissances ; c'est aussi par ce fait que ce pays se trouve au point de transition de deux continents, de deux mondes différents, et que sa position à l'angle nord-ouest de l'Afrique lui donne un rôle privilégié dans la future répartition du commerce et des influences.

Le Maroc au pouvoir exclusif de l'Espagne ou de l'Angleterre, c'est la Méditerranée fermée brusquement sinon au commerce général, tout au moins aux libres mouvements de nos flottes. C'est la France définitivement coupée en deux au point de vue de ses communications maritimes entre ses côtes de l'Océan et de la Méditerranée.

Le Maroc ou ses côtes septentrionales aux Anglais, c'est, avec la possession de l'Egypte et du Cap, l'enserrement plus étroit du continent entre les sommets de l'immense triangle africain, tous au pouvoir de l'Angleterre. Celle-ci, possédant déjà le fond de ses golfes principaux, ceux de Guinée, de Zanzibar, de Zeïlah avec Aden, jouirait alors d'une influence prépondérante sur toutes les côtes intermédiaires. Ce serait l'achèvement de l'investissement de l'Afrique, et on comprend de reste que cette perspective, si favorablement envisagée par les Anglais, ne soit pas du goût des autres nations européennes qui ont des intérêts au delà de la Méditerranée.

Telle est la raison des luttes apparentes ou cachées qui se livrent autour du trône du sultan du Maroc ; tel est aussi le motif qui doit pousser la France à surveiller avec une extrême attention les intrigues étrangères dans ce coin de l'Afrique, à n'y permettre aucune atteinte à son prestige, et à se tenir prête à y prévenir, par la force ou la diplomatie, toute intervention étrangère. C'est une nécessité vitale pour son empire d'Afrique. D'ailleurs, les événements se précipitent, et une solution, là comme autre part, interviendra peut-être à bref délai.

Le Sahara.

Plus on connaît le Sahara et moins on est effrayé de l'obstacle qu'il oppose à la pénétration.

C'est, évidemment, en l'état actuel des choses, une formidable barrière; mais, si elle a de tous temps arrêté les migrations des peuples et partagé l'Afrique en deux parties sans contacts intimes, les infiltrations continuelles qui se sont produites, d'un bord à l'autre de son immense surface, servent à démontrer qu'il n'est point aussi inhabitable qu'on l'a cru jusqu'ici.

Le Sahara est une réunion confuse de déserts et de régions habitées. Ses limites elles-mêmes ont varié avec les appréciations des géographes. Les uns lui donnent pour limites l'Océan, l'Atlas, la Méditerranée, le plateau de Barka, le Nil, une ligne allant de Khartoum au Tchad et à Tombouctou, puis le cours du Niger et du Sénégal; d'autres le rejettent en dehors des limites des États riverains de la Méditerranée et de ceux du Soudan.

Du Nil à l'Océan, sur 5.000 kilomètres, et de l'Atlas au Soudan, sur 1.500 kilomètres, le Sahara donne asile à 500.000 habitants environ sur une superficie de 7 à 8 millions de kilomètres carrés et à une altitude moyenne de 350 mètres.

Ce qui donne à l'immense étendue du Sahara son caractère d'unité, malgré la différence du relief, c'est la rareté ou le manque absolu d'eau vive dans toutes les parties du territoire, à l'exception des régions de montagnes dont les hauts sommets pénètrent dans les couches supérieures de l'air. Ce n'est pas dans le sol lui-même, c'est dans les régions aériennes qu'il faut chercher l'origine du Sahara.

Ces étendues blanches qui partagent en deux le continent africain ne sont pour ainsi dire qu'un reflet du ciel qui les éclaire.

Évidemment, le grand désert africain est dû à ces mêmes causes qui ont amené la formation d'autres déserts dans le continent d'Asie.

Le Sahara prolonge seulement vers l'ouest la zone des territoires presque entièrement dépourvus de végétation arborescente qui traverse la Mongolie, le Touran, l'Iran et l'Arabie.

C'est à la sécheresse des vents qu'est due l'existence de cette longue bande de déserts, d'environ 12.500 kilomètres, traversant obliquement tout l'ancien monde avec ses bandes parallèles de steppes et d'avant-déserts. Humboldt a donné à l'ensemble des déserts d'Asie et d'Afrique le nom de « lit des vents polaires », comme si les courants aériens qui, dans la zone tropicale, deviennent les vents alizés, suivaient régulièrement, à travers les deux continents, le chemin indiqué par la traînée blanche des sables. Il n'en est pas tout à fait ainsi..... (Elisée RECLUS.)

Le savant géographe qui a écrit ces lignes soutient, comme M. l'ingénieur Rolland, que le Sahara n'est point un fond de mer desséchée, car, « en dehors du Sahara berbère, on n'a pas trouvé de débris d'origine marine dans les autres régions du désert : craies et roches arénacées, granits, gneiss, porphyres et basaltes, qui font saillie sur la surface inégale du Sahara, ne portent d'autres traces que celles de l'action des airs, des pluies et du soleil ».

D'autres géographes ont l'opinion contraire, basée sur l'existence des salines parsemées dans le désert, et le colonel Monteil n'a pu expliquer la formation des *dalhols* du Soudan, immenses lits de fleuves aujourd'hui à sec, que par l'hypothèse d'une mer saharienne brusquement déversée dans l'Atlantique, à la suite du soulèvement qui s'étend encore de l'Ouganda au Touat.

Peut-être la vérité se trouve-t-elle entre les opinions extrêmes.

On peut imaginer que le Sahara fut un vaste lac salé très peu profond, desséché par l'action simultanée des soulèvements géologiques et des éléments aériens, et dont la surface, ravagée ensuite pendant de longs siècles par les météores, n'a conservé aucune trace des dépôts sédimentaires que le vent a pu réduire en poussière et disperser de tous côtés.

Les futures explorations du Sahara et les observations scientifiques que l'avenir nous réserve donneront sans doute, un jour, la solution de ce problème.

La seule population du Sahara qui, par le nombre, sinon par la puissance, soit digne d'intérêt, est celle des Touareg.

Leur origine se perd dans les légendes. Ils seraient de race berbère et on a trouvé sur leur territoire des silex taillés et autres instruments de pierre. Le terme arabe « Touareg », qui signifie les « abandonnés » de Dieu, à cause du temps qu'ils mirent à adopter la religion de Mahomet, n'est pas le nom que ces populations se donnent à elles-mêmes. Elles s'appellent Imoghah, Imajirhen, Imocharh, etc., termes dont le radical éveille l'idée d'indépendance.

Elisée Reclus les divise en quatre tribus ou confédérations : celles des Azdjers et des Hoggars ou Touareg du Nord; celles des Kel-Owi et des Aouelimiden ou Touareg du Sud.

Ce sont les Azdjers, qui habitent entre Rhat et l'Igharghar, qui se sont montrés les moins sauvages et les plus hospitaliers; parmi eux, la tribu dominante est celle des Oraghen; la plus civilisée est celle des Ifoghas, l'alliée des Français.

Les Hoggars constituent une confédération guerrière habitant une région montagneuse entre les Azdjers et le Touat. Ils sont au nombre d'environ 30.000, divisés en une trentaine de tribus.

Les uns et les autres portent le costume des anciens Gaulois et quelques-uns ont les yeux bleus. Leurs armes habituelles sont le glaive, la lance et le fusil, « l'arme de la traîtrise ». On sait que leur principale industrie est la guerre et le pillage, ou la mise à rançon des caravanes qui sont obligées d'emprunter leur territoire.

Les Kel-Owi habitent l'Aïr ou Asben et les régions voisines : ils se sont fortement mélangés avec la race noire et ont des relations suivies avec les Haoussas.

Les Aouelimiden occupent le Sahara entre les Hoggars et

le Niger; ils ont même fortement empiété au sud du fleuve et se divisent en de nombreuses tribus qui dominent les environs de Tombouctou.

Ces quatre confédérations occupent tout le centre du Sahara, sur une superficie égale à trois ou quatre fois celle de la France et qui contient des régions très différentes, mélange de déserts arides, de montagnes parfois arrosées et boisées et d'oasis cultivées.

A l'est, dans le Sahara oriental, on ne trouve, en dehors de la Tripolitaine, que les Oulad-Sliman, nomades pillards, propagateurs de la doctrine des Senoussias, les populations Toubous et celles des oasis de Koufra et du Borkou.

A l'ouest, dans le Sahara occidental, vivent, sur le littoral, quelques tribus berbères et, à l'intérieur, les Arabes Bérabich et Kounta, ces derniers, marabouts renommés pour leur sagesse, dispersés partout et paraissant jouir d'une certaine influence sur les Hoggars; puis, les Oulad-bou-Sba, grands pillards, les Oulad-Delim, les Berbères de l'Adrar, dominés par les Yahia-ben-Othman, et les Maures riverains du Sénégal. Toutes ces populations, très divisées entre elles, sont en partie dominées par les Français du Sénégal, qui ont déjà imposé leur protectorat à celles de l'Adrar.

On voit, par cette rapide énumération, que les seules populations qui tiennent réellement le Sahara et qui présentent quelque cohésion sont les Touareg.

Qui est maître des Touareg est maître du Sahara et de ses routes. Celui qui a intérêt à dominer ce pays, et c'est le cas de la France, doit donc, ainsi que l'enseignent toutes les tactiques, s'attaquer au point fort, dont la chute entraîne la possession de tous les autres.

C'est aujourd'hui sur les Touareg que doit porter l'action française. Et le temps est d'autant mieux venu de la faire sentir que ceux-ci se trouvent tous les jours dans la dépendance plus étroite des Senoussias, depuis que leur mahdi, poussé, dit-on, par les Anglais, a transporté plus près du centre du Sahara, dans l'oasis de Koufra, le siège de son influence. De là il aurait, paraît-il, signifié tout récemment aux

Touareg de refuser tout passage aux étrangers quels qu'ils soient.

Il y a près de quarante ans, dès la fin de la conquête de l'Algérie, le maréchal Randon était déjà d'avis de commencer l'œuvre de pénétration et d'ouvrir vers le Sud l'ère des expéditions militaires. Cet avis ne fut pas partagé et, malgré l'opinion de beaucoup d'officiers d'Afrique qui sentaient que la résistance à notre action avait son principal point d'appui vers le sud de la colonie, aucune suite ne fut donnée aux propositions venues d'Algérie.

Que vous le vouliez ou non, disait alors le général Margueritte, la force des choses, comme l'expérience l'a prouvé, vous poussera en avant et vous obligera à marcher. Vous irez, bon gré mal gré, jusqu'au point d'où vous assurerez l'ordre, la paix et le libre transit des caravanes.

Parole de prévoyance et d'expérience qui pourrait s'appliquer encore aujourd'hui à l'Algérie comme au Soudan et qui nous dicte le programme que nous devons appliquer au centre comme au sud du Sahara.

Depuis une quinzaine d'années, les routes qui avaient été ouvertes devant Duveyrier et quelques autres voyageurs se sont refermées à la suite de la propagande des Senoussias (1), de la jalousie des négociants musulmans de Ghadamès, poussés par les Anglais et les Italiens, et de ceux d'In-Salah, soutenus par le Maroc.

Divers événements, survenus dans ces derniers temps, ont aussi contribué à arrêter la pénétration vers le Sud. Ce sont les pillages continuels des Touareg, l'insurrection de Bou-Amama, le massacre de la mission du colonel Flatters, du lieutenant Palat et, tout récemment (8 juin 1896), de la mission de Morès.

Le marquis de Morès, parti de Tunis pour Rhat et, de là, pour le Soudan, en mission à la fois politique et commerciale,

---

(1) Dès 1897, on a reçu en Algérie, par la voie d'Aïn-Sefra, des lettres apportées de Tombouctou par caravane.

emmenait avec lui quelques commerçants et une escorte de cinq hommes seulement. A 150 kilomètres au sud du dernier poste français en Tunisie, près de Sinaoun, sur la route de Ghadamès, dans le *pays de la peur*, il tomba dans une embuscade et fut tué avec presque tous ses compagnons.

Ce désastre a été attribué à diverses causes : d'abord l'annonce que la mission portait avec elle de grandes richesses, qu'elle allait essayer d'établir des relations avec Rhat, la rivale de Ghadamès, enfin, l'état politique du Sahara.

C'était, en effet, le moment où Rabah était victorieux au Soudan, où l'entrée des Français à Tombouctou était connue dans le Sahara, ainsi que les craintes des gens du Touat de voir arriver une colonne française. Enfin, les entreprises des Anglais au Soudan avaient fait craindre aux Touareg de voir le commerce du sel passer aux mains de l'Angleterre, qui l'aurait fourni au Soudan par la voie du Niger.

Remarquons que cette dernière crainte est, au contraire, de nature à rallier les Touareg à notre désir de créer un mode de transport rapide entre leur pays et le Soudan.

Le massacre de la mission de Morès paraît avoir été le fait de coupeurs de route ordinaires, soudoyés peut-être par les négociants de Ghadamès et par d'autres intéressés, mais non la suite d'un complot politique dans lequel auraient trempé les Azdjers.

La crainte des représailles, qui fut la conséquence de ces événements, eut pour effet de rendre les Touareg moins accueillants et de rapprocher du Maroc les tribus du Touat et des régions voisines. Dans ces dernières années cependant, la mission de MM. d'Attanoux et Foureau a pu pénétrer chez les Azdjers et essayer de renouer les relations d'amitié consacrées par le traité de Ghadamès.

On a reconnu que les dispositions des chefs azdjers étaient toujours favorables, que le massacre de la mission du marquis de Morès ne leur était pas imputable et qu'il serait possible, avec quelque esprit politique, de nouer avec leurs tribus des relations commerciales suivies.

Mais, s'il est possible de s'entendre avec les Azdjers, il n'en est pas de même du côté des Hoggars. Cette race de guerriers et de pillards, plus encore que le reste des populations musulmanes de l'Algérie, ne nous a jamais laissés faire un pas en avant sans une lutte acharnée. « Pour pénétrer le Sahara, dit encore le général Margueritte, il faut la force; le peuple musulman ne nous a jamais laissés faire un pas en avant sans avoir l'excuse de céder à la force. »

C'est en se fondant sur cette opinion et sur son expérience personnelle que le général Philebert proposait, dès 1886, un projet de mission dont le triple but était :

1º De venger le massacre de la mission Flatters, dont l'impunité était très défavorablement appréciée dans tout le Sahara;

2º De faire échec aux Senoussias, qui venaient d'installer leurs zaouias à Rhat et à Insalah;

3º D'imposer la paix aux Hoggars et de saisir un point d'où la protection et le libre parcours des caravanes fussent assurés.

Ce devait être une mission armée se présentant sous des dehors pacifiques, mais possédant une organisation suffisante pour s'imposer par la force. Elle se serait composée de 1.500 fusils, 1 batterie, 100 cavaliers et 2.000 chameaux portant 100 jours de vivres et conduits par 450 convoyeurs.

Son point de départ eût été Metlili; son objectif Idelès, sur l'Igharghar, où la colonne se fût établie et ravitaillée. De là elle se fût rendue à la Sebkha d'Amadghor pour y construire un fort, y saisir les salines et y faire revivre l'ancien marché signalé par Duveyrier. L'expédition, partant le 15 octobre de Metlili, eût atteint Amadghor le 1er février suivant et serait rentrée fin avril pour éviter la chaleur de l'été.

Exposé dans ses détails avec la haute compétence de l'auteur, ce projet séduit par la simplicité relative des moyens mis en œuvre autant que par l'importance des résultats à obtenir.

Idelès est en effet une localité du pays des Hoggars qui

possède, à environ 1.500 mètres d'altitude, de l'eau excellente en abondance; son climat est réputé meilleur que celui de Laghouat et d'Ouargla.

Quant à la Sebkha d'Amadghor, c'est un des points stratégiques les plus remarquables du Sahara, et l'existence de l'ancien marché, signalé par Duveyrier au temps où les Touareg étaient réunis en une seule nation, en marque toute l'importance. C'est là que les Kel-Owi venaient s'approvisionner du sel qu'ils vont aujourd'hui chercher dans l'oasis de Bilma. C'est aussi le point-limite du parcours des Azdjers et des Hoggars, aussi bien qu'une dépression remarquable entre le Tassili et le massif des Hoggars, entre le bassin de l'Igharghar et le bassin des fleuves sahariens qui coulaient autrefois vers le Niger.

Pour y parvenir, on devait négocier encore plus que combattre, s'assurer l'amitié et, s'il est possible, la coopération des Azdjers ennemis des Hoggars, gagner les chefs des Hoggars ou soutenir les prétentions de certains autres chefs dépossédés, enfin nouer des intelligences avec les Aouelimiden pour empêcher la retraite des Hoggars au cas où ils voudraient en venir aux mains avec nous.

Ce programme, on le voit, vise avant tout la soumission des Touareg, car le général Philebert fait remarquer, dans son projet de 1886, que la question du Touat et la possession d'Insalah dépendent avant tout de la chute de la puissance des Touareg. Il estimait, sans doute à tort, que l'attaque d'Insalah serait de nature à faire naître des complications avec le Maroc et même avec l'Espagne. Or, on se rappelle que, depuis 1886, le gouvernement français a nié hautement les prétentions du Maroc sur le Touat.

La question a donc pris une tournure nouvelle, surtout en ce moment où le Maroc subit un recul d'influence et où M. le gouverneur général de l'Algérie vient de démontrer que l'occupation du Touat n'était, comme on l'a dit, qu'une question de police saharienne.

Le Touat, mot berbère signifiant « les oasis », est une vaste dépression couverte de palmiers et qui comprend sous sa dénomination le Gourara, le Tidikelt et diverses autres vallées. Sa vallée maîtresse est celle de l'oued Messaoura, dont les eaux se perdent dans le sable, en amont du Touat, et qui devait être, autrefois, un affluent du Niger.

Le Touat, centre d'un commerce important avec le Maroc, l'Algérie, les Touareg, Tombouctou, joue, à l'ouest du massif des Hoggars, le même rôle que la région d'Amadghor à l'est. C'est une région dont le rôle stratégique s'exerce à la fois sur les Hoggars et le Maroc et qui, entre nos mains, deviendra le centre du rayonnement de la puissance française vers l'ouest et vers le sud.

Si Insalah et les nombreux villages qui l'entourent ont une grande importance au point de vue des routes de caravanes qui y aboutissent, nous devons signaler aussi, plus à l'est, entre le pays des Chaambas et celui des Hoggars, la localité d'Amguid, revendiquée par les uns et les autres. On y trouve de l'eau courante, des terrains cultivés, et, de là, une route mène à Tombouctou par Timissao, ville autrefois importante où l'on trouve encore les restes d'un fort marocain.

L'attention se porte d'ailleurs de plus en plus vers le Sud algérien. On a vu, lorsqu'on a parlé de l'Algérie, que la question des trois chemins de fer de Djenien-bou-Resgh, de Laghouat et de Ouargla était à l'ordre du jour, et que la création des troupes sahariennes et la construction des forts Miribel, Mac-Mahon et d'Hassi-Inifel dénotaient la volonté de mettre fin aux incursions des nomades et de pousser plus avant vers le Sud. On sent, en Algérie, que le moment est venu de consolider définitivement notre puissance en ces régions. Aussi a-t-on noté avec plaisir le plan d'occupation récemment exposé par M. Laferrière au conseil supérieur de gouvernement, et appris avec soulagement le succès de nos entreprises au Touat.

Tous les projets d'extension vers le sud n'ont au fond d'autre objet que d'ouvrir les routes du Soudan, et de préparer le moyen de pousser vers le sud le Transsaharien projeté depuis si longtemps.

C'est cette idée qui a provoqué l'envoi de la mission Foureau-Lamy, tout autant que le désir de placer l'Angleterre vis-à-vis du fait accompli en ce qui concerne la jonction de nos possessions soudanaises et congolaises.

Le commandant Lamy, des tirailleurs algériens, et l'explorateur Foureau, chef de mission, quittaient Biskra au mois d'octobre 1898, avec 180 tirailleurs, deux pièces, un détachement du génie et un millier de chameaux. Le 18 novembre, ils atteignaient Temassinin, précédés par le capitaine Pein et le lieutenant de Thézilliat, qui, chargés du ravitaillement, y construisaient un fort. Le 25 novembre, la mission quittait Temassinin, arrivait à Tikhammar, à 70 kilomètres au nord de la Sebkha d'Amadghor, le 20 décembre, à Afara le 1er janvier 1899, et à Tadent le 17 janvier.

De Tadent, MM. Foureau et Lamy, accompagnés par trente Chaambas, allaient visiter, à 140 kilomètres de là, le point nommé Tadjenout et non Bir-el-Gharama, où fut massacrée la mission Flatters et où ils ne trouvèrent aucun vestige du désastre.

La mission repartait de Tadent le 26 janvier et, après la pénible traversée du Tanezrouft, atteignait Assiou le 1er février et, le lendemain, In-Azaoua, où était construit le fort Flatters.

Peu après, elle en repartait pour l'Aïr, à dix jours de marche, où elle doit séjourner et où sera établie, sans doute, une sérieuse base d'opérations.

Pendant ce temps, le capitaine Pein poussait une pointe à deux jours d'Amguid, rentrait à Temassinin le 7 décembre et en repartait le 31 pour organiser la ligne d'étapes.

Suivant une autre route que celle de la mission, il gagnait successivement Tikhammar, puis Afara et, enfin, Tadent, où il recueillait le lieutenant de Thézilliat, qui rentrait d'accompagner un convoi à Assiou. Il revenait ensuite, par la Sebkha d'Amadghor et Amguid, à Temassinin, et, enfin, le 27 mars, il rentrait à Ouargla.

Toutes ces marches ont été accomplies au milieu d'un pays où les Touareg avaient fait le vide et ne s'étaient pas montrés; pays difficile parfois, où l'on rencontre des montagnes élevées, et où la ligne de partage des eaux de la Méditerranée fut franchie à 1.382 mètres d'altitude.

Des correspondances déjà reçues de la mission, il résulte cependant ce fait que le pays, bien que l'eau y soit rare, ne s'oppose en rien, malgré les difficultés qu'on y rencontre, à l'établissement d'une voie ferrée, d'un tracé même facile. Les renseignements ultérieurs fournis par la mission nous fixeront entièrement au sujet d'un itinéraire que l'on considère de plus en plus comme devant être suivi par le premier des Transsahariens à exécuter.

Les bruits fâcheux répandus sur la mission au moment de la déclaration de guerre du Transvaal ont été heureusement démentis. Après avoir eu quelques difficultés de ravitaillement à surmonter dans l'Aïr, la mission a pu poursuivre sa marche en avant, entrer à Zinder au mois de décembre 1899, et continuer vers le Tchad.

Pendant ce temps, les missions Voulet-Chanoine et Gentil-Bretonnet, avec lesquelles la jonction avait été projetée aux environs du Tchad, subissaient des destins divers.

M. Bretonnet, après avoir soutenu contre les masses de Rabah une lutte héroïque et disproportionnée, était massacré avec ses compagnons et ses 30 Sénégalais. Cet événement découvrait la mission Gentil et empêchait, tout au moins momentanément, sa marche en avant.

Le lieutenant Pallier, après avoir déployé son énergie à s'assurer de la succession des capitaines Voulet et Chanoine, s'emparait de Zinder, qu'il faisait occuper par 200 tirailleurs, avant de rentrer au Soudan.

C'est là, il est vrai, une étape de plus vers notre objectif; mais ces événements n'ont pas été sans diminuer les chances de la mission Foureau-Lamy, dont les forces, jugées déjà à peine suffisantes, ont à remplir une tâche aussi glorieuse que difficile.

Il nous reste à signaler, en terminant ce chapitre, la mission saharienne, organisée par le *Matin* sous la direction de M. Blanchet, pour étudier le tracé du Transsaharien. Cette mission a déjà commencé au nord du Sénégal une étude préliminaire à ses opérations principales, qui s'exécuteront dans le Sud algérien à l'automne de 1900.

LES TRANSSAHARIENS

De très nombreux projets de voie ferrée se dirigeant de la Méditerranée vers le Soudan ont été déjà élaborés. Leurs points de départ se trouvent en Algérie et en Tripolitaine.

Dès 1885, le voyageur Rohlfs conseillait à l'Italie de prendre possession de Tripoli. « Qui possède Tripoli possède le Soudan! » s'écriait-il, et il faisait valoir les avantages d'une voie ferrée qui, partant de Tripoli ou du port de Braïga, près de la Cyrénaïque, se dirigerait sur Mourzouk et de là sur le Tchad par la route des caravanes. Ce tracé, jalonné par de nombreuses oasis, ne présenterait point de grandes difficultés et utiliserait la distance la plus courte de la Méditerranée au Soudan.

Plus à l'ouest, outre le tracé Rolland-Philebert, qui est un des plus récents et des mieux étudiés, on a proposé les tracés suivants, issus, pour la plupart, d'El-Goléa, cette localité ayant été préalablement reliée à Alger ou à Constantine.

Tracé Largeau : El-Goléa, Insalah et, de là, d'un côté sur Rhat et Kouka, et de l'autre sur le Touat et Tombouctou.

Tracé Duponchel : El-Goléa, Insalah, le Touat, Tombouctou, Médine, Saint-Louis.

Tracé Pouyanne : El-Goléa, Insalah, le Touat, Inzize, Temissao, puis d'un côté sur Tombouctou et de l'autre, en aval, sur Igomaren.

Tracé Deporter : Alger, El-Goléa, Insalah, Assiou, Agadès, Kano, avec bifurcation au nord d'Assiou, vers le Bouroum.

Tracé Broussais : Alger, Insalah, Bouroum, avec embranchement de l'Adrar vers le Tchad.

Tracé Bouty-Sabatier : Djenien-bou-Resgh, oued Messaoura, Taourirt, Tosaye (Niger).

Tracé Mairette : Aïn-Sefra, Igli, Taourirt, Bouroum.

Tracé Mac Costhy : A diriger vers le point du Niger où se fera le partage des routes entre le Sénégal, le Dahomey et le Tchad.

Tracé Kramer : Aïn-Sefra, Touat, Tombouctou.

Tracé Beau de Rochas : Alger, Temassinin, Idelès, l'Aïr et, de là, d'un côté sur Kouka et de l'autre sur Sokoto et Boussa.

Tracé Soleillet : Alger, Laghouat, El-Goléa, Insalah, Inzize, Tombouctou, Médine, Saint-Louis.

Tracé Rolland-Philebert (1890) : Biskra, Ouargla, Mokhanza, Aïn-Taïba, El-Biod, Amguid, avec deux bifurcations : sur le Tchad par Amadghor, Bir-el-Gharoum, Assiou, Kouka, avec variante par Bilma et Mosena; sur le Niger par Timissao et Bouroum.

Tracé P. Leroy-Beaulieu (1898) : Biskra, Ouargla, Amguid, Zinder.

Chacun de ces tracés, et nous en omettons, répond à une idée spéciale et aussi à des besoins différents ; nous n'avons à nous occuper ici que de l'idée française.

Aussi, pénétré de la nécessité du Transsaharien au point de vue national, on serait tenté de dire, avec M. Edmond Blanc, que le meilleur transsaharien est celui qui se fera. Mais il faut se souvenir que, depuis que cette parole a été prononcée, les événements ont marché, le problème s'est posé avec des données de plus en plus précises, et la nécessité d'une voie de communication rapide dans une direction déterminée s'est tous les jours affirmée davantage.

Tout récemment, sous la pression des événements du haut Nil, M. Paul Leroy-Beaulieu, dans des pages émues, poussait son vigoureux cri d'alarme et développait les grandes lignes du Transsaharien nécessaire. Peu après, le gouverneur général de l'Algérie admettait l'obligation de construire les voies sahariennes, amorces des futurs transsahariens. Presque au même moment, s'ouvrait le Congrès de géographie d'Alger, le Congrès du Transsaharien, ainsi qu'on l'a appelé. Là, dans des discussions étendues et parfois passionnées, toutes les opinions se sont produites pour mettre en lumière tantôt les intérêts généraux du pays, tantôt les rivalités locales, aussi bien que pour soulever discrètement le voile qui cache les inquiétudes étrangères et le secret désir de voir avorter toute tentative d'exécution immédiate. On y a même prononcé, à voix basse, le terme d'enterrement définitif du projet. Qu'on se rassure. On n'enterre pas aussi facilement une grande idée française. Les faits, dans un avenir prochain, espérons-le, se chargeront de répondre.

Tout a été dit sur le Transsaharien. Qu'on l'ait discuté au point de vue commercial, cela était nécessaire. Il est incompréhensible qu'on le discute encore au point de vue stratégique et politique. Ce sera, suivant l'heureuse expression de M. Paul Leroy-Beaulieu, notre porte-respect à l'égard des Anglais, l'arme qui nous évitera de futures capitulations.

Il s'agit, en effet, avant tout, de conserver et de défendre notre Afrique. Et l'on ne peut y parvenir qu'en se donnant la possibilité de déverser à ses extrémités le trop plein de forces que possède l'Algérie. C'est en Algérie, voisine de la France, que se trouve notre base d'opérations africaine. C'est de là qu'il nous faut, par les moyens les plus rapides, diriger nos forces, défensives d'abord, mais aptes à l'offensive, sur les points faibles ou dangereux des territoires étrangers.

En pareil cas, la question politique prime toutes les autres. La question commerciale sera plus tard résolue. Est-ce que les Anglais s'en préoccupent lorsqu'ils font suivre par le rail toutes leurs expéditions coloniales sans exception? Nous en avons eu la preuve en Afghanistan, dans l'Achantiland, dans l'Est africain. Ils viennent encore de nous en donner un exemple remarquable au Soudan égyptien, où 800 kilo-

AFRIQUE NORD-OUEST

Les chemins de fer de l'avenir.

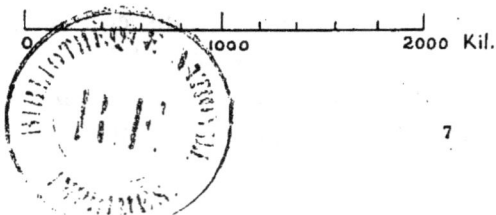

Alger — Philippeville — Oran — Biskra — Gabès — Laghouat — Djenien-bou-Resgh — Ouargla — Tripoli — Figuig — El Goléa — Insalah — Temassinin — Mourzouk — Taoudeni — ADRAR — Tombouctou — Tinteloust — Bilma — St Louis — Gogo — Agadès — Dakar — Médine — Zinder — Toulimando — Say — Sokoto — Koukd — Konakry — Kano — Kong — Boudoukou — Cotonou — Gd Bassam — Banghi — Libreville

——— Lignes construites
++++ Lignes d'intérêt immédiat
- - - - Lignes futures

0   1000   2000 Kil.

mètres de voie ferrée ont été construits, dit-on, pour 30 millions. D'après leur système, le chemin de fer fait la conquête, crée le commerce, et le commerce accompagne ensuite le chemin de fer. Telle est la vérité.

Il faut s'inspirer de ces principes et se dire résolument que le Transsaharien doit être, avant tout, stratégique et politique. Dès lors, arrière les rivalités locales ! C'est là une question de vie nationale.

Les chemins de fer sahariens, mis en avant par M. Laferrière, constituent une œuvre algérienne ; le Transsaharien est une œuvre française à exécuter par la métropole.

Le Transsaharien est donc nécessaire. Mais quel est celui qu'il faut choisir parmi tous les tracés proposés ?

Pour le déterminer, nous allons essayer de jeter les bases logiques du futur réseau Nord-Africain. Mis en présence du lot qui leur a été réservé en Afrique, les Français de nos jours ont le devoir de prévoir largement l'avenir, en vue de constituer fortement l'empire africain, qui sera plus tard le principal, sinon le seul, de nos débouchés.

Il s'agit ici, en définitive, d'esquisser une vue d'ensemble du réseau qui, mis à exécution avec persévérance, servira à lier plus étroitement le faisceau de nos possessions et à leur donner la possibilité de desservir les régions principales en attendant que leur développement progressif permette d'y créer les lignes secondaires. Cela fait, il nous sera possible de déterminer l'ordre d'urgence à adopter pour l'exécution des futurs Transsahariens.

La première des questions à envisager est celle des routes actuellement suivies par les caravanes.

Sans compter les voies transversales qui les relient entre elles, les routes les plus fréquentées du Sahara suivent les directions ci-après :

1° Ouadaï, Borkou, Koufra, basse Égypte ou Cyrénaïque ;

2° Tchad, Mourzouk, Tripoli, avec embranchements d'un côté sur Rhat et Ghadamès, de l'autre sur le pays de Barka ;

3° D'Agadès partent cinq routes: sur Kouka, Kano, Sokoto, Gogo sur le Niger, et sur Assiou. De ce point des routes mènent à Rhat, Amguid et Insalah ;

4° De Gogo à Timissao et Insalah ;

5° De Tombouctou à Arouan, Taoudeni, Insalah. D'Arouan partent des routes qui, à travers le Tanezrouft, doivent aboutir chez les Hoggars.

De Taoudeni, deux routes se dirigent, par Eglif, l'une sur El-Harib, l'autre sur Ifni ;

6° Du Sénégal à l'Adrar et de là au Maroc.

Ces routes nous indiquent le chemin à faire suivre aux voies ferrées de l'avenir.

Actuellement, trois chemins de fer algériens amorcent les futures lignes transsahariennes, et les trois provinces de la colonie sont toujours en rivalité aiguë pour obtenir le prolongement immédiat, vers le Sahara, de la ligne que chacune possède.

En s'élevant au-dessus de ces rivalités, l'homme indépendant peut se faire une opinion fondée sur l'étude du pays et sur celle des nécessités géographiques.

Si de l'Algérie on veut atteindre le Niger et le Congo, l'examen de la carte montre que le passage vers le Sud est barré par deux massifs montagneux : le Tassili des Azdjers et le massif des Hoggars. Entre ces massifs, ou auprès d'eux, se trouvent les deux dépressions du Touat et d'Amadghor, suivies de tout temps par les caravanes et qui offrent les commodités les plus grandes pour le passage des voies ferrées, en même temps que les plus grands avantages stratégiques.

Donc, en dehors de toute considération de parti, puisque les voies ferrées de l'avenir doivent traverser ces dépressions, considérons-les provisoirement chacune comme le point de départ d'une ligne à diriger vers le Soudan.

Du Touat, le point du Soudan le plus rapproché est Tombouctou ; c'est également le point le plus facile à atteindre par une voie ferrée qui, passant à l'ouest du massif des Hoggars, suivrait, par les vallées qui descendent vers le Niger, la route actuelle des caravanes, par Taoudeni et Arouan. Or, des trois lignes algériennes, c'est évidemment celle de la province d'Oran qui, aboutissant à Djenien-bou-Resgh, peut, le plus facilement et dans le délai le plus rapproché, atteindre le Touat. C'est, en outre, la ligne la plus courte qui aboutisse à la Méditerranée. A ces divers points de vue, on peut dire, en toute logique, que, pour atteindre Tombouctou, la ligne la plus avantageuse est celle d'Oran – Touat – Tombouctou.

De la dépression d'Amadghor, les pays soudanais les plus faciles à atteindre sont les marchés de Zinder et de Kano, et le Tchad. Par la rive orientale du Tchad on atteindrait ensuite, en remontant le Chari, le coude de l'Oubangui vers son confluent avec le Congo. Les deux directions de Kano et du Tchad passent par l'Aïr, centre des populations Kel-Owi sédentaires.

Si maintenant on regarde vers le Nord, la ligne la plus courte pour gagner la mer d'Algérie en partant d'Amadghor est la ligne Temassinin – Ouargla – Philippeville. Donc, toutes considérations de politique intérieure mises à part, une deuxième ligne transsaharienne serait celle de Philippeville – Constantine – Ouargla – Temassinin – Amadghor – l'Aïr ; de là, vers le Niger et le Soudan d'un côté, et, de l'autre, vers le Tchad et le Congo.

Entre ces deux lignes, le département d'Alger se trouverait, en apparence, sacrifié (1); il y aurait moyen de lui offrir une compensation en traçant convenablement la ligne d'Oran-Tombouctou. De Djenien-bou-Resgh à Tombouctou, la ligne droite passe un peu en dehors du Touat et laisse Insalah à 300 kilomètres à l'est. Pour ne pas imposer à la voie un trop

---

(1) Les Algériens eux-mêmes comprennent qu'il faut enfin aboutir et qu'il est nécessaire de faire taire les querelles locales pour concentrer notre attention et nos forces sur une des lignes projetées. En décembre 1898, la chambre de commerce d'Alger, faisant acte d'une profonde sagesse politique, a voté une résolution demandant la construction immédiate du Transsaharien par Ouargla, mais émettant, en même temps, le vœu de l'achèvement de la ligne de Berrouaghia à Laghouat. Cette dernière voie pourrait être achevée en moins de deux ans, à la condition d'employer la méthode russe et de détacher en Algérie deux de nos compagnies de sapeurs de chemins de fer. De nouvelles démarches viennent d'être faites au mois d'août 1899, par les délégués de l'Algérie auprès des membres du Gouvernement.

grand détour, on lui laisserait suivre le cours du Massaoura. Elle desservirait ainsi le Touat occidental, et, arrivée à hauteur d'Insalah, à environ 150 kilomètres de cette localité, elle irait rejoindre Taoudeni et Tombouctou par la route des caravanes.

La ligne d'Oran à Tombouctou tenue ainsi hors de portée des Hoggars, on pourrait prolonger la voie ferrée Alger-Laghouat sur El-Goléa et Insalah, lui donnant ainsi à desservir le Touat occidental et le territoire des Hoggars, avec, plus tard, la faculté de la relier, à travers le Touat, à la ligne de Tombouctou.

Du côté du Tchad, pour nous maintenir sur le terrain des actes diplomatiques qui laissent le Sokoto dans la sphère d'influence anglaise et pour ne pas emprunter les territoires allemands du Tchad, la voie ferrée se dirigerait de l'Aïr, d'un côté sur le Chari par la rive orientale du Tchad, de l'autre sur Zinder, un des marchés du Bornou, et enfin sur Say, où elle se raccorderait au réseau soudanais constitué par les artères Say-Cotonou, Say-Bamako et Tombouctou-Kong-Côte d'Ivoire.

Plus tard, on aurait à étudier des embranchements sur Figuig, l'oued Drâa, l'Adrar et le Sénégal et, à l'Est, de Temassinin sur Ghadamès et Gabès.

Nous sommes donc conduits, par la logique même des faits, à définir deux Transsahariens bien distincts, correspondant à deux idées spéciales. Lequel est le plus nécessaire?

C'est incontestablement celui du Tchad. « Ce serait une folie, disait Schirmer, de construire un chemin de fer gigantesque de 2.600 kilomètres pour atteindre Tombouctou. Mais restent les royaumes du Tchad. Ceux-là sont riches. »

Il y a quelques années seulement, la discussion était encore possible. Après Fachoda, la question est résolue.

Qu'on jette les yeux sur ce que les Anglais nous ont laissé de territoire africain. Le point faible, quoique dominant, de cet empire déchiqueté et déséquilibré est au Tchad. C'est là le résultat de faits récents, dont les conséquences se feront longtemps sentir et qui nous dictent les résolutions à prendre.

C'est vers le Tchad que doit être dirigé notre effort défensif. C'est aussi de ce côté que doit porter notre offensive, car, s'il est vrai que l'on ne se défend bien qu'en attaquant, il est non moins certain que c'est en partant du Tchad que nous pourrons porter les coups les plus rapides et les plus décisifs à nos adversaires de l'Est ou de l'Ouest.

Un Transsaharien dirigé sur un point autre que le Tchad serait donc, comme le dit M. P. Leroy-Beaulieu, un anachronisme. D'ailleurs, notre Sénégal-Soudan possède aujourd'hui des forces suffisantes pour sa défense, et il est inutile, pour le moment, de renforcer ce point fort de notre empire.

Le but immédiat est donc le Tchad, d'où, en suivant la rive orientale, à une distance assez grande, le tracé se dirigera vers Massenya et l'Oubangui. Le point de départ sur la Méditerranée doit être le port le plus rapproché de Marseille. C'est Philippeville. Le tracé intermédiaire, autant que possible direct comme une voie romaine, passera par Biskra, Tuggourt, Temassinin, Tadent, l'Aïr, pour se diriger de là sur le Tchad, sur Zinder, sur Say.

On voit que ce tracé se rapproche assez de Rhat et de Ghadamès pour englober dans sa sphère d'action ces deux enclaves turques. Passant entre les deux grandes tribus touareg, nos amis les Azdjers et nos ennemis les Hoggars, il les divise, les sépare davantage et permet d'agir sur elles par action directe à courte distance.

On doit arriver à ce résultat de constituer les Azdjers gardiens, sous leur responsabilité collective, du chemin de fer d'Ouargla à l'Aïr, en leur donnant, si c'est nécessaire, la prépondérance sur les Hoggars, qu'ils surveilleront et exploiteront à notre profit.

De l'Aïr au Tchad et au delà, le rôle de la voie ferrée a été défini plus haut. De l'Aïr à Zinder, d'un côté, et à Say, de l'autre, on aura deux lignes d'investissement du Soudan anglais; en même temps, une ligne de jonction, celle de Say, reliant l'Algérie au Soudan, permettra, pour un temps, de remplacer la voie d'Oran à Tombouctou.

Tel doit être notre programme immédiat, qui aura pour nombreux et féconds résultats :

1° De créer la possibilité de jeter en moins de vingt jours 10.000 Algériens sur le Tchad, menaçant Khartoum et pouvant agir sur les Soudans anglais et allemand en combinant leurs efforts avec les troupes de notre Soudan ;

2° De nous donner un point central de puissance dans l'Aïr, véritable réservoir de nos forces et de nos moyens d'action sur tous les Soudans ;

3° De constituer une vaste région menaçante pour le Niger anglais, celle d'entre Aïr–Say, jalonnée par des postes qu'il faudra rares et très forts ;

4° De placer à Say ou environs le centre offensif du Soudan français sur le Sokoto-Bornou. Là, certains établissements militaires s'imposeront. Ce sera un des points de soudure de nos empires algérien et soudanais, de même qu'au Tchad se trouve la soudure de notre Afrique du Nord et de nos territoires congolais.

Plus tard, il y aura lieu de compléter ce réseau et de parvenir, dans un délai rapproché, à la réalisation du programme indiqué par la carte ci-jointe.

Ce programme donne à Alger, métropole africaine, deux transsahariens divergeant vers nos deux centres de puissance : Sénégal-Soudan et Tchad-Congo. Des transversales joignent les deux lignes principales : l'une près des points de départ : Touat-Ouargla-Gabès ; l'autre à l'arrivée au Soudan : Say-Aïr-Tchad. La mer, qui relie les points de départ, Oran-Alger-Philippeville, relie aussi les points extrêmes depuis la côte occidentale d'Afrique jusqu'à l'embouchure du Congo.

En sorte que, l'Algérie devenue réellement l'*emporium* de tout le commerce de cette partie du continent, sera plus que jamais la tête de notre puissance africaine.

Il nous reste à dire quelques mots des moyens d'exécution. On a diversement évalué le prix de revient du Transsaharien, même avant d'en avoir établi le tracé tout au moins approximatif.

En choisissant décidément le tracé Biskra-Temassinin-Aïr,
et de l'Aïr au Tchad, à Zinder et à Say, nous nous donnons la
possibilité de nous dégager des abstractions et de soumettre
ce tracé à une analyse rapide, résumée d'une étude plus complète des procédés d'exécution et du prix de revient (1).

Les procédés d'exécution seront ceux déjà employés pour
les chemins de fer transcontinentaux ou désertiques, aux
États-Unis, au Canada, en Australie, en Transcaspie, en Si-
bérie, sur le haut Nil et dans le Sud africain rhodésien.

On emploiera la direction et les méthodes militaires pour
obtenir la rapidité, l'unité d'action, le prestige, l'économie.

Il ne s'agira plus d'enquêtes et d'expropriations. Il s'agira
d'un chemin de fer de conquête à faire exécuter par la main-
d'œuvre militaire et pénitentiaire, dirigée par nos sapeurs de
chemin de fer, main-d'œuvre peu payée, sinon gratuite et
imposée : c'est là une idée qui nous choque et qui nulle part
n'a gêné les Anglais.

La voie, à largeur de $1^m,055$, permettra de franchir de fortes
rampes et des courbes serrées, tout en donnant l'avantage
d'un poids moindre de matériel à transporter, d'une réduction
dans l'effectif des travailleurs et d'un rendement très suffisant. Elle sera d'ailleurs entièrement métallique, les traverses
en bois ne durant pas dans le Sahara.

La construction se fera par la méthode bien connue de nos
officiers du génie : un train, portant et logeant les travailleurs
et le matériel, et précédé à longue distance par le groupe de
construction de la plate-forme, s'avance jusqu'à l'extrémité du
rail. Le matériel, rails et traverses, est assemblé, posé par
parties successives, et la locomotive continue à avancer en se
tenant toujours en tête du rail. Des expériences nombreuses, aujourd'hui acquises, permettent de compter sur un
avancement minimum de 1.600 mètres par jour dès le début
des travaux.

La voie suivra le terrain, sans ouvrages d'art. On la recti-

---

(1) Voir *Le Transsaharien par la main-d'œuvre militaire*, par l'auteur. Chez
Lavauzelle, 1900.

fiera plus tard, lorsqu'on aura construit les ouvrages d'art indispensables.

Le travail ainsi entrepris donnerait environ 40 kilomètres de voie par mois, soit 400 kilomètres par an. Il faudrait environ :

Six ans pour aller de Biskra à l'Aïr (2.400 kilomètres);

Deux ans et demi pour aller de l'Aïr à Mao (Tchad) (1.000 kilomètres);

Trois ans pour aller de Mao à l'Oubangui (1.300 kilomètres);

Un an et demi pour aller de l'Aïr à Zinder (500 kilomètres);

Deux ans et demi pour aller de l'Aïr à Say (900 kilomètres).

Déduction faite du tronçon de Mao à l'Oubangui, qui pourrait, peut-être, s'exécuter séparément en partant de notre colonie du Congo, il faudrait environ huit ans pour terminer le réseau partant de l'Aïr vers Biskra-Mao-Zinder et Say.

Tous ces chiffres paraissent être largement calculés et pourront, par l'habitude de la construction, être sensiblement réduits.

Quant aux dépenses, elles peuvent être ramenées aux trois termes suivants : personnel, matériel, transports. En présence des renseignements précis fournis par la première partie de la mission Foureau-Lamy, il est possible de fixer le détail des frais à attribuer à l'une ou à l'autre de ces trois catégories de dépenses. La vitesse de construction aura aussi une influence capitale sur la dépense totale. Si l'on se reporte à l'étude citée plus haut, on verra qu'en serrant de près le problème et en calculant largement les dépenses, on arrive, en moyenne, au chiffre probable de 44.000 francs par kilomètre. Le prix du *réseau aux quatre branches :* Aïr-Biskra-Mao-Zinder-Say, d'une longueur totale de 4.800 kilomètres, s'élèverait dès lors à 210 millions. Nous pouvons prendre ce chiffre comme une première et large approximation, en attendant que les études en cours permettent de préciser davantage les éléments du problème. C'est à peu près le crédit récemment alloué à l'Indo-Chine française pour la construction de ses voies ferrées. Ce n'est que le double du prix de l'Exposition universelle de 1900. Pour notre empire africain, qui est à nos portes, où gît notre avenir, que ne devrait-on pas faire!

CHAPITRE II

AFRIQUE OCCIDENTALE

Nous placerons dans ce chapitre l'étude des pays de l'Afrique occidentale française et des colonies européennes de la côte de Guinée.

Nous étudierons ensuite, dans le chapitre suivant, l'hinterland de ces régions, formé par le Soudan entre le Sénégal et le Nil.

Afrique occidentale française.

Organisation récente. — Avantages et inconvénients. — Centralisation. — Délimitation. — Enclaves étrangères. — Débouchés et voies ferrées à créer.

Le décret du 16 juin 1895 plaçait nos colonies de l'Afrique
occidentale sous l'autorité d'un gouverneur général, qui était
en même temps gouverneur de la colonie du Sénégal.

Ce haut fonctionnaire réunissait sous sa direction le Sénégal, le Soudan, la Guinée française et la Côte d'Ivoire. Le Dahomey continuait à dépendre d'un gouverneur spécial, qui était
cependant tenu d'adresser ampliation de ses rapports au gouvernement général de l'Afrique occidentale, où se trouvaient
centralisés les pouvoirs civils et militaires.

Cette organisation, qui groupait nos colonies de l'Afrique
occidentale dans la main du même chef, était de nature à faire
cesser les rivalités qui se sont souvent manifestées entre les
gouverneurs de ces colonies, au grand détriment de l'expansion française dans ces régions. Elle permettait aussi d'espérer une unité de vues plus complète facilitant le développement de notre influence et s'opposant plus efficacement aux
empiètements de nos rivaux.

Enfin, la coordination des affaires et leur transmission simultanée au ministère des colonies permettaient une plus grande
liaison des efforts et une plus grande rapidité des solutions.

On a reproché à cette nouvelle organisation de grouper des
colonies fort éloignées et n'ayant aucun lien commun, d'obliger le gouverneur général à des voyages incessants, d'entraver
l'initiative des gouverneurs en sous-ordre, enfin de favoriser,
aux dépens des autres colonies, le Sénégal, placé directement
sous les ordres du gouverneur général.

Certaines de ces critiques étaient fondées. Il eût peut-être été préférable de voir le Sénégal doté d'un gouverneur particulier, et Dakar, future capitale de l'Afrique occidentale, devenir la résidence du gouverneur général. Mais nous ne devons pas oublier que les réformes ne valent que par les hommes qui savent les appliquer. A ce titre, l'idée de grouper nos colonies de l'Ouest africain sous la main d'un gouverneur unique nous paraît être une idée féconde qui ne peut manquer, si elle est bien appliquée, de produire d'heureux résultats.

Sous le régime du décret du 16 juin 1895 et grâce à l'habile direction du général de Trentinian, le Soudan français a pu, pendant plusieurs années, s'acheminer vers de brillantes destinées, sans nécessiter d'autres expéditions que quelques opérations de police heureusement et sagement conduites.

Le décret du 17 octobre 1899 (1), promulgué dans des circonstances troublées et sous l'influence de préoccupations du moment, rattache aux colonies voisines, Sénégal, Guinée, Côte-d'Ivoire, Dahomey, les portions du Soudan les plus voisines, et constitue le reste du Soudan en deux territoires militaires placés sous l'action directe du gouverneur général.

Ce décret, ardemment désiré au Sénégal, a été longuement discuté et critiqué. Il est à désirer que les résultats à venir confirment les succès déjà acquis au Soudan. Mais on ne saurait passer sous silence, parmi tant d'opinions déjà énoncées, la protestation adressée au Ministre des colonies par un groupe de négociants dont plusieurs, habitant le Sénégal, se trouvaient particulièrement bien placés pour apprécier les futurs effets du nouveau régime.

Cette protestation se termine par les lignes suivantes :

En attendant que le moment soit venu de rendre cette organisation définitive, l'état actuel des choses doit, à notre sens, être provisoirement maintenu, parce que ce n'est que grâce à l'ascendant exercé sur les noirs par une autorité vigilante et énergique, avec les petites forces consacrées au maintien de la paix et de la sécurité

---

(1) Voir à l'appendice.

dans un pays aussi vaste que le Soudan, ce n'est que grâce à cette organisation militaire, encore indispensable dans un pays soumis d'hier à peine, que les hommes que nos maisons emploient peuvent circuler sans péril et sans crainte dans la région entière.

L'indigène ne comprend pas les raffinements administratifs, qui nous sont familiers ; et dès qu'il ne se verra plus commandé par les soldats qui l'ont vaincu, il reprendra immédiatement ses instincts naturels — pillards, meurtriers et anarchiques — maîtrisés présentement, mais pas extirpés. Et l'on se trouvera en face d'une situation analogue à celle qui s'est produite à Madagascar quand, peu de temps après la conquête matérielle, on a voulu substituer une autorité civile et morcelée à l'action militaire : on aura une insurrection du Soudan.

Espérons que ces sombres prédictions ne se réaliseront pas, dût-on pour cela apporter au nouveau décret des modifications et des tempéraments de nature à satisfaire les intérêts du commerce français.

L'Afrique occidentale française contient plusieurs enclaves appartenant à diverses nations. Là, comme partout ailleurs, nous trouvons au premier rang les Anglais.

Ces enclaves sont au nombre de six :

La Gambie anglaise ;
La Guinée portugaise ;
La colonie anglaise du Sierra-Leone ;
La République de Libéria ;
La colonie anglaise de Cape-Coast (Achantiland) ;
Le Togoland allemand.

Nous les étudierons chacune en leur temps. Il faut cependant remarquer, sans plus tarder, que ces diverses enclaves occupent sur l'Océan une étendue de côtes considérable et qu'elles comptent, pour développer leur vie commerciale, sur la nécessité où se trouveront les pays français de l'intérieur de chercher à travers leurs territoires les débouchés les plus courts, les plus rapides et les plus économiques. De là ressort plus clairement encore la nécessité de concentrer les efforts, afin de lutter contre cette prétention de nos rivaux de commander nos débouchés. Il est nécessaire qu'au moyen de communications judicieusement établies, d'après un plan d'ensemble bien conçu, nous nous affranchissions des entraves créées par l'existence des deux barrages formés, d'une part, par la colonie de Sierra-Leone et la Libéria et, d'autre part, par l'Achantiland et le Togoland.

D'ailleurs, comme nous le verrons plus loin, le temps sera bientôt venu où il faudra envisager de haut la question des voies ferrées et doter ces nouveaux territoires, non pas de lignes jetées au hasard des besoins ou des intrigues du moment, mais de grands troncs destinés à jouer le rôle de collecteurs par rapport aux diverses voies terrestres ou fluviales actuellement existantes.

Ces grandes lignes joindront ainsi les points d'attache des voies ferrées de moindre importance qui, semblables à des artères secondaires, feront pénétrer la vie, par le commerce et l'influence française, au cœur de ces pays si favorisés par la nature.

C'est là une question vitale sur laquelle on ne saurait trop attirer l'attention et dont nous avons d'ailleurs parlé lorsque nous avons envisagé la liaison, depuis longtemps désirée, de l'Algérie avec le Sénégal et le Soudan.

Sénégal.

Développement et régime de la colonie. — Les Maures de la rive droite du Sénégal. — Divisions administratives. — Dakar, future capitale. — Occupation militaire.

Le Sénégal, une de nos plus anciennes colonies, a pris, dans ces dernières années, un développement de plus en plus accentué. Il faut l'attribuer à l'heureuse situation de ce pays, placé à l'extrémité occidentale de l'Afrique, autant qu'à ce fait qu'il sert actuellement de débouché au Soudan français.

Grâce au chemin de fer de Dakar à Saint-Louis, au cours inférieur du Sénégal, navigable une grande partie de l'année, et à la voie ferrée de Kayes à Badoumbé qu'on est en train de pousser jusqu'au Niger, nous posséderons avant peu une voie de communication continue, et relativement commode et rapide, entre Tombouctou et Dakar, point de relâche de huit lignes de paquebots appartenant à diverses nationalités.

Et cependant, malgré ces avantages et l'extension toujours croissante de ses relations, le Sénégal ne peut se défendre, et avec raison, d'une certaine inquiétude à la pensée que tout le commerce du Soudan pourrait être détourné par une voie ferrée remontant le Niger et aboutissant en un point favorable de la Guinée française.

Ce projet, déjà mis en avant par le capitaine Brosselard-Faidherbe et établi dans ses détails par le capitaine du génie Salesses, est en ce moment en bonne voie d'exécution. Lorsqu'il aura été réalisé, le Sénégal devra se créer d'autres ressources et chercher, dans son propre développement, une compensation lui permettant de lutter contre la concurrence qui aura pour effet d'éloigner de son territoire une partie du transit du Soudan.

On a déjà pensé à obvier à ces inconvénients en reliant Dakar à Timbo (800 kilomètres) par une voie ferrée. Mais ce projet est trop grandiose pour être exécuté avant d'autres lignes d'une utilité beaucoup plus immédiate.

Pour le moment, Saint-Louis est le siège du gouvernement général de l'Afrique occidentale, Dakar le port le plus fréquenté de toute la côte, et Rufisque le centre du commerce des arachides.

Les populations, longtemps turbulentes et aujourd'hui pacifiées, se livrent avec confiance à la culture et au commerce, tandis que nos écoles se remplissent et que la langue française se répand tous les jours davantage (1).

Le régime civil n'est pas partout établi dans la colonie. Dans certaines régions, troublées jusqu'à ces derniers temps, on a maintenu le régime de l'administration militaire, sous la direction d'officiers de l'infanterie de marine.

La Casamance et ses territoires constituent également un district rattaché au Sénégal, qui est complètement pacifié et dont les indigènes ont accepté, depuis deux ans, le principe de l'impôt personnel, grâce à l'influence que nous a donnée le poste installé, en 1895, à Handallahi.

Il y a lieu de signaler, dans cette région, l'ouverture récente, motivée par l'extension du commerce, de plusieurs bureaux télégraphiques rattachant la vallée de la Casamance au réseau général. Dès la fin de 1896, la longueur des fils posés à partir de Sedhiou atteignait plus de 500 kilomètres. Dans le Bondou, on avait construit 200 kilomètres de lignes, ouvrant ainsi la voie aux lignes qui relient au Sénégal le Soudan, la Guinée, la Côte d'Ivoire et le Dahomey et forment un réseau de 8.000 kilomètres.

Le 24 février 1899, a été terminée la ligne télégraphique de Louga à Richard-Toll, longue de 119 kilomètres et exécutée en dix-sept jours, à raison de 6 kilom. 500 par jour.

---

(1) Parmi les produits exportés du Sénégal en 1895, on cite les suivants, qui sont les plus importants : arachides, 7.500.000 francs; caoutchouc, 580.000 francs; gommes, 2.500.000 francs; or, 98.000 francs.

La colonie du Sénégal commence au cap Blanc, dont l'hinterland est occupé par de nombreuses tribus maures. La principale de ces agglomérations, toutes de faible densité, occupe le pays de l'Adrar, gouverné par le roi Soueyd-Ahmet-Ould-Aïda, qui a accepté, le 8 août 1892, un traité de protectorat, aux termes duquel la France s'interdit cependant toute ingérence dans les affaires intérieures du pays.

Plus au Sud, vers les rives du Sénégal, les Maures ont accepté depuis plus longtemps notre domination à cause de l'obligation où ils se trouvent de venir, sur les rives du Sénégal, demander à nos postes de commerce une partie des denrées qui leur sont indispensables.

Depuis 1896, le pays était troublé, de ce côté, par les luttes incessantes survenues entre les Ouled-Abeiri et les Djeidouba, soutenus, les premiers par les Trarza, les seconds par les Brakna. Ces luttes, qui supprimaient le commerce, avaient pu être arrêtées, au début de 1897, par notre intervention, et une convention de paix avait été signée à Saint-Louis. Mais la guerre avait repris depuis lors et nécessité l'intervention du gouverneur général, qui, dans un grand palabre tenu à Dagana le 23 mai 1898, réussit à concilier les intérêts opposés.

Il a été convenu, conformément aux traités existants, que les Brakna restent responsables de l'escale de Podor et les Trarza de l'escale de Dagana ; leur frontière est délimitée, et ils s'engagent à assurer la liberté des routes et le commerce par caravanes.

Toute cette contrée au nord du fleuve ne va pas tarder, sous le nom de Mauritanie occidentale, à former un territoire placé sous les ordres d'un administrateur spécial.

Quant au pays compris dans la boucle du Sénégal jusqu'à la Gambie anglaise, il est depuis longtemps pacifié, et il se développe rapidement, grâce à une paix qui, depuis des siècles, était inconnue aux habitants de ces régions.

Le Sénégal est divisé en deux arrondissements : Saint-Louis et Dakar-Gorée. Il comprend aussi des territoires d'administration directe, ou pays possédés, et des pays de protectorat. Ces divers territoires sont distribués en un certain nombre de cercles, qui sont :

Le cercle de Saint-Louis, comprenant divers pays protégés ;

Le cercle de Dagana, avec les protectorats de Dimar et du Oualo oriental ;

Les cercles de Podor et de Kaëdi ;

Le cercle de Dakar-Thiès, avec les protectorats du Cayor, du Baol et de Serrères ;

Le cercle de Sine-et-Saloum, avec les protectorats du même nom ;

Le cercle de la Casamance (Sedhiou et basse Casamance) avec deux administrateurs, à Sedhiou et Carabane, et divers protectorats.

Les pays de la rive droite du Sénégal, ou pays des Maures Trarzas, Braknas, Oulad-Ely, Oulad-Aïd, Dowich, sont rattachés pour le moment à la direction des affaires politiques de Saint-Louis.

Le décret du 17 octobre 1899 attribue en outre au Sénégal les cercles de Kayes, Bafoulabé, Kita, Salandougou, Bamako, Ségou, Djenné, Nioro, Gombou, Sokolo et Bougouni.

En même temps les budgets de ces cercles ainsi que ceux des deux territoires militaires conservés au Soudan sont incorporés au budget du Sénégal (1).

Le budget local, pour l'année 1899, s'est élevé à 4.378.865 fr. La subvention demandée à la métropole, pour la même année, a été de 3.929.367 francs.

Le port de Dakar est de création récente, mais il tend à prendre tous les jours un plus grand développement. Il est vaste et son entrée ne présente aucune difficulté. Il est signalé aux navires par le phare des Manuelles ou du cap Vert, de 1er ordre, à feu tournant, élevé à 113 mètres d'altitude et lançant ses rayons à 30 milles en mer. Il possède deux dépôts de charbon, et les navires peuvent y refaire leurs approvisionnements (au prix d'environ 40 francs la tonne). Enfin, on y

---

(1) Voir à l'appendice.

trouve des ateliers de réparations pour les navires. De grands travaux, évalués à 14 millions, et devant durer cinq ans, sont entrepris pour améliorer le port récemment devenu l'un des points d'appui de la flotte, et en faire le meilleur point de relâche de la côte occidentale d'Afrique.

Au point de vue militaire, les limites du point d'appui de Dakar partent du cap Rouge, passent à 5 kilomètres au delà de Thiès, rejoignent le marigot de Tanina et aboutissent à 60 kilomètres du cap Vert.

Dans son discours du 3 décembre 1898 au conseil général du Sénégal, M. Chaudié, gouverneur général, a signalé les travaux importants à exécuter au Sénégal : l'amélioration du service des eaux de Saint-Louis, Dakar et Rufisque ; la construction de routes autour de ces trois villes ; l'établissement d'un wharf à Saint-Louis et le déplacement de la gare, la construction du port militaire de Dakar et d'un chemin de fer de pénétration au Baol, etc.

Il terminait son exposé de la situation par les paroles suivantes :

J'ai terminé, Messieurs ; qu'il me soit cependant permis, après vous avoir exposé tant de choses à faire, de vous marquer ici les événements mémorables qui, ayant modifié si heureusement et si profondément la situation politique du Soudan, ne peuvent manquer d'avoir la répercussion la plus favorable sur nos propres affaires. La prise de Sikasso, la mort du fama Babemba, la destruction de la puissance de Samory, tombé lui-même entre nos mains, sont des événements qui doivent faire époque dans l'histoire de l'Afrique occidentale.

Désormais, on peut regarder comme irrévocablement vaincues les dernières résistances des populations indigènes et définitivement close l'ère des expéditions guerrières. Toute notre énergie va se tourner vers les œuvres de la paix.

Les travaux du chemin de fer du Sénégal au Niger seront poussés avec un redoublement d'activité, et l'achèvement du réseau télégraphique qui doit joindre Saint-Louis aux chefs-lieux de toutes les colonies françaises de l'Afrique occidentale se poursuit rapidement. Déjà les lignes du Sénégal et du Soudan vont, d'un moment à l'autre, être raccordées avec celles du Dahomey.

On peut présager, à bref délai, la jonction du Soudan à la Côte d'Ivoire.

Plus près de nous, au sud de la Gambie, notre infatigable directeur du service des postes et télégraphes travaille à la ligne qui nous reliera incessamment, d'une manière directe et sûre, à Konakry, par Sine, Handallahi et Boké.

Ainsi, en moins de trois ans, aura été accompli l'achèvement d'une entreprise dont le succès, il y a quelques années, aurait paru purement chimérique.

Au nombre des futurs produits du Sénégal et du Soudan, il faut citer l'or, qui se trouve partout en abondance dans les terrains d'alluvions des affluents du Sénégal. « Le sol tout entier du Bambouk est un immense placer d'or (capitaine du génie Ancelle) ». On trouve aussi l'or en quantité dans le Bouré. Plus on se rapproche de la Falémé, plus l'abondance de la poudre d'or et la grosseur des pépites augmentent. Le docteur Karl Futterer n'hésite pas à déclarer que « si l'Angleterre avait eu le Soudan, elle ne se serait jamais portée sur le Transvaal et l'Australie. » (*L'Afrique et sa production aurifère*, par K. Futterer.)

Nous devons terminer cette rapide esquisse des conditions actuelles du Sénégal en indiquant quel est, actuellement, l'état de nos forces militaires dans le pays.

Les troupes qui occupent le Sénégal sont sous les ordres d'un commandant supérieur des troupes.

Elles comprennent :

Infanterie. — 1° Le 14° régiment d'infanterie de marine, à 3 bataillons de 4 compagnies;

2° 1 régiment de tirailleurs sénégalais, à 3 bataillons de 4 compagnies de 150 hommes;

Les 8 premières compagnies tiennent garnison au Sénégal et dépendances;

3° 1 compagnie de disciplinaires des colonies.

Cavalerie. — 1 escadron de spahis sénégalais (rattaché au 1er régiment de spahis).

Artillerie. — 1 direction d'artillerie, 1 détachement d'ouvriers (70 hommes), 1 compagnie de conducteurs d'artillerie (100 hommes), 2 batteries.

Mentionnons également les services administratifs, le service de santé. Deux conseils de guerre (à Saint-Louis et Dakar) et un conseil de revision (Saint-Louis).

L'insalubrité du Sénégal a été fort exagérée. Pendant six mois de l'année, de décembre à mai, le climat est sec et assez frais, mais il souffle souvent un vent d'Est désagréable et fatigant. Pendant cette saison, entièrement privée de pluies, la température varie de 11° le matin à 25° dans la journée.

Elle se tient, au contraire, entre 27 et 30° (40° au soleil) pendant la saison des pluies qui dure du mois de mai au mois de décembre. C'est la saison la plus dangereuse pour les Européens qui, par contre, supportent bien la saison sèche.

Guinée française.

Occupation du Fouta-Djallon. — Délimitation avec la Sierra-Leone. — Population.
Commerce. — Administration.

La Guinée française ou « Rivières du Sud », interposée
entre la Guinée portugaise et la colonie anglaise de Sierra-
Leone, sert de débouché immédiat au massif du Fouta–Djallon
et, par sa proximité du bassin du haut Niger, est destinée
sans doute à un avenir brillant.

C'est au Fouta–Djallon que s'est produit, en 1896, un événement important : l'occupation de Timbo et l'installation,
dans cette ville, d'un résident français.

Voici dans quels termes le gouverneur général annonçait,
en avril 1896, aux populations de son gouvernement, la réussite d'une première tentative faite pour obtenir la reconnaissance du protectorat français à Timbo :

Le Gouverneur général est heureux de porter à la connaissance
des habitants de l'Afrique occidentale française que la ville de
Timbo, capitale du Fouta-Djallon, a été occupée sans coup férir
le 18 mars. A son arrivée devant la ville, M. de Beckman, administrateur principal des colonies, a été accueilli par Bokar-Biro,
avec ses frères, ses fils et une suite nombreuse accompagnée de
l'almamy. M. de Beckman et le capitaine Aumar, à la tête de ses
tirailleurs, ont traversé toute la ville et sont allés occuper un
groupe de cases situées à proximité et préparées pour les recevoir.

Dans l'entrevue qui a suivi, M. de Beckman, en présence des notables et des anciens, a exposé à Bokar-Biro le but de sa mission,
et l'intention formelle du Gouvernement français d'assurer la paix
du Fouta-Djallon par l'institution d'un résident français à Timbo.

Bokar-Biro a répondu en exprimant devant tous son entente complète avec les Français.

Cette occupation, qui paraissait définitive, produisit une

certaine impression, en raison de la facilité avec laquelle elle s'était accomplie. Mais cette impression fut de courte durée.

Le Fouta-Djallon, appelé aussi « Suisse africaine », est le nœud orographique de l'Afrique occidentale. C'est un pays riche, bien arrosé et jouissant, par suite de son altitude, d'un climat assez sain pour permettre l'acclimatement des Européens. Il est habité par une population d'environ 400.000 musulmans, les Peulhs, race énergique, la plus intelligente de ces contrées, et qui paraît être d'origine berbère.

Cette région a été visitée souvent par des missions pacifiques et traversée par nos colonnes, notamment en 1881, 1887 et 1890.

Isolé des États de Samory et de la colonie de Sierra-Leone, à la suite des campagnes des colonels Archinard, Humbert et Combes, le Fouta-Djallon ne pouvait manquer de tomber en notre possession dans un temps plus ou moins éloigné.

Au point de vue politique, le pays est divisé entre deux' almamys ; le traité passé par le docteur Bayol, en 1881, réglait nos rapports avec ces deux chefs. Depuis lors, les relations entre les autorités françaises et les almamys du Fouta étaient devenues, sinon hostiles, au moins assez tendues, et, dans ces derniers temps, la situation devint telle qu'une expédition parut nécessaire à bref délai. On crut pouvoir la remplacer par des négociations et résoudre la question par le traité du 13 avril 1896, qui suivit l'occupation relatée ci-dessus.

Mais, peu de temps après, Bokar-Biro, étant parvenu, suivant les usages du pays, au terme de ses fonctions d'al-mamy (1), résolut de soutenir le candidat hostile à la France. Une expédition fut alors décidée et confiée au capitaine Aumar.

Trois compagnies étaient mises à sa disposition :

---

(1) Pour éviter les guerres civiles, il avait été établi que chacune des deux dynasties rivales des Sorya et des Alfaya régnerait alternativement pendant deux ans.

La 8e compagnie de tirailleurs sénégalais (Ouassou) ;

La 3e compagnie de tirailleurs soudanais (Faranah et Songoya) ;

La 2e compagnie de tirailleurs soudanais (Kouroussa et Toumanea).

Le capitaine Aumar coupa la retraite à Bokar-Biro, vers la Sierra-Leone, en faisant occuper la frontière par des postes fournis par la 3e compagnie. Puis il porta la 2e compagnie de Toumanea sur Sokatora, à 12 kilomètres de Timbo, et lui prescrivit de se trouver à Timbo le 1er novembre 1896.

En même temps, il ordonnait à la 8e compagnie d'être à Séré, à quelques kilomètres de Timbo, le 30 octobre. Lui-même partait de Songoya avec le reste de la 3e compagnie, était rejoint en route par Oumarou-Bademba, le futur almamy, et ses partisans, et ralliait la 8e compagnie à Séré, le 31 octobre. Le lendemain, il entrait à Timbo, où le rejoignait, le soir même, la 2e compagnie.

Bokar-Biro s'était enfui, poursuivi par nos reconnaissances.

Le capitaine Müller, de la 8e compagnie, marcha vers lui avec 80 hommes, l'atteignit, le 14 novembre, à Poredaka, au nord-ouest de Timbo, attaqua ses 800 hommes, en tua 150 et n'eut lui-même que trois blessés. Bokar-Biro, poursuivi par nos partisans, était bientôt atteint, et sa tête était apportée à Timbo le 20 novembre.

Oumarou-Bademba fut solennellement proclamé almamy, le 10 décembre 1896, par notre résident, M. de Beckman, sous le protectorat français (1).

Comme conséquence de l'organisation effective de ce protectorat, nos établissements de la Guinée vont se trouver directement reliés (2) à nos postes du haut Niger, de manière

---

(1) En novembre 1897, un frère de Bokar-Biro a assassiné l'almamy Sori-Yelli, de la famille des Sorya. On dut envoyer une section de tirailleurs, qui fit justice de l'assassin.

(2) Le 28 janvier 1897, Timbo était relié à Konakry par une ligne télégraphique. Une autre ligne relie Kouroussa à Faranah et Konakry.

Le réseau, construit en trois ans par la colonie, a atteint une longueur de 900 kilomètres.

à faciliter davantage les relations entre nos deux groupes de possessions, jadis isolés l'un de l'autre.

C'est en même temps un coup droit porté à la colonie anglaise de Sierra-Leone, qui, jusqu'ici, avait eu pour ainsi dire le monopole du commerce avec les contrées du haut Niger.

Celles-ci sont déjà avantageusement desservies par les comptoirs de la Guinée française. Le port de Konakry voit sa prospérité augmenter rapidement. Grâce à son aménagement et aux nouvelles voies de communication, les caravanes du Nord et de l'Est, qui, auparavant, se dirigeaient sur la Sierra-Leone, sont aujourd'hui ramenées vers Konakry, où les magasins sont devenus insuffisants. Les paquebots d'Anvers viennent eux-mêmes d'abandonner le port de Freetown pour celui de Konakry.

L'occupation de Timbo sert de préliminaire à l'ouverture des voies de communication à créer entre la Guinée française et le haut Niger. Déjà une route relie Konakry et Boké au Fouta-Djallon, et, sous la direction du capitaine du génie Salesses, on a étudié le tracé d'un chemin de fer partant de Konakry et aboutissant à Kardamania, à 30 kilomètres en aval de Kouroussa, sur le Niger, en passant par la région de Timbo. Le tracé, de 550 kilomètres de long, à pente maxima de 25 millimètres et à courbes minima de 75 mètres dans la vallée de la Benty, atteint son point culminant à 800 mètres d'altitude au col de Koumi, près de Timbo. Les travaux viennent d'être commencés, et l'on se propose de les poursuivre avec activité en suivant le projet présenté par le capitaine Salesses, après la brillante reconnaissance exécutée par cet officier entre Konakry et le Niger. Par décret du 18 août 1899 la colonie a été autorisée à emprunter 8 millions pour assurer l'exécution rapide de cette voie ferrée.

Pendant longtemps, il a été difficile de s'entendre avec le gouvernement anglais au sujet de la délimitation de nos territoires et de la colonie de Sierra-Leone. Malgré la convention du 10 août 1881, qui posait le principe de la délimitation des colonies de la Côte de l'Or et de la Sierra-Leone, les Anglais ne tenaient guère à régler ces questions de frontières tant que la lutte de Samory contre la France n'aurait pas pris fin par la défaite de l'un ou le découragement de l'autre. La Sierra-Leone vivait, en effet, principalement du commerce des armes à feu et des spiritueux fournis à Samory, et toute délimitation ayant pour objet de renfermer la colonie dans des limites précises aurait eu, du même coup, pour effet de porter le plus grand préjudice au commerce anglais.

En 1892, cependant, le capitaine Kenny, du côté anglais, et l'administrateur Lamendon, du côté français, furent délégués pour régler sur place la question de frontière. Le capitaine Kenny ayant refusé de s'entendre avec son collègue français, on put craindre que la délimitation ne fût indéfiniment retardée. Mais, après la défaite et l'exode de Samory, après le malheureux incident de frontière qui amena entre les troupes anglaises et françaises la collision où périt le lieutenant Marix, les Anglais ne se refusèrent plus à admettre une délimitation effective. D'ailleurs, les Français avaient mis à profit le temps perdu, et les officiers envoyés par le colonel Combes avaient pu opérer, sur le terrain, des levés qui servirent de base à une discussion plus précise.

Par une convention datée du 21 janvier 1895, une ligne de démarcation fut établie sur la carte.

La France restait maîtresse de tout le bassin du Niger et gardait le poste d'Érimankoro, ainsi que les routes reliant nos postes littoraux au Fouta-Djallon.

Cette convention ne laissa pas de soulever, dans la colonie de Sierra-Leone, des critiques nombreuses, qui eurent pour résultat de retarder considérablement l'envoi de la commission désignée pour procéder au tracé définitif de la frontière.

Cette commission put cependant partir de Freetown le 16 décembre 1895 pour Tembi-Koundo, près des sources du Niger, où elle arrivait le 13 janvier 1896.

La mission française était composée du capitaine Passage, de l'infanterie de marine, et de deux lieutenants; la mission anglaise, du lieutenant-colonel Trotter, chef de la section topographique du War-Office, et de trois capitaines. Les travaux, rapidement conduits, permirent de fixer définitivement les limites de la Sierra-Leone, d'après les bases posées par les arrangements intervenus entre les deux gouvernements les 10 août 1889, 21 juin 1891 et 21 janvier 1895. Le premier de ces arrangements avait déjà délimité la Gambie anglaise, ainsi qu'on l'indiquera à propos de cette colonie.

Cette délimitation, jointe à celle qui a imposé à la République de Liberia des limites déterminées, a eu pour effet de préciser et de resserrer la zone d'action de nos rivaux et de permettre à l'activité française de s'exercer largement sur des territoires reconnus comme siens et sans crainte de contestations futures.

La population de la Guinée française proprement dite s'élève à environ 48.000 habitants. Celle du Fouta–Djallon est d'environ 400.000 habitants.

La subvention demandée à la métropole, pour les dépenses de la colonie, s'élève, pour 1899, à 900.000 francs.

Le mouvement commercial de la Guinée augmente sans cesse. De 2.700.000 francs en 1888, il a passé, dès 1892, à 10.400.000 francs, dont 6.100.000 francs pour les importations. Les relations avec le Fouta-Djallon ont encore activé les échanges, qui tendent de plus en plus à abandonner la voie de Sierra-Leone pour prendre celle de Konakry.

Le transit par Sierra-Leone, qui, en 1896, était de 46 p. 100 du commerce total, tombait à 3,50 p. 100 en 1898.

Les territoires qui forment la Guinée française sont des pays de protectorat, sauf l'île de Tombo, annexée en 1888, et qui contient Konakry, chef-lieu de nos établissements.

Ils sont divisés en cinq cercles possédant chacun un administrateur :

1° Ile de Tombo, chef-lieu Konakry, résidence du gouverneur;

2° Cercle de Rio–Nunez, chef-lieu Boké ;

3° Cercle de Rio-Pongo, chef-lieu Boffa ;

4° Cercle de la Dubreka, chef-lieu Dubreka ;

5° Cercle de la Mellacorée, chef-lieu Benty.

En outre, le décret du 17 octobre 1899, relatif à la réorganisation de l'Afrique occidentale, a attribué à la Guinée française les territoires suivants détachés du Soudan :

Cercles de Dinguiray, Siguiri, Kouroussa, Kankan, Kissidougou et Beyla.

L'importance de ces territoires est grande, non seulement par suite de leur étendue et de leur commerce, mais surtout par la situation du massif du Fouta-Djallon. Remarquable à des titres divers, ce massif, nœud hydrographique important, est destiné à servir de sanatorium à nos colons et surtout de réduit défensif à toutes nos possessions à l'ouest du Niger. Timbo sera probablement une des grandes villes de l'avenir ; il suffit de jeter les yeux sur la carte pour prévoir son rôle militaire futur, au cas où un ennemi, venu de l'Atlantique, aurait réussi à prendre pied sur les côtes et à menacer sérieusement l'intérieur de nos possessions. Au point de vue militaire, aussi bien qu'au point de vue topographique, le Fouta-Djallon peut être considéré comme un des nœuds principaux de l'Afrique occidentale.

Côte d'Ivoire.

Généralités. — Situation de la colonie. — Campagnes contre Samory. — Délimitation avec le Libéria et la Côte d'Or. — Chemin de fer de Kong.

La Côte d'Ivoire s'étend, avec une façade de 600 kilomètres sur l'Océan, entre la République de Libéria et la colonie anglaise de Cape-Coast (Achantiland).

Son gouverneur réside à Grand-Bassam, chef-lieu de la colonie, qui va être transféré à bref délai, en raison de son climat, à Abidjean (Bingerville), où un port intérieur va être créé en face de Petit-Bassam et mis en communication avec la mer. Les travaux doivent être entrepris dès 1901.

La Côte d'Ivoire est habitée par deux races distinctes : les Ochnis et les Agnis, qui se subdivisent en nombreuses tribus; l'une des plus importantes est celle des Kroumens, ou hommes de Krou, qui ont fourni de nombreux travailleurs au chemin de fer du Congo et qui occupent une certaine étendue de côtes, tant sur le territoire de la Côte d'Ivoire que sur celui de la République de Libéria.

A l'est du Cavally et de la nouvelle frontière de la République de Libéria s'étendent de vastes contrées, encore presque inexplorées, tandis que, dans l'hinterland de Grand-Bassam et de Grand-Lahou, se trouvent des pays, tels que le Baoulé, l'Indémé et surtout le Djimini, qu'on peut citer, d'après le colonel Monteil, parmi les plus fertiles du monde.

L'importance de la Côte d'Ivoire a été mise en lumière par l'exploration du capitaine Binger dans la boucle du Niger, suivie de plusieurs autres missions, parmi lesquelles il faut citer : celles du capitaine Marchand et du capitaine Manet; la mission, toute récente, du lieutenant Blondiaux (mai 1897-janvier 1898) dans le haut Cavally, qui a démontré que les rivières du Soudan méridional appartiennent au bassin de la Sassandra et non du Cavally ; l'exploration de MM. Pauly et Bailly-Forfillère, si malheureusement terminée (voir le chapitre *Libéria*) le 16 mai 1898.

Plus récemment, le 25 novembre 1898, partait de Marseille une nouvelle mission, confiée à M. Hostains et aux lieutenants d'Ollone et Macassé et chargée de déterminer le cours du haut Cavally. La mission devait fonder un poste à Taté, à 50 kilomètres de la mer, au point où le Cavally cesse d'être navigable, puis se diriger sur Grabo, Graoro et le pays des Pagnons anthropophages.

Le même jour s'embarquait, à Marseille, la mission du capitaine du génie Houdaille, chargée de l'étude de voies ferrées sur le territoire de la Côte d'Ivoire. On en reparlera plus loin.

Abandonnée en 1872, par suite de nécessités budgétaires, la Côte d'Ivoire fut de nouveau occupée en 1889 et reçut un résident. Le décret du 10 mars 1893 consacra l'autonomie de la colonie, qui s'étendit jusqu'au Cavally. Dès le mois d'avril 1893, un administrateur était installé à Bettié, à environ 100 kilomètres au nord de Grand-Bassam, et le colonel Monteil créait, en 1894, les postes de Tiassalé, Toumodi, Kouadio Kofi et Satama, à environ 100 kilomètres de Kong.

Le décret récent du 17 octobre 1899 a attribué à la Côte d'Ivoire les cercles d'Odjenné, Kong et Bouna qui arrondissent sensiblement son domaine primitif au détriment du Soudan français. Constatons que la Côte d'Ivoire, depuis longtemps troublée par des révoltes continuelles et peu réprimées, n'avait nul besoin de ces adjonctions pour ajouter à ses difficultés.

Le commerce de la colonie s'accroît chaque année. En 1898, les exportations ont atteint 5.047.156 francs, — en progrès de 328.500 francs — entièrement réservées à la France et à ses colonies ; les importations se sont élevées à 5.598.742 francs, — en progrès de plus de 900.000 francs — dont 1.045.146 francs pour la France.

De riches gisements aurifères ont été découverts sur les

rives de la Comoé et l'exploitation forestière prend une rapide extension. Depuis l'entente intervenue avec la Compagnie de Kong, à laquelle on a dû supprimer le monopole du commerce des bois, celui-ci a quintuplé. Mais, en retour, la Compagnie a reçu une concession de 300.000 hectares et une somme de 1.300.000 francs, payable par la colonie et par annuités de 125.000 francs. Par contre, la Compagnie est chargée, à ses frais, des études du chemin de fer de Grand-Bassam à Kong, au sujet duquel elle conserve un droit d'option.

L'hinterland de la Côte d'Ivoire a été le théâtre des derniers épisodes de la lutte entreprise, depuis 1878, contre Samory.

Samory est né à Sanankoro (haut Niger) vers 1837. Fils d'un marchand, il suivit en captivité sa mère, faite prisonnière au cours d'une razzia et travailla pour la délivrer. Puis il revint à Bissandougou, où il s'enrichit par le commerce et où, après avoir battu, en 1873, un de ses compétiteurs, il fut choisi comme souverain. Son prestige lui attira une foule de partisans, avec lesquels il commença ses conquêtes dans la vallée du Niger dès 1878. C'est vers cette époque qu'il entra en contact avec les Français.

En 1881, le colonel Combes l'invite à ne pas passer le Niger; mais Samory n'en tient nul compte et vient assiéger et détruire Keniéra avant que le colonel Borgnis-Desbordes, arrivé devant la ville seulement en février 1882, ait pu la secourir. Samory s'était rejeté vers le Sud, d'où il continuait à menacer nos postes. En 1883, il s'attaque à notre ligne d'étapes de Kayes à Bamako, nous livre plusieurs combats, puis semble vouloir faire la paix avec nous.

Son système de domination n'est d'ailleurs édifié que sur une série de pillages qui lui procurent ses vivres, ses esclaves et même ses soldats. Partout où il passe, il ne laisse que des ruines, et ses facultés administratives ne se manifestent que dans l'organisation de son armée. Pour être tranquilles en Sierra-Leone, les Anglais lui fournissent des armes et des munitions, et il espère, en négociant avec nous, se faire payer la paix qu'il violera le lendemain. Aussi ne fait-il aucune difficulté d'envoyer à Paris son fils Karamoko et de signer avec nous des traités qu'il n'exécute pas. Diplomate aussi habile que bon général, il conclut une ligue avec deux de nos ennemis, le sultan de Ségou, Ahmadou, et Abd el Boubakar, le chef du Fouta, et nous oblige à briser cette alliance en plusieurs campagnes mémorables.

Les années de 1889 à 1893 sont marquées par des opérations qui forment une suite d'épopées auxquelles les colonels Archinard, Humbert et Combes attachent leurs noms.

Chassé du haut Niger, Samory se jette vers le Sud-Est. Toujours obligé de s'appuyer, pour avoir des armes, sur une colonie européenne, il ne quitte les Anglais de la Sierra-Leone que pour aller se tailler un nouvel empire aux confins de la nouvelle colonie anglaise de l'Achantiland. Son entrée à Kong porte un coup sensible à notre prestige. Aussi envoie-t-on contre lui, en 1893-94, le colonel Monteil, qui est rappelé du Congo pour lui être opposé.

A ce moment, Samory, suivi par une foule de captifs, véritable chef d'un empire ambulant, avait été signalé par le capitaine Marchand, alors en mission dans le haut Cavally, marchant vers l'Est, dans la direction de Kong ou, peut-être même, de nos possessions de l'intérieur de la Côte d'Ivoire. Il avait déjà atteint le Djimini et l'occupait en partie lorsque le colonel Monteil arriva au contact de ses sofas.

Ce fut un spectacle d'un haut intérêt que celui qui fut alors fourni par ces deux adversaires, aussi habiles comme chefs que comme diplomates : l'un récemment vaincu et ayant encore tout à craindre et tout à sauver, l'autre obligé de masquer, par son habileté et sa valeur française, l'infériorité de ses forces et la difficulté de ses opérations.

« Tu voudrais que je quitte ce pays, qui est le plus beau du monde ! » répondait Samory aux sommations qui lui étaient faites d'évacuer le Djimini. Il allait en être chassé, après plusieurs brillants engagements où, de part et d'autre, furent déployées des qualités militaires remarquables; lorsque, à Satama, le 18 mars 1894, un ordre de rappel fut notifié au colonel Monteil. Celui-ci avait déjà poussé jusqu'à Dioulassou, à une centaine de kilomètres de Kong, et avait failli enlever, après une marche rapide, la smala de ce nouvel Abd el Kader.

La retraite fut difficile. Samory, ardent à la poursuite, fut cependant obligé de s'arrêter devant les coups répétés que Monteil, quoique blessé, ne cessait de lui porter. Elle fut aussi pénible pour le prestige français, tandis qu'elle augmentait l'autorité de Samory et le laissait maître incontesté, pour le moment, de la région de Kong.

Depuis lors, Samory essaya de continuer à subsister entre les Français du Soudan et de la Côte d'Ivoire et les Anglais de l'Achantiland, négociant avec les uns et les autres et trompant tout le monde. C'est alors que furent envoyées à Samory les missions anglaises du capitaine Houston (printemps 1896), de sir Maxwell (automne 1896) et du lieutenant Henderson (janvier-mai 1897). On connaît le sort de cette dernière dont on reparlera plus loin. N'ayant pu atteindre Samory par la Côte d'Ivoire, on chercha à l'entamer par le Nord, au moyen de nos troupes du Soudan.

Après la prise d'Ouaghadougou et l'établissement du protectorat français sur le Mossi, des colonnes avaient été poussées vers le Sud, et l'une d'elles, commandée par le lieutenant Voulet, s'était trouvée en contact, à Sati, en novembre 1896, avec les sofas de Samory, qui commençaient à entamer le Gourounsi. A ce moment, l'almamy, engagé entre les colonnes anglaises de l'Achantiland et nos troupes, s'était retiré sur la rive droite de la Volta noire, où il occupait, près de nos postes, une partie du Lobi. Il avait envoyé au commandant Caudrelier, qui administrait la région, des émissaires pour lui annoncer son désir de vivre en paix. Ses ouvertures furent accueillies, et il fut convenu qu'il évacuerait Bouna, que le capitaine Braulot reçut l'ordre d'occuper avec une compagnie indigène. Celui-ci était en marche lorsque, près de Bouna, le 20 août 1897, il fut traîtreusement attaqué par Sarankemory, un des fils de Samory, qui le tua et détruisit presque entièrement sa colonne.

Samory n'avait plus qu'un an à attendre son châtiment.

Le commandant Caudrelier descendait vers le Sud et faisait

occuper Bondoukou et Kong, dont on se rappelle l'héroïque défense, exécutée par le lieutenant Demars, en face de 2.000 sofas de Samory.

. Plus tard, dès que le commandant Pineau, chargé par le lieutenant-colonel Audéoud, lieutenant-gouverneur du Soudan par intérim, de faire tomber Sikasso, se fut acquitté de sa tâche (1er mai 1898), il se retourna vers le Sud, à la fois pour poursuivre les fugitifs de Sikasso et pour ravitailler Kong. Bientôt il se heurta aux sofas de Samory, les refoula et se porta sur le Djimini et le Diamala, où Bouaké fut occupé tandis que nos contingents de la Côte d'Ivoire renforçaient Bondoukou.

A ce moment, deux lignes de postes jalonnaient nos communications entre le Soudan et la Côte d'Ivoire : l'une, le long de la Bandama, avec Khemoko, Diamrikoro, Kong, Bouaké, Kouadiokofi, Toumodi, Tiassalé ; l'autre, le long de la Comoé, avec Lokkoso, Bouna, Bondoukou, Assikasso, où l'ordre venait d'être troublé par les indigènes anglais, et Grand-Bassam.

Engagé au milieu de cette toile d'araignée, Samory, craignant continuellement nos attaques, se décida à un nouvel exode.

Abandonnant la région de Kong, il se rejeta vers l'ouest à la fin de mai 1898 et fut rejoint par son lieutenant, Bilali, qui venait, avec ses 2.000 sofas, de se faire battre à Tiémou par le commandant Pineau, en cherchant à menacer Tombougou, un de nos postes du Soudan méridional.

Samory, continuant sa marche avec 50.000 émigrants environ, dont 10.000 à 12.000 sofas, et cherchant à échapper au commandant Pineau, alla se heurter aux troupes du commandant de Lartigue, qui administrait, à Odjenné, le Soudan méridional.

La colonne du lieutenant-colonel Bertin cherchait alors à occuper Tiémou, pour relier nos postes du Soudan méridional à ceux de la ligne de la Bandama.

Le 20 juin, Samory abordait la Sassandra et la traversait. Le commandant de Lartigue, avec 250 hommes, atteignait, le 20 juillet, à Doué, au sud de Mgaoué, une troupe de 4.000 sofas, qu'il repoussa d'abord, mais devant laquelle il dut ensuite se

retirer sur Touba. A ce moment Samory se trouvait à Tounga-
radougou, sur la rive droite du Bafing, où il vivait péniblement
de razzias exécutées sur les Ouobès et les Dioulas, anthropophages de la forêt dense, qui demandèrent notre intervention.

Le commandant de Lartigue fit surveiller et harceler Samory par de petites colonnes légères, restant lui-même avec
le gros de ses forces à Beyla. Une de ces colonnes, comprenant à peine 200 hommes, commandée par le lieutenant
Wœlffel et soutenue par la compagnie du capitaine Gaden,
apprenant qu'un fort groupe de sofas allait traverser le Cavally, à 60 kilomètres au sud de N'Zô, se mit à sa poursuite,
l'atteignit, le 9 septembre, à Tiafeso, l'accula à un marigot et
fit mettre bas les armes à 2.000 sofas.

Le reste de la bande, poursuivi par nos troupes, fut soutenu par Sarankemory, qui, après six heures d'un combat
où Bilali trouva la mort, fut mis en fuite. Les trophées de
cette journée furent 5.000 prisonniers et une grande quantité
d'armes et de munitions. Peu après, 20.000 fugitifs faisaient leur
soumission. Toutes ces opérations nous coûtaient un seul blessé.

Samory ne tardait pas à nous faire des offres de soumission
qui furent repoussées. Des défections se produisaient parmi
ses sofas; traqué par nos troupes et par les populations de
la contrée, il était menacé de la famine; à moins de circonstances exceptionnelles, il ne pouvait manquer de tomber
entre nos mains. Après le combat de Tiafeso, il s'était enfui
vers l'Est, puis s'était replié dans les montagnes, au sud de
Doué. Le commandant de Lartigue rassembla ses forces (deux
compagnies) à Fanha et les lança sur Samory, qu'elles atteignirent le 29 septembre à Guélémou et qu'elles firent prisonnier avec le reste de ses sofas, ses femmes et ses fils, y compris Sarankemory et Moktar.

Ces opérations, exécutées, malgré la saison, avec une vigueur remarquable, ont eu un énorme retentissement dans
tout le Soudan occidental, dont la pacification doit être, aujourd'hui, considérée comme terminée. Nous avons tenu à
les rapporter dans leur ensemble, en raison de la grande
importance de cet événement et de l'influence salutaire que

n'ont pas manqué d'exercer, dans toutes ces régions, la défaite et la capture de notre vieil ennemi, qu'on a été jusqu'à
surnommer le Napoléon noir (1).

(1) Le *Journal officiel* de l'Afrique occidentale française a publié, le 24 novembre, le rapport du gouverneur général sur les opérations de la colonne qui a détruit l'armée de Samory.

« Le 11 septembre dernier, après l'affaire de Tiaféso, le capitaine Gaden et le
lieutenant Wœlffel se portaient sur N'Zô, où le chef de bataillon de Lartigue,
commandant la région sud, les rejoignait, le 17, par Fanha, avec un renfort de
125 fusils. Les renseignements recueillis dans le pays faisaient présumer que
Samory, avec les débris de ses forces, cherchait encore à passer le Cavally pour
gagner le pays libérien. L'état des chemins, rendus extrêmement difficiles par l'hi-
vernage et jonchés de cadavres que laissaient derrière elles les bandes en déroute
de l'almamy, empêchant la marche d'une colonne quelque peu importante, le
commandant dut se contenter de former, pour continuer la poursuite, une solide
reconnaissance de 215 fusils dirigée par le capitaine Gouraud, assisté des capitaine Gaden, lieutenant Jacquin, lieutenant Mangin, docteur Boyé, adjudant Brail,
sergents Maire, Bratières et Lafon. D'autre part, des instructions très précises
étaient données aux postes et détachements de la région pour que Samory ne pût
s'échapper et le commandant de Lartigue, avec 200 tirailleurs, assisté du lieutenant Wœlffel, des sergents Tanières, Ariste et Berthet, se tenait prêt à fermer
aux bandes les routes du Sud et de l'Ouest.

» La reconnaissance se mit en route le 24 septembre ; le 26, elle ramassait, à
Deniféso, une centaine de fugitifs errants et abrutis par les souffrances. L'état du
pays était d'une indicible horreur ; dans les chemins défoncés, coupés de marigots
vaseux, l'air était empesté par les émanations des cadavres abandonnés ; tous les
villages, sans exception, où trois mois auparavant les bandes féroces de Samory
avaient promené la terreur, étaient à l'état de ruines lamentables, le plus souvent
complètement rasés, encombrés d'ossements, de cadavres décomposés, au milieu
desquels restaient encore quelques habitants hébétés et décharnés.

» Guidée par un sofa fait prisonnier dans la brousse, la reconnaissance poursuit
sa route et arrive le 28 dans un immense campement que l'almamy et tous les
siens n'ont quitté que trois jours auparavant. Ayant appris là, par de vieilles cap-
tives abandonnées, que Samory s'était dirigé vers le Nord, le capitaine Gouraud
en informe aussitôt le commandant de Lartigue, et s'engage résolument sur la
piste des bandes. Un autre sofa déserteur fournit des renseignements précieux :
Samory n'est qu'à une quinzaine de kilomètres en avant, près du lieu appelé Guélémou ; les bandes sont complètement désorganisées, sans aucun service de sûreté,
sauf une petite arrière-garde commandée par Macé-Amara, fils de l'almamy.
Dans ces conditions, le capitaine Gouraud, avec un remarquable esprit d'initiative,
décide de risquer un coup d'audace et de surprise en essayant de pénétrer dans le
camp même de Samory, pour s'emparer de sa personne. Des ordres minutieux
sont donnés pour l'exécution de ce plan et en assurer la réussite complète.

» Le 29, au petit jour, le bivouac est levé ; l'arrière-garde de Macé-Amara,
tournée par l'escouade du caporal Fodé-Sankaré, est enlevée sans coup férir ;
vers 8 heures, le lieutenant Jacquin et le sergent Bratières, avec une section,
atteignent et traversent les premières huttes du campement, où une foule sans
armes, plus étonnée que craintive, les regarde défiler, pendant que les tirailleurs,
tout en passant, crient à ces gens de se rassurer et de se taire. La section traverse
de même le village des femmes et débouche brusquement au beau milieu de l'immense campement de l'almamy. La surprise est complète.

» Prévenu par la rumeur qui s'est élevée dans le camp à l'apparition des tirail-

Samory, dirigé sur Kayes et Saint-Louis, a été embarqué pour le Congo, avec Sarankémory, et interné dans un de nos postes de l'Ogooué, à N'Djolé.

La délimitation de la Côte d'Ivoire, du côté de la colonie de

---

leurs, Samory, qui lisait le Coran devant sa case, s'est enfui précipitamment et, dans son saisissement, n'a pas eu le temps de prendre une arme dans sa case, où se trouvaient pourtant plusieurs fusils et un revolver chargés.

» Au bout de quelques minutes de course, le caporal auxiliaire Faganda Tounkara aperçoit le premier l'almamy, reconnaissable à sa haute taille et à sa chéchia rouge serrée d'un turban blanc, qui fuit à toutes jambes, courant comme un jeune homme et cherchant un cheval.

» Les tirailleurs précipitent leur course, en tête le sergent Bratières, le caporal Faganda Tounkara, les tirailleurs auxiliaires Bandia Tounkara et Filifing Keïta. Celui-ci arrive le premier sur l'almamy, qui lui échappe par un brusque crochet. Tout en courant, les tirailleurs crient : « Ilo! Ilo! (halte) Samory! » Il continue à fuir ; à son tour, Bratières lui crie : « Ilo! Ilo! Samory! » Voyant un blanc, Samory, à bout de forces, s'arrête, et Bratières le saisit ; il s'assied à terre et dit aux tirailleurs : « Tuez-moi ! »

» Le lieutenant Jacquin arrive à ce moment avec le reste de la colonne ; Samory, prisonnier, est emmené à sa case. Il était temps : de toutes parts, les sofas prenaient les armes et la situation aurait pu devenir critique. Mais Samory fait un signe, toute fuite s'arrête ; en un clin d'œil, la nouvelle est connue de tout le camp et met fin à toute lutte.

» Pendant ce temps, les autres fractions de la reconnaissance avaient occupé les diverses parties du campement ; les marabouts, chefs de bande et griots viennent se rendre successivement. Un cavalier est envoyé à Moktar et à Sarankémory, qui se trouvent à 12 kilomètres de là, et leur porte l'ordre de venir faire leur soumission, sous peine de voir mettre à mort leur père et leur mère. A 1 heure, ils sont au camp, apportant leurs armes et leurs munitions. Pendant ce temps, les patrouilles circulent, rassemblant les fusils et les cartouches, les bœufs, les chevaux ; le trésor de l'almamy est découvert et les caisses qui le contiennent sont amenées au camp et inventoriées.

» La journée du 30 septembre est employée à détruire les armes, cartouches et barils de poudre, qu'il est impossible d'emporter. Tout est brisé, noyé ou brûlé, puis la colonne se remet en marche ; au centre, Samory, Sarankémory, Moktar et les porteurs du trésor ; à l'arrière, les marabouts, les chefs et les griots.

» Quant à la grande foule des sofas, des femmes et des captifs, évaluée à 50.000 personnes, elle est dirigée sur Touba, sous la protection d'une escouade de tirailleurs.

» Le 3 octobre, au moment où le commandant de Lartigue venait de recevoir, à N'Zô, une lettre par laquelle Samory, avant sa capture, faisait des propositions de paix, la nouvelle lui parvenait presque simultanément de l'éclatant succès de la reconnaissance du capitaine Gouraud ; il se mettait immédiatement en route ; les deux colonnes se rejoignaient, le 9, à Quéaso, puis, marchant à un jour d'intervalle l'une de l'autre, arrivaient, le 17, à Beyla. Depuis, Samory, sous la garde du lieutenant Jacquin et du sergent Bratières, a été dirigé sur Kayes ; le 5 novembre, il est passé à Kankan et, le 6, à Siguiri. Son voyage se poursuit sans incident.

» Ainsi s'est trouvée terminée la carrière de celui qui, pendant plus de quinze ans, n'avait établi et conservé sa puissance néfaste qu'en portant la ruine et la mort dans les régions les plus riches du Soudan. »

Cape-Coast, a été l'objet de longues et difficultueuses négociations entre la France et l'Angleterre. Un premier arrangement fut signé le 10 août 1889, à la suite duquel une commission de délimitation fut nommée ; elle commença ses
opérations en 1892, mais ne put aboutir. Deux autres arrangements sont intervenus, le 26 juin 1891 et le 12 juillet 1893,
et les deux puissances se sont enfin mises d'accord pour
signer, le 14 juin 1898, la convention générale de délimitation
de tous les territoires appartenant aux deux nations dans cette
partie de l'Afrique (1).

La frontière suit d'abord la rivière Tanoé, laisse Bondoukou
à la France et, à partir du 9° de latitude, suit la Volta noire
jusqu'au 11° de latitude. Elle se maintient ensuite aux environs de ce 11°, en laissant Gambaka à l'Angleterre. Le capitaine
Gouraud vient d'être désigné, du côté français, pour délimiter
la nouvelle frontière.

Du côté de la République de Libéria, les difficultés de délimitation ont été bien moins grandes que du côté des colonies
anglaises.

Le tracé de nos frontières avec cet État a précédé notre entente avec l'Angleterre, et l'arrangement du 8 décembre 1892
a posé les bases de la délimitation des possessions françaises
et libériennes.

La frontière suit le rio Cavally jusqu'à 20 milles au sud du
confluent du Fédédougou, laissant à la France le bassin du
Fédédougou, ainsi que le bassin entier du Niger et de ses
affluents.

La garnison de troupes régulières qui occupe la Côte
d'Ivoire a été réduite, depuis 1896, à une seule compagnie de
marche de tirailleurs sénégalais. Par suite de cette réduction,
on a dû organiser des milices locales destinées à remplacer les

---

(1) Malgré la précision de cette délimitation, les incidents de frontière sont
nombreux. Au printemps de 1898, Assikasso, située en plein territoire français,
fut attaquée par des indigènes venus en grand nombre de l'Achantiland, et ce
n'est qu'après un long investissement de soixante-deux jours qu'une petite colonne française put la débloquer et repousser les assaillants.

troupes régulières. Ce sont des troupes de police qui, même après la capture de Samory, ne paraissent point devoir suffire à assurer la tranquillité complète du pays. Les rébellions n'y sont pas rares, et, tout récemment, au mois d'avril 1899, nos tirailleurs ont eu à réprimer une révolte sérieuse des Tepos, à Blidouba et Olodio, entre le Cavally et la rivière Toupa.

L'action française devait s'exercer dans ce même pays par l'envoi de la mission de MM. Hostains et d'Ollone, qui remontait le Cavally marchant vers le Soudan, en étudiant une voie de communication entre les deux régions, à la rencontre de la mission des lieutenants Wœlffel et Mangin. Celle-ci, partie du Soudan, devait continuer les travaux du lieutenant Blondiaux en descendant le Cavally. Le ministre des colonies a ordonné, en octobre 1899, l'arrêt de la mission Wœlffel. Quant à la mission Hostains, elle a pu arriver à N'zô au mois de décembre dernier.

Les voies de communication de la colonie ont pris, dans ces derniers temps, une rapide extension. Dès 1896, les chefs indigènes de l'Indénié ont fait ouvrir une route de 140 kilomètres déjà suivie par les caravanes. Les voies fluviales, nombreuses et d'un parcours généralement facile, permettent d'ailleurs d'assurer, dans de bonnes conditions, la pénétration du pays. Une ligne télégraphique relie les escales de la côte et avec elles la ligne côtière de Cape-Coast, du Togo et du Dahomey.

Grâce à la ligne dahoméenne qui atteint Ouaghadougou, on peut communiquer avec nos postes du Soudan et du Sénégal. Du côté de Kong, la ligne télégraphique partant de Grand-Bassam atteignait, au mois d'avril, les confins de l'Indénié, se dirigeant sur Bondoukou.

Dans le projet des communications futures destinées à donner la vie au Soudan occidental, l'existence de la Côte d'Ivoire joue un rôle de premier ordre. Possédant dans son hinterland le marché séculaire de Kong et les riches contrées de la boucle du Niger, il est naturel de supposer que la première des préoccupations d'un gouvernement soucieux de développer le commerce de la métropole et les richesses de ses colonies sera de pousser à l'exécution d'une voie ferrée reliant la Côte d'Ivoire au marché de Kong.

Nous verrons, en parlant de la colonie anglaise de Sierra-Leone, qu'une voie ferrée s'impose parmi celles de l'avenir. C'est celle qui, partant du haut Niger, viendrait déboucher sur le Cavally.

On a déjà vu que la Compagnie de Kong a assumé l'obligation de faire étudier une voie ferrée partant de Grand-Bassam pour aboutir à Kong. Il y aurait intérêt à tracer cette ligne à faible distance de la frontière de l'Achantiland pour attirer vers les territoires français les produits de ce pays. Elle pourrait se diriger ensuite du côté de Bondoukou, marché important, avant d'arriver à Kong, d'où elle se prolongerait vers le Dafina, dans la direction de Tombouctou, remplaçant ainsi les caravanes qui, de temps immémorial, circulent entre le Sahara et la région de Kong.

Cette voie ferrée aurait, entre Grand-Bassam et Kong, une longueur d'environ 500 à 600 kilomètres et ne pourrait manquer de constituer la plus sérieuse concurrence aux mouvements du commerce qui, de l'intérieur de la boucle du Niger, se dirige vers la colonie anglaise de Cape-Coast.

La mission du capitaine du génie Houdaille a été chargée d'étudier les tracés de cette voie future. Partie de Grand-Bassam au mois de janvier 1899, elle dut, pendant quelque temps, s'arrêter devant l'attitude des indigènes. Après avoir poussé dans les régions au nord de Grand-Bassam de nombreuses reconnaissances, le capitaine Houdaille s'est décidé pour un tracé à variantes, voisin de la rivière Mé, allant de Momni à Abidjean et à Grand-Bassam par Petit Alépé, de Momni à Bouapé et de ce dernier point à Bettié, à Darosso et à Goliéso. Au mois de juin 1899, on annonçait le retour sur la côte, à Jacqueville, de la mission, qui s'apprêtait à rentrer en France, sa tâche brillamment accomplie.

A la Côte d'Ivoire, comme dans la Guinée, l'activité française paraît donc être entrée dans une période pleine de promesses pour l'avenir commercial de ces régions.

*Dahomey et dépendances.

Administration. — Missions récentes et délimitation avec la colonie anglaise de Lagos. — Organisation civile et militaire. — Commerce. — Avenir.

_ Après les deux remarquables campagnes du général Dodds (1892-1894), qui amenèrent la chute puis la capture de Behanzin, le Dahomey fut divisé en divers royaumes indépendants, et Ago-li-Agbo, frère de Behanzin, proclamé roi d'Abomey.

Tout le pays fut placé, par le général Dodds, sous le régime des arrêtés du 29 janvier et du 4 février 1894, qui posèrent les bases de l'administration. Puis le général rentra en France, léguant le pouvoir civil à M. Ballot, nommé gouverneur du Dahomey par décret du 22 juin 1894.

Dès ce moment commença une série ininterrompue d'explorations, qui eurent pour résultat de reculer vers le Nord les limites de l'influence française et de fixer, par des traités conclus avec les rois indigènes, les limites des colonies européennes voisines.

Les plus importantes de ces missions furent celles du commandant Decœur (1), qui signa, à Nikki, un traité de protectorat, le 25 novembre 1894; des lieutenants Baud et Vergoz (2); des lieutenants Baud et Vermeersch (3), qui, partis de Carnotville, poste créé à la fin de 1894, avec environ 50 hommes, allèrent aboutir à Grand-Bassam, après avoir

---

(1) Itinéraire : Carnotville, Séméré, Wangara, Nikki, Carnotville, Wangara, Kouandé, Maka (31 décembre), Sausané-Mango, Pama, Gourma, Say (31 janvier-4 février 1895), cours du Niger, Léaba, Carnotville (20 mars).

(2) De Maka, après avoir quitté le commandant Decœur, sur Lamboudji, Baki-magru, Kodjar-Bikini (Niger) et Say, où ils retrouvèrent le commandant Decœur.

(3) Carnotville (26 mars 1895), Kirikri, Sausané-Mango, Oua (1er mai), Bonna-Nasian, Grand-Bassam (12 juin).

contourné par le nord les possessions allemandes´ et anglaises.

A la fin de 1894, le capitaine Toutée partit du Dahomey et se dirigea vers le Niger, par Kishi et Kayoma, pour aboutir à Badjibo (février 1895). De là, il remonta le Niger jusqu'à Say, poussa sur Zinder (150 kilomètres en amont) et rentra à Kotonou le 1er août 1895. Au cours de ce remarquable voyage, il fonda, sur le moyen Niger, le poste d'Arenberg, qui, plus tard, devait être cédé à l'Angleterre.

Grâce à ces missions la France put opposer à ses voisins des traités de protectorat qui lui permirent d'établir ses droits à l'égard des empiétements des colonies de Lagos, du Togoland et de la Côte d'Or. Déjà, la Compagnie royale du Niger avait lancé vers Nikki plusieurs explorateurs, dont le principal, le capitaine Lugard, le conquérant de l'Ouganda, avait failli devancer nos missions; tandis que, parties du Togoland, des missions allemandes cherchaient à remonter vers le Nord et à reculer les limites du protectorat allemand. Il était temps, pour la France, de prendre position et de se créer des droits pour les délimitations à venir.

Ces droits étaient déjà suffisamment établis, dès la fin de 1894, pour permettre au gouvernement français d'entamer avec l'Angleterre des pourparlers concernant la délimitation des colonies voisines du Dahomey et du Lagos.

Le 15 janvier 1896, comme conséquence du traité relatif au Siam, un arrangement franco-anglais fut conclu, aux termes duquel les deux gouvernements convenaient de nommer chacun une commission chargée de fixer la délimitation la plus équitable de leurs possessions dans la région à l'ouest du Niger.

Mais ce n'est qu'au cours des laborieuses négociations entamées à la fin de 1897 et en 1898 que l'on put arriver péniblement à élaborer la convention du 14 juin 1898 (1). Aux termes de cette convention, la frontière suit la rivière Ocpara jusqu'au 9e degré de latitude, puis se dirige vers le Nord en lais-

(1) Voir à l'Appendice.

·sant : à l'Angleterre, Tabira, Okouta, Boria, Téré, Ghani, Dekala; à la France, Nikki, et atteint le Niger à dix milles en amont de Guiris, port d'Ilo.

On indiquera, à propos du Togoland, les limites adoptées entre cette colonie et le Dahomey, à la suite du procès-verbal du 1er février 1887 et de la convention du 23 juillet 1897.

Ces résultats ont été obtenus, à force d'énergie et de talents, par les explorations et les conquêtes, la plupart pacifiques, accomplies par nos officiers d'infanterie de marine depuis l'année 1895.

C'est au capitaine Baud que fut confiée la plus féconde de ces missions. Accompagné par le capitaine Vermeersch, il partit du Dahomey au commencement de 1897, se dirigeant sur Carnotville. Là, il dut attendre que M. Ballot, gouverneur du Dahomey, eût réglé la question de la frontière du Togo, au delà de laquelle les Allemands avaient occupé quelques-uns de nos postes. Il repartit vers le Nord et atteignit Gourma au moment où le roi du pays, Betchandé, se débattait contre ses vassaux.

En quinze jours, les troupes de Betchandé, commandées par nos officiers, battirent les rebelles et s'emparèrent de Doucouma et de Tigba. A ce moment arrivait de l'Ouest le leutenant Voulet, qui venait de conquérir brillamment le Mossi avec quelques blancs et 200 indigènes. Il fut tout surpris de se rencontrer à Tigba avec des Français, alors qu'il pensait y trouver des Allemands ou des Anglais (25 février 1897).

Les forces réunies des deux missions terminèrent la guerre par la prise de Bilanga.

Pendant ce temps, le lieutenant de vaisseau Bretonnet occupait la rive du Niger d'Ilo à Boussa, et le capitaine Betbeder, avec une compagnie indigène et un peloton de spahis, entrait à Say après avoir rejeté notre vieil ennemi Ahmadou-Scheikou de l'autre côté du Niger.

Le capitaine Ganier, avec une compagnie de Sénégalais, reçut alors la mission d'assurer la jonction entre MM. Baud et Bretonnet. En avril et mai 1897, le Borgou fut occupé et une section laissée à Kouandé avec le lieutenant Aymès, pendant que le reste de la mission poussait vers le Nord. Mais le pays se souleva tout entier contre nos troupes, qui durent demander des renforts au Dahomey. Ces renforts furent conduits par le capitaine Vermeersch, qui, arrivé depuis peu à Porto-Novo, en repartait aussitôt avec le titre de résident au Borgou, battait les Baribas à Kouandé et débloquait la ville. Il y fut rejoint par le capitaine Ganier et par les compagnies Dumoulin et Duhalde, venues du Sénégal.

Ces forces, réunies sous le commandement du capitaine Ganier, battirent à trois reprises les Baribas et, le 13 novembre, enlevèrent Nikki.

Le commandant Ribour, arrivé avec de nouveaux renforts, prit alors le commandement supérieur du haut Dahomey et battit à Allio (31 décembre 1897) les Baribas, qui firent leur soumission. Il fut alors possible de se relier d'un côté avec les postes du Niger, et de l'autre avec ceux du Gourma.

De ce côté, le capitaine Baud, après avoir pacifié le pays, pénétrait dans la région du Dendi, attaquait avec 50 hommes, le 3 novembre, à Madécali, 2.000 indigènes et les battait, mais était blessé grièvement. Le Dendi occupé et pacifié, le capitaine Baud rentrait au Dahomey par le Borgou.

Pendant que ces opérations s'accomplissaient, les Anglais, inquiets de nos succès, levaient dans le bas Niger environ 6.000 Haoussas qui, sous les ordres du colonel Lugard, procédèrent à l'occupation méthodique du pays en s'avançant vers le Borgou. Après s'être heurtés à nos postes, ils s'établirent en face de nous, et c'est dans cette situation respective des forces des deux nations que fut signée la convention du 14 juin 1898.

Cette convention est loin de donner satisfaction à la France, qui ne conserve même pas ses conquêtes, le pays des Baribas étant divisé entre les deux nations, et tout le pays occupé par le lieutenant de vaisseau Bretonnet cédé à l'Angleterre. Mais elle a l'avantage de nous donner enfin des limites précises et de permettre à notre colonisation de s'exercer sans contestations nouvelles. Le commandant Toutée a été désigné, au mois de février 1900, par le gouvernement français, pour faire partie de la commission chargée de délimiter le haut Dahomey. Cette commission opère en ce moment de concert avec une délégation anglaise. Partie le 20 février de Cotonou, elle est arrivée à Tchaourou, point initial des opérations, le 8 mars dernier.

Le décret du 22 juin 1894 a réglé l'administration du Dahomey, qui est placée sous la direction de M. Ballot, gouverneur civil, secondé lui-même par un certain nombre de fonctionnaires.

Le territoire du Dahomey et dépendances est divisé en pays de trois catégories et comprend :

1° Des territoires annexés ;

2° Des territoires protégés ;

3° Des territoires d'action politique.

Les territoires annexés comprennent les cercles de Grand-Popo, Ouidah et Kotonou.

Les territoires protégés sont : les royaumes de Porto-Novo, d'Allada, d'Abomey ; les républiques des Ouatchis et des Ouéré-Kitou. A chaque protectorat est attaché un résident.

Les territoires d'action politique sont ceux du haut Dahomey. L'arrêté du 15 août 1898 les divise en quatre cercles :

1° *Cercle du Gourma*, comprenant les provinces de Fada-N'Gourma, de Pama, de Matiacouali, de Kodiar, de Botoa et dépendances ;

2° *Cercle de Djougou-Kouandé*, avec les royaumes de Kouandé, de Djougou, le pays des Kafiris et dépendances ;

3° *Cercle du Borgou*, avec les provinces de Nikki, de Parakou et dépendances ;

4° *Cercle du moyen Niger*, comprenant le Bouay et le Kandi, le pays de Baniquara et les territoires de Zabérma ou Dendi.

Le décret du 17 octobre 1899 rattache au Dahomey les cantons de Kouada ou Nebba au sud de Liptako et le territoire de Say, comprenant les cantons de Djennaré, de Diongoré, de Folmongani et de Botou.

Le chef-lieu de la colonie est Porto-Novo, ville de 35.000 habitants (1), qui possède de nombreux comptoirs.

Après Porto-Novo, le centre commercial le plus important est Grand-Popo. Viennent ensuite Kotonou et Ouidah.

Les échanges, qui, en 1892, ne dépassaient pas 14 millions, se sont élevés à plus de 20 millions en 1895 et sont revenus à 14 millions en 1897, soit :

Importations................ 8.242.000
Exportations................ 5.779.000

On doit constater que le commerce avec l'Allemagne est plus important qu'avec la métropole. C'est ainsi que, pendant le premier trimestre de 1898, les exportations se sont élevées à 1.823.866 francs et les importations à 2.101.596 francs. Sur ces chiffres, on constatait, au titre des importations, la somme de 900.000 francs environ pour l'Allemagne et de 361.269 francs pour la France. Sur 108 navires arrivés au Dahomey, 47 étaient sous pavillon allemand et 31 seulement sous pavillon français. Venait ensuite le commerce anglais, avec 30 navires. Il y a là une situation qui mérite de fixer l'attention, car elle a persisté pendant l'année 1898.

En 1898, le commerce s'est élevé à 17.530.000 francs, dont 9.990.000 francs pour les importations et 7.540.000 francs pour les exportations. Sur ces chiffres, le commerce avec la France s'élevait seulement à 4.140.000 francs environ. Le mouvement des entrées a été de 433 navires, dont 156 allemands, 133 anglais et 111 français.

Par ordre d'importance, les marchandises importées proviennent de l'Allemagne, du Lagos, de la France et de l'Angleterre; celles exportées ont été dirigées sur le Lagos, la France, l'Allemagne.

Le commerce a encore augmenté pendant le premier trimestre 1899. On a relevé :

_____

(1) Le climat du Dahomey, peu sain, sauf sur quelques points des côtes, comprend deux saisons bien distinctes : la saison des pluies, du 15 mars au 15 août, et la saison sèche, du 15 août au 15 mars. La température moyenne oscille autour de 30 degrés et peut s'élever jusqu'au maximum de 38 degrés.

Aux importations, 2.800.000 francs, dont 716.000 francs pour la France;

Aux exportations, 3.925.000 francs, dont 875.000 francs pour la France.

La subvention demandée à la métropole pour les dépenses de l'année 1899 s'est élevée à 1.885.000 francs, dont 300.000 francs pour frais d'occupation du haut Dahomey.

L'organisation militaire du Dahomey a fonctionné jusqu'à la fin de 1895 sous les ordres d'un chef de bataillon ou d'un lieutenant-colonel d'infanterie de marine, qui portait le titre de commandant supérieur des troupes. Celles-ci comprenaient un bataillon de deux compagnies de tirailleurs haoussas (environ 160 hommes par compagnie), une section d'artillerie et des services divers. Un conseil de guerre fonctionnait à Porto-Novo.

Depuis le 1er janvier 1896, cette organisation a cessé d'exister. Un arrêté du 29 décembre 1894, pris par le gouverneur civil, a supprimé les troupes régulières d'infanterie et d'artillerie, pour ne conserver qu'une seule compagnie de Haoussas, entretenue par le service local. Le même arrêté prescrivait de remettre au service local tous les bâtiments militaires, ainsi que le matériel (sauf le matériel de guerre), les approvisionnements et les deux canonnières de la colonie. L'effectif militaire se trouvait ainsi réduit au minimum. Plus tard, la compagnie de tirailleurs haoussas fut elle-même supprimée; le service de la colonie est assuré aujourd'hui par des milices locales. Nous conservons cependant dans le haut Dahomey deux compagnies de tirailleurs sénégalais et une compagnie d'auxiliaires.

La population dahoméenne, divisée entre plusieurs chefs, paraît être, heureusement, d'humeur pacifique, et s'accommode bien de l'administration et de la paix françaises.

Grâce à la richesse et à la tranquillité du pays, le Dahomey promet de devenir une colonie d'exploitation précieuse. Mais son importance s'augmente encore de ce fait que cette étroite bande de terre, d'environ 80 kilomètres de largeur, est destinée à nous donner accès, par le nord-est, vers les territoires de la boucle du Niger et à servir de débouché aux produits de ces vastes contrées.

Si, dans un avenir encore incertain, nous ne réussissons pas à absorber les colonies étrangères voisines, le Dahomey servira très probablement de point d'arrivée à la grande voie ferrée française qui, allant de l'Algérie au Soudan, cherchera son terminus sur l'Atlantique.

Dans le courant de 1899, le commandant du génie Guyon, à la tête d'une mission d'officiers et de sapeurs du génie, a été chargé d'étudier un chemin de fer de pénétration partant de Cotonou. Les travaux de la mission étaient à peu près achevés au mois d'octobre. A ce moment, les études de détail comprenaient 180 kilomètres entre Cotonou et Atchéribé. De là, la ligne se dirigera sur Carnotville et probablement vers Say. On estime que la dépense ne dépassera pas 50.000 francs par kilomètre, chiffre qui pourrait encore être abaissé si l'on se décidait à tirer parti des ressources offertes par notre régiment de sapeurs de chemins de fer.

Le 16 décembre 1899, le comité des travaux publics des colonies a décidé, conformément aux propositions du commandant Guyon, de faire exécuter l'infrastructure par la colonie et la superstructure par une société financière.

En présence de l'activité des possessions anglaises du Lagos et du Niger, le premier tracé à recommander pour son prolongement vers le Nord est celui qui se dirigerait sur un point du Niger rapproché de la frontière anglaise, en amont d'Ilo. Cette voie ferrée pourrait ainsi drainer les produits venant par la voie fluviale du Niger, ainsi qu'une partie de ceux du Sokoto, sans compter ceux de la boucle du Niger et des pays de la rive gauche du bas Niger, que la convention du 14 juin 1898 a abandonnés à l'Angleterre. Sa longueur serait d'environ 500 kilomètres. Nous posséderions ainsi le meilleur moyen de faire pénétrer notre influence dans le Soudan central et d'y lutter avec avantage contre l'influence anglaise.

Au point de vue de la stratégie commerciale, le Dahomey est donc pour la France une conquête précieuse tout autant qu'un pays de grand avenir.

Gambie anglaise.

La Gambie anglaise est une étroite bande de terre située de part et d'autre de la rivière Gambie et dont la délimitation n'a été accomplie que dans ces derniers temps.

La ligne frontière, d'après la convention du 10 août 1889, part de Jinnak-Creek, au nord de la Gambie, suit le parallèle de ce point jusqu'au grand coude que fait le fleuve vers le nord et se dirige, de là, jusqu'à Yartabenda, en laissant à l'Angleterre une bande de 20 kilomètres le long de la Gambie.

Sur la rive gauche, le tracé part de l'embouchure de la rivière San-Pedro, dont elle suit la rive gauche jusqu'au 13° 30' de latitude. Elle emprunte le parallèle de ce point jusqu'à Sandeny. Le tracé remonte alors vers la Gambie, en suivant le méridien de Sandeny jusqu'à une distance de 10 kilomètres du fleuve. De là, elle va jusqu'à et y compris Yartabenda, en se tenant toujours à 10 kilomètres du fleuve.

La Gambie anglaise, enserrant le cours du fleuve sur tout son parcours navigable, est une enclave éminemment favorable au commerce anglais, qui s'exerce bien plus sur les protégés français des territoires voisins que sur les indigènes de la colonie elle-même.

Par sa longueur de plus de 300 kilomètres, interposée entre nos possessions, elle forme un couloir des plus gênants pour notre influence, ainsi que pour toutes nos voies de communication, qui, partant de Dakar ou de Saint-Louis et se dirigeant vers le Fouta-Djallon ou la Casamance, seraient bien plus utiles que nuisibles à la prospérité de la Gambie anglaise. Pour ces raisons, il serait éminemment utile à l'avenir du Sénégal qu'un arrangement pût intervenir, tendant à une cession de cette enclave à la France, par voie d'échange ou par voie d'achat.

Il est, en tout cas, possible d'influer à cet égard sur la décision de nos rivaux, en agissant sur nos indigènes pour détourner leurs produits vers les ports français. On peut y arriver également en enserrant la Gambie au milieu de voies divergentes destinées à drainer vers Dakar et la Casamance tous les produits qui ne se trouvent pas à proximité immédiate de la Gambie.

Il appartient à la colonie du Sénégal, autant qu'au gouvernement français, de s'inquiéter à ce sujet de l'avenir, et de prendre des mesures efficaces pour sauvegarder ses intérêts. Il semble d'ailleurs que les Anglais ne se font plus de grandes illusions sur l'avenir de leur colonie. C'est ainsi qu'on a annoncé, à la fin de 1898, qu'ils nous céderaient volontiers cette enclave, moyennant des avantages à leur accorder sur d'autres points du globe.

Le chef-lieu de la colonie est Sainte-Marie-de-Bathurst.

Des ports commerciaux s'échelonnent le long du fleuve, qui est navigable jusque vers Georgetown, à 280 kilomètres de son embouchure.

Les indigènes, généralement calmes, ont cependant obligé les Anglais à réprimer, en 1895, un soulèvement local, par l'envoi d'une petite colonne.

Depuis lors, la colonie anglaise n'a fait parler d'elle qu'au point de vue commercial.

Sainte-Marie-de-Bathurst est reliée à Dakar et à Carabane par le câble qui suit la côte d'Afrique. Un second câble la relie directement : d'un côté, avec les îles du Cap-Vert, et, de l'autre, avec Freetown et les colonies anglaises de la côte occidentale d'Afrique.

Guinée portugaise.

La Guinée portugaise s'étend entre nos possessions de la Casamance (Sénégal) et des rivières du Sud.

Son chef-lieu est Boulam, et elle comprend les îles Bissagos et Orango. C'est un pays arrosé par de nombreuses rivières et d'une très grande fertilité.

Ses limites ont été déterminées par la convention franco-portugaise du 12 mai 1886.

Au nord, la ligne frontière part du cap Roxo, en se tenant à égale distance de la rivière Casamance et du rio de Cacheu, jusqu'à l'intersection du 17°30' de longitude ouest (Paris) avec le parallèle 12°40'. Entre ce point et le méridien 16°, la frontière se confond avec le parallèle 12°49'.

A l'Est, elle suit le méridien 16° jusqu'au parallèle 11°40'.

Au Sud, elle part de l'embouchure du Cajet, se tient à égale distance du rio Componi et du rio Cassini et aboutit à l'intersection du méridien 16° et du parallèle 11° 40'.

Par arrêté du 20 janvier 1900, pris par le gouverneur général de l'Afrique occidentale, une mision a été chargée de procéder, de concert avec une mission portugaise, à la délimitation des territoires des deux nations. La mission française, dirigée par le capitaine Payn, devait se rendre, à bref délai, sur la frontière à délimiter.

Aucun événement important n'a été signalé dans ces derniers temps au sujet de la Guinée portugaise.

Au commencement de 1897, les Portugais ont eu à réprimer une révolte des indigènes, qui, inquiétante au début, n'a pas tardé à s'apaiser (1).

---

(1) Le câble côtier anglais de l'Afrique occidentale relie Carabane à Bissao, Boulam et Victoria.

Depuis lors, la colonie a pu se développer paisiblement.

La Guinée portugaise forme, dans les possessions françaises, une enclave gênante, qui permet aux négociants portugais d'attirer les produits des territoires français voisins.

Nous pourrions appliquer à cette colonie les considérations déjà émises au sujet de la Gambie anglaise, en ce qui concerne l'utilité que trouverait la France à s'assurer la possession de ce territoire portugais. Il semble qu'on pourrait y parvenir par voie d'achat, en assurant toutefois au commerce portugais déjà existant certains avantages de nature à ne pas faire regretter à ses détenteurs l'autonomie actuelle de la Guinée portugaise.

C'est là une question qui, dès aujourd'hui, mérite de fixer l'attention.

Colonie anglaise de Sierra-Leone.

Délimitation. — L'exode de Samory. — Action commerciale des Anglais.
Expropriation pacifique des enclaves étrangères.

La colonie anglaise de Sierra-Leone, comprise entre la République de Libéria et la Guinée française, est le siège d'un commerce très important qui, malgré la délimitation récente de la colonie, draine encore aujourd'hui, au profit des négociants de Liverpool, une partie des produits du haut Niger et du Fouta-Djallon (1).

C'est de la Sierra-Leone que Samory tirait ses approvisionnements en armes et en munitions pour lutter contre les Français.

Tant que l'almamy s'est maintenu à portée immédiate de la colonie anglaise, il a pu, au grand bénéfice des Anglais, renouveler ses ressources, plusieurs fois anéanties par les Français. Du jour où les colonnes françaises ont pu l'isoler de la Sierra-Leone, il a été obligé de chercher un autre asile, et son choix s'est naturellement porté vers les pays situés à proximité d'une autre colonie anglaise, celle de Cape-Coast (Achantiland). Telle est, peut-être, la principale raison de l'exode de Samory, dont la puissance, fondée sur l'unique emploi de la force, n'a pu se maintenir par ses propres ressources et a été constamment obligée de demander un point d'appui à l'étranger.

On a pu croire que la présence de Samory vers les sources du Niger et l'impulsion qu'il y donnait, sous diverses formes, au commerce anglais de la Sierra-Leone, avaient été les causes directes du refus des Anglais de délimiter leur colonie. Il est, en tout cas, assez curieux de remarquer que la fuite

---

(1) Voir le chapitre relatif à la Guinée française.

de l'almamy a coïncidé avec leur décision de souscrire enfin aux conditions depuis longtemps stipulées par la convention du 10 août 1889.

Après un premier essai de délimitation, tenté en 1892, avant l'exode de Samory, les commissaires français et anglais n'ayant pu s'entendre, on continua les négociations relatives aux frontières.

Lorsque le rappel précipité de la colonne Monteil, le 18 mars 1895, eut délivré Samory de toute inquiétude immédiate, l'arrangement du 21 janvier 1895 venait d'être signé. Cet arrangement confirmait, dans ses grandes lignes, la convention du 10 août 1889, et il fut décidé qu'une commission anglo-française serait envoyée pour délimiter à bref délai la frontière commune. Cette délimitation est aujourd'hui un fait accompli.

La commission, partie de Freetown le 16 décembre 1895, s'est dirigée (voir le chapitre relatif à la Guinée française) vers le point de Tembi-Koundo, près duquel les trois frontières du Soudan français, de la Sierra-Leone et de la République de Libéria viennent s'attacher. Après avoir aborné la frontière dans le massif de Tembi-Koundo, où la branche principale du Niger, le Tembi-Ko, prend sa source, la commission s'est dirigée vers le Nord, puis vers l'Ouest, et le 29 mars elle se trouvait à Yomaya, par 10° environ de latitude. De Tembi-Koundo à Colière, elle a suivi la ligne de partage des eaux du Niger, et de Colière à Yomaya le parallèle 10°, en déterminant l'abornement au moyen d'observations astronomiques.

De Yomaya, qui reste à la France, à Ouélia, la frontière est formée par un escarpement de 400 mètres de haut. Le 25 avril, la commission arrivait à la Grande-Scarcie et terminait ses travaux, le 1er mai 1897, à Kiragba, après avoir posé 206 bornes-frontières.

Au cours de son voyage, la commission a trouvé dans le pays les traces des dévastations de Bilali, lieutenant de Samory. On se rappelle que Bilali, poursuivi par le colonel Combes, avait été rejeté hors du Soudan français, dont la frontière, non encore délimitée, était gardée par nos avant-postes. Les Anglais, inquiétés par le voisinage des bandes de Samory, envoyèrent contre elles, en décembre 1893, le colonel Ellis, dont la colonne vint se heurter, pendant la nuit, à Waïma, à la section du lieutenant Maritz. Le combat sanglant qui s'engagea par erreur coûta la vie à ce dernier, ainsi qu'à trois officiers anglais.

La commission de délimitation a traversé un pays fertile et sain, bien arrosé, dans lequel affluaient les marchandises venant du territoire français.

Les débuts de l'année 1898 ont été marqués, dans la Sierra-Leone, par une insurrection qui a menacé un moment de prendre de graves proportions. Le gouverneur de la colonie ayant décidé de frapper d'un impôt variant de 5 à 10 shellings les cabanes des indigènes, ceux-ci, qui ne payaient auparavant que 2 francs par tète, se soulevèrent d'abord dans les districts de Sherbro et de Mendi-Timini. Bientôt la rébellion, que ne pouvaient réprimer les forces de police de la colonie, s'étendit sur la plus grande partie du pays et exigea l'envoi de renforts tirés du West-India Regiment. Au nombre de plus de 5.000, les révoltés, commandés par un chef énergique, Baï Bouré, massacrèrent des colons isolés et firent subir aux Anglais des pertes assez sensibles. Retranchés dans la brousse, entre Karene et Port-Lakko, ils réussirent à atteindre le mois de mai, pendant lequel commence la saison des pluies, sans avoir pu encore être réduits. Cette situation, très préjudiciable au commerce local, amena des plaintes fort vives, de la part des négociants de Liverpool, contre la mauvaise administration du pays. Par contre, le commerce de la Guinée française y trouva un élément favorable de développement.

Les opérations furent en partie interrompues par la saison des pluies, et ce n'est qu'au mois de novembre 1898 qu'on put enfin réussir à capturer Baï Bouré. Depuis lors, les Anglais ont encore augmenté leurs forces dans le pays, afin d'assurer son occupation et sa pacification définitives.

Les plaintes des commerçants anglais s'étaient d'ailleurs déjà manifestées dès le moment où la fuite de Samory avait fait cesser en grande partie le trafic des armes et munitions. Afin de donner aux transactions une nouvelle activité, la construction d'une voie ferrée traversant la colonie et se dirigeant vers le territoire français fut résolue et poussée rapidement. Elle se trouve aujourd'hui achevée dans la première partie de son parcours, jusqu'à Sangotown, à 50 kilomètres de la côte, et les travaux sont poussés vers les sources du Niger. Mais il ne semble pas que les premiers résultats obtenus au moyen de cette voie ferrée aient été de nature à faire prévoir, pour l'ensemble du commerce, un essor considérable et immédiat. Les négociants de Freetown continuent à se plaindre de la concurrence que leur fait la Guinée française, et, fait assez significatif, certains d'entre eux seraient allés s'établir à Konakry (1).

Cette situation défavorable ne manquera pas de s'aggraver le jour où le chemin de fer de Konakry au Niger sera ouvert au commerce, et plus encore lorsque l'investissement commercial de la Sierra-Leone et de la République de Libéria sera assuré par l'établissement d'un chemin de fer ou, tout au moins, d'une bonne route suivant, à l'intérieur du pays, les frontières de ces deux enclaves.

Cette nouvelle et importante voie de communication continuerait la précédente, à partir du Niger et, passant vers Mousardou, viendrait aboutir, sans quitter le territoire français, au point où le Cavally commence à devenir navigable. Parcourant des pays qui ont été prospères avant la venue de Samory, et dont la fertilité est restée la même qu'autrefois, cette voie aurait l'avantage de donner accès à des régions d'altitude assez grande, dans lesquelles les Européens trouveraient certainement des points favorables à leur acclimatement. A ces titres divers, elle mérite d'attirer l'attention pour le jour, prochain peut-être, où la France sera décidée à résoudre, franchement et suivant un plan d'ensemble, le problème des voies de communication de notre Afrique.

---

(1) Le commerce de la Sierra-Leone oscille aux environs de 11 millions de francs. De 1881 à 1885, sa moyenne a été de 386.447 livres sterling ; de 1890 à 1895, de 435.175 livres sterling.

République de Libéria.

La République de Libéria a été délimitée, du côté des possessions françaises, par l'arrangement du 8 décembre 1892. Cet
arrangement attribue à la France la rive gauche du Cavally,
avec le bassin de son affluent le Fédédougou. Vers le nord, la
frontière se dirige, de l'intersection du 7° de latitude et du 10°
de longitude, sur l'intersection du 11° de longitude avec le
parallèle de Tembi-Koundo, sur la frontière de la Sierra-
Leone. Mais il est entendu que ce tracé assure à la France le
bassin entier du Niger et de ses affluents, ainsi que les localités de Naalah et de Mousardou.

Du côté de la Sierra-Leone, la frontière commune a été
délimitée par une commission qui a terminé ses travaux au
mois d'avril 1896.

Il y a peu d'événements importants à relever dans ces derniers temps au sujet de la République de Libéria.

Du côté du Cavally, vers la frontière française, on a signalé,
au mois de février 1896, des troubles survenus entre les Libériens et les indigènes du pays de Krou. Ces troubles, assez
souvent répétés, étaient quelquefois motivés par les tracasse-
ries des autorités libériennes. Cette fois les Kroumens auraient
été les agresseurs, et les Libériens se sont vu obligés d'envoyer sur les lieux la canonnière *Rocktown*.

Les Kroumens, qui habitent les deux rives du Cavally,
acceptent volontiers d'être engagés comme travailleurs pour
les régions voisines : Côte d'Or, Côte du Niger, Congo, etc.
Leur recrutement, qui est fait par navires anglais et allemands, s'est trouvé entravé par suite d'un impôt de capitation

dont les autorités française et libérienne frappaient tout émi-
grant. Ce fut l'origine des incidents survenus à la fin de l'année
1897 entre les deux canonnières libériennes et des navires
anglais qui essayèrent d'embarquer des Kroumens malgré les
autorités du pays. A trois reprises, des navires anglais essuyèrent le feu des canonnières, motivant ainsi de la part du
Foreign Office des réclamations qui aboutirent à la reconnaissance, pour les Anglais, du droit de recrutement des Kroumens dans les « ports d'entrée » de la République, sans paiement d'aucun impôt. Mais, depuis lors, au grand scandale des
négociants de Liverpool, les Libériens n'ont pas hésité à
vendre à une maison allemande le monopole de l'emploi des
Kroumens.

Un autre motif d'intervention anglaise fut donné par les
troubles qui éclatèrent à Grand-Bassam, en octobre 1897, entre
des négociants de la Sierra-Leone et une société de Libériens
qui s'était formée pour les expulser du pays. Des magasins
anglais avaient été brûlés et des sujets britanniques molestés.
Le gouverneur de la Sierra-Leone, où l'on suit avec attention
tous les événements de la République, se présenta devant
Mourovia sur une canonnière et exigea une indemnité qui fut
aussitôt payée.

Enfin, tout récemment, quelques Libériens, s'étant établis
et fortifiés sur le fleuve Melia, en territoire anglais, furent
délogés de leur position, après un combat de quatre jours,
du 13 au 17 décembre 1898, et refoulés au delà de la frontière.

La République de Libéria, quoique indépendante de fait,
reste, par la tradition de sa fondation, sinon sous la tutelle,
au moins sous la surveillance des États-Unis.

Il ne serait pas impossible que la République américaine
cherchât dans l'avenir à se procurer le bénéfice d'une autorité plus directe sur les Libériens. Déjà les missionnaires protestants américains se sont établis dans le pays et, franchis-
sant la frontière française, se sont trouvés à portée, au
commencement de 1899, du soulèvement que nous avons dû
réprimer dans le pays des Tepos. Aussi l'arrangement franco-
libérien du 8 décembre 1892 a-t-il sagement visé le cas d'un

transfert d'autorité à une puissance étrangère, en stipulant formellement que la France n'entend s'engager, au point de vue de ses frontières et de sa zone d'action, que vis-à-vis de la République libérienne libre et indépendante, et qu'elle fait toutes ses réserves soit pour le cas où cette indépendance se trouverait atteinte, soit pour le cas où les Libériens feraient abandon d'une partie quelconque des territoires qui leur sont reconnus par l'arrangement dont il s'agit.

Cet arrangement a été rendu exécutoire par le décret du 13 août 1894, rendu en exécution de la loi du 31 juillet 1894.

Les réserves signalées plus haut ont leur raison d'être et visent le cas où les Américains ou les Anglais menaceraient tout ou partie du territoire libérien.

C'est afin de reconnaître les pays traversés par la frontière franco-libérienne que la mission de MM. Pauly et Bailly-Forfillère partit de Konakry à la fin de décembre 1897, pour essayer d'atteindre Grand-Bassam en reliant ainsi la Guinée à la Côte d'Ivoire.

Après avoir quitté Kissédougou le 23 février 1898, les explorateurs entrèrent dans un pays troublé, où ils durent lutter contre les indigènes. Ils allaient sortir du pays des Toucas pour gagner le Cavally, lorsque le 16 mai 1898 ils furent massacrés à Zolou, entre les rivières Loffa et Saint-Paul. Ils ont pu constater, au cours de leur voyage, que les Anglais essayaient de pénétrer le territoire libérien par le Nord.

La mission Hostains, partie de Marseille le 25 novembre 1898 avec les lieutenants d'Ollone et Macassé et une quinzaine de sapeurs du génie, devait compléter les résultats obtenus par MM. Pauly et Bailly-Forfillère. On sait qu'elle devait remonter le Cavally à la rencontre de la mission du lieutenant Wœlffel, venue du Soudan, et que cette dernière mission a été arrêtée par ordre du ministre des colonies, au mois d'octobre 1899. La mission Hostains a atteint N'zô au mois de décembre suivant.

L'action directe sur le territoire et les côtes de la République ne leur paraissant pas suffisante, les Anglais ont essayé, vers le mois de mars 1898, de faire négocier un emprunt aux

Libériens. Ceux-ci, déjà très endettés, surtout envers la Hollande, qui a construit leurs deux canonnières, n'ont pas adopté cette idée avec empressement et se sont retournés vers les maisons allemandes, désireuses d'obtenir le monopole du recrutement des Kroumens. Aussitôt la chambre de commerce de Liverpool protestait contre ces négociations auprès du gouvernement anglais et suggérait l'idée d'une politique plus active vis-à-vis de la République nègre.

Ces protestations aboutissaient bientôt à la concession, en faveur des Anglais, du monopole du caoutchouc. Les négociants hollandais, possesseurs de nombreuses factoreries en Libéria, protestaient alors à leur tour en se réclamant du traité signé avec la Hollande en 1862.

Ces incidents sont assez significatifs et témoignent de la surveillance attentive des Anglais sur la Libéria.

On doit s'attendre à voir l'Angleterre essayer d'établir sa suprématie au Libéria, au désavantage des États-Unis, de l'Allemagne, et surtout de la France, qui a cependant paru, en installant, le 6 décembre 1897, un consul à Monrovia, adopter dans ce pays une ligne de conduite conforme à l'importance de ses intérêts.

Colonie anglaise de Cape-Coast et protectorat de l'Achantiland.

L'occupation anglaise. — Expédition de 1895 contre les Achantis. — Préparation. — Exécution. — Conséquences. — Missions anglaises ultérieures. — Délimitation.

La colonie anglaise de Cape-Coast, dont l'hinterland est formé par le royaume des Achantis et les pays du centre de la boucle du Niger, contient deux séries distinctes de factoreries: celles qui appartenaient aux Anglais avant 1871, et celles qui, à cette date, furent cédées par les Hollandais, soit : Apolonia, Secundi, Axim, Dixcowe, Elmina, Chama, Bantry.

Maîtres de tout le littoral sur une longueur de 500 kilomètres, entre la Côte d'Ivoire et le Togoland, les Anglais résolurent, dès 1870, d'implanter leur domination sur l'Achantiland, et de pousser leur influence le plus loin possible vers le Nord.

L'événement capital de ces deux dernières années dans ces parages a été leur troisième expédition contre les Achantis.

La deuxième expédition, entreprise en 1873-74 par sir Garnet Wolseley, s'était terminée, comme on le sait, par la prise et l'incendie de Coumassie. Elle eut pour consécration le traité de Fommomah (1874), par lequel les Anglais, entre autres conditions, imposèrent au roi Koffi l'abolition des sacrifices humains, une indemnité d'environ cinq millions, la reconnaissance de leur protectorat sur les tribus de la côte, la construction d'une route de la rivière Prah à Coumassie, et la promesse de favoriser le commerce sur cette route.

Ce traité ne fut jamais exécuté par les Achantis, et, de leur côté, les Anglais, par crainte d'être obligés à une expédition nouvelle, ne s'empressèrent pas d'en exiger l'exécution.

Leurs possessions immédiates sur le littoral, qui consistaient en une bande de terrain de 100 à 120 kilomètres de large, suffisaient pour le moment à l'activité de leurs commerçants, et il fallut des circonstances particulières pour les obliger à renouveler leur expédition de 1874.

Il est certain que les motifs ne manquaient pas, n'y eût-il à envisager que la non exécution des nombreuses clauses du traité de Fommomah. Mais à toutes ces raisons, qu'on avait laissées de côté pendant plus de vingt ans, s'ajoutait le désir des Anglais de s'étendre vers le Nord, dans la boucle du Niger. Il s'agissait aussi de ne pas se laisser enfermer dans l'Achantiland, en raison des traités passés avec les chefs de l'intérieur par les diverses missions françaises qui, depuis celle du capitaine Binger, s'étaient approchées du royaume des Achantis.

On aurait pu, il est vrai, laisser sommeiller, pour quelque temps encore, ce désir d'extension territoriale. Mais, à la fin de 1894, un fait se produisit qui servit de raison déterminante à l'envoi presque immédiat d'une expédition.

Ce fut la marche de Samory vers les frontières de l'Achantiland. Si l'on se reporte à ce qui a été dit au sujet de l'exode de Samory, lorsque nous avons parlé de la colonie anglaise de Sierra-Leone, on ne sera pas étonné des bonnes relations constantes que l'almamy a toujours entretenues avec les Anglais.

Que Samory, repoussé des environs de la Sierra-Leone, ait fait choix, de lui-même, des territoires voisins de cette autre colonie anglaise de Cape-Coast pour continuer la lutte contre les Français, ou bien qu'il ait été poussé à cette décision par les négociants anglais désireux de ne pas perdre leur meilleur client soudanais, il n'en est pas moins vrai que, malgré leur amitié pour l'almamy, les Anglais n'ont pu, sans un profond sentiment de défiance, envisager l'éventualité d'un nouveau et puissant royaume nègre venant s'installer auprès et peut-être même à la place du royaume des Achantis.

Bien que le rappel de la colonne Monteil les ait momentanément délivrés de la crainte de voir Samory, refoulé par les Français, faire la conquête de l'Achantiland et leur barrer la route de l'intérieur, ils ont fort sagement pensé que le moment était venu de brusquer une décision qu'il n'y avait plus lieu de retarder.

Tel est, croyons-nous, le vrai motif de l'expédition inopinément entreprise par les Anglais à la fin de 1895.

La décision une fois prise, l'expédition fut préparée avec cet esprit de large prévoyance qui a fait de nos rivaux des maîtres en fait de guerres coloniales.

Éclairés par les souvenirs de la campagne de 1873-74 contre le roi Koffi, les Anglais se sont attachés à ne rien livrer au hasard, et la préparation de cette campagne peut être considérée comme remarquable.

Sous ce climat brûlant et meurtrier, la meilleure saison pour toute opération militaire est la saison sèche, qui dure d'octobre à février. C'est le moment qui fut choisi par les Anglais pour envoyer, le 10 octobre 1895, le capitaine Donald Stewart auprès de Prempeh, roi des Achantis, pour lui signifier un ultimatum.

Prempeh parut d'abord accepter les conditions anglaises; mais les négociations échouèrent sur le point principal : l'admission d'un résident anglais à Coumassie.

Sans plus insister pour la réussite de sa mission, l'envoyé anglais rentra aussitôt à Cape-Coast, et les préparatifs de l'invasion commencèrent.

Le royaume des Achantis se trouvait depuis longtemps dans une période de décadence telle que son roi lui-même ne pouvait se faire d'illusion sur l'issue de la lutte qu'il venait d'accepter.

Effrayé des conséquences de son refus, Prempeh expédia aussitôt à Londres des ambassadeurs chargés de notifier l'acceptation de toutes les conditions imposées par les Anglais. Mais, sous le prétexte que ces ambassadeurs n'avaient pas pris l'avis de sir Maxwell, gouverneur de la Côte d'Or, M. Chamberlain, ministre des colonies, refusa d'abord de les recevoir, puis, après les avoir entendus, les fit embarquer brusquement pour Cape-Coast-Castle, où ils arrivèrent le 17 décembre.

Pendant ce temps, l'expédition, qu'on voulait engager malgré tout, était activement préparée. Le plan des opérations fut élaboré dans un conseil auquel assistèrent, avec le généralissime anglais lord Wolseley, plusieurs généraux, parmi lesquels sir R. Buller, qui commandait en 1873-74 l'une des trois colonnes d'opération contre les Achantis. Le colonel sir Francis Scott, chef de la police militaire de la Côte d'Or, auquel venait d'être confiée la direction de l'expédition, arriva à Londres le 20 octobre 1895, pour assister à ce conseil et recevoir toutes les indications nécessaires au développement du plan de campagne qu'il fut chargé d'exécuter.

Le corps expéditionnaire se composait de 1.600 combattants dont 900 hommes de troupes noires, troupes de police haoussas, détachement du West-India Regiment en garnison à Sierra-Leone. Un bataillon du West-Yorkshire (18 officiers, 400 hommes), amené d'Aden, servait de réserve. Des détachements d'artillerie (6 pièces) et du génie, compris dans l'effectif ci-dessus, étaient joints à la colonne. Toutes les troupes étaient armées de la carabine Martini Henry, dont étaient déjà pourvus les Haoussas.

L'état-major comprenait 55 officiers.

Le service des étapes était assuré par une vingtaine d'officiers.

Deux princes de la famille royale prenaient part à la campagne : le prince Henri de Battenberg, gendre de la reine Victoria, qui devait mourir le 20 janvier des suites d'une maladie contractée au cours des opérations, et le prince Christian-Victor de Schleswig-Holstein, petit-fils de la reine.

On sait combien les autorités militaires anglaises s'appliquent à ménager les forces de leurs hommes au cours des campagnes coloniales. Le soldat anglais ne porte que le strict nécessaire, et, d'habitude, une foule de porteurs ou de bêtes de somme suivent les colonnes en portant les objets de campement, les vivres et les munitions. Les précautions prises dans la campagne contre les Achantis paraissent avoir dépassé tout ce que l'on avait vu jusqu'ici. On enrôla plus de 10.000 porteurs pour le service des transports et de l'arrière.

Le corps expéditionnaire était, en outre, abondamment pourvu de tous les engins propres à assurer son hygiène : tentes à parois simples et doubles, filtres perfectionnés, machines à glace, machines électriques, etc.

Des baraquements avaient été installés sur la route de marche, afin d'éviter aux troupes de camper pendant une partie du trajet. Les communications télégraphiques furent assurées au moyen d'une ligne permanente établie pendant la marche.

Les vivres et les munitions étaient empaquetés dans des boîtes en fer-blanc dont l'extérieur affectait la forme des épaules des porteurs, sur lesquelles elles étaient fixées au moyen de bretelles.

Le service sanitaire, sous les ordres du docteur Taylor, très au courant des guerres coloniales, comprenait un nombre considérable de médecins et d'infirmiers.

Le matériel médical avait été expédié à profusion, ainsi que les médicaments de toute espèce.

Outre les ambulances de première ligne, un hôpital d'évacuation était établi à Cape-Coast-Castle, et, à Accra, le *Coromandel* était aménagé en « ideal hospital ship ».

Trois bâtiments, outre le *Manilla* qui transportait le West-Yorkshire, servaient au transport du corps expéditionnaire.

D'autres bâtiments avaient été affrétés pour le transport du matériel de toute sorte et avaient déposé sur la côte soixante jours de vivres pour l'effectif entier.

Le chef de l'expédition débarqua à Cape-Coast-Castle le 13 décembre. Dès ce moment, le gouverneur de la colonie avait pris ses mesures pour aménager la ligne d'opérations qui, du chef-lieu de la colonie, se dirigeait vers Prahson, où un pont permanent fut établi sur le Prah par les Royal-Engineers et, de là, sur Coumassie.

La distance à parcourir était de 280 kilomètres. Les Achantis n'avaient fait jusqu'alors aucune résistance, et il n'y eut pas un coup de fusil tiré.

Le 25 décembre, les troupes noires étaient concentrées sur le Prah, où arrivaient, les 3 et 5 janvier 1896, les deux bataillons anglais, les West-Yorkshire et le Special Service Corps, recruté dans huit régiments anglais différents. Le passage du Prah s'effectuait sans incident, et le 13 janvier toute la colonne atteignait l'Adra, à 13 kilomètres de Coumassie. Le 17, Coumassie était occupée sans résistance.

A Coumassie, le roi Prempeh fut pris comme otage et, s'il faut en croire les journaux anglais eux-mêmes, soumis à des traitements humiliants avant d'être déporté en Sierra-Leone.

Après avoir définitivement brisé la puissance des Achantis, sir Francis Scott se hâta, avant la saison des pluies, de prendre les mesures nécessaires pour rapatrier le corps expéditionnaire. Dès la fin de janvier, les évacuations commencèrent, et avant le 1er mars, les troupes avaient partout regagné leurs garnisons.

Les pertes des Anglais dans cette campagne furent seulement causées par les maladies. On n'a pas donné leur chiffre exact, mais on a cependant signalé ce fait, que sir Francis Scott était rentré en Angleterre à la fin du mois de février 1896, en même temps que 180 malades hospitalisés à bord du *Coromandel*.

Telle est, rapidement esquissée, l'expédition qui a eu pour effet de placer sous l'autorité directe de l'Angleterre un territoire africain grand comme le quart de la France.

Au point de vue humanitaire, on ne saurait que féliciter les Anglais du résultat obtenu, bien que l'on ait dit que, dans cette circonstance, la question d'utilité commerciale avait primé toutes les autres.

Avant le départ de l'expédition, on avait déjà annoncé qu'une compagnie à charte serait fondée pour assurer l'exploitation de l'Achantiland et employer ses ressources à étendre la zone d'influence de la métropole. Ce projet n'a pu être réalisé.

Encore sous l'influence des procédés employés par la Compagnie du Niger envers les indigènes de Brass, et par la Bristish South Africa Company (Chartered) à l'égard des Matabélés et du Transvaal, l'opinion publique anglaise, peu susceptible cependant en matière commerciale, s'est refusée à admettre l'institution d'une nouvelle compagnie à charte.

Il convient d'ailleurs d'ajouter qu'elle a été confirmée dans ses sentiments généreux par l'action des négociants de Liverpool, qui, possédant presque tout le commerce de la Côte d'Or, craignaient, à juste titre, de se voir remplacer par une association analogue à la Royal Niger Company.

Leurs craintes furent dissipées à la suite de la déclaration faite, le 24 mars 1896, à la Chambre des communes, par le ministre des colonies, M. Chamberlain.

Quelques semaines après la prise de Coumassie, le gouvernement de la Côte d'Or recevait de Samory, toujours présent à Bondoukou (voir les chapitres relatifs à la Sierra-Leone et à la Côte d'Ivoire), un envoi de poudre d'or avec une lettre renouvelant aux Anglais ses protestations d'amitié et ses offres de services.

Peu après, une mission anglaise se rendait auprès de lui, et au même instant on apprenait en France que l'almamy venait de nous faire des propositions de paix, en envoyant des émissaires aux autorités de la Côte d'Ivoire.

Ces divers faits parurent, au moment où ils se produisirent, assez contradictoires pour qu'on n'attachât point une grande importance aux ouvertures de Samory.

Celui-ci, d'ailleurs, ne se fit pas faute de démentir, dès le mois de juillet 1896, les propositions de soumission qui lui avaient été attribuées. Il ne manqua pas de revendiquer son indépendance à l'égard des Européens, quels qu'ils fussent, et son intention de rester le souverain maître de son nouvel empire. En sorte que nous continuâmes à rester de ce côté dans l'expectative, à la grande déception de nos protégés de Kong et au grand bénéfice de notre vieil ennemi.

Les Anglais n'eurent d'ailleurs, pas plus que nous, à se louer de Samory. Outre les raisons politiques énumérées plus haut, et malgré la réussite de l'expédition contre Prempeh et les colonnes volantes lancées vers le Nord, il devint bientôt évident que les incursions des gens de Samory avaient pour effet immédiat de détourner le commerce de l'Achantiland.

C'est ce qui motiva l'envoi de plusieurs missions auprès de

Samory et de ses lieutenants, entre autres celle du capitaine Houston, au printemps de 1896, et du gouverneur sir Maxwell, à l'automne de la même année. Ces missions n'eurent aucun succès et l'on se décida à envoyer une nouvelle ambassade, avec des moyens plus importants.

Cette mission, confiée au lieutenant Henderson, auquel on adjoignit plusieurs officiers et une forte escorte, quitta Accra le 20 novembre 1896 et se dirigea vers l'intérieur, où elle passa des traités avec plusieurs chefs. Au nord de Coumassie, elle trouva Baoulé détruit par les bandes de Sarankemory; un messager, qui lui fut envoyé, rapporta une réponse évasive. Le 7 janvier 1897, la mission atteignait Oua; une garnison y fut laissée, et l'on repartit pour Daoukita, à 50 milles vers l'Ouest, où l'on s'arrêta. La mission y fut attaquée, le 20 mars, par 7.000 Sofas et obligée, après quatre jours de siège, à regagner Oua, qui fut attaqué le 3 avril.

La mission, qui avait perdu avant son arrivée à Oua environ 1.500 livres sterling, deux canons, des armes et des munitions, se débanda; une partie de son personnel regagna péniblement la côte; le reste, avec les Européens, fut recueilli dans le Gourounsi par les officiers français qui occupaient ce pays et qui facilitèrent son retour par Gambaka. Quant au lieutenant Henderson, après diverses vicissitudes, il fut conduit auprès de Samory, qui le reçut à Djimini et le renvoya peu après à la côte (mai 1897).

Ce désastre, venant après le rappel de la colonne Monteil, augmenta le prestige de Samory, en même temps que les difficultés opposées aux officiers français qui luttaient contre ses bandes. Les tentatives contre la puissance de Samory ne se renouvelèrent pas du côté de l'Achantiland : les Anglais laissèrent à la France toute la peine, en même temps que toute la gloire de la capture du vieux conquérant.

Ce n'est que dans le courant de 1898 que les gouvernements français et anglais ont pu, après de longues négociations, s'entendre au sujet de la délimitation de l'Achantiland. Les arrangements déjà signés sur cette question les 10 août 1889, 26 juin 1891 et 12 juillet 1893 ont été confirmés par la convention du

14 juin 1898 (voir le chapitre relatif à la Côte d'Ivoire), qui n'a été ratifiée par le Parlement français qu'au mois de mai 1899.

Les résultats immédiatement obtenus après la conquête n'ont d'ailleurs pas été des plus encourageants, non pas en ce qui concerne le commerce côtier, qui est resté florissant, mais au point de vue de l'empressement des indigènes à se rallier au nouvel état de choses.

Coumassie s'est dépeuplée. Le chiffre des habitants est tombé de 25.000 à 2.000. Le trésor de Prempeh, longtemps recherché, n'a pu y être découvert. Enfin, il a fallu réprimer plusieurs révoltes locales. Toutes ces difficultés n'ont cependant pas rebuté l'initiative anglaise, qui a dirigé, dès le mois d'avril dernier, une nouvelle expédition contre le pays de Quam, dont le roi se réclamait de la protection française.

Le commerce de la colonie de la Côte d'Or mérite, par son importance, les sacrifices que les Anglais se sont imposés. Dès 1895, il dépassait 45 millions, à peu près également partagés entre les importations et les exportations. Il ne peut manquer de prendre une plus grande extension dès que les chemins de fer de Cape Coast-Coumassie, de Accra–Pong et de Apam-Insuan auront été construits et que le cours de la Volta, déjà reconnu, aura pu être régularisé et livré, sur tout son parcours, à la navigation.

Dans cette colonie, comme dans bien d'autres colonies anglaises, le commerce allemand a acquis une importance qui inquiète d'autant plus ses rivaux que la démarcation de l'Achantiland et du Togoland n'est pas encore un fait matériellement accompli.

Nous avons vu, à propos de la Côte d'Ivoire, les difficultés qui ont précédé l'arrangement réglant les limites de cette colonie et de l'Achantiland. Les mêmes difficultés se sont présentées entre l'Angleterre et l'Allemagne lorsqu'il s'est agi de délimiter le Togoland. Les deux pays n'ont pu s'entendre pendant longtemps au sujet de l'attribution à l'un d'eux des territoires de Salaga, qui restaient toujour indivis.

Il a fallu que l'Angleterre, engagée à fond au Transvaal,

sentît la nécessité d'une concession aux Allemands, pour consentir, au mois de novembre dernier, à une transaction relative aux questions de Samoa et du Togoland. Par le même traité qui abandonne à l'empire d'Allemagne la grosse part de Samoa, les limites du Togoland sont fixées à la rivière Dako jusqu'au 9° de latitude. Au delà, une ligne se dirigeant vers le Nord séparera les deux pays, en laissant le Manpoursi et Gambaka à l'Angleterre, Yendi et les territoires de Chakosi à l'Allemagne.

La France, en travaillant à la chute de Samory, a travaillé en même temps, au point de vue des résultats immédiats, beaucoup plus pour l'Achantiland que pour la Côte d'Ivoire. C'est en effet la colonie anglaise qui, grâce au chemin de fer de Coumassie, va pouvoir la première attirer vers la côte, par les voies rapides, non seulement le commerce des territoires anglais, mais aussi celui d'une bonne partie des possessions françaises voisines. Les localités d'Oua et Gambaka sont déjà reliées au réseau télégraphique de la colonie.

L'unique réponse à faire à la politique économique de l'Angleterre est la construction du chemin de fer de Kong, tracé le plus près possible de la frontière anglaise et prolongé le plus loin possible vers le Nord. On a vu, à propos de la Côte d'Ivoire, que la question est engagée : il faut souhaiter qu'elle aboutisse le plus tôt possible.

Togoland.

Délimitation. — Efforts des Allemands. — Prospérité de la colonie.
Politique coloniale allemande.

Le Togoland allemand ne possède sur la mer qu'une façade
d'environ 60 kilomètres, encore n'a-t-elle été assurée à l'Allemagne que par la convention franco-allemande du 24 décembre
1885, aux termes de laquelle la France cédait, par voie
d'échange, les droits qu'elle avait sur Togo, Petit-Popo et
Porto-Seguro. La convention spécifiait que la frontière parti-
rait d'un point à déterminer entre Petit-Popo et Agoué.

Une commission technique, nommée pour délimiter le
Dahomey et le Togoland, fut chargée de jalonner le méridien
0° 41' ouest, accepté par les deux parties comme frontière jusqu'au 9° de latitude nord. Cette commission clôtura ses travaux le 15 avril 1893 à Zebbé.

Elle attribua à la France le cours de la rivière Mono, sauf
quatre milles situés entre Tophi et Sagougé.

Du côté de la colonie anglaise de Cape-Coast, la frontière
part de Lome, se redresse parallèlement à la côte, et va rejoindre la Volta ; elle en remonte le cours, puis celui du Dako jusqu'au 9° de latitude. Une ligne, à déterminer sur le terrain et
se dirigeant vers le Nord, séparera les territoires anglais et
allemands en laissant à l'Angleterre le Mampoursi et Gambaka. Tel est le dernier résultat obtenu par l'Allemagne, au
mois de novembre dernier, grâce au traité anglo-allemand
relatif à la question de Samoa. On a signalé, il est vrai, que
de nouvelles contestations pourraient bien surgir au sujet de
l'interprétation des termes de ce nouveau traité.

De nombreuses missions allemandes ont cherché à étendre

vers le Nord les limites de cette colonie, et une véritable course aux traités de protectorat s'était engagée, dès la fin de la guerre du Dahomey, entre les explorateurs français et allemands. Aussi, afin de mettre un terme aux contestations que soulevaient constamment les traités passés avec les indigènes, le gouvernement allemand décida, dans les derniers mois de 1895, de faire de sérieux efforts pour acquérir des droits incontestables sur les pays de l'hinterland.

Les missions Grüner, de Carnap et Zech reçurent pour instructions de procéder à la reconnaissance de l'hinterland en même temps qu'à son occupation effective au moyen de postes destinés à marquer une prise de possession réelle.

La plus importante de ces missions, celle du docteur Grüner, envoyée par la Société coloniale allemande, à laquelle l'empereur a conféré les droits de la personne morale, procéda à l'occupation du pays et s'établit à Sansanné-Mango, à l'automne de 1896, bien qu'un traité eût été passé, en 1895, au nom de la France, avec le chef du pays.

Pendant que le lieutenant de Carnap remontait vers le Nord-Ouest et pénétrait au Gourma et dans le Mossi, la mission anglaise du capitaine Stewart s'emparait, au mois de décembre 1896, de Gambaka, capitale du Mampoursi, où les Allemands avaient déjà un poste. Après des pourparlers, suivis d'une protestation du docteur Grüner, il fut convenu que les Anglais resteraient à Gambaka jusqu'à ce que les deux gouvernements se fussent entendus au sujet de la possession du Mampoursi. Il n'est pas inutile de rappeler que la France possédait déjà des droits sur le Mampoursi, aux termes du traité passé, le 20 avril 1895, par le lieutenant Baud avec les chefs de ce pays.

Le même officier avait traité vers la même époque avec le chef de Sansanné-Mango. Afin de joindre à nos droits les avantages de la possession effective, la mission du garde principal Molex fut envoyée du Dahomey pour occuper Sansanné-Mango. Elle s'y heurta, le 25 décembre 1897, au poste allemand et dut rétrograder sur Kabo.

A la fin du mois de décembre 1897, on apprenait que les Allemands avaient planté leur pavillon à Bafilo et dans le pays d'Adyé ou Kinki. Ces pays avaient été placés sous notre protectorat par le lieutenant Baud, en mars et avril 1895.

Le gouverneur du Dahomey n'eut pas de peine à démontrer la validité de nos droits sur le pays d'Adyé, où se trouvait le lieutenant de Teck avec 40 hommes, et à obtenir l'évacuation de Bafilo, en le faisant occuper par la mission Baud, qui se dirigeait vers le Gourma, amenant ainsi le retrait des deux hommes de garde laissés dans ce poste par le lieutenant de Seefried.

Ces divers incidents amenèrent des négociations entre les gouvernements français et allemand. Grâce à un large esprit de conciliation, les diplomates des deux pays établirent la part des droits de la France dans le haut Togoland et de l'Allemagne dans le Gourma ; on put aboutir à la signature de la convention conclue à Paris le 23 juillet 1897 et ratifiée le 12 janvier 1898. Cette convention fixe les limites du Togoland, du Dahomey et du Soudan français (1).

---

(1) En voici le texte :

ARTICLE PREMIER. — La frontière partira de l'intersection de la côte avec le méridien de l'île Bayol, se confondra avec ce méridien jusqu'à la rive sud de la lagune, qu'elle suivra jusqu'à une distance de 100 mètres environ au delà de la pointe est de l'île Bayol, remontera ensuite directement au nord jusqu'à mi-distance de la rive sud et de la rive nord de la lagune, puis suivra les sinuosités de la lagune, à égale distance des deux rives, jusqu'au thalweg du Mono, qu'elle suivra jusqu'au 7e degré de latitude nord.

De l'intersection du thalweg du Mono avec le 7e degré de latitude nord, la frontière rejoindra par ce parallèle le méridien de l'île Bayol, qui servira de limite jusqu'à son intersection avec le parallèle passant à égale distance de Bassila et de Penesoulou. De ce point, elle gagnera la rivière Kara, suivant une ligne équidistante des chemins de Bassila à Bafilo par Kirikri et de Penesoulou à Séméré par Aledjo, et ensuite des chemins du Sudu à Séméré et d'Aledjo à Séméré, de manière à passer à égale distance de Daboni et d'Aledjo ainsi que de Sudu et d'Aledjo. Elle descendra ensuite le thalweg de la rivière Kara sur une longueur de 5 kilomètres et, de ce point, remontera en ligne droite vers le Nord jusqu'au 10e degré de latitude nord, Séméré devant, dans tous les cas, rester à la France.

De là, la frontière se dirigera directement sur un point situé à égale distance entre Djé et Gandou, laissant Djé à la France et Gandou à l'Allemagne, et gagnera le 11e degré de latitude nord en suivant une ligne parallèle à la route de Sansanné-Mango à Pama, et distante de celle-ci de 30 kilomètres. Elle se prolongera ensuite vers l'Ouest sur le 11e degré de latitude nord jusqu'à la Volta blanche, de manière à laisser en tout cas Pougno à la France et Koun-Djari à l'Allemagne. Puis elle rejoindra, par le thalweg de cette rivière, le 10e degré de latitude nord, qu'elle suivra jusqu'à son intersection avec le méridien 3°52' ouest de Paris (1°32' ouest de Greenwich).

ART. 2. — Le gouvernement français conservera pour ses troupes et son matériel

La frontière suit les rivières Mono et Kara, laisse à la France Séméré, Djé, Pama, Pougno, et suit au Nord le 11ᵉ parallèle, puis la Volta blanche, abandonnant à l'Allemagne Bafilo, Sansanné-Mango et Gambaka.

Conformément à la convention du 23 juillet 1897, les deux puissances ont nommé des commissions de délimitation de leurs territoires. Des difficultés, provoquées par la mission allemande Kersting qui opérait dans le pays, s'élevèrent au commencement de l'année 1899 entre le commissaire français, le commandant Plé, et le chef de la mission allemande, M. de Massow. Le litige, soumis aux deux gouvernements, fut rapidement résolu, et dès le mois de mai 1899 la commission reprenait ses travaux.

Des difficultés, survenues cette fois avec les indigènes, ont amené, au mois d'août 1899, la coopération, très remarquée en Europe, des troupes françaises et allemandes, qui brisèrent rapidement toute résistance et permirent aux commissions de délimitation de continuer paisiblement leurs travaux. Ceux-ci se sont terminés au mois de novembre 1899.

---

de guerre le libre passage par la route de Kouandé à la rive droite de la Volta par Sansanné-Mango et Gambaka, ainsi que de Kandé à Pama par Sansanné-Mango, pour une durée de quatre années à partir de la ratification du présent arrangement.

ART. 3. — La frontière déterminée par le présent arrangement est inscrite sur la carte ci-annexée.

ART. 4. — Les deux gouvernements désigneront des commissaires qui seront chargés de tracer sur les lieux la ligne de démarcation entre les possessions françaises et allemandes en conformité et suivant l'esprit des dispositions générales qui précèdent.

ART. 5. — En foi de quoi, les délégués ont dressé le présent protocole et y ont apposé leurs signatures.

Fait à Paris, en double expédition, le 9 juillet 1897.

Les délégués français :	Les délégués allemands :
Réné LECOMTE, G. BINGER.	F. DE MULLER, A. ZIMMERMANN, Ernst VOHSEN.

La présente convention sera ratifiée et les ratifications en seront échangées à Paris dans le délai de six mois ou plus tôt, si faire se peut.

Fait à Paris, le 23 juillet 1897, en double exemplaire.

G. HANOTAUX,
MUNSTER.

La colonie du Togoland vaut d'ailleurs la peine que le gouvernement allemand s'inquiète de son développement. Le commerce allemand, si important dans les colonies européennes voisines, y grandit constamment et ses factoreries deviennent tous les jours plus prospères. On a dit que Behanzin dans sa lutte contre les Français avait tiré ses armes et ses munitions des colonies voisines. On a répété qu'à plusieurs reprises il aurait reçu des missions allemandes, et même obtenu l'appui effectif d'aventuriers européens pour diriger son artillerie. Quoi qu'il en soit, depuis la soumission du Dahomey, le commerce des armes a diminué au Togoland sans que le chiffre total des échanges ait paru s'en ressentir (1).

La colonie est en relations suivies avec le port de Hambourg. Les compagnies hambourgeoises, entrées en concurrence active avec les lignes anglaises, sur toute la côte de Guinée, menacent sérieusement le pavillon anglais au Togoland et au Cameroun.

La subvention allouée à la colonie, pour l'année 1900, sur le budget métropolitain, s'élève à 270.000 marcs.

Le Togoland est, en somme, une colonie d'exploitation en bonne voie de prospérité. Bien qu'elle ne puisse plus espérer aujourd'hui attirer sur ses côtes le commerce de la plus grande partie de la boucle du Niger, les territoires soumis à son influence, directe ou éloignée, sont assez vastes pour lui assurer un certain avenir.

Il dépendra évidemment de l'activité déployée par les colonies voisines, que le commerce allemand soit plus ou moins vite confiné dans les étroites limites du Togoland, qui ne sera plus alors qu'une enclave sans valeur considérable. Ce sera le moment pour la France de rechercher la compensation à offrir pour désintéresser l'Allemagne de la possession d'une colonie qui compléterait heureusement nos territoires voisins.

_____

(1) Depuis 1896 les communications télégraphiques du Togoland sont raccordées à celles du Dahomey.

Nous avons rappelé, dans notre introduction, la parole par laquelle le prince de Bismarck refusait, en 1871, toute acquisition de colonies. Depuis lors, le temps s'est chargé de modifier les idées. A propos de cette première colonie allemande étudiée dans cet ouvrage, il n'est pas inutile de rappeler quelques passages du discours prononcé au Reichstag, le 11 décembre 1899, par le ministre des affaires étrangères, à l'occasion de la discussion sur le projet d'augmentation de la flotte allemande :

Au XIXᵉ siècle, a dit M. de Bülow, c'est l'Angleterre qui a étendu toujours plus loin sa puissance coloniale, la plus grande que le monde ait vue depuis le temps des Romains. La France a pris pied ferme dans le nord et l'est de l'Afrique et a acquis en Indo-Chine un nouvel empire. La Russie a avancé en Asie, dans une marche victorieuse, jusqu'au haut plateau du Pamir et jusqu'à l'océan Pacifique. Il y a quatre ans, la guerre sino-japonaise, et il y a un an et demi à peine la guerre hispano-américaine ont précipité les événements, entraîné des changements profonds et étendus, ébranlé de vieux Etats, fait naître de nouveaux et graves ferments qui risquent de se développer. Personne ne peut prévoir quelles conséquences aura la guerre qui met depuis quelques semaines en feu l'Afrique australe. Le premier ministre anglais a dit, il y a quelque temps déjà, que les États forts deviendraient plus forts et les États faibles plus faibles. Tout ce qui est arrivé depuis qu'il a tenu ce langage en prouve la justesse. Sommes-nous encore à la veille d'un nouveau partage de la terre, tel que le poète le prévoyait il y a un siècle ? Je ne le crois pas ; j'aime mieux ne pas le croire ; mais, en tous cas, nous ne pouvons pas souffrir qu'une puissance étrangère quelconque, un Jupiter étranger, vienne nous dire : « Que faire ? Le monde est partagé. » Nous ne voulons empiéter sur aucune puissance étrangère, mais nous ne voulons pas davantage qu'on nous marche sur les pieds et qu'on nous pousse de côté, ni en politique ni en affaires.

. . . .

La puissante vitalité du peuple allemand nous a mêlés aux affaires du monde, nous a entraînés dans la politique universelle. Vis-à-vis de la *Greater Britain* et de la nouvelle France, nous avons droit à une plus grande Allemagne. . . . .

Dans toutes les conventions relatives à des questions coloniales, conventions dont chacune n'a porté jusqu'ici que sur un point spécial, nous sommes aujourd'hui arrivés facilement en ce qui concerne la France à une entente équitable. La Russie a également fait preuve à notre égard du même esprit de courtoisie amicale, que nous lui rendons pleinement. Quant aux bonnes relations que nous entretenons avec les États-Unis, le président Mac Kinley en a témoigné avec chaleur dans son dernier message et le caractère de ces relations nous cause une sincère satisfaction.

Quant à l'Angleterre, nous sommes tout disposés à vivre en paix et en bonne intelligence avec elle, en prenant pour base de nos relations une entière réciprocité et des égards réciproques.

. . . .

Les trente dernières années ont apporté à l'Allemagne beaucoup de bonheur, de puissance, de prospérité. Cela est de nature à exciter l'envie : l'envie joue un grand rôle dans l'histoire des peuples.

L'Allemagne est enviée sous le rapport politique comme sous le rapport économique. Il y a dans le monde des groupes, des courants intéressés ; peut-être certains peuples trouvent-ils que l'Allemand était jadis plus maniable, plus agréable pour ses voisins ; autrefois, en dépit de notre haute culture intellectuelle, les étrangers nous considéraient leurs inférieurs en politique et en condition sociale, nous regardaient de haut, comme font d'arrogants gentilshommes à l'égard de modestes précepteurs.

Ces temps d'impuissance et d'humilité ne doivent plus revenir. Nous ne voulons plus redevenir les valets des autres hommes.

. . . .

Le moyen d'engager la lutte pour la vie, sans être pourvu d'armements puissants, lorsqu'on est un peuple de soixante millions d'âmes, situé au milieu de l'Europe, et qu'on lance partout ses antennes sur le terrain économique, n'a pas encore été trouvé.

Dans le siècle qui vient, le peuple allemand est destiné à être soit marteau, soit enclume. Au nom des plus hauts intérêts de notre pays, je vous demande d'accueillir avec bienveillance le projet d'augmentation de la flotte.

Le ministre d'un puissant empire ne pouvait prononcer d'autres paroles. Elles ont retenti au loin comme l'expression de la volonté et de l'ambition du gouvernement allemand.

Colonie anglaise de Lagos.

Attitude des indigènes. — Expédition contre les Ilorins. — Occupation
et délimitation du pays.

La colonie de Lagos, rivale du Dahomey, étend son influence
sur les pays des Egbas, du Yoruba et des Ilorins, jusqu'au 9°
de latitude Nord ainsi que sur le Bénin et quelques territoires
voisins du Niger.

La superficie de sa zone d'action est d'au moins trois fois
celle du Dahomey proprement dit et le commerce y est déjà
assez actif pour que l'on ait commencé la construction d'une
voie ferrée qui, de Lagos, se dirige sur Abéokouta et, de là, sur
Ibadan (à 130 kilomètres de Lagos) et le pays des Ilorins.

Les débuts de l'occupation britannique ont été marqués par
les soulèvements de la plupart des populations indigènes, et
principalement des Ilorins, qui ont obligé les Anglais à plusieurs petites expéditions dont le but a été autant la pacification du pays que l'occupation effective des territoires menacés
par l'influence française.

Longtemps avant l'année 1895, les agents de la Royal
Niger Company s'étaient livrés, dans le pays des Ilorins, à
des manœuvres ayant pour but de détourner vers le Niger
le commerce du Yoruba, au grand détriment et malgré les
protestations des négociants de Lagos.

Déjà, en différentes circonstances, les peuplades indigènes
de ces régions avaient manifesté, sans que l'on y prît garde,
leur mécontentement des procédés employés par les Anglais
à leur égard.

Au nombre des griefs articulés tant par les Ilorins que par
les autres indigènes, il est curieux de citer le trafic de l'alcool,

préconisé depuis longtemps comme un des meilleurs moyens d'équilibrer le budget de la colonie.

L'opinion des indigènes se traduisit, dans le courant du mois de janvier 1896, par une pétition signée de 12.000 habitants de Lagos, Ibadan et Abéokouta, sans distinction de religion, et adressée au Parlement britannique après avoir été présentée à l'évêque Tugwell.

Ayant reconnu, dit cette pétition, que le trafic des spiritueux, gin, rhum et autres liqueurs empoisonnées, introduit dans l'Afrique équatoriale de l'Ouest, comme dans le reste de ce continent, y produit d'immenses maux physiquement, moralement et intellectuellement; convaincus que le moment est venu de frapper un coup décisif pour mettre fin à un tel négoce, les soussignés s'engagent à appuyer toute tentative de le supprimer qui pourra être faite en Afrique ou en Europe.

C'est, comme on le voit, une véritable ligue de tempérance fondée par les indigènes qui, dans la circonstance, ne le cèdent en rien comme civilisation à la race supérieure qui prétend les convertir.

Il n'est donc pas étonnant que les procédés des fonctionnaires de Lagos, joints aux agissements de la Royal Niger Company, aient eu pour résultat d'exaspérer les Ilorins, qui, par leur position, se trouvaient soumis de deux côtés différents aux tentatives civilisatrices des uns et des autres.

D'autres raisons plus immédiates ont été données pour expliquer le soulèvement des Ilorins, musulmans fanatiques, qui peuvent mettre sur pied 1.000 cavaliers et 10.000 fantassins, en partie armés de fusils à tir rapide.

La cause directe paraît être la conduite tenue par le résident anglais à Ibadan. Celui-ci avait été installé en 1895 dans ce poste, à 130 kilomètres de Lagos, avec le consentement des indigènes, auxquels on avait fait accepter le projet de la voie ferrée qui doit traverser leur pays.

Le résident avait avec lui 100 Haoussas et deux pièces d'artillerie. Le chef d'Oyo, dans le Yoruba, ayant refusé de lui rendre un Haoussa fugitif, il saisit ce prétexte pour marcher sur Oyo. Malgré les protestations des missionnaires européens, il bombarda la ville et ordonna d'attacher son chef à un poteau et de lui appliquer la bastonnade.

La population de Lagos s'émut à cette nouvelle, et les trois journaux de la ville, tous rédigés par des noirs, réclamèrent contre l'officier britannique. Celui-ci fut mandé à Lagos par le gouverneur, qui, ayant jugé ses explications suffisantes, le maintint à son poste. Ce fait eut pour résultat d'aliéner aux Anglais la population du pays yoruba.

A la suite d'une révolution survenue dans le courant de l'année 1895, l'émir des Ilorins, partisan des Anglais, ayant été vaincu par un rival, se fit sauter dans sa maison avec ses esclaves. Le nouvel émir, très hostile aux Anglais, déclara qu'il refusait d'entrer en relations avec eux, et qu'il mettrait à mort leurs envoyés.

A la suite d'un incident de frontière survenu, au commencement de 1896, entre les Ibadans et les Ilorins, le capitaine Mugliston fut envoyé avec 50 Haoussas et 1 canon Maxim établir un poste et créer un fort à Odo-Otin, sur la frontière des deux peuplades. Le 31 mars 1896, le fort d'Odo-Otin était assailli par 2.000 Ilorins, qui furent dispersés par l'artillerie, mais qui revinrent à la charge le 3 avril. Il fallut renforcer la garnison d'une centaine d'Haoussas, ce qui ne l'empêcha pas d'être attaquée de nouveau le 5 avril. Les Ilorins furent encore repoussés, et l'on s'occupa de renforcer considérablement les forces anglaises du pays.

En même temps, la Compagnie du Niger faisait construire des forts dans le pays des Ilorins, et ceux-ci étaient exclus du commerce avec Lagos par ordre du Colonial Office et malgré les réclamations des négociants anglais. Après plusieurs défaites infligées aux Ilorins, ceux-ci demandèrent à reprendre le commerce, ce qui leur fut refusé. L'année 1896 se termina sans amener de solution.

Après la défaite de l'émir du Noupé (1) à Ladi et l'entrée des

_____

(1) Le docteur Grüner, parti du Togoland, ayant atteint le Gando, signait, le 5 avril 1895, avec le sultan de ce pays dont le Noupé et l'Ilorin sont tributaires, un traité de protectorat au profit de l'Allemagne. Les cercles coloniaux allemands ont récemment entrepris de pousser leur gouvernement à revendiquer les bénéfices de ce traité.

Anglais à Bida, on pensait que les Ilorins, isolés cette fois, se soumettraient définitivement. Leur attitude hostile ne se modifia cependant pas et leur armée s'avança, au contraire, aux environs d'Odo-Otin, qui fut aussitôt renforcé. Ce n'est qu'au mois de février 1897 qu'une partie des troupes qui avaient opéré avec le major Arnold contre l'émir du Noupé, ayant été envoyée contre les Ilorins, se rencontra à Lanoua avec les envoyés de l'émir des Ilorins qui venaient annoncer sa soumission. L'émir, après avoir signé un traité, fut réinstallé en fonctions sous le protectorat anglais.

C'est vers la même époque qu'avait lieu l'expédition du Benin, organisée à la suite du massacre de la mission Philips par le protectorat des Côtes du Niger, et dont on reparlera plus loin.

Cette politique active des Anglais, inaugurée sous la pression des négociants de Lagos et de Liverpool, était encore justifiée par l'énergie déployée par les Français dans l'hinterland du Dahomey.

Après l'occupation, au commencement de 1897, d'Ilo et de Boussa par le lieutenant de vaisseau Bretonnet, on s'émut fortement en Angleterre de ce que l'on appelait les empiétements français au Niger, et la chambre de commerce de Liverpool demanda, au mois d'août 1897, au premier ministre britannique, d'adopter une politique plus énergique.

Le gouvernement anglais décida de procéder à l'occupation effective de l'hinterland, et il prépara, dès le mois de septembre, l'envoi de forts contingents de troupes qui devaient être placées sous les ordres du major Lugard, enrôlé pour la circonstance. On annonça que ces troupes allaient marcher contre les Ilorins; mais ceux-ci étaient déjà soumis, et l'on n'ajouta pas foi à cette nouvelle.

Au même moment, toutes les troupes disponibles à Lagos étaient dirigées vers le Nord avec la mission de fonder des postes et d'occuper tout le pays non encore muni de garnisons françaises. Des troupes étaient levées dans la colonie, où l'on formait un régiment yoruba ; on préparait la formation d'un 3e West India Regiment, et on annonçait en

Angleterre le départ de renforts importants en officiers, troupes et matériel.

C'était le moment où s'ouvraient à Paris les négociations pour la délimitation des possessions françaises et anglaises de l'Ouest africain. Il fallait se créer des droits pour les faire valoir à l'encontre des prétentions françaises, et occuper les pays convoités, alors que le Yoruba même n'était pas encore pacifié.

Au mois de septembre 1897, en effet, s'était produite à Flecha, station du Yoruba, à l'ouest de Chaki, une rencontre entre un détachement anglais et un fort contingent indigène. Les Anglais durent se retirer sur Chaki. Flecha est cependant vers le 7e parallèle, tandis que Nikki, déjà occupé par les Français, se trouve à peu près sous le 10°. C'est cette zone intermédiaire qu'il s'agissait d'occuper.

Les Anglais y employèrent environ 5.000 hommes, qui furent répartis du Niger à la frontière du Dahomey. Des rencontres eurent lieu entre Français et Anglais, notamment à Saki et Kishi, sur des territoires revendiqués par les Anglais comme placés, dès 1894, sous le protectorat britannique par le major Lugard.

Au mois d'octobre 1897, la situation paraissait inquiétante, malgré la modération montrée, de part et d'autre, par les commandants des troupes en présence. Étant donné l'état des esprits des deux côtés de la Manche, une collision eût pu avoir de graves conséquences. On le comprit en Europe, et des instructions furent données pour que l'occupation du pays n'amenât aucune complication.

Malgré ces circonstances, les négociations engagées à Paris entre les plénipotentiaires français et anglais n'avançaient pas. Les polémiques des journaux, qui discutaient passionnément les prétentions contraires, n'étaient pas faites pour faciliter la tâche des deux gouvernements. Ce n'est que le 14 juin 1898 que fut signée la convention réglant la délimitation des possessions anglaises et françaises. Cette convention, soumise à la ratification dans les six mois, ne put, à cause des événements de Fachoda et de leur répercussion sur l'état des relations des deux pays, être ratifiée dans le délai prescrit : un nouveau délai de six mois dut être fixé, d'un commun accord. La ratification du Parlement français a pu enfin être votée au mois de mai 1899.

Cette convention est peu avantageuse pour la France en ce qui concerne la délimitation de l'hinterland de Lagos. Après avoir accordé à l'Angleterre l'évacuation de Fort-Arenberg, fondé par le commandant Toutée, on lui cédait toute la rive droite du fleuve, de Boussa à Ilo inclus, et on se retirait à dix milles en amont d'Ilo. De là, la frontière descendait vers le Sud en laissant Nikki à la France, et rejoignait vers Carnotville le 9° de latitude. On abandonnait nombre de postes occupés par nos troupes, qui avaient ordre de se replier vers le Nord-Ouest.

Par contre, l'Angleterre donnait à bail à la France, pour une durée de trente années, deux enclaves à déterminer sur le cours du bas Niger. Enfin, par l'article 9 de la convention, les deux parties s'accordaient réciproquement des avantages commerciaux dans certaines de leurs possessions.

La colonie de Lagos est donc délimitée, on peut le dire, au mieux des intérêts anglais. Son exploitation, commencée depuis longtemps, ouvre de belles perspectives aux négociants britanniques.

Depuis dix ans, le commerce y a pris un vigoureux essor : de 925.000 livres sterling, chiffre atteint en 1888, il s'est élevé, en 1898, à 1.900.000 livres. Le développement du Dahomey a cependant causé des inquiétudes aux négociants de Lagos, qui ont vu, en 1897, le trafic du caoutchouc, de l'huile de palme et des amandes diminuer d'environ 2.150.000 francs.

Ces chiffres montrent assez l'importance très justifiée que les Anglais attachent à leur colonie. Aussi n'ont-ils pas hésité à envisager la construction d'une voie ferrée, qui, partie de Lagos, atteint déjà, mais non sans opposition des indigènes, Abéokouta, la capitale industrielle et commerciale des Egbas, et sera poussée rapidement à travers le Yoruba. Le réseau télégraphique a été considérablement développé, dans le courant de 1898, par un détachement d'officiers et de soldats du génie anglais mis à la disposition du commandant des troupes de la colonie.

Toutes ces mesures ont eu pour résultat de créer à proximité du Dahomey une colonie aujourd'hui en pleine voie de prospérité commerciale. Il y a là pour la France à la fois une indication et un avertissement.

Sans imiter les procédés anglais, nous devons nous inquiéter plus que jamais d'augmenter les relations du Dahomey avec la métropole et de développer le transit vers les côtes. Là, comme ailleurs, la mesure la plus urgente est l'ouverture des voies de communication et surtout la construction d'une voie ferrée partant du Dahomey et aboutissant au Niger, aux environs d'Ilo.

Territoires anglais du Niger.

La Compagnie royale du Niger et le protectorat des côtes du Niger. — Luttes avec les indigènes. — Zone d'influence et pénétration anglaise au Sokoto et au Bornou. — Délimitation.

Les territoires anglais du Niger inférieur se trouvaient encore, au milieu de 1898, placés sous l'administration du protectorat des côtes du Niger et de la Royal Niger Company.

Ce n'est qu'à partir du 1er janvier 1899 que l'administration du protectorat des côtes du Niger a été transférée du Foreign Office au Colonial Office. Les territoires du bas Niger deviennent ainsi une colonie britannique. Quant à la Royal Niger Company, son avenir, longtemps incertain, paraît être enfin définitivement réglé.

Ses territoires sont passés, comme on le verra plus loin, aux mains du gouvernement britannique qui les a répartis entre le Lagos, le protectorat des côtes du Niger et la Nigeria. Le Lagos, augmenté du Bénin, a été étendu vers le Niger, et, au Nord, jusqu'au 9° de latitude.

Le protectorat des côtes du Niger, ou Nigeria du Sud, s'étend jusqu'aux approches de la Benoué. Quant à la Nigeria du Nord elle englobe, en amont d'Idda, sous le gouvernement du colonel Lugard, tout le reste du Soudan dont la possession est reconnue, par traités, à l'Angleterre. Sa capitale est momentanément fixée à Géba.

Lorsque, en 1884, des maisons françaises cédèrent à la Royal Niger Company, après les avoir offerts au gouvernement français, les trente-deux comptoirs qu'elles possédaient sur le cours inférieur du fleuve, on commençait à peine à se douter, en France, du mouvement qui devait bientôt amener les peuples de l'Europe à se partager, sous forme de zones d'influence ou d'acquisitions réelles, tout le continent africain.

Il eût été cependant facile, à ce moment, de prévoir l'importance que devrait forcément acquérir plus tard l'embouchure d'un fleuve, qui, par lui-même ou par ses affluents, sert aujourd'hui de voie commerciale ou de ligne de pénétration vers les pays les plus riches du continent.

Les Anglais ne s'y trompèrent pas, et la « Royal Niger Company », fondée pour monopoliser le commerce du Niger et de ses affluents, put, sans difficultés, se tailler, au milieu des riches contrées du Niger inférieur et de la Benoué, un véritable empire africain.

Fondée en qualité de compagnie à charte, sous les auspices de hauts personnages de l'aristocratie anglaise, la Royal Niger Company fut investie de prérogatives administratives et commerciales qui la constituaient, sinon en gouvernement régulier, tout au moins en représentant du gouvernement anglais dans les régions du Niger.

On peut dire de cette compagnie ce qu'on a dit plus tard de la compagnie à charte du sud de l'Afrique (Bristish South Africa Company chartered). Elle formait, sous l'apparence d'une organisation purement commerciale et accessoirement administrative, un outil de pénétration éminemment favorable aux intérêts anglais. Ces compagnies à charte, dont on attendait de si grands résultats et qui furent si puissamment favorisées à leur début, suscitèrent dans la suite de formidables rivalités, et furent sur le point de tomber, sous le poids de leurs fautes, dans un discrédit peut-être exagéré. Ce qui devait se passer, en 1896, pour la Chartered, n'a pas manqué de se produire également, et sous l'influence des mêmes causes, pour la Royal Niger Company.

On peut dire que toute l'existence de cette compagnie n'a été qu'une longue suite d'injustices souvent sanglantes, d'actes tyranniques à l'égard des indigènes, de mauvaise foi et de duplicité arrogante vis-à-vis des Européens qui s'avisaient de chercher à développer leurs relations avec les pays du bas Niger.

Au mépris de la liberté commerciale proclamée par les traités, la Royal Niger Company n'eut pas de préoccupation plus active que celle d'empêcher, par tous les moyens, les étrangers et même les sujets britanniques de faire du commerce sur le cours des deux fleuves.

L'acte général de Berlin (26 février 1885) stipulait, en effet, la liberté du commerce sur le Niger. La Royal Niger Company, interprétant cette convention suivant ses intérêts, déclara que la liberté commerciale existait réellement sur les eaux du Niger, mais que, suzeraine des rives, elle avait le droit d'empêcher les négociants de débarquer pour faire du commerce.

Cette interprétation souleva partout les plus ardentes réclamations. Les plaintes les plus vives furent articulées par les négociants de Liverpool, qui se heurtèrent à de puissantes influences mises au service de la Compagnie.

On se rappelle les démêlés de la Royal Niger Company avec le lieutenant de vaisseau Mizon (1), les résultats obtenus par

---

(1) Le lieutenant de vaisseau Mizon vient de mourir au mois de mars 1899. Dans une notice parue à l'occasion de la réunion du Congrès de géographie d'Alger, M. l'administrateur des colonies Possel retraçait ainsi l'œuvre de Mizon :

« La carrière coloniale de M. Mizon a commencé en 1880, au moment de l'occupation du haut Ogoué où il fondait la station de Franceville, au point choisi par M. de Brazza dans sa première exploration du pays devenu depuis le Congo français. En 1881, M. Mizon partait de ce poste et le reliait à la côte par un itinéraire venant aboutir à Setté-Cama.

» Après cette première exploration, M. Mizon reprenait son service dans la marine jusqu'en 1890, où il proposait la voie de pénétration du Niger et de la Bénoué pour atteindre le Tchad.

» Chacun se rappelle les difficultés qui lui furent créées dans ce voyage par la Royal Niger Company. Il n'en fut pas moins forcé de modifier son itinéraire à partir de Yola et de se diriger vers le Sud à travers l'Adamaoua, refaisant, à douze ans de distance, l'itinéraire de Flegel, en reliant ainsi le bassin du Niger à celui du Congo par la Sauga. Au retour de ce voyage, M. Mizon, abandonnant définitivement la carrière maritime, entrait dans l'administration des colonies en qualité d'administrateur en chef, et il fut chargé à ce titre de la colonie de Mayotte, où il resta plusieurs années.

» C'est dans ce poste que la confiance du ministre est venue le chercher pour en faire le gouverneur des établissements français de la côte des Somalis : c'est en se rendant à ce poste que la mort est venue le surprendre à l'âge de 46 ans, alors qu'il venait d'arriver à Zanzibar.

» M. Mizon était un savant comme on en rencontre fréquemment dans notre admirable corps d'officiers de marine; il a rapporté de ses nombreux voyages une série d'observations astronomiques qui font loi pour la cartographie des pays qu'il a parcourus.

» La Société de géographie de Paris lui avait décerné sa grande médaille d'or en 1896. »

l'énergie de cet officier, l'influence qu'il sut acquérir auprès du sultan de l'Adamaoua, et la confiscation par la Compagnie du *Sergent-Malamine*, l'un des bateaux de l'officier français; enfin, les réclamations de la France au sujet de ces actes et des entraves apportées à la libre navigation du Niger.

Le gouvernement britannique a toujours éludé la solution de la plupart de ces questions, mais le moment est enfin venu où la Compagnie du Niger, en butte aux plaintes de la France, à la jalousie des armateurs de Liverpool, aux objurgations du gouvernement anglais et aux révoltes constantes des indigènes, s'est vue obligée de céder la place au gouvernement anglais lui-même.

La zone d'opérations de la Royal Niger Company s'étendait nominalement, d'après les cartes anglaises, sur tous les pays au sud de la ligne Say-Baroua, qui, d'après les conventions anglo-françaises du 5 août 1890 et du 14 juin 1898, limite la zone d'influence anglaise.

Il n'est pas inutile de rappeler que cette délimitation, confirmée en 1898, fut élaborée en 1890 sans documents précis, et sur la croyance que le Sokoto avait déjà accepté ou était près d'accepter le protectorat anglais. La mission Monteil, envoyée au delà du Niger pour créer des relations avec ces pays, connus seulement par les récits de l'explorateur Barth, acquit la certitude de l'indépendance du Sokoto, ainsi que de celle du Bornou, et démontra qu'aucun traité, sauf celui obtenu par le capitaine Monteil lui-même, n'avait jusqu'ici été accordé à d'autres Européens par le sultan de Sokoto. Bien plus, une mission anglaise envoyée vers le Bornou par la Royal Niger Company, pour y gagner de vitesse le capitaine Monteil, ne put y pénétrer et dut rétrograder sur l'ordre formel du sultan du Bornou.

D'un autre côté, le lieutenant Mizon démontrait, vers la même époque, l'indépendance de l'Adamaoua et du Mouri, dont les sultans, tout en l'accueillant cordialement, ne dissimulèrent pas leurs sentiments peu amicaux pour la Compagnie du Niger, déjà réputée pour ses procédés à l'égard des indigènes.

En fait, la Royal Niger Company a pu étendre l'influence

britannique dans le Soudan central, mais elle en est arrivée à
se trouver elle-même resserrée au milieu d'États indépendants
désireux d'éviter toutes relations politiques avec elle. Cette
situation, jointe au désir, assez naturel de la part d'une société
financière, de distribuer de gros dividendes, a déterminé la
Compagnie à suppléer à la difficulté qu'elle éprouvait d'étendre
son action vers le Nord et vers l'Est par une pression plus
énergique exercée, au point de vue administratif et surtout
commercial, sur les indigènes du bas Niger.

C'est ce qui explique les soulèvements fréquents qu'elle provoqua, et la réprobation qu'elle inspira à tous ceux qui, par
leurs positions diverses, purent faire connaissance avec ses
procédés de civilisation.

Dès 1894, la Compagnie du Niger s'était attaché le capitaine
Lugard, fameux par sa campagne de l'Ouganda, mais qui,
malgré son énergie, ne put parvenir à précéder les missions
envoyées dans le pays de Nikki pour y passer, au nom de la
France, des traités de commerce et de protectorat.

A ce moment, la Compagnie, quoique très désireuse d'étendre son influence sur la rive droite du Niger, se trouva contrainte, par ses fautes mêmes, de surveiller plus étroitement
les indigènes soumis à son action.

A plusieurs reprises, dans le courant des années 1894 et
1895, elle dut réprimer les révoltes des indigènes, qui se
voyaient obligés d'apporter, souvent malgré eux, et en échange
d'alcool, leurs produits aux factoreries anglaises.

On ne peut guère se dispenser, puisque la question de la
vente de l'alcool se présente ici, de mentionner le *coup d'épin-
gle* récemment porté à la France par M. Chamberlain.

C'est un fait indiscutable que la Compagnie du Niger ne s'est
nullement privée de faire absorber d'abondantes quantités
d'alcool aux indigènes. Les négociants allemands sont fixés
sur ce point comme ceux de Liverpool.

Aux interrogations posées à la Chambre des communes,
M. Brodrick répondait naguère par des paroles consolantes.
A ce moment cependant, la presse anglaise apprenait que de
Rotterdam et de Hambourg il avait été expédié au Niger, en

1877, environ 2.200 tonnes et, en 1898, environ 3.200 tonnes de gin.

A une députation reçue tout récemment par M. Chamberlain, celui-ci répondait que la Nigeria n'importait que des quantités de gin relativement faibles, et que cette importation avait déjà baissé de 25 p. 100 dans la Côte d'Or et de 20 p. 100 au Lagos; mais qu'il n'hésitait pas à dire que la vente énorme des spiritueux au Dahomey, qui était de plus de 5 millions de gallons en 1896, constituait le vrai nœud de la situation dans l'Ouest de l'Afrique.

La thèse était hardie. Malheureusement, le gouvernement belge, qui avait fourni le chiffre cité par M. Chamberlain au moment même où siégeait à Bruxelles la commission internationale chargée de s'occuper de la vente des spiritueux en Afrique, avait parlé de litres et non de gallons (un gallon vaut 5 litres). M. Chamberlain, au dire de ses ennemis, aurait confondu !

Les indigènes qui, au Lagos, protestaient par voie de pétitions contre l'introduction de l'alcool, n'hésitèrent pas, sur les rives du Niger, à entrer en révolte ouverte. Une des plus graves parmi ces révoltes fut celle des indigènes de Brass.

Par la position de leur pays aux bouches du Niger, ceux-ci se trouvaient en dehors de la juridiction de la Compagnie, qui leur notifia cependant l'interdiction d'exporter leurs produits chez les indigènes voisins avec lesquels ils avaient conservé l'habitude de trafiquer. De là naquit une exaspération qui se traduisit par un soulèvement.

Les indigènes, dirigés par Koko, roi de Brass, se portèrent sur les factoreries d'Akassa, qui furent entièrement pillées. La révolte ne put être réprimée, à la fin de 1895, que par l'envoi contre le roi Koko d'une petite expédition. Celui-ci ayant refusé de souscrire aux conditions qui lui furent signifiées, sa déchéance fut prononcée, mais on signalait encore au mois d'avril 1896 l'hostilité persistante des indigènes à l'égard de la Royal Niger Company.

Ces faits, joints à d'autres abus graves et nombreux, furent exploités en Angleterre par les négociants de Liverpool, adversaires intéressés des privilèges de la Compagnie. On ne se fit pas faute d'agir sur le gouvernement pour l'obliger à sévir. La Compagnie, au dire de certains de ses anciens agents, aurait exigé d'eux un contrat secret les obligeant, sous peine d'amendes considérables, à ne faire aucune révélation sur ses diverses opérations.

Le gouvernement anglais parut enfin s'émouvoir de toutes les plaintes portées contre la Compagnie, et un commissaire, sir John Kirk, reçut, à la fin de 1895, la mission de faire une enquête sur le soulèvement des indigènes de Brass.

Le rapport sur cette enquête, que l'on attendait impatiemment en Angleterre, ne fut pas immédiatement divulgué, et, lorsque, au mois de mars 1896, il fut présenté au Parlement, les suppressions qu'il avait subies lui enlevaient tout caractère menaçant à l'égard de la Compagnie.

Celle-ci eut toutefois des craintes assez vives, et son directeur, sir Taubmann Goldie, partit pour le Niger dans le but, dit-on alors, de procéder, en vue d'un retrait possible du privilège, à l'inventaire des biens de la Compagnie. Mais les espérances des adversaires de la Royal Niger Company ne furent pas de longue durée. Ses protecteurs tout-puissants réussirent, une fois de plus, à lui assurer l'impunité.

Bien que le protectorat des côtes du Niger n'ait point fait autant parler de lui, il a dû cependant procéder, à l'égard des indigènes, à des opérations de police de quelque importance. Deux d'entre elles sont surtout intéressantes.

Le 8 mars 1896, des troubles éclataient à Bakana, sur la rivière du Nouveau-Calabar, dans le protectorat des côtes du Niger. Les indigènes démolirent le consulat anglais, résistèrent aux ordres du protectorat et tentèrent même de piller les factoreries de Bakana. On eut quelque peine à réduire les révoltés et à faire rentrer dans le devoir les populations surexcitées.

Ces troubles n'étaient pas faits pour augmenter le prestige britannique auprès des peuples indépendants des bords de la Benoué et du bas Niger. Ils eurent à ce moment, comme on l'a vu déjà, leur répercussion sur la situation dans la colonie de Lagos, où les Ilorins commençaient à prendre parti contre les Anglais. Le contre-coup allait aussi se faire sentir du côté du Benin et amener l'expédition qui se termina par la déposition du roi Nana (1).

Ce monarque, bien placé entre la colonie du Lagos, le protectorat des côtes du Niger et la Royal Niger Company, pour juger de la diversité des procédés britanniques, s'était rendu compte du danger qu'il y avait à nouer avec les Anglais des relations trop intimes et s'était cru assez fort pour interdire tout commerce et refuser d'abolir les sacrifices humains.

Une mission anglaise lui ayant été expédiée, il refusa encore d'accueillir ses propositions et l'obligea à quitter le pays.

Une deuxième ambassade, la mission Philips, envoyée pour faire des remontrances à Nana, fut attaquée et massacrée.

Le protectorat des côtes du Niger dut alors, dans les derniers jours de 1896, organiser une expédition pour punir le roi du Benin. L'avant-garde de cette expédition, composée de 250 hommes environ sous le commandement du colonel Hamilton, arriva le 9 janvier à Siri, où elle fut rejointe par l'amiral Rawson, et de là marcha sur Ologbo et sur Benin.

Malgré un échec qui coûta aux Anglais des pertes sensibles, l'expédition réussit à battre les indigènes, à entrer dans Benin et à s'emparer du roi Nana, qui fut déporté à Old-Calabar. Le 22 février, les troupes anglaises quittaient Benin, l'expédition terminée, en y laissant, ainsi qu'à Ologbo, une garnison de Haoussas. Mais le pays était loin d'être pacifié et ce n'est qu'au mois de juin 1899 que le fils de Nana, Okoto, se décidait à faire sa soumission.

Pendant que ces événements se déroulaient dans les terri-

---

(1) Budget du protectorat des côtes du Niger en 1897 :

    Recettes.......................... 129.000 livres.
    Dépenses.......................... 128.000 —

Les dépenses militaires atteignirent 34.000 livres. Il n'y avait à cette époque que 214 Européens dans la colonie.

toires du bas Niger, la Royal Niger Company poussait activement la pénétration vers le Sokoto et entamait la conquête du
Noupé. Dès le mois d'octobre 1896, des renforts en hommes et
en matériel étaient embarqués en Angleterre et dirigés sur
Akassa et Lokodja.

Le major Arnold était enrôlé pour prendre le commandement d'une expédition qui, tenue secrète, était, disait-on, dirigée contre les Ilorins. Le but véritable était Bida, capitale du
Noupé, et l'émir de ce pays, qu'on trouvait trop lent à
souscrire aux prétentions anglaises (1).

Le major Arnold avait sous ses ordres environ 600 Haoussas,
6 maxims, une pièce de 9 livres et une de 12 livres. Il était
accompagné par sir Taubmann Goldie, directeur de la Compagnie; plusieurs canonnières et bateaux blindés servaient
aux transports.

L'expédition ne rencontra d'obstacles que devant Bida, où
l'émir avait réuni une armée pour s'opposer à l'invasion.
Bida était la principale place forte de l'émir foulah. Le
26 janvier 1897, les Anglais arrivaient devant la ville et y
étaient attaqués au lever du soleil par l'armée foulah, qui occupait les crêtes en avant de Bida. Une forte reconnaissance
envoyée du camp anglais sur la position ennemie fut obligée
de se replier vers le camp, qui fut investi.

Vers le milieu de la journée, l'artillerie, qui venait d'arriver
avec le reste des forces anglaises, ouvrit le feu sur les masses
ennemies, qui commencèrent à se retirer. Le combat ne se
termina qu'à la nuit.

Le lendemain, 27 janvier, le bombardement de Bida commença dès 10 heures du matin. A 4 heures du soir, les Foulahs
se retiraient et les Anglais pénétraient dans la ville.

L'émir Abou Bokhari, le cinquième de la dynastie foulah,
qui avait conquis le pays, était en fuite vers le Sokoto avec
une partie de son armée. Il fut déposé et remplacé par l'émir

---

(1) On a vu plus haut, à propos de Lagos, que les cercles coloniaux allemands
tentent de pousser leur gouvernement à revendiquer le protectorat du Gando,
dont le Noupé est tributaire.

Mohammed, qui accepta le contrôle de la Compagnie. Celle-ci retira aussitôt ses troupes, qui furent alors dirigées contre les Ilorins, dont elles obtinrent la soumission sans combat au mois de février 1897.

Au mois de mars suivant, Abou Bokhari marchait sur Bida, rentrait dans sa capitale et chassait l'émir imposé par les Anglais.

La Royal Niger Company préféra à une expédition nouvelle l'envoi d'une ambassade au sultan de Sokoto, dont dépend le Noupé. Celui-ci répondit aux Anglais, qui demandaient la destitution de Bokhari, que l'émir était le vrai souverain du Noupé et qu'il devait conserver le trône.

La Compagnie se retourna alors vers Bokhari, pour tenter de reprendre les relations commerciales, mais elle se heurta à un refus complet. Elle revint à la charge à la fin de 1897 et envoya une nouvelle mission au sultan de Sokoto pour lui demander, moyennant un subside, de renoncer au Noupé. Le sultan refusa d'abandonner une partie quelconque de son empire.

Telles étaient les relations des Anglais avec le Sokoto, lorsque, au commencement de 1898, ils réussirent à faire accepter au sultan un subside annuel de 75.000 francs pour obtenir en échange des avantages commerciaux. A l'automne de 1898, les Anglais ont fini par faire admettre la présence d'un résident à Sokoto. Mais le sultan a refusé d'y recevoir des troupes anglaises. On est loin, comme on le voit, de constater que les Anglais ont obtenu du Sokoto un traité de protectorat quelconque et autre chose qu'une sorte de tolérance commerciale payée par un subside qui ressemble fort à un tribut aux yeux des indigènes. C'était d'ailleurs le système employé auprès des souverains du Niger par la Compagnie lorsqu'elle ne pouvait imposer sa volonté par la force. On vient, en outre, d'annoncer qu'une mission religieuse dirigée par l'évêque Tugwell, était partie de Liverpool, au mois de décembre 1899, à destination de Kano.

Du côté du Bornou, les Anglais se sont heurtés à la nouvelle puissance édifiée par Rabah, le conquérant du pays. On a parlé en 1897 d'opérations à engager contre Rabah avec l'aide du sultan de Sokoto, mais les événements n'ont rien confirmé de ce bruit. Aujourd'hui, Rabah est occupé du côté du Baguirmi, au grand profit des Anglais, qui ont assez à faire d'organiser les territoires hâtivement occupés vers le bas Niger, et qui, au moment des affaires du Transvaal, ne voient pas sans intérêt l'action entamée par Rabah contre les Français.

Vers le Sud-Est, l'Adamaoua reste toujours réfractaire à la pénétration anglaise. A Yola, capitale de l'Adamaoua, la Compagnie du Niger ne possède qu'un ponton à peu près délaissé, et le sultan de l'Adamaoua, sans aucun respect pour la convention de délimitation anglo-allemande, fait des razzias d'esclaves sur les territoires voisins sans qu'il soit possible de les lui interdire (1).

Tous les pays, même les plus voisins de la côte, sont loin d'ailleurs d'accepter la domination britannique. A Lagos, les indigènes s'étaient opposés à la cession gratuite de leurs terres pour le passage du chemin de fer aux environs d'Abéokouta. Pour éviter une révolte, on a décidé de prendre les terres à bail. Dans le Benin, des opérations de police ont dû être entreprises au commencement de 1899. Peu de temps avant, à l'automne de 1898, le lieutenant Kating avait été massacré avec quatorze hommes à Xelva, sur le Niger. Au mois de décembre 1898, les troupes de la Compagnie brûlaient Igbo, Ouitcha et plusieurs autres bourgades. A Igbo, village situé à 20 kilomètres du Niger, ce n'est qu'après trois jours de résistance que le roi consentit à se rendre et à accepter une amende. Enfin, le 9 janvier 1900, deux mille indigènes ont attaqué, près de Lokodja, une troupe anglaise et lui ont infligé des pertes sensibles.

En définitive, la situation de l'Angleterre sur le Niger est à

---

(1) Pour la délimitation avec l'Allemagne, voir l'article relatif au Cameroun.

consolider de toutes parts. C'est ce que l'on a fort bien compris en Angleterre, où, après avoir posé, au printemps de 1898, les bases d'une entente avec la Royal Niger Company, le gouvernement a aussitôt prévu l'augmentation de ses forces sur le fleuve.

Au mois d'août dernier, la Chambre des communes votait le rachat de la charte de la Royal Niger Company non sans avoir demandé des explications sur l'attitude de M. Chamberlain, ministre des colonies, fortement intéressé dans les affaires de la Compagnie. Le scandale qui en résulta n'empêcha pas le vote d'une somme de 865.000 livres sterling destinée, pour 250.000 livres, à payer les dettes de la Compagnie et, pour le surplus, à indemniser celle-ci de la perte de ses droits. La Compagnie reste simplement commerciale. Elle abandonne au gouvernement, à partir du 1er janvier 1900, ses privilèges économiques et territoriaux, ses bâtiments, ses concessions. Par contre, pendant 99 ans elle ne paiera que la moitié des impôts britanniques sur les concessions minières.

Dès le mois d'octobre 1897, un grand nombre d'officiers et de sous-officiers, envoyés d'Angleterre, furent chargés d'organiser 5.000 indigènes, y compris le régiment yoruba de Lagos (800 hommes), qui passe au service de la Nigeria. La Compagnie du Niger n'entretenait que 1.000 à 1.500 Haoussas qui seront incorporés dans les forces britanniques. A ce moment, les forces anglaises organisées dans la Nigeria comprenaient seulement deux bataillons d'infanterie, cent hommes d'infanterie montée, trois batteries, une compagnie du génie avec une section de télégraphie et les services accessoires. Ces troupes sont surtout occupées à surveiller la frontière française, du Dahomey au Sokoto. 2.500 hommes seront affectés à la Nigeria du Nord et à peu près autant à Lagos et à la Nigeria du Sud.

Ainsi se termine la domination de la Royal Niger Company sur les territoires soumis à son action. La libre navigation du Niger va sans doute devenir une réalité. La France, plus intéressée qu'aucune autre puissance à cet événement, doit se féliciter de ce qu'elle n'aura plus devant elle une compagnie en quelque sorte insaisissable, et sur laquelle le gouvernement anglais lui-même ne possédait qu'une action insuffisante.

On a vu, à propos de la colonie anglaise de Lagos, que la
convention du 14 juin 1898 (voir l'appendice) avait délimité
les sphères d'influence française et anglaise sur le Niger. La
ligne Say–Baroua a été précisée au nord de Sokoto et du
Bornou. La capitale du Sokoto reste aux Anglais avec un territoire d'un rayon de 100 milles autour de la ville. Par contre,
Zinder reste à la France ainsi que les territoires touareg, « où
le coq gaulois peut gratter à son aise », suivant l'expression de
lord Salisbury.

Le principal avantage de cette convention, au point de vue
français, est de clore l'ère des contestations avec l'Angleterre.
Celle-ci y gagne des territoires où son influence est encore absolument nulle et dans lesquels la période d'occupation effective ne peut manquer d'être longue, malgré les forces que les
Anglais accumulent sur le Niger inférieur.

Le Cameroun.

Occupation. — Missions dans l'intérieur. — Délimitation. — Essais de colonisation.

Le Cameroun, compris entre les territoires de la Compagnie anglaise du Niger et le Congo français, a été occupé par la mission Nachtigal, au nom de l'Allemagne, le 14 juillet 1884, peu de jours avant l'arrivée d'un navire anglais envoyé pour y proclamer le protectorat de l'Angleterre.

Pays d'une grande fertilité, d'un relief assez fort, dans le massif du mont Cameroun, pour que les Européens puissent y séjourner, il constitue une colonie d'avenir. Mais il est habité par des populations guerrières qui se sont soulevées à plusieurs reprises contre les Allemands et leur ont infligé des échecs tels que le massacre de la mission du capitaine Gravenreuth, en novembre 1891. Le pays n'a pu être entièrement pacifié par la suite, malgré une mission du docteur Zintgraff, et, à l'heure actuelle, l'autorité de l'Allemagne n'est guère reconnue à plus de quelques journées de marche vers l'intérieur.

Malgré les difficultés soulevées par l'attitude des populations, les Allemands ont essayé d'envoyer plusieurs missions d'exploration dans l'hinterland du Cameroun. L'une d'elles a même pu pénétrer dans l'Adamaoua et nouer des relations avec le sultan de Yola.

Grâce aux droits que les Allemands ont prétendu tenir de ces missions, ils ont pu demander d'un côté aux Anglais, de l'autre à la France la délimitation de leurs possessions.

Par un premier traité conclu avec l'Angleterre, une ligne fictive partant des environs de Old-Calabar, passant par Yola qui est laissé aux Anglais, et aboutissant à la pointe sud du Tchad, sépare le territoire du Cameroun de la zone d'influence anglaise. Ce traité, conclu sans tenir compte des droits que la France avait acquis à la suite des explorations du lieutenant Mizon et des conventions passées par cet officier avec certains chefs indigènes, n'a de valeur qu'autant qu'il engage les deux parties contractantes. Vis-à-vis des tiers, et en particulier de la France, il est sujet à revision.

Cependant, dès le mois de janvier 1896, une commission anglo-allemande, chargée de fixer les frontières dans le voisinage d'Old-Calabar, avait terminé sa tâche, qui devait constituer le point de départ d'une convention de délimitation. Cette commission avait constaté que le pays traversé par la limite commune était des plus beaux et des plus fertiles. Mais ce n'est là qu'une délimitation partielle exécutée dans le voisinage de la côte. Le temps n'est pas encore venu de pousser cette délimitation plus avant dans l'intérieur.

Du côté du Congo français, la convention du 4 février 1894 a fixé les limites des zones d'influence française et allemande. D'après cette convention, l'Allemagne prend pied sur la Sangha; mais, par réciprocité, elle donne accès à la France sur le cours supérieur du Mayo-Kebbi, affluent de la Bénoué. Dans le bassin du Chari, les limites sont assez mal fixées: la France a, de ce côté, accordé à l'Allemagne un large accès sur le cours du Chari, et le tracé bizarre de la frontière future (les plénipotentiaires allemands l'avaient dénommée : le bec de canard) coupe les possessions françaises des rives du Tchad sur une assez grande longueur. C'est là un désavantage sérieux, eu égard aux voies de communication que l'avenir imposera plus tard entre le Congo français, le Sahara et l'Algérie.

La colonie du Cameroun est donc délimitée sur tout son périmètre. Mais ce fait ne donne aux Allemands aucune autorité sur les populations comprises dans leur zone d'influence.

On sait déjà que le sultan de l'Adamaoua, dont les États se trouvent partagés entre la France, l'Allemagne et l'Angleterre ne paraît pas vouloir souscrire volontiers à ces arrangements, et, d'un autre côté, l'invasion de Rabah et son installation au Baguirmi et au Bornou menacent de couper pour longtemps encore les Allemands des bords du Tchad.

Malgré ces difficultés, l'Allemagne paraît vouloir donner une nouvelle impulsion à ses explorations.

L'expédition du capitaine de Carnap, forte de 200 hommes partie de Yaundé, sur le haut Nyong, arriva le 25 décembre 1897 sur la haute Sangha près d'Ouesso. C'était le première fois que les Allemands traversaient leur territoire. De là la mission a gagné Brazzaville.

Dès la fin de l'année 1898, le gouvernement allemand, secondé par la Société coloniale allemande et regrettant son abstention prolongée depuis 1894, a fait annoncer l'envoi d'une forte expédition pour imposer définitivement sa domination dans l'hinterland jusqu'au Tchad.

En attendant, deux avant-gardes sont parties depuis quelque temps déjà, se dirigeant l'une de Matadi, par le territoire français, pour occuper la haute Sangha, l'autre de la côte vers l'intérieur. Au mois de novembre dernier, on a annoncé que cette dernière venait de prendre d'assaut, le 25 août et pour la deuxième fois, la capitale du chef de Tibati, et qu'elle se disposait à pousser plus avant dans l'intérieur. On peut donc s'attendre, à bref délai, à voir le conflit engagé entre les Allemands et le sultan de l'Amadaoua.

La prospérité du Cameroun paraît s'affirmer. Dès 1890, son commerce atteignait déjà 10 millions, et, vers 1896, les compagnies de navigation allemandes ont obligé une compagnie anglaise à se retirer de la lutte et à renoncer à la concurrence maritime. Malgré les dispositions peu amicales des indigènes et le manque de main-d'œuvre, on a réussi des essais de culture (1), mais on a dû demander à plusieurs reprises, au Dahomey et à la côte d'Ivoire, un certain nombre de travailleurs, qui n'ont d'ailleurs pas été très satisfaits des traitements auxquels on les soumettait et qu'on a dû rapatrier.

L'Allemagne se heurte, en définitive, au Cameroun, aux difficultés inhérentes à toute colonisation nouvelle; mais il est

---

(1) Il existe au Cameroun un jardin d'essai remarquable par son entretien et la variété de ses produits.

à prévoir que l'énergie qu'elle déploie pour supprimer les difficultés lui permettra d'atteindre avant peu des résultats appréciables.

La mise en valeur du Cameroun va se produire dès que les expéditions en cours auront permis l'exploitation du pays. On annonçait, en décembre 1898, la concession par le gouvernement allemand à la Compagnie du Cameroun méridional (Sud-Kamerun-Gesellschaft) des territoires compris entre le 12° de longitude, le 4° de latitude et les frontières du Cameroun ; puis, en juillet 1899, la concession de la Compagnie du nord-ouest du Cameroun s'étendant sur 80.000 kilomètres carrés.

Le chiffre de la subvention prévue au budget métropolitain pour l'année 1900 et qui s'élève, pour le Cameroun, à 1.197.700 marcs, démontre tout l'intérêt qu'on attache en Allemagne au développement progressif de cette colonie qui va être visitée au printemps de 1900 par une mission chargée de faire connaître ses ressources économiques.   .

Il n'est pas inutile, à propos du Cameroun, de citer quelques chiffres, qui donneront une idée assez nette de l'importance de l'empire colonial allemand en Afrique.

Les possessions africaines de l'Allemagne ont une superficie d'environ 2.133.000 kilomètres carrés, environ trois fois l'étendue de l'Allemagne continentale. Elles renfermaient, au 1er janvier 1897, 3.913 Européens, dont 2.182 Allemands. De ces pays, le Togoland était le seul qui se suffît à lui-même. Dans l'ensemble de ces possessions, les Allemands entretiennent seulement 962 soldats métropolitains, 2.650 soldats indigènes et quelques forces de police.

Les dépenses totales pour 1899 se sont élevées à 11 millions et demi, en augmentation de 1.475.000 francs sur l'exercice précédent. Le commerce total s'est élevé, en 1897, à 41 millions, dont 28 millions d'importations. La part de l'Allemagne dans l'ensemble du commerce de ses colonies africaines est de 42 p. 100.

CHAPITRE III

LE SOUDAN

Divisions. — La mer saharienne. — Théories géologiques.

Le Soudan est le vaste pays compris, au sud du Sahara, entre l'Océan et le Nil.

Il est limité au nord par les régions désertiques du Sahara, au sud par la lisière de la grande forêt tropicale. C'est un plateau d'une altitude moyenne de 500 mètres, présentant, sur toute son étendue, certains caractères généraux et uniformes qui en font une région d'aspect particulier et de physionomie nettement tranchée.

Le pays est généralement plat et propre à la culture des céréales et à l'élevage. Ses populations sont les plus belles de la race noire, au triple point de vue physique, moral et intellectuel, et leur civilisation est beaucoup plus avancée qu'on ne le croyait il y a peu de temps encore. Les mœurs y sont ordinairement douces, et la barbarie noire ne fait son apparition qu'au delà de ses limites méridionales.

Les rivières du Soudan prennent naissance à une faible altitude et ne sont alimentées que par des pluies régulières. Le climat comprend deux saisons distinctes : cinq mois de pluies persistantes, de juin à octobre, et les sept autres mois d'une sécheresse continue.

Le Soudan, ainsi défini par ses caractères généraux, peut, au point de vue géographique, se partager en trois régions :

1° Le Soudan occidental, de l'Océan à la branche inférieure du Niger ;

2° Le Soudan central, du Niger au lac Tchad ;

3° Le Soudan oriental, du lac Tchad au Nil.

La première région comprend : le Sénégal et le Soudan français.

La deuxième région forme l'empire du Sokoto, le royaume de Bornou et quelques contrées voisines.

La troisième région comprend le Baguirmi, le Kanem, le Ouadaï, le Darfour et le Kordofan.

Telle est, dans son ensemble, la vaste région qui s'offre à la pénétration européenne et que tous les peuples de l'Europe occidentale, sauf les Hollandais et les Autrichiens, ont investie de tous côtés pour s'en approprier les lambeaux.

Tel qu'il est, le Soudan, qui se distingue par son aspect particulier des régions voisines, se rattache cependant à elles par sa formation géologique.

On a souvent admis que le Sahara n'est autre chose que le fond d'une mer intérieure aujourd'hui desséchée. Cette hypothèse, fondée sur l'aspect général de la région, sur les gisements de sel marin qu'on y rencontre et sur certains autres caractères qu'on a cru y découvrir, s'est trouvée étayée par de nombreuses observations, au nombre desquelles il faut citer celles du colonel Monteil.

Cet explorateur, cherchant à expliquer la formation des « dalhols », espèces de très larges lits de cours d'eau, à berges peu élevées, qu'on rencontre plus spécialement sur la rive gauche du Niger, dans le Sokoto, et essayant, d'autre part, de se rendre compte de l'origine de palmiers d'un genre particulier rencontrés dans certaines régions du Soudan et absents dans les autres, s'est arrêté à une explication qui paraît plausible en ce qu'elle accorde les faits observés avec des théories déjà émises (1), ainsi qu'avec les légendes et traditions conservées par les Nègres et les Maures.

Ces traditions admettent la jonction, aux temps préhistoriques, des deux Nils, celui des Noirs et celui des Égyptiens, alors que d'autres traditions considèrent le Tchad comme le déversoir d'une branche du Nil.

Le colonel Monteil pense qu'à un âge relativement peu éloigné, le Sénégal, le Nil et le Niger possédaient un cours qui a dû changer, alors que le Chari se déversait dans le lac Tchad, pour en sortir ensuite et se jeter dans le Nil. A cette époque, le Sahara était recouvert par une vaste nappe d'eau salée qui baignait sans doute le massif de l'Atlas.

C'est alors que se produisit un soulèvement dont l'axe est resté jalonné dans la direction de l'Ouganda au Touat par les accidents orographiques actuels.

La mer saharienne, brusquement déplacée, s'écoula alors dans deux directions différentes : d'un côté vers le Nil et la Méditerranée, de l'autre vers le bassin du Niger. De ce côté, les eaux se dirigèrent brusquement, et sous un énorme volume, vers les golfes du Niger, en écrêtant le relief du pays, et en se creusant de très larges lits, séparés par des plateaux peu élevés, aux berges légèrement saillantes. Ce fut l'origine des dalhols rencontrés fréquemment dans le Sokoto et sur toute la rive gauche de la branche orientale du Niger.

Cette hypothèse du colonel Monteil paraît être vérifiée par l'aspect général du Soudan central; on peut ajouter qu'elle s'accorderait avec la tradition et permettrait peut-être d'identifier le soulèvement du Sahara avec l'effondrement de ce continent mystérieux de l'Atlantide que les légendes prétendent avoir existé entre les Açores et Sainte-Hélène, et dont nous retrouvons les témoins dans les Canaries, prolongement de l'Atlas, et dans les îles du Cap-Vert, derniers vestiges du soulèvement du Fouta-Djallon.

---

(1) Rennel, voulant déterminer le cours réel du Niger, à une époque où on ne connaissait pas son cours inférieur, reprit une hypothèse de d'Anville, d'après laquelle le Niger se dirigerait de Tombouctou vers le Tchad.

Mungo-Park supposait que le Niger n'était autre qu'un affluent du Congo.

Quoi qu'il en soit, ce phénomène géologique, dû peut-être à une oscillation de la croûte terrestre autour d'un axe situé vers les rivages actuels de l'Océan, a profondément modifié le régime primitif des cours d'eau du Soudan. C'est à lui que nous devrions les cours sinueux et tourmentés du Sénégal, du Niger, du Nil et peut-être du Congo lui-même.

En tout cas, cette hypothèse fournit une explication plausible de la formation du continent africain, et, en l'absence de vérifications plus positives et absolument scientifiques, elle mérite d'être signalée.

Nous allons étudier rapidement les diverses parties du Soudan en nous plaçant principalement au point de vue de l'avenir de l'expansion européenne dans cette vaste région.

Soudan occidental.

Régions administratives. — Occupation militaire. — Occupation de Tombouctou. — Les Touareg. — Mission hydrographique du Niger moyen, — Traités de protectorat. — Missions et conquêtes. — Défense du Soudan. — Voies ferrées. — Ressources du Soudan. — Rôle commercial de Tombouctou. — Avenir du Soudan.

Le Soudan occidental comprend, ainsi qu'on l'a dit, le Sénégal, déjà examiné, et le Soudan français avec les pays de la boucle du Niger.

A peine entamé vers le Sud par les Anglais et les Allemands, il offre à la pénétration française un vaste champ d'action déjà sillonné par de nombreuses et fructueuses explorations. Investi de tous côtés et partout pénétré par l'activité française, conquis en partie par nos troupes, reconnu par nos officiers, mais encore peu entamé par nos commerçants, le Soudan occidental paraît devoir justifier de belles espérances, autant par sa valeur propre que par sa situation rapprochée de la France et par sa liaison éventuelle avec nos possessions de l'Afrique septentrionale.

Le Soudan français était placé, par le décret du 16 juin 1895, sous l'autorité d'un lieutenant-gouverneur, subordonné au gouverneur général de l'Afrique occidentale.

Son territoire était divisé en six régions, comprenant chacune un certain nombre de cercles et de résidences, sous l'autorité militaire.

C'étaient, en dehors du cercle de Kayes, la capitale administrative du pays, résidence du lieutenant-gouverneur et de son état-major :

1° La *région du Sahel*, avec les cercles de Nioro, Gombou et Sokolo ;

2° La *région ouest* : cercles de Bamako et Satadougou ;

3° La *région sud :* cercles de Siguiri, Kouroussa, Bougouni, Kankan, Beyla et résidences de Dinguiray et de Kissidougou;

4° La *région nord-est :* cercles de Bandiagara, de Dori, Say, Djenné et résidence du Mossi ;

5° La *région nord :* cercles de Tombouctou, Sumpi, Ras-el-Mâ ;

6° La *région Niger-Volta* : cercles de San, Ségou, Ouaghadougou, Kouri, Sikasso, Bobo-Dioulassou, Djebougou, Adjenné, Kong et Bouna.

Le décret du 17 octobre 1899 a complètement changé toute cette organisation.

Au moment même où le général de Trentinian, lieutenant gouverneur du Soudan français, obtenait, par des moyens pacifiques et une administration habile, les résultats que l'on sait, les territoires du Soudan étaient partagés au profit des colonies voisines.

L'administration militaire, le porte-respect de la France vis-à-vis des noirs à peine soumis, était remplacée par l'autorité civile qui cependant n'a pas donné jusqu'ici, tout au moins à la Côte d'Ivoire et en Guinée, des gages bien décisifs à la pacification.

On a déjà parlé, à propos des colonies côtières, des craintes que faisait naître pour l'avenir l'application du décret du 17 octobre 1899. Nous n'y reviendrons que pour résumer les dispositions de ce décret (1).

Les territoires du Soudan français ont été distribués comme il suit :

Au Sénégal, les régions ouest, la région du Sahel, avec les cercles de Kayes, Bafoulabé, Kita, Ségou, Bougouni et Djenné;

A la Guinée, la région sud moins le cercle de Bougouni ;

A la Côte d'Ivoire, les cercles d'Odjenné, Kong et Bouna;

Au Dahomey, les cantons de Kouala ou Nebba au sud de Liptako et le territoire de Say comprenant les cantons de Djennaré, Diongoré, Folmongani et Botou.

---

(1) Voir à l'Appendice.

Deux commandements militaires subsistent sous l'autorité immédiate du gouverneur général :

Le premier comprend les cercles de Tombouctou, Sumpi, Goundam, Bandiagara, Dori et Ouahigouya;

Le second est formé par les cercles de San, Ouaghadougou, Kouri, Sikasso, Bobo-Dioulassou et Djebougou.

En outre, l'autonomie financière du Soudan cesse. Les budgets des deux territoires militaires sont incorporés au budget du Sénégal. Quant à l'armée du Soudan, elle sera répartie, suivant les besoins, entre les diverses colonies ou territoires.

Elle comprend encore :

1 régiment de tirailleurs soudanais à 18 compagnies réparties dans les divers cercles ou formées en colonnes mobiles (125 à 160 hommes par compagnie);

1 escadron de spahis soudanais avec des pelotons d'auxiliaires répartis au Mossi, au Gourounsi et sur la Volta, ainsi que des compagnies de tirailleurs auxiliaires;

1 batterie d'artillerie de marine avec des détachements répartis suivant les besoins;

1 compagnie auxiliaire d'ouvriers d'artillerie;

1 compagnie de conducteurs soudanais chargés des convois des lignes d'étapes;

1 détachement du génie chargé de la construction et de l'exploitation du chemin de fer de Kayes au Niger, mais trop peu nombreux pour les besoins de la colonie;

Divers services : artillerie, génie, services administratifs et de santé;

Une flottille de canonnières du Niger, ayant Koulikoro pour port d'attache.

Outre ces éléments, on a tout récemment organisé un peloton de 32 mehara dans la région nord, ainsi qu'un escadron et 7 compagnies de gardes-frontières de 100 à 300 indigènes dans les diverses régions.

Nous n'entreprendrons point de faire ici l'historique complet de cette conquête invraisemblable du Soudan, à laquelle nous avons été poussés, on peut le dire, par la force des circonstances. Nous nous bornerons à attirer l'attention sur les faits les plus récents dont la conclusion s'impose d'elle-même.

C'est le général Faidherbe qui, le premier, posa les bases d'un système de pénétration. Comprenant que la colonie du Sénégal ne pouvait prospérer qu'à la condition d'être le débouché d'une partie du Soudan complètement pacifiée, il élabora un programme dont l'exécution, à peine ébauchée sous son administration, fut reprise, en 1878, par le colonel Brière de l'Isle.

La mission Galliéni, envoyée à Ségou, n'ayant pu obtenir de résultats pacifiques, le colonel Borgnis-Desbordes commença, dès 1883, en trois brillantes campagnes, la conquête du Soudan. Ce pays devint alors le théâtre des exploits des Frey, des Humbert, des Archinard et des Combe, qui, en douze ans, au prix d'efforts gigantesques et trop peu connus, ont réussi à donner à la France un empire plus grand que la métropole.

Ce fut aussi le pays des conquérants africains, fondateurs d'empires éphémères, El Hadj Omar, Ahmadou, Samory, qui, s'appuyant sur des races guerrières, ont pu, aidés par le climat et les hésitations de la France, résister pendant longtemps à une race supérieure, secondée par toutes les ressources de la civilisation.

Au nombre des événements les plus glorieux et les plus féconds de ces dernières années, il faut citer, à la louange du lieutenant-colonel Bonnier, la conquête de Tombouctou.

Cinq années qui ont passé sur cet épisode n'ont réussi qu'à confirmer les justes prévisions de l'officier distingué et énergique qui paya de sa vie, à Dongoï, le prix de sa conquête. La prise de Tombouctou, accomplie avec de faibles moyens, ne fut point, comme le craignirent ceux qui jugeaient de loin les choses du Soudan, le signal d'une levée générale des Touareg et des noirs.

L'emporium saharien une fois occupé, les populations voisines ou lointaines apprirent, à leurs dépens, qu'à défaut de la diplomatie la France pouvait imposer ses volontés par la force. Le lieutenant-colonel Bonnier et, après lui, le colonel du génie Joffre avaient donc vu juste le jour où, s'élançant vers le point de soudure des relations des peuples du Sahara et du Soudan, ils réussirent à les séparer pour les mieux dominer.

Ce n'est pas que Tombouctou soit une métropole commerciale ni une position stratégique extraordinaires. On l'a constaté et souvent répété, ce n'est qu'un lieu d'échange des caravanes, qu'un point de contact, qu'une place de rendez-vous séculairement adoptée par les populations situées de part et d'autre du Niger.

Ce n'est qu'une sorte de relais dans lequel les marchandises venant du Nord et se dirigeant vers le Sud, ou inversement, changent de moyen de transport.

Si le chameau pouvait vivre dans la boucle du Niger, Tombouctou ne serait qu'une hôtellerie. La nécessité en a fait un relais, une place de transbordement, et, par suite, une place d'échanges. C'est là que les denrées du Soudan et surtout le mil, transporté par pirogues, prennent, sur le dos des chameaux, la place du sel du Sahara, indispensable aux noirs, et de là se dirigent surtout vers le Touat et le Maroc.

C'est là aussi que s'exerçait l'influence séculaire des Touareg Iguellad, Kel-Antassar, Tengueriguif, Irreganaten, Kel-Temoulaï, Iguadaren, Aouellimiden qui vivaient aux dépens du commerce des caravanes.

Après l'occupation (12 février 1894) et la mise en état de défense de Tombouctou, le colonel Joffre, pour venger le massacre de Dongoï, marcha contre les Touareg.

Il battit successivement les Irreganaten à Takayegourou (10 mars 1894), les Tengueriguif à Dahouré, Goro-Sansan (18-28 mars), les Iguellad à Fati et les Kel-Temoulaï à Aghelah (juin 1894).

Pendant ce temps nos reconnaissances battaient les Kel-Antassar en plusieurs rencontres.

En même temps, outre les deux compagnies noires qui occupaient Tombouctou, une troisième compagnie était envoyée à Goundam et une quatrième à El-Oualadji et Saraféré.

Malgré ces mesures et la présence d'une batterie d'artillerie et d'un escadron de spahis soudanais, N'Gouna, chef des Kel-Antassar vint, en juillet 1895, piller Douekiré. Aussitôt pourchassé, il fut battu au mont Farasch, au lac Faguibine, et aurait été alors probablement définitivement réduit sans les ordres de temporisation imposés par le gouverneur civil du Soudan.

Sous l'habile administration de son successeur, le colonel de Trentinian, qui reçut le titre de lieutenant-gouverneur du Soudan, les mesures prises par le commandant Réjou, commandant le cercle de Tombouctou, réussirent à amener la soumission momentanée de N'Gouna, et à assurer la pacification des environs de Tombouctou.

Au cours de ces événements, les reconnaissances de nos officiers ont conduit à d'importantes découvertes géographiques. C'est ainsi que de grands lacs ont été reconnus à l'ouest et au nord de Tombouctou, et qu'une bonne carte du pays a pu être dressée.

En décembre 1895, le commandant Réjou partit de Goundam en reconnaissance, passa par Sumpi où il étudia la création d'un poste et, de là, se portant vers le Nord, reconnut le lac Daouna et le lac Faguibine qu'il contourna vers l'Ouest et le Nord, releva les monts Tahakim et Tinegadda et rentra à Goundam par Farasch, après avoir constaté la tranquillité du pays.

Les seuls adversaires que nous ayons de ce côté sont les Touareg qui, poussés par les Hoggars, nos ennemis du Sahara, nous ont imposé une surveillance stricte et continuelle.

Notre situation dans ces régions est, en effet, à peu près analogue à celle que nous avions sur le Sénégal au début de notre occupation. De même que nous avons dû y tenir en respect les Maures de la rive droite et protéger les populations noires de la rive gauche, de même, sur le Niger, notre mission consiste à protéger nos sujets Sonrhaïs contre leurs ennemis séculaires, les Touareg, qui empiètent encore sur les territoires de la rive droite.

Notre autorité est, d'ailleurs, chaque jour reconnue davantage; au cours d'une reconnaissance dirigée contre les Kel-Antassar au mois de novembre 1898, le chef N'Gouna a été tué près d'Emmela, au nord-est du lac Faguibine, et cet événement, en nous débarrassant d'un de nos principaux ennemis, ne peut que contribuer à pacifier la région et à ouvrir le Niger à la navigation. Le fleuve lui-même a dû livrer ses secrets à nos explorateurs qui, dès 1896, ont entrepris sa reconnaissance.

Le 3 janvier 1896, une mission hydrographique dirigée par le lieutenant de vaisseau Hourst, et composée du lieutenant Bluzet, de l'enseigne Baudry et du Père Hacquart, partait de Gourao et arrivait peu après à Kabara, port de Tombouctou, qu'elle quitta le 21 janvier pour descendre le Niger.

La mission était à bord du *Jules-Davoust*, petit bâtiment en aluminium, ponté, de 11 mètres de long, pesant 950 kilogrammes et pouvant porter quatorze hommes.

Le 26 janvier elle était à Kagha, sur la rive droite du Niger, à 35 kilomètres de Kabara, où elle était bien reçue. De là elle continuait sa route et arrivait à Say, après avoir pacifiquement reconnu le cours du Niger moyen.

Après cinq mois de séjour à Say où fut construit un poste, la mission continuait la descente du Niger, passait devant le fort Arenberg fondé par le commandant Toutée, et arrivait à Forcados après un voyage de dix mois pendant lequel pas un coup de fusil ne fut tiré et pas un homme ne fut perdu. La mission rentrait en France, au mois de décembre 1896, après avoir démontré la navigabilité du Niger sur un trajet de 1.600 kilomètres, presque entièrement compris dans la limite de l'action française, et rapportant une foule de précieux renseignements sur des contrées jusqu'alors inconnues. Ces renseignements viennent d'être encore complétés à la suite des missions accomplies, en 1899, par M. Baillaud et par le capitaine Granderye.

Du côté du Macina, le colonel Archinard avait, dès 1893,

placé un résident avec une compagnie de Soudanais auprès d'Aguibou, nommé par lui roi de cette région.

Le commandant Destenave, nommé en 1894 résident à Bandiagara, capitale du Macina, réussissait, au commencement de 1895, à soumettre pacifiquement le Djilgodi, pays à l'est du Macina, et au mois de mai 1895 il signait à Ouahigouya, capitale du Yatenga, un traité plaçant ce pays, qui forme la partie nord du Mossi, sous le protectorat de la France.

Déjà le commandant Monteil, au cours de sa mission, avait conclu des traités avec le Boussoura, le Dafina, le Liptako, le Yagha, le Gueladjio, enserrant le Mossi qu'il n'avait pu entamer, dans un cercle de possessions françaises.

En 1896, la situation de ces contrées de la boucle du Niger était la suivante.

Le Mossi, royaume assez civilisé, ayant pour capitale Ouaghadougou, était la résidence d'un roi ayant le titre de naba (chef) des nabas, qui régnait sur un territoire d'environ 100.000 kilomètres carrés de superficie.

C'était un pays prospère, le seul du Soudan dans lequel les villages ne fussent pas fortifiés, et qui s'adonnait à la culture et à l'élevage. On y comptait, d'après le colonel Monteil, de dix à quinze habitants par kilomètre carré.

Le Mossi était alors le but de nos efforts; il était aussi visé par les Anglais qui cherchaient à s'interposer de ce côté au milieu de nos possessions de la boucle du Niger.

A l'ouest de ce pays s'étendaient le Dafina et les États de Tiéba, protégés par la France et gouvernés par Babemba, fils de Tiéba. Tous ces pays, ainsi que ceux de Kong, formaient une région ininterrompue placée sous notre protection au moment où du côté opposé, dans l'hinterland du Dahomey, nous cherchions à effectuer la délimitation de notre zone d'action et des sphères d'influence anglaise et allemande.

A l'est et au sud du Mossi, on trouvait le Gourounsi, le Gourma, la région de Say et plus au sud le Borgou qui ne devaient pas tarder à recevoir la visite de nos troupes.

On sait combien fut active, depuis 1895, la politique africaine de nos rivaux anglais et allemands : il s'agissait pour nous, avertis comme nous l'étions, de prendre position dans la boucle du Niger et d'établir nos droits sur les régions convoitées par nos adversaires. Grâce à la politique active et continue adoptée par le colonel de Trentinian nous avons pu y parvenir.

Vers le milieu de l'année 1896, le lieutenant-gouverneur de Trentinian confia au commandant Destenave la mission d'occuper toute la région au nord du 10e parallèle et d'effectuer sa jonction avec les missions du capitaine Baud et du lieutenant de vaisseau Bretonnet, parties du Dahomey, et déjà étudiées dans le chapitre relatif à ce pays.

Pour assurer l'exécution de ce programme le lieutenant Voulet reçut l'ordre de préparer la marche du commandant Destenave en occupant le Mossi et le Gourounsi.

Parti de Bandiagara, le 30 juillet 1896, avec 200 hommes, le lieutenant Voulet, accompagné du lieutenant Chanoine, occupait Ouahigouya, capitale du Yatenga, le 17 août, et y installait notre protégé Bakaré, qui en avait été chassé peu de temps avant; le 24 août il entrait à Goursi, la ville sainte du Yatenga.

Le Yatenga était conquis et l'on se trouvait en présence du Mossi.

Le naba de Yako, dépendant du Mossi, qui avait pris parti contre Bakaré et l'avait chassé de Ouahigouya, fut lui-même chassé de Yako, à la fin d'août. Le naba des nabas, Bokary-Koutou, ne put lui-même empêcher le lieutenant Voulet d'entrer à Ouaghadougou, où, le 1er septembre, une garnison était installée. Après une pointe poussée sur le Gourounsi, ainsi qu'il est dit plus loin, le lieutenant Voulet rentrait à Ouaghadougou, le 1er novembre, donnait le gouvernement du Mossi à Kouka, un des frères de Bokary-Koutou, pacifiait le Mossi et procédait, le 27 janvier 1897, à l'investiture solennelle de Kouka, en qualité de naba des nabas.

C'est en marchant au-devant de la mission Baud que le lieutenant Voulet rencontra, à Tingourkou, la mission du capitaine anglais Donald Stewart qui, partie de Coumassie, cherchait à passer des traités avec les chefs du pays.

Bien que Tingourkou fût une dépendance du Mossi, les

deux officiers tombèrent d'accord pour neutraliser cette localité.

Les Anglais rentrèrent à Gambaka, tandis que le lieutenant Voulet, reprenant la direction du Nord-Est, allait faire sa jonction, à Tigba, avec l'expédition du capitaine Baud, qui continuait la conquête du Gourma (voir le chapitre relatif au Dahomey). Sa mission terminée, le lieutenant Voulet rentrait, à la fin de février 1897, à Ouaghadougou. Le commandant Destenave venait d'y arriver le 20 février.

Du côté du Gourounsi et du pays de Kong, la lutte ne se termina réellement qu'après la capture de Samory.

On a vu qu'après leur entrée à Ouaghadougou (1er septembre 1896), les lieutenants Voulet et Chanoine avaient poussé aussitôt vers le Sud où ils s'étaient heurtés aux forces de Baba-To, alors en compétition avec Hamaria, chef des noirs autochtones du Gourounsi. Ce pays avait été conquis, vers 1860, par un chef sonrhaï, Gandiari, venu du Zaberma, au nord du Sokoto. Conformément aux principes de notre politique qui tend à l'expulsion, au bénéfice des autochtones, des nombreux conquérants de tout ordre, Toucouleurs, Touareg ou Sonrhaïs, qui ont fait de la boucle du Niger le théâtre de leurs dévastations, le lieutenant Voulet prit le parti de Hamaria, battit Baba-To et le refoula derrière le Poplogon, affluent de la Volta (octobre 1896). Puis, croyant le pays pacifié, il se porta vers le Gourma, à la rencontre du capitaine Baud, et rentra, comme il a été dit, à Ouaghadougou, au moment où le commandant Destenave venait d'y arriver.

Le lieutenant Chanoine, mis à la disposition du commandant Destenave, reçut l'ordre d'opérer une reconnaissance au Gourounsi, pour y soutenir Hamaria et y devancer les Anglais. Il y battit Baba-To et fut bientôt renforcé par le capitaine Scal, que le commandant Destenave, avant de poursuivre sa marche vers l'Est, avait nommé résident au Mossi.

Le capitaine Scal s'apprêtait à continuer la lutte contre Baba-To, lorsqu'il rencontra, à Léaba, le 22 avril 1897, la mission du capitaine anglais Campbell, et signa avec cet officier une convention qui fixait le Poplogon comme limite

commune aux deux nations. Il fut en même temps convenu
que Baba-To serait désarmé par les Anglais, qui oublièrent
cette partie de la convention. Le capitaine Scal, ayant ainsi
poussé jusqu'à la limite du territoire français, se retira vers
le Nord, sa mission terminée.

C'est au cours de ces événements que nos troupes se heurtèrent aux sofas de Samory, qui entamaient déjà la conquête
du Gourounsi et qui se retirèrent aussitôt vers le Sud. Vers la
même époque (avril 1897), la mission Henderson ayant été
dispersée par les sofas, les débris de la colonne anglaise
vinrent se réfugier auprès de nos troupes, qui leur facilitèrent le retour sur Gambaka.

Avant de reparler de la colonne Destenave, terminons
l'étude des événements survenus sur ce théâtre d'opérations.

Il fallait s'assurer des pays à l'ouest du Mossi et s'opposer à
la marche de Samory vers le nord du pays de Kong. C'est
dans ce but qu'une colonne, comprenant quatre compagnies
de tirailleurs, un peloton de spahis et trois pièces d'artillerie,
fut formée à Ségou et dirigée sur San et le pays des Bobos,
qu'elle atteignit en mars 1897. Commandée d'abord par le
commandant Valet, puis par le capitaine Hugot et, enfin, par
le commandant Caudrelier, elle s'emparait de Mansara, ville
des Bobos, qui firent leur soumission (23 avril), fondait un
poste à Borono et occupait Diébougou (mai 1897).

De là, le commandant Caudrelier lançait deux colonnes :
l'une, de 90 hommes, avec le capitaine Hugot, se rendit au
Gourounsi, en passant par Diefessi (27 mai), par Leo, Dassouna
et Fünnsi (31 mai), où elle prenait le contact avec Baba-To,
venu du territoire anglais. Le 6 juin, Baba-To était battu à
Doucé et le capitaine Hugot allait occuper Oua.

La deuxième colonne, sous les ordres du capitaine Braulot,
comptait aussi environ 90 hommes. Elle avait pour mission
d'occuper le Lobi et Bouna. Avant d'atteindre ce dernier point,
elle rencontra Sarankémory, qui, après des pourparlers amicaux, offrit au capitaine Braulot de l'escorter jusqu'à Bouna.
Celui-ci, trop peu défiant, accepta cette proposition, fut attiré,

pendant la route, dans un guet-apens et massacré avec tout son monde (20 août 1897).

Malgré cet événement, qui eut en France un douloureux retentissement, le commandant Caudrelier continua l'exécution de son programme, qui avait pour but l'occupation méthodique du pays et l'investissement de Samory. Une ligne de postes fut établie pour joindre nos troupes du Lobi à celles de la Côte d'Ivoire et une garnison prit possession de Kong.

C'est à Kong qu'eut lieu un des faits les plus mémorables des campagnes du Soudan : la défense de la place, par le lieutenant Demars, contre les 3.000 Sofas qui la bloquèrent du 12 au 27 février 1898. La garnison ne dut son salut qu'à l'arrivée du commandant Caudrelier, qui put, en quatre combats, bousculer les Sofas pour parvenir devant Kong (1).

---

(1) Voici l'ordre du jour adressé aux troupes du Soudan, à la suite de ce fait d'armes, par le lieutenant-colonel Audéoud, lieutenant gouverneur par intérim du Soudan :

« ORDRE GÉNÉRAL N° 43

» Le lieutenant-colonel, lieutenant gouverneur et commandant supérieur, a l'honneur de porter à la connaissance des troupes du Soudan français l'héroïque fait d'armes accompli par la garnison de Kong.

» Cette garnison, commandée par le lieutenant Demars, de l'infanterie de marine, et composée du lieutenant Méchet, des sous-officiers d'infanterie de marine Corvaisier et Rouchier, adjudants; Vaucher, sergent-major; Corbizier, Wauzel et Lardin, sergents, et de 164 indigènes, est investie par environ 3.000 Sofas de Samory, le 12 février.

» Plusieurs assauts sont donnés au poste et repoussés avec pertes cruelles pour l'ennemi. L'eau manque dans le poste; il faut aller chercher au marigot, ce qui donne lieu chaque fois à des combats meurtriers. Il faut rationner les défenseurs, qui finissent par ne plus boire que 25 centilitres d'eau par jour, quantité qui doit leur suffire pour résister à une chaleur intense et aux fatigues d'attaques continuelles.

» Les tirailleurs sont continuellement interpellés par les assaillants, qui leur promettent, au nom de l'almamy, des récompenses importantes s'ils trahissent leur chef. Ces propositions n'ont d'autre résultat que de déchaîner la colère des tirailleurs contre leurs ennemis.

» MM. Demars et Méchet ont grand'peine à calmer leur surexcitation, qui les incite à sortir du poste pour se jeter sur un ennemi si nombreux que sa masse seule aurait raison de leur bravoure.

» Jusqu'au 27 février, les souffrances sont inouïes.

» La garnison subit stoïquement les pertes suivantes : 1 Européen blessé, 2 tirailleurs tués, 1 tirailleur disparu, 19 tirailleurs blessés, 3 employés ou réfugiés tués, 5 employés ou réfugiés blessés, 26 morts de soif.

» Tous les animaux morts de soif.

» Pas une défaillance morale n'est à signaler !

» Le 17 février, le commandant Caudrelier, commandant la région Niger-Volta,

Pendant que ces événements se passaient sur les frontières de l'Achantiland, l'attitude de· Babemba, fama de Sikasso, nous obligeait à une expédition inattendue.

Sous l'influence des excitations de Samory, qui, se sentant à bout, cherchait à susciter contre nous toutes les diversions possibles, Babemba envoyait des lettres insolentes au gouverneur du Soudan, refusait le tribut et exerçait des razzias sur nos protégés. Le capitaine Morisson, envoyé pour connaître ses intentions, fut obligé de quitter précipitamment Sikasso (1er février 1898) et faillit être massacré avec son escorte pendant son retour.

Dans l'état où se trouvaient alors les esprits au Soudan, une solution énergique s'imposait. Une colonne de 1.400 combattants, avec de l'artillerie, sous les ordres du lieutenant-colonel Audéoud, fut concentrée sur la Bagoë, d'où elle partit le 10 avril 1898 pour détruire la puissance de Babemba.

Elle parvint à Sikasso, dit le colonel Audéoud dans un ordre du jour adressé aux troupes du Soudan, sans être inquiétée, le fama surpris n'ayant pas eu le temps de réunir ses troupes. La colonne, du 15 au 30 avril, eut à livrer quatorze combats de jour et de nuit, soit qu'elle eût à résister à des attaques d'ennemis résolus et intré-

---

apprend, entre Diebougou et Lokosso, l'investissement de Kong. Avec 200 fusils et deux pièces de 80 de montagne, et après une marche dont la rapidité et l'audace rappellent le brillant exploit du colonel Combes en 1884 à Ñafadié, et pendant laquelle il a eu à livrer quatre combats, le commandant Caudrelier arrive devant la ville, met en fuite les assaillants et dégage la garnison, dont les forces physiques étaient presque à bout.

» Le poste est rendu imprenable, sérieusement approvisionné en vivres; l'eau est rendue facile à se procurer ; l'ennemi est rejeté à 30 kilomètres de la ville dans toutes les directions, et, le 6 mars, la colonne de secours reprend la route de Lokosso, après avoir assuré au Soudan la possession définitive de la ville de Kong.

» Le lieutenant-colonel renonce à exprimer par des mots l'impression qu'il a ressentie en recevant ces nouvelles.

» La défense de Kong restera impérissable dans le souvenir des Soudanais et la France peut être fière de produire de pareils soldats.

» Le journal du siège sera polygraphié et lu aux troupes et envoyé dans tous les postes du Soudan, où il sera conservé dans les archives à une place d'honneur·

» Kati, le 21 mai 1898.

» *Le lieutenant-colonel, lieutenant-gouverneur et commandant supérieur des troupes,*

» Signé : AUDÉOUD. »

pides, soit qu'elle eût à conquérir des positions nécessaires à l'attaque définitive.

Le 1er mai, l'assaut fut donné.

Malgré la puissance, sans égale au Soudan, des fortifications de Sikasso, ville de 30 à 40.000 habitants, entourée d'un mur de 9 kilomètres de longueur et de 7 mètres d'épaisseur à la base, doublé intérieurement d'une autre enceinte presque aussi importante et après préparation d'artillerie ayant duré de 4 heures du soir à 5 heures du matin, les colonnes d'assaut, grâce à l'entrain et à la bravoure remarquable de tous, furent maîtresses de la ville et du tata particulier de Babemba vers 3 heures de l'après-midi.

Le fama fut trouvé mort au milieu de ses derniers fidèles.

L'écrasement de sa puissance était complet. Son armée, évaluée à 2.000 cavaliers et 10.000 fantassins, dont un grand nombre armés de fusils à tir rapide, était détruite et en fuite en proie à la plus grande terreur.

Les pertes de la colonne étaient les suivantes :

Européens tués, 2 ; blessés, 8.

Militaires indigènes tués, 29 ; morts des suites de leurs blessures, 18 ; blessés, 146, sans compter les porteurs, ouvriers, etc.

Ce brillant fait d'armes, ajouté à tant d'autres, eut dans tout le Soudan un retentissement considérable et contribua puissamment à assurer les succès de nos colonnes et à asseoir notre domination.

Dès le lendemain de la prise de Sikasso, le commandant Pineau fut lancé dans le Sud, avec la mission de pourchasser les fugitifs et de ravitailler notre garnison de Kong. Son action, combinée à l'Est avec celle du commandant Caudrelier, à l'Ouest avec celle du commandant de Lartigue, eut pour effet, ainsi qu'on l'a vu dans le chapitre relatif à la Côte d'Ivoire, de précipiter la fuite de Samory et d'amener sa ruine définitive et sa capture.

Revenons, maintenant, aux événements accomplis dans la partie nord de la boucle du Niger par la mission du commandant Destenave.

Le commandant Destenave devait marcher de Bandiagara sur Say, affirmer sur sa route la domination française et assurer l'autorité de nos partisans.

Il partit de Bandiagara, le 8 janvier 1897, avec trois compagnies (Bizot, Scal, Betbeder) de 110 hommes, deux pelotons de spahis (Beynaguet, Imbert), une section de 80^{mm} (Béroud), tandis que le capitaine Minvielle organisait une quatrième compagnie à Bandiagara.

Après plusieurs combats, le pays des Samos fut soumis, et, le 13 février, la colonne partait de Yaba pour Ouaghadougou, où elle entrait le 20 février. Après y avoir laissé une garnison d'une compagnie et d'un peloton de spahis, avec une pièce de 80^{mm}, et nommé le capitaine Scal résident au Mossi, le commandant Destenave repartait pour le Yatenga et concentrait sa colonne à Ouahigouya, où un poste était construit pour soutenir notre partisan Bakaré. La colonne en repartait, le 13 avril, pour Dori. « Qui possède Dori, dit la tradition, tient le pays jusqu'à Say et commande jusqu'à Sokoto. »

La marche, effectuée sur deux colonnes marchant à 15 kilomètres environ d'intervalle, amène nos troupes, le 23 avril, à Aribinda, où un fort est construit. Le 30 avril, elles entraient à Dori, sans combat. Une garnison de 60 fusils, 30 sabres et une pièce de 80^{mm} y est laissée, avec les lieutenants Bellevue et Hugot, attendant la compagnie Minvielle, qui y arrive peu après.

Le 2 mai, la colonne, réduite à la compagnie Betbeder, le peloton Beynaguet et une pièce d'artillerie, marche sur Say.

Au bruit de notre marche, notre vieil ennemi Ahmadou, fils d'El Hadj Omar, qui, après la perte de ses États, s'était retiré sur le Niger, en amont de Say, s'alliait avec les Touareg pour s'opposer à notre invasion. On ne lui laissa pas le temps d'organiser la résistance. Le 4 mai 1897, la mission entrait à Zebba, capitale du Yagha, y laissait une garnison (une section) et poussait Ahmadou au delà du Niger.

Le commandant Destenave revient alors à Dori pour organiser ses conquêtes et, sans perdre de temps, pousse sur Say le capitaine Betbeder et le lieutenant Beynaguet.

L'occupation de Say se fit sans encombre (19 mai 1897). Les populations, fatiguées de la domination de leurs oppresseurs et se rappelant la modération de nos missions antérieures

(Monteil, Toutée, Baud, Hourst) nous accueillirent comme des libérateurs.

La mission du commandant Destenave était accomplie. Il ne restait plus qu'à pacifier les régions conquises.

Le capitaine Minvielle, nommé résident à Dori, dut aller châtier les Touareg et leur tua 140 hommes, le 6 juin, à Diagourou. Malheureusement, nous y perdions le lieutenant Bellevue, tué dans une charge. Ce combat ruinait, au Dori, les espérances de notre ennemi Madidou, chef des Aouellimiden.

Au printemps de 1898, le capitaine de Coma, successeur du capitaine Minvielle, surprend les Touareg Logomaten après une marche de 150 kilomètres exécutée en trois jours, et en débarrasse la région.

Au Mossi, le naba détrôné Bockary Koutou continue ses intrigues, soutenu par les Anglais. Il oblige le capitaine Scal à plusieurs reconnaissances, à la suite desquelles il est refoulé sur le Boussansé. Après une période de calme constatée au mois d'août 1897, le commandant Destenave, qui pacifiait le Yatenga à son retour de Dori, est obligé de se porter sur le Boussansé pour y soutenir le capitaine Scal. Après une série de reconnaissances, il force Bockary Koutou à fuir à Gambaka, où il est accueilli par les Anglais. Débarrassé de ce côté, le commandant reconnaît la nouvelle frontière franco-anglaise et fonde des postes sur tout son parcours; puis il pénètre dans le Dahomey, arrive à Pama le 5 mars et rentre à Ouaghadougou le 22 mars 1898.

Du côté de Say, le capitaine Betbeder tranquillise les populations et les rallie autour de nous. Mais le lieutenant Beynaguet est obligé, le 22 juin 1897, de prévenir, à Adaré, une attaque des indigènes qu'il châtie énergiquement deux jours après.

Toutes ces opérations n'étaient, en définitive, que des actes de police. Le pays était conquis, et, grâce à l'habileté et à la modération de nos officiers, on peut dire que, malgré des révoltes inévitables, il est satisfait de l'avenir que nous lui réservons. On n'a eu en effet à signaler depuis dix-huit mois

que les tournées de police du capitaine Teissonnière dans le
Tierla (août-novembre 1898), du capitaine Modest dans le Lobi
(fin 1898), du colonel Pineau dans le Niénégué (décembre 1898-
mars 1899), du capitaine Amman dans le Kipirsi (février 1899),
du capitaine Benoit et du lieutenant Pruneau dans le Bouaké
(décembre 1898) où ils eurent à soutenir un siège contre les
indigènes, et enfin (avril-mai 1899) du capitaine Boutiq au
Yatenga.

Say une fois occupé et mis à l'abri des incursions des populations de la rive gauche du Niger, il restait à leur apprendre
à nous connaître. C'est à ce moment que le capitaine du génie
Cazemajou reçut la mission de reconnaître la région, au nord
de la ligne Say-Baroua, que la convention franco-anglaise du
1er avril 1890 laissait dans notre sphère d'influence.

Le capitaine Cazemajou traversa le Niger à Carimana, en
décembre 1897, accompagné de l'interprète Olive et d'une vingtaine de fusils, passa à Argoungou (1) à la fin de janvier 1898,
et à Sokoto, puis se dirigea ensuite sur l'Adar. Il était à Koussi
au mois de mars. De là, il marcha sur Zinder, où il fut attaqué
par les gens du pays, surexcités par les Touareg et, paraît-il,
par un agent senoussi. Les deux Français furent assassinés,
et le reste de la mission ne dut son salut qu'à l'extrême
énergie déployée par ses cadres indigènes. Les débris de la
petite troupe, qui eut six morts et huit blessés, furent recueillis à Say, avec les papiers de la mission, et l'on s'occupa
immédiatement de réparer la fâcheuse impression causée, au
delà du Niger, par cet événement.

Une nouvelle mission fut formée, sous les ordres des capitaines Voulet et Chanoine, en vue de reconnaître en détail les
divers points de la ligne Say-Baroua et de se relier à la mission
Foureau-Lamy.

Partis de France à l'automne de 1898, ils arrivaient le 2 janvier 1899 à Sansanné-Haoussa, à 150 kilomètres au nord de

---

(1) Le capitaine Cazemajou a passé avec le chef d'Argoungou, le 19 janvier 1898,
un traité de protectorat qui fixait le goulbi N'Kabbi pour limite à notre influence.

Say, le capitaine Voulet ayant suivi la voie fluviale et le capitaine Chanoine, la voie de terre de Ségou sur Say.

Au mois de mars, la colonne comprenant les lieutenants Joalland et Pallier, le docteur Heinric, 3 sergents européens, 50 tirailleurs et 20 spahis réguliers, environ 200 auxiliaires et un millier de porteurs, se portait au-delà du Niger; puis, chassée par le manque d'eau, elle revenait vers le fleuve pour en repartir en marchant cette fois sur Argoungou. Le 15 avril, elle se trouvait à Boro-Biré, d'où elle continuait sa marche en livrant des combats et se frayant un passage par la force.

C'est vers cette époque que le gouvernement ayant eu connaissance de certains faits reprochés aux chefs de la colonne, de cruautés regrettables qui, en ces pays primitifs, accompagnent toujours l'état de guerre, et sont parfois ignorées des cadres européens, chargea le lieutenant-colonel Klobb de procéder à une enquête et au besoin d'arrêter et de renvoyer au Soudan les chefs de la mission.

Parti de Say, le 11 juin, avec le lieutenant Meynier, 35 tirailleurs et quelques auxiliaires et porteurs, le lieutenant-colonel Klobb arrivait à Dosso le 15 et à Doundahé le 25 juin.

Le 13 juillet, après diverses péripéties et un échange de correspondances, le capitaine Voulet, ayant interdit au colonel Klobb d'avancer, quitta la mission sans lui dévoiler ses projets et se porta, avec quelques tirailleurs au-devant du colonel.

Il le rencontra le 14 juillet près de Tessaoua et, bien que le colonel Klobb ait refusé de se défendre, il ne craignit pas de faire ouvrir le feu contre lui. Le malheureux colonel tomba frappé mortellement tandis que le lieutenant Meynier était grièvement blessé.

Revenu vers la mission après avoir recueilli le lieutenant Meynier, le capitaine Voulet, auquel se serait joint le capitaine Chanoine, aurait manifesté le projet de fonder un empire africain, laissant ses compagnons libres de rentrer au Soudan. Une scission se produisit aussitôt dans la colonne. Bientôt Voulet et Chanoine furent abandonnés même par les tirailleurs sur lesquels ils avaient cru pouvoir compter; ayant cherché à

user de rigueur pour les ramener, ils furent massacrés l'un
après l'autre aux environs de Mairgui.

Le lieutenant Pallier rallia alors tout le personnel de la mission et décida de poursuivre sa marche sur Zinder.

Il y entra sans grandes difficultés, y établit un poste et y laissa
un fort détachement avec le lieutenant Meynier. Puis, tandis
que le lieutenant Joalland poussait vers le Tchad, le lieutenant
Pallier regagnait Say, où il arrivait le 14 novembre, ramenant
péniblement les tirailleurs dont la fidélité avait paru douteuse.

Du côté de Tombouctou, l'année 1897 a été signalée par la
mort du lieutenant de Chevigné, tué, le 18 juin, par le rezzou
formé par Abbidin, marabout kounta, qui avait réuni autour
de lui 3.000 hommes des Iguadaren et des Kel-Temoulaï.
Diverses reconnaissances furent depuis lors dirigées contre les
Touareg.

Au mois de mai 1898, une colonne de 300 tirailleurs et de
50 spahis, refoula les Iguadaren vers le désert. Une compagnie de tirailleurs, laissée à Bamba après cette petite expédi-
dition, y fut attaquée, le 14 juin, par Abidin, à la tête des
Kountas et des Iguadaren qui se retirèrent après trois heures
de lutte. Après un nouveau combat à Zamgoï, les Iguadaren
firent leur soumission. Le poste de Bamba fut définitivement
organisé en octobre 1898.

A ce moment, le commandant Crave partait de Dori, marchant à la rencontre du lieutenant-colonel Klobb qui descendait le Niger, venant de Tombouctou. Il se heurtait aux
Touareg, les rejetait, après plusieurs combats acharnés, au
delà du Niger, et installait des postes à Douasou et Zinder. Le
25 décembre il faisait sa jonction vers Ansongo, avec la colonne Klobb.

Le programme assigné aux deux colonnes était le suivant :
protéger la mission Voulet jusqu'à son départ du Niger et
chasser les Touareg au delà du fleuve. Elles devaient se réunir
entre Say et Zinder et soumettre les tribus riveraines du Niger.
Cette mission fut remplie entièrement. Outre les postes créés
par le commandant Crave, le colonel Klobb fondait, après plu-

sieurs combats, ceux de Gao, Taoussa et Ansongo, de manière à interdire aux Touareg tout accès vers le Niger.

L'année 1899 a vu, de ce côté, la pacification se continuer. Les Kel Antassar paraissent s'être soumis comme les Allay; les Kountas paient tribut, et l'on n'a eu à signaler, en fait d'opérations de police récente, que la dispersion opérée près de Fafa, le 19 juin dernier, par le capitaine Henrys, d'un rezzou formé par Madidou et Abidin, la répression, au mois de mai, de la petite révolte de Kentadji et les succès obtenus par le colonel Septans et le capitaine Moll à la fin de 1899.

Vers le Nord-Ouest, la mission confiée à M. Coppolani par le général de Trentinian a eu un plein succès et amené la soumission des Maures Medjdouf et Alloueh. Cette soumission, accompagnée de celles des Sidi Mahmoud, des Oulad Embarek et des Oulad Nacer, paraît devoir assurer la pacification de toute la région habitée ou parcourue par les tribus maures. Cette région prendra le nom de Mauritanie occidentale et sera administrée par M. Coppolani.

Tels sont, trop brièvement énumérés, eu égard à l'intérêt qu'ils présentent, les derniers événements qui viennent d'asseoir définitivement notre domination sur les rives du Niger.

Le Soudan est conquis. Il faut maintenant l'occuper et surtout le conserver. Ce n'est pas du jour au lendemain que ses populations, quel que soit leur désir de vivre en paix sous notre domination, se rallieront à nous sans arrière-pensée. Il y aura encore des ambitions à abattre, des révoltes à étouffer et, plus encore, des attaques étrangères à repousser.

L'étude de la défense du Soudan contre une invasion étrangère ne saurait sembler prématurée. Il suffira de se reporter aux événements de la fin de 1898 qui ont amené l'apparition d'une escadre anglaise devant Dakar, de se rappeler l'âpreté des revendications de nos rivaux et de jeter les yeux sur les enclaves étrangères semées parmi nos possessions d'Afrique pour ne plus envisager l'avenir avec autant de sécurité.

D'ailleurs depuis un an on n'est pas resté inactif au Soudan.

Sept compagnies de gardes-frontières ont été formées et on a procédé à l'organisation et à l'encadrement de 14.000 hommes de réserve parmi des indigènes choisis ou d'anciens tirailleurs.

Pendant l'année 1900 des renforts en personnel et en maté-· riel ont été dirigés sur le Soudan. Un supplément de 23 officiers et de 66 sous-officiers y a été envoyé et l'année 1900 verra encore se développer de ce côté nos ressources militaires.

Nous sommes vulnérables au Soudan par nos côtes, par une révolte possible de nos sujets et par les enclaves étrangères.

Des révoltes locales seront évidemment toujours à craindre, mais il n'y a guère lieu de prévoir, à moins de fautes considérables, une insurrection d'ensemble.

Nos côtes se défendront d'elles-mêmes par les points forts qu'on y établira en des situations à déterminer par leur importance actuelle, par les moyens de communication qu'elles tiennent et interdisent, par les garnisons qu'on leur donnera : Saint-Louis, comme capitale, situé à l'embouchure du Sénégal; Dakar, par sa merveilleuse situation maritime et stratégique, Konakry et les bouches des principaux fleuves côtiers de la Guinée sont autant de points remarquables qu'il s'agit de protéger et d'interdire à l'ennemi.

Si, comme précaution immédiate, on ajoute à ce programme que les voies pénétrantes devront être peu nombreuses, à grand rendement, et aboutir aux points protégés; que ces voies, les seules possibles pour un envahisseur, seront autant de défilés faciles à défendre — surtout dans la traversée de la forêt dense — ou à détruire momentanément, on reconnaîtra que, même avec des ressources assez faibles, il sera facile d'obliger l'ennemi à reporter ailleurs que sur nos côtes ses tentatives de débarquement et d'invasion.

Les enclaves étrangères offrent, d'ailleurs, à l'ennemi bien plus de commodité et de ressources. Il est inutile d'insister sur un pareil sujet, qui a déjà éveillé l'attention de nos officiers. Il suffira de faire remarquer qu'une invasion possible ne devra pas trouver en défaut nos services de renseignements, que les routes d'invasion, toujours peu nombreuses, devront être reconnues et étudiées et les garnisons placées à proximité. Celles-ci gagneront à ne point être éparpillées sans nécessité et à être concentrées en des points stratégiques convenablement choisis dans les régions remarquables, telles que le Fouta-Djallon, les pays de Bissandougou et Mousardou, ceux de Kong et Bondoukou, la région montagneuse entre le Gourounsi et le Gourma, les contrées de Carnotville et de Nikki.

Tout plan de défense militaire ou d'exploitation commerciale comporte un programme de voies de communication conçu avec ensemble et continuité.

Déjà, nous possédons, outre les voies fluviales, deux grandes voies de pénétration ouvertes au moyen de la main-d'œuvre indigène, par le lieutenant-colonel de Trentinian. L'une, de Saraféré près Tombouctou à la frontière du Dahomey, mesure 10 mètres de largeur et 900 kilomètres de longueur. L'autre va de Mopti sur le Niger à Say et mesure 800 kilomètres. Ces routes précèdent les chemins de fer à venir. Nous continuons, en outre, à construire lentement et péniblement, faute de crédits, la voie ferrée de Kayes à Bamako et Koulikoro.

Les travaux ont été commencés en 1881. En 1898, on avait construit 176 kilomètres seulement. Afin de réduire les dépenses et de mettre de l'ordre dans les travaux, on a fait appel, en 1893, au concours du génie militaire. Depuis lors, les recettes, qui, en 1893, étaient de 129.660 francs, ont monté, en 1899, à 452.000 francs. Dans son rapport, présenté à la commission du budget de 1900, M. Le Hérissé a fait connaître que la voie avait été poussée en 1899 à 41 kilomètres au delà d'Oualia, c'est-à-dire à 217 kilomètres de Kayes. Il est à espérer qu'en raison des mesures de construction simultanée récemment prises au moyen de la main-d'œuvre supplémentaire fournie par les sofas de Samory, la ligne entière pourra être livrée en 1904. On aura donc mis vingt-trois ans à construire 536 kilomètres. A ce compte-là, le Transsaharien exigerait plus d'un siècle et demi.

Ce fait montre encore davantage la nécessité de dresser un plan d'ensemble pour la construction de nos chemins de fer coloniaux et pour les crédits à leur consacrer, qu'on les demande au budget de la métropole ou à des emprunts coloniaux.

En tout état de cause, les voies ferrées, construites dès le début à la largeur de 1 mètre, devront suivre les voies naturelles sans trop s'inquiéter de desservir telle ou telle localité dont le transit peut être sujet à déplacement.

C'est ainsi que, faisant suite aux voies transsahariennes déjà entrevues, une ligne partant de Tombouctou aboutirait à Kong et de là à Abidjean; la voie de Kayes au Niger continuerait vers Sikasso, Ouaghadougou, Say et Zinder; elle serait rejointe sur le Niger par la ligne venant d'un côté de Konakry et de l'autre du Cavally et de Mousardou; à Say aboutirait la ligne qui, partie de Cotonou, passerait à Nikki et près d'Ilo.

Cette œuvre des artères principales terminée, les intérêts particuliers fixeraient le programme ultérieur : d'ici là les enclaves étrangères, commercialement investies et peut-être pacifiquement tombées en notre pouvoir, ne seraient plus un obstacle au développement d'ensemble de notre Afrique et contribueraient, au contraire, à sa grandeur et à sa prospérité.

*
* *

Arrosé par plusieurs grands fleuves et par un grand nombre d'affluents, le Soudan français se prête à la culture de presque tous les produits tropicaux.

Dévasté de tout temps par la guerre la plus sauvage, il n'est pas étonnant que les voyageurs qui ont examiné superficiellement certains côtés du pays n'y aient pas trouvé, au premier coup d'œil, les éléments d'une prospérité immédiate. Cette prospérité, reposant sur les ressources du pays et sur l'abondance de la main-d'œuvre indigène, ne peut manquer de prendre un sérieux essor le jour où le pays, complètement pacifié, sera en mesure de se livrer, sans crainte des perturbations politiques, à l'agriculture et au commerce.

Outre leurs richesses agricoles, ces régions possèdent des

gisements miniers qui n'attendent, pour être mis en valeur, que l'établissement de voies de communication sûres et faciles.

Les alluvions de nombreuses rivières contiennent de l'or. Le sol tout entier du Bambouk est un immense placer d'or.

La Falémé, les marigots qui s'y déversent, les moindres ruis-seaux roulent des paillettes d'or. Outre l'or, le Bambouk renferme des gisements de plomb argentifère, des minerais de cuivre, d'étain et de fer. (Capitaine Ancelle.)

Dans son ouvrage *L'Expansion coloniale de la France* (1886), M. de Lanessan s'exprime ainsi :

L'or existe en abondance dans les territoires d'alluvions que tra-versent les affluents du Sénégal; il est surtout abondant dans le Bambouk, qui est en même temps l'un des territoires les plus fer-tiles. Il est surtout abondant dans le Bouré. Plus on se rapproche de la Falémé, plus l'abondance de la poudre d'or et la grosseur des pépites augmentent.

On a vu plus haut quel était le rôle véritable et spécial qu'il convient d'assigner à Tombouctou dans le commerce du Soudan.

Tombouctou, avec ses trois ports de Kabara, Day et Ko-riumé, reçoit du Nord le sel provenant des mines de Taou-deni, sur la route du Maroc, dans le désert d'El Djouf.

A cette denrée s'ajoutent les dattes et le tabac du Touat. Les caravanes viennent du Maroc (par Arouan), du Touat, de Ghadamès et de Mourzouk, portant à dos de chameau leurs produits jusqu'à Tombouctou. Là, elles sont déchargées dans des pirogues et des chalands, qui les transportent sur le Niger, où on les livre dans diverses escales aux caravanes de la boucle du fleuve. Celles-ci, en échange, confient aux ba-teaux le mil et autres denrées du Soudan.

Dans les docks et magasins de Tombouctou se produit donc un simple transbordement de marchandises, un va-et-vient nécessité par la nature différente des pays situés au nord et au sud de la ville : plaines de sable d'un côté et, de l'autre, con-trées fertiles arrosées par de nombreux cours d'eau.

C'est aujourd'hui sur les douanes du Sénégal qu'il faut compter, outre les subventions de la métropole, pour doter les travaux publics qui s'imposent dans la colonie (1). C'est ainsi qu'en 1898 le Soudan a été autorisé à emprunter environ 920.000 francs, remboursables en quatre ans, pour continuer le chemin de fer de Kayes au Niger. Les annuités nécessaires à l'amortissement doivent être prélevées, jusqu'à concurrence de 250.000 francs par an, sur le produit des douanes du Sénégal.

Les recettes des douanes vont d'ailleurs se ressentir de l'état de paix qui commence au Soudan. Dès 1896, le commerce de Tombouctou dépassait un demi-million par trimestre. De ses oscillations on peut tirer des conclusions sur les variations du commerce général du pays, et de son accroissement continu on peut déduire que l'amélioration des transactions est en bonne voie.

Ces régions ne sont, d'ailleurs, qu'imparfaitement reconnues. Maintenant qu'il s'agit de les mettre en état d'exploitation, il est nécessaire de fournir à nos négociants des données certaines sur les ressources du pays. C'est à ce travail d'ensemble que s'est livrée la mission technique qui a quitté la France, au mois de novembre 1898, sous la direction du général de Trentinian, lieutenant-gouverneur du Soudan. A la veille de son départ, le général caractérisait lui-même son rôle comme il suit :

Ma tâche est double, a-t-il dit. D'une part, elle consistera à maintenir la paix absolue dans les immenses territoires définitivement conquis, à être très économe des deniers de l'État et à hâter le jour, déjà proche, où la colonie paiera toutes ses dépenses.

D'autre part, dans un délai très court, faire sortir du Soudan des centaines de tonnes de caoutchouc, de gomme, d'arachides, de

---

(1) Budget de 1899 :

Sénégal. — Recettes : 3.929.367 francs. Dépenses : même chiffre.

Soudan. — Recettes : 2.725.500 francs. Dépenses : même chiffre.

Commerce du Soudan (moyenne des dernières années) :

Importations par le Sénégal : 5.808.000 francs;

Exportations (Europe et Sénégal) : 2.702.000 francs.

coton, de ce coton qui abonde depuis Tombouctou jusqu'au Fouta-Djallon, depuis Kayes jusqu'à Say — et qui vaut celui d'Amérique et d'Égypte — enfin commencer l'exportation des produits du sol et du sous-sol, que mes collaborateurs, hommes distingués et pratiques, vont à coup sûr mettre très vite en lumière.

Le général de Trentinian concluait en demandant l'établissement de voies de communication et de moyens propres à développer l'attachement des indigènes. Avec son passé et ses talents, le général de Trentinian ne pouvait manquer, comme le général Galliéni à Madagascar, de mettre en lumière et de faire davantage apprécier les qualités administratives de nos officiers.

*
* *

Tel est, considéré à grands traits, le Soudan occidental. Il suffit, pour juger de son rôle à venir, de jeter les yeux sur une carte d'Afrique, et de constater combien est heureuse la situation de cette bosse du continent africain, envisagée dans ses rapports avec les continents voisins d'Europe et d'Amérique.

Dans le va-et-vient des échanges qui s'effectuent, et que l'humanité développera tous les jours davantage entre l'Europe et l'Amérique du Sud, entre l'Afrique et l'Amérique du Nord, les ports et refuges de la côte occidentale d'Afrique ne peuvent manquer d'acquérir une situation privilégiée et un rôle prépondérant. Ils le devront non seulement à leur commerce de transit, mais plus encore à ce fait qu'ils seront les entrepôts des denrées produites par une terre privilégiée et favorisée de toutes manières.

Le rôle de cette partie de l'Afrique sera peut-être plus considérable encore au point de vue politique à cause de sa proximité de la vieille Europe et de l'heureuse situation stratégique dont on vient de parler.

On a calculé que le Sénégal et le Soudan avaient coûté à la France, jusqu'en 1898, environ 200 millions. Il faudrait mettre en regard ce que ces pays lui ont rapporté aux points de vue de sa richesse, de son prestige et de son avenir.

Toutes ces considérations sont de nature à faire ardemment désirer l'acquisition plus complète encore et l'incorporation définitive de ces vastes contrées du Soudan occidental à la patrie française. Les sacrifices réellement minimes en comparaison des résultats à obtenir, que l'on fait aujourd'hui pour arrondir le domaine de la France en ces régions, se trouvent amplement justifiés par l'examen que nous venons de faire de la valeur de ces territoires. Et s'il était nécessaire de les justifier davantage, il suffirait de rappeler ces mots d'un penseur aux larges vues :

Le jour où cet immense territoire sera organisé, traversé par des voies de communication, où il sera vraiment devenu une France du Soleil, qui sait, avec ses immenses réserves d'hommes de guerre, de quel poids la mère patrie pourra peser même dans la vieille Europe! (Elisée Reclus.)

Soudan central.

Division du pays. — L'Empire du Sokoto. — Zones d'influence française et anglaise. — Le Bornou. — Les conquêtes de Rabah. — L'Adamaoua. — Partage du pays entre l'Angleterre, la France et l'Allemagne. — Rôle possible de l'empire de Rabah.

C'est le pays compris entre la branche orientale du Niger et le lac Tchad prolongé par le cours du Chari.

Il comprend trois pays principaux :

Le Sokoto ;

Le Bornou ;

L'Adamaoua.

Ce sont trois pays musulmans, qui entretiennent ensemble et avec leurs voisins de nombreuses et fréquentes relations commerciales. Leur civilisation, révélée d'abord par Barth, puis encore plus complètement par le colonel Monteil, est beaucoup plus avancée que celle de tous les pays environnants. Nous en reparlerons plus loin en même temps que nous étudierons leurs populations et leurs conditions d'existence.

Celles-ci paraissent devoir être bientôt profondément modifiées, autant par l'influence de jour en jour croissante que les Européens acquièrent dans ces régions, que par suite de la révolution politique provoquée dans ces derniers temps par les événements du Soûdan égyptien.

On connaît assez mal encore les conditions dans lesquelles Rabah, le conquérant du Baguirmi, a pu s'installer au Bornou ; mais le fait seul du développement de sa puissance peut avoir sur la politique soudanaise des Anglais, des Allemands et des Français une influence prépondérante.

Un empire relativement fort, venant grouper autour du Tchad des peuples jadis en décadence, et qui demain peut-être retrouveront leurs instincts guerriers d'autrefois, tel est le fait qui pourrait modifier radicalement les visées des puissances européennes sur ces pays, considérés naguère comme voués à une domination facile.

Il manquait à ces peuples un gouvernement un peu éclairé, la conscience de leur force et l'énergie nécessaire pour assurer leur indépendance. Rabah, l'ancien marchand d'esclaves, doit-il continuer à rester semblable aux autres conquérants soudanais, portant comme Attila la dévastation sur son passage, et considérant les peuples comme un bétail à exploiter; ou bien aura-t-il la conscience ou mieux l'intuition du rôle qu'il pourrait être appelé à jouer, et que les circonstances lui ont jusqu'ici imposé? L'avenir nous l'apprendra, tandis que le présent et même le passé restent encore pour nous plongés dans une demi-obscurité, qui nous empêche de tirer des événements de ces dernières années des conclusions précises.

En tout état de cause, il n'est pas inutile de revenir rapidement sur l'histoire de ces pays, et de montrer comment elle a pu contenir le germe des événements qui continuent à se dérouler autour du Tchad.

Le Sokoto.

Les renseignements les plus précis qui nous sont donnés sur l'histoire, la géographie et la politique de ces contrées sont contenus dans le récit des voyages du colonel Monteil. En attendant que des missions ultérieures nous donnent sur ces régions des aperçus nouveaux, c'est à l'ouvrage de l'éminent explorateur qu'il faut faire appel pour exposer brièvement les conditions actuelles des populations du Soudan central.

Le premier groupement politique important que l'on rencontre à l'est de la boucle du Niger est l'empire du Sokoto qui paraît encore comprendre le Kabbi, le Koui, le Zanifara, le Katsena, le Kano, le Gober, le Marodi, le Kasaoura, le Messaou, le Hadeidjia, le Baoutètu, le Goudjba, le Zozo et le Djerma.

Au commencement du siècle, un marabout de race peul, nommé Othman, souleva les Foulas contre les Haoussas et fonda un vaste empire qu'il divisa en deux tronçons attribués à chacun de ses fils. A l'un échut le Gando, vaste pays à cheval sur le Niger, entre le Sokoto et le Mossi. Le second obtint l'empire du Sokoto ou de Wourno, qui s'étend jusqu'au Bornou et à l'Adamaoua. Ce dernier pays est, nominalement tout au moins, tributaire du Sokoto.

Tout ce pays est habité par la race haoussa, dominée depuis le commencement du siècle par les Peuls, race intéressante et dont il convient de parler pour se rendre compte des événements qui viennent de se dérouler au Soudan.

Les Peuls, appelés aussi Pouls, Foulbé, Foullahs, Fellatahs, Fellani, Foulfouldé, se retrouvent partout disséminés entre l'Atlantique et le Tchad. Leur origine première se perd dans les légendes. Viennent-ils d'Asie, du plateau central asiatique, comme le pensait le général Faidherbe, ou bien des bords du Nil, comme on l'a soutenu? Il est difficile de le savoir. Plus récemment, ils ont fondé, vers le xiv⁰ siècle, un vaste empire soudanais, et ils se disent originaires du Fouladougou au nord-est de Kita.

Musulmans tolérants, ils ont à un haut degré l'instinct de la domination, et ils se distinguent des noirs par leur teint rouge brique, leur visage ovale, leur nez aquilin, leurs attaches fines, leur front large et élevé. Ils ont une réputation d'intelligence partout établie, et ils prétendent descendre de la race blanche.

Pasteurs et nomades, ils se sont mélangés un peu partout aux peuples qu'ils ont conquis, et, par leur croisement avec les Ouolofs, ils ont donné naissance aux Toucouleurs ou Torodos, considérés par les Peuls eux-mêmes comme la race noble par excellence.

Dans le Sokoto, ils tiennent sous leur domination les Haoussas, qui peu à peu se sont désaffectionnés d'eux, et qui ont nécessité, en 1892, une expédition par laquelle l'empereur Abderraman a pu rétablir son autorité sur les pays entre le Sokoto et le Niger.

La puissance de cet empire paraît donc assez superficielle, et il n'est pas étonnant que les Anglais de la Compagnie du Niger aient pu espérer établir sans difficulté leur influence sur ces vastes contrées. Ils y croyaient d'autant plus que les Haoussas, race énergique et très adonnée au commerce, ont paru envisager sans trop de méfiance leurs entreprises commerciales.

Le commerce est très développé dans le Soudan central. La métropole de ce pays, au point de vue des relations des négociants entre eux, est Kano, importante ville d'environ 60.000 habitants, qui est le point de passage de tous les musulmans soudanais qui se rendent à La Mecque, et qui reçoit chaque année dans ses murs une population flottante de près de deux millions de voyageurs.

Dans tout le Soudan on est habitué à tirer des traites payables à Kano, où se tient un marché quotidien.

Kano est le centre du commerce de la kola, qui, venue de la

côte ouest, est portée par les caravanes jusqu'à Khartoum et au delà.

Un traité de commerce a été passé par le capitaine Monteil avec l'empereur du Sokoto, par lequel il fut accueilli favorablement en 1891. A ce moment, paraît-il, aucun traité ne le liait aux Anglais, bien que ceux-ci, lors des négociations entamées à Paris en 1890, aient affirmé posséder des droits sur cet empire.

Le traité anglo-français du 5 août 1890, établissant la ligne Say-Baroua comme limite de la zone d'influence des deux nations, fut édifié sur cette affirmation qui fut depuis lors reconnue mal fondée. Ce traité était donc vicié dans son principe : il est d'ailleurs certain que les Anglais n'ont pas mieux réussi depuis 1892 que par le passé à établir un semblant d'influence sur le Sokoto. Les récents événements qui se sont déroulés sur le Niger, et que nous avons relatés plus haut, en sont la preuve manifeste.

La France, grâce au traité Monteil (28 octobre 1897), était cependant, dès 1895, en bonne situation pour répondre de ce côté aux exigences anglaises, et la mission hydrographique du Niger, envoyée de Tombouctou vers Say et le bas fleuve, nous donnait un titre à ajouter à ceux que nous possédions déjà.

Entre le Mossi et la Benoué, s'étend le pays de Gando, qui faisait autrefois partie de l'empire du Sokoto et qui semble ne plus tenir à lui que par des liens très relâchés. On a déjà parlé des prétentions allemandes sur le Gando. C'était en quelque sorte, dans ces derniers temps, un État tampon entre le Sokoto et la Compagnie du Niger, dont les relations commerciales et les expéditions se sont exercées uniquement sur les indigènes du bas fleuve et nullement dans la direction du Sokoto, de l'Adamaoua ou du Mouri.

Cette dernière contrée, visitée, comme on le sait, par le lieutenant Mizon, qui y a été bien accueilli par le sultan, paraît être aujourd'hui un État indépendant, bien qu'il soit nominalement tributaire du Sokoto. Il est situé entre le Sokoto, le Bornou et l'Adamaoua.

A la suite des démêlés de la Compagnie du Niger avec le lieutenant Mizon, le gouvernement français, interprétant rigoureusement le traité anglo-français du 5 août 1890, a renoncé aux avantages accordés par le sultan du Mouri au lieutenant Mizon.

Dès lors, la Compagnie du Niger a pu se livrer sans empêchement, de ce côté aussi bien que vers l'Adamaoua, à tous ses désirs d'expansion commerciale. Mais ses efforts n'ont été jusqu'ici couronnés que d'un succès relatif. En définitive, le Sokoto, qui a accepté de recevoir un résident ou plutôt un ambassadeur anglais, a refusé énergiquement tout envoi de troupes britanniques. Le sultan s'y considère comme entièrement indépendant et, malgré le départ tout récent de la mission religieuse de l'évêque Tugwell qui se rend à Kano, il s'écoulera vraisemblablement quelque temps encore avant que les visées anglaises prennent la forme d'une intervention. A l'heure actuelle, et malgré les fautes passées, la France est plus près du Sokoto que l'Angleterre.

Le Bornou.

Les Peuls du Sokoto appellent le Bornou la *Terre du mensonge*. Les deux pays diffèrent, en effet, en de nombreux points. Tandis que le Sokoto est un pays policé, habité par des populations bienveillantes, le Bornou est peuplé par la race kanori et par des Arabes, gens vaniteux, défiants et peu hospitaliers.

Au moment du passage de la mission Monteil, qui entra dans le Bornou au mois de mars 1892, la dynastie, régnant depuis le commencement du siècle, était représentée par Scheik Ashim, prince faible, dominé par son entourage et peu estimé par ses sujets.

Environ une année auparavant, une mission anglaise venue des bords du Niger avait essayé de pénétrer jusqu'à Kouka. Mais le sultan du Bornou, effrayé de l'appareil militaire de cette mission et préférant son isolement aux bénéfices qu'il pouvait retirer du contact des Anglais, leur défendit l'entrée de son royaume, et la mission dut rétrograder sans avoir obtenu le moindre résultat.

Le Bornou était alors en pleine décadence; les vassaux ne payaient plus le tribut, et les gens du Ouadaï faisaient la loi sur le marché de Kouka, la capitale du Bornou. Cependant, les relations commerciales continuaient à se développer avec les pays voisins, le Sokoto, l'Adamaoua, les pays au sud et à l'est du Tchad, ainsi qu'avec Tripoli, le débouché traditionnel de cette partie du Soudan du côté de l'Europe.

A ce moment, le capitaine Monteil put voir, à Kouka, le fils du roi du Baguirmi, venu pour demander, à Scheik Ashim, des secours contre un marchand d'esclaves, nommé Rabah, qui, à la tête de bandes nombreuses et assez bien armées, menaçait les pays du Chari.

Ce Rabah commençait alors les conquêtes qui devaient le conduire sur le Tchad, et de là dans le Bornou, où était déjà parvenue sa renommée, et où le capitaine Monteil put recueillir, sur son origine, des renseignements qui furent plus tard confirmés par M. Gentil, l'explorateur du Tchad.

Lorsque Gordon Pacha, délégué du Khédive, eut occupé Khartoum, son premier soin fut de donner la chasse aux marchands d'esclaves qui, à la tête de bandes nombreuses, pillaient les pays du Chari et du Bahr-el-Ghazal, pour aller, de là, vendre à Khartoum le produit de leurs razzias.

Une de ces bandes, comprenant plusieurs milliers d'hommes en partie armés de fusils, était commandée par un certain Zobéir, appelé aussi Siber ou Ziber, possesseur de vastes territoires dans le Bahr-el-Ghazal et qui avait eu l'occasion de rendre des services aux Égyptiens pendant leur conquête. Appelé au Caire pour y recevoir l'investiture avec le titre de bey, il laissa ses forces à son fils Suleyman qui, à la suite d'une révolte contre les Égyptiens, fut battu et tué par eux ainsi que ses principaux lieutenants.

Pendant que Zobéir était retenu prisonnier au Caire, où il se trouve encore, Rabah, son frère de lait, qui était à la fois l'esclave et le conseiller de Suleyman, réussit, avec quelques centaines d'hommes, à échapper aux Égyptiens, établis à Dem-Ziber, et entama la conquête du Dar-Fertit et du Dar-Banda en s'étendant jusque vers Bangasso.

Après la chute de Khartoum et la fondation de l'empire du mahdi, Rabah espéra reprendre ses relations commerciales avec la capitale du Soudan égyptien. Mais tous les envois qu'il faisait vers Omdurman étaient confisqués par le mahdi, en sorte qu'il se trouva emprisonné sur son territoire sans pouvoir se procurer les munitions qui faisaient sa principale force.

Il s'adressa sans succès aux sultans du Baguirmi, du Ouadaï et essaya de s'approvisionner au Bornou. Puis, craignant de s'attaquer à l'Adamaoua, il se jeta sur le Dar-Runga, alors tributaire du Ouadaï, et soumit son chef, le sultan el Senoussi el Bekir, à qui il ordonna de faire massacrer, au mois de mai 1891, la mission Crampel parvenue à El-Kouti.

Renforcé par les approvisionnements de Senoussi et par l'armement de la mission Crampel, Rabah, n'osant pas encore se mesurer avec le sultan Yousouf du Ouadaï, se tourna contre le Baguirmi, pays en pleine décadence.

Ses forces qui, au début, ne comptaient pas plus de 300 fusils, s'étaient fortement augmentées. Aussi pouvait-il, dès 1893, aller attaquer Gaourang, sultan du Baguirmi, qu'il assiégeait dans Maïnfa, ville du Chari, pendant cinq mois. Une armée envoyée par le sultan du Ouadaï, au secours de son vassal du Baguirmi, fut battue sans grandes difficultés, et Gaourang, incapable d'une plus longue résistance, alla se réfugier dans sa capitale Massenya.

Rabah n'osa pas l'y poursuivre et continua à descendre vers le Bornou.

Voici, d'après le *Temps*, l'historique, donné par M. Gentil, des opérations ultérieures de Rabah :

La résistance des Baguirmiens contraignit Rabah à se porter vers le Nord-Ouest et à se diriger sur le Bornou.

En route, il se rencontra avec Ayatou, fils révolté du sultan de Sokoto, qui lui donna son concours. Ayatou était installé à Balda, dans le Mandara, au nord-est de la haute Benoué. Les forces unies de Rabah et de Ayatou se mesurèrent à Kouka avec tous les contingents que le sultan du Bornou, Kiari, avait pu rassembler. Les Bornouans furent défaits et Kouka dévasté. Cela se passait en décembre 1893.

A la suite de cette conquête, où Rabah ne voulut pas faire une large part à son allié, Ayatou se sépara du conquérant et revint à Balda, où il se trouve encore.

Rabah organisa alors ses nouvelles conquêtes et plaça sa capitale à Dikoua, la seconde ville du Bornou, forte de 15.000 âmes, située à proximité du lac Tchad.

Voulant s'assurer en même temps une ligne de retraite vers le Sud, dans le cas où il serait menacé par une coalition du sultan de Sokoto, de Ayatou et des Bornouans, Rabah établit des garnisons à Goulfey, sur le Chari, à Koussouri et à Logon, ces deux dernières villes sur le fleuve Logone. Comme toute cette région dépendait du Baguirmi, les chefs dépossédés se réfugièrent à Massenya, auprès de Gouarang. Mais le Baguirmi dut subir cette conquête de Rabah, car il ne lui était pas possible, avec les misérables forces dont il disposait, d'envoyer une expédition contre l'ennemi, qui aurait eu de graves difficultés, d'ailleurs, pour traverser le Chari.

Tranquille du côté du Baguirmi, n'osant pas s'attaquer à l'Adamaoua et ne se souciant pas de provoquer le Sokoto en marchant sur son ancien allié Ayatou, Rabah songea, l'an dernier, à reprendre ses conquêtes dans le nord-est du lac Tchad. A cet effet, il envoya son fils Fadel Alla attaquer le pays de Zinder, qui se trouve au nord du Bornou, dans la sphère d'influence que les conventions anglo-françaises de 1890 et de 1898 ont reconnue à la France.

Fadel Allah conquit facilement le pays de Zinder; seulement, il ne s'y maintint pas, et, quand nous étions au Baguirmi, nous avons appris le retour à Dikoua du fils de Rabah, ramenant de nombreux fusils et des esclaves.

A notre descente du Chari, où nous nous bornions à faire la reconnaissance hydrographique du fleuve, nous avons été très bien reçus par les habitants du Goulfey et de la rive gauche, qui virent en nous des libérateurs. Bien que nous n'ayons jamais commis le moindre acte d'hostilité, les garnisons que Rabah entretenait dans l'ancienne province occidentale du Baguirmi jugèrent prudent de se retirer. Elles n'ignoraient pas, d'ailleurs, que nous étions les « frères » du malheureux Crampel, et elles pensaient que nous venions pour tirer vengeance de l'assassinat de notre compatriote.

A peine étions-nous revenus à Massenya, après notre voyage sur le Tchad, que nous avons appris la réinstallation des troupes de Rabah à Goulfey et Koussouri, où elles se livrèrent à des représailles injustifiées sur les habitants.

Nous avons quitté Massenya le 21 novembre 1897, et, à ce moment, toute la région était en paix.

La paix ne fut pas de longue durée. Vers le milieu de 1898, Rabah, qui, paraît-il, disposerait aujourd'hui de 4 canons et de 8.000 fusils, traversa le Chari et se lança à la conquête du Baguirmi. Gaourang, se trouvant dans l'impossibilité de lui résister, incendia Massenya, et, suivi de notre résident, M. Prins, et de ses douze Sénégalais d'escorte, se retira vers le Sud, du côté de Korbol, à proximité de nos postes du haut Oubangui. M. Prins arriva le 1er septembre à Gribingui, où des mesures de protection durent être prises aussitôt (1).

Ces mesures furent insuffisantes pour intimider Rabah. Continuant son invasion du Baguirmi, il réussissait, vers le

_____

(1) Une ambassade de Gaourang et du sultan El Senoussi, envoyée en France à la fin de 1898, repartit de Marseille le 25 décembre, conduite par M. Bretonnet, pour regagner l'Oubangui et de là le Chari.

mois de juillet 1899, à faire prisonnier M. de Béhagle, qui poursuivait sa mission commerciale dans le pays, et, paraît-il, le condamnait à mourir de faim.

Peu après, il marchait contre M. Bretonnet, de la mission Gentil, chargé d'organiser les forces de Gaourang et de protéger la vallée du Chari, et l'atteignait le 18 juillet à Niellim. Là, après un combat désespéré contre 7 à 8.000 hommes, M. Bretonnet était massacré avec toute son escorte composée des lieutenants Durand-Autier et Braun, du maréchal des logis Martin et d'une trentaine de tirailleurs. Mais peu de temps après, le 2 décembre 1899, attaqué lui-même avec ses 12.000 hommes, dans son camp fortifié de Kouna, par les 320 tirailleurs du capitaine Robillot, il subissait une défaite complète et se sauvait presque seul vers le Nord.

Ces événements ont eu un grand retentissement dans les contrées du Tchad, et il est à redouter que Rabah ne reconstitue ses forces à bref délai. Ce qu'il interdit en ce moment, c'est notre pénétration vers le Ouadaï et le Kanem, c'est-à-dire dans le pays dont la possession nous permet d'espérer la jonction de l'Algérie et du Congo.

Des mesures sérieuses doivent être envisagées par le gouvernement français dans cette partie de l'Afrique, sous peine de voir l'influence de la France perdue dans ces régions. L'invasion du Baguirmi et la retraite de Fachoda sont deux événements qui ont entre eux plus de rapports qu'on ne serait tenté de le croire au premier abord. Ils constituent, pour notre prestige, deux échecs retentissants qui compromettent sérieusement notre action future au delà même des frontières de ces pays.

Le temps des hésitations est passé : il faut aviser, sans retard, au relèvement de notre influence dans les contrées du Tchad.

Adamaoua

On se rappelle les voyages du lieutenant Mizon, ses démêlés avec la Compagnie du Niger et sa découverte de l'Adamaoua. Il parut alors étonnant aux Européens d'entendre annoncer qu'il existait au centre de l'Afrique, derrière le rideau formé par les populations barbares de la côte de l'Océan, un État relativement civilisé et assez hospitalier.

L'Adamaoua, royaume peul et musulman, a été, depuis le lieutenant Mizon, reconnu à diverses reprises par des missions anglaises et allemandes. Mais il ne semble pas que ces diverses missions aient pu, d'un côté comme de l'autre, nouer autre chose que des relations commerciales avec le sultan de l'Adamaoua ni aboutir à de sérieux traités de protectorat.

Malgré cela, le traité anglo-allemand du 1er juillet 1890 a délimité, comme nous l'avons déjà vu, les sphères d'influence de l'Angleterre et de l'Allemagne dans ces régions, et plus tard le traité du 4 février 1894, entre la France et l'Allemagne, est venu déterminer les zones d'action des deux pays sur les bords du Chari et dans la haute vallée de la Sangha.

A l'heure actuelle, l'Adamaoua se trouve ainsi disloqué diplomatiquement en trois parties attribuées à la France, à l'Allemagne et à l'Angleterre. On ne sait trop ce que peuvent penser de cette répartition le sultan de Yola et ses sujets, qui sont d'ailleurs, tout au moins nominalement, tributaires du Sokoto.

Un pareil fait serait de nature à justifier toutes les défiances à l'égard des Européens. De plus, le voisinage de Rabah et la constitution, près de l'Adamaoua, d'un vaste empire musulman pourraient avoir pour effet, pour peu que le fanatisme, ordinairement peu prononcé, de ces pays, soit exploité contre les blancs, d'arrêter, pour de nombreuses années peut-être, l'expansion européenne dans cette partie de l'Afrique.

D'ailleurs, les traités passés entre les puissances étrangères pour la possession de ces contrées sont loin d'être définitifs. Là, plus qu'ailleurs en Afrique, il convient de mettre, à la place du terme « protectorat » ou possession indirecte, l'expression plus exacte de « sphère d'influence », en la réduisant encore aux proportions modestes d'une zone d'action commerciale plutôt que d'une zone d'influence politique impliquant l'idée d'une prise de possession pour une époque plus ou moins éloignée.

Si les Anglais n'ont pu, jusqu'ici, prendre pied à Yola, les Allemands ont déjà essayé d'engager une action vigoureuse dans l'hinterland du Cameroun. La mission qu'on annonce comme devant comprendre un nombreux effectif a-t-elle pour objectif l'Adamaoua ou les territoires occupés par Rabah? L'avenir nous l'apprendra, et il sera intéressant d'en suivre le développement et de noter les événements qui vont se produire dans ces régions.

L'Adamaoua une fois conquis par les Allemands, ceux-ci, qui cherchent avec raison à y précéder les incursions de Rabah, s'y trouveront en présence du conquérant africain et dans l'obligation de le rejeter soit vers le Bornou, soit vers le Baguirmi.

Cette dernière hypothèse doit trouver les Français du haut Oubangui prêts à protéger efficacement leurs populations du Tchad. Aussi semble-t-il, ainsi qu'on l'a dit plus haut, que le moment est venu pour nous d'imiter les Allemands et de procéder avec plus d'énergie et de moyens d'action à l'occupation des contrées qui nous sont attribuées.

Il n'est pas non plus inutile de continuer les bonnes relations nouées par nos missions avec les pays de l'Adamaoua. Ceux-ci n'ont point encore été entamés autrement que par la diplomatie. Le fait qu'ils ont été jusqu'ici respectés par Rabah démontre la force de résistance qu'on leur a attribuée et justifie l'importance de l'expédition allemande qui va sans doute les visiter.

* *

Tout ce qui vient d'être exposé d'après les missions européennes envoyées entre le Niger et le Tchad et les divers renseignements recueillis sur cette région montre que le Soudan central se trouve aujourd'hui en décomposition politique, entamé qu'il est de toutes parts par les Français, les Anglais, les Allemands et en dernier lieu par l'invasion de Rabah.

Les deux principaux blocs politiques qui paraissent encore un peu intacts, le Sokoto et l'Adamaoua, seront-ils la proie des Européens, ou continueront-ils à se tenir à l'écart et à s'isoler dans leur islamisme? C'est ce qu'un avenir peut-être prochain va nous révéler.

La nécessité d'acquérir des débouchés nouveaux, qui pousse les Européens hors de leurs limites coloniales, fait prévoir, comme on l'a vu, une action plus énergique en vue de la prise de possession immédiate des territoires convoités par ces trois puissances.

La mieux placée des trois pour profiter des circonstances est certainement l'Angleterre. Elle est maîtresse du cours des grands fleuves, et par cela même de la ligne la plus courte d'opérations politiques. On prévoit déjà le jour où le Sokoto, pris entre elle et Rabah, tombera définitivement sous sa domination.

Ne se produira-t-il pas plus tard une collision entre les Anglais ou les Allemands et les bandes de Rabah? Ou bien l'habileté diplomatique de nos voisins ne transformera-t-elle pas en réalité le bruit, récemment répandu, que Rabah n'agissait que sous l'impulsion et au profit d'une puissance européenne?

L'ancien marchand d'esclaves, devenu le maître des contrées du Tchad, consentira-t-il à devenir définitivement l'agent des Anglais, comme Tippoo-Tib au Congo s'est fait l'agent des Belges; ou bien réussira-t-il, mieux que Samory, à fonder, en face des empiétements européens, une puissance capable de leur résister?

Tels sont les problèmes qui se posent en ce moment. Ils ont récemment donné lieu à de vives discussions et fait émettre une hypothèse qui s'est changée en une véhémente accusation portée contre l'Angleterre. Cette puissance aurait, dit-on, conçu un vaste plan d'ensemble en allumant la guerre à la fois en Égypte, en Abyssinie, au Tchad, vers les grands lacs, et jusqu'au Transvaal.

Elle aurait eu ainsi non seulement la pensée de conquérir le Soudan, mais l'idée plus grandiose encore de sectionner le continent africain en un damier dont elle abandonnerait les cases extrêmes à ses adversaires, en se réservant de les enserrer entre des possessions britanniques qui s'étendraient de l'Égypte au Cap et de Zanzibar aux bouches du Niger.

Ces vastes pensées nous font envisager avec quelque mélancolie le rôle modeste de la France dans ce partage du continent noir, ainsi que la réserve qu'elle oppose à l'ambition de rivaux plus audacieux, et de concurrents animés d'un esprit de suite qui leur procure de précieux avantages.

Soudan oriental.

Limites. — Bassin du Nil. — Bassin oriental du Tchad. — L'Empire de Rabah. — Baguirmi, Ouadaï et Kanem. — Rôle attractif du Tchad. — Coup d'œil d'ensemble sur le Soudan. — Ambitions anglaises, françaises et allemandes.

Le Soudan oriental est le pays compris entre le Tchad et le Nil. Il est borné, au nord, par le Sahara et, au sud, par les hauteurs qui servent de limites aux bassins du Nil et du Chari.

Outre les territoires tombés momentanément sous la domination réelle ou apparente des derviches, il renferme aussi le Baguirmi, le Ouadaï et le Kanem, pays voisins du Tchad, et qui, par leur éloignement, ont réussi à éviter la domination du khédive aussi bien que celle du mahdi.

Ces vastes territoires forment deux régions distinctes, autant qu'il est permis d'en juger d'après les rares explorateurs qui les ont parcourus et les renseignements qu'on possède sur eux.

Là, comme partout ailleurs, les dominations se sont établies d'après les indications de la géographie. Celle-ci partage le Soudan oriental en deux régions : le bassin du Nil et le bassin oriental du Tchad.

Le bassin du Nil comprend, dans le Soudan oriental, le Bahr-el-Ghazal, le Kordofan et la plus grande partie du Darfour.

Tous ces territoires, conquis autrefois par les Égyptiens, sont tombés, après des péripéties diverses, et malgré les efforts de Gordon et d'Emin Pacha, au pouvoir des Derviches, qui établirent le siège de leur empire à Khartoum, autrefois métropole commerciale, devenue aujourd'hui, après la conquête anglaise, capitale politique de tout le pays. C'est le pays des Arabes chasseurs d'esclaves et traitants d'ivoire, le refuge du fanatisme musulman exaspéré par l'invasion toujours montante des mœurs et des idées européennes.

Toute cette région constitue, par son rôle politique, autant que par sa situation géographique, un territoire distinct qui, de tout temps, a subi l'influence de l'Égypte et a réagi sur le bassin du Nil inférieur.

Son histoire est liée à celle de l'Égypte et de l'Abyssinie beaucoup plus qu'à celle des autres peuples voisins.

Aujourd'hui, plus encore que par le passé, l'action de l'Égypte, et par elle l'influence européenne, est redevenue prépondérante dans cette partie du Soudan. Mais c'est par l'intermédiaire de l'Angleterre que cette influence tend à s'établir désormais. Les événements qui viennent de se dérouler dans la vallée du Nil font des pays de l'Afrique Nord-Orientale, Égypte, Abyssinie, Soudan, un échiquier politique distinct qu'il convient d'envisager dans un coup d'œil d'ensemble. Aussi nous remettrons l'étude politique du Soudan égyptien au moment où nous traiterons de l'état actuel de l'Égypte, et nous bornerons notre examen du Soudan oriental à l'étude du bassin oriental du Tchad.

*
* *

Le Tchad, dont l'existence a été révélée à l'Europe il n'y a pas un siècle (1823-24), par la mission anglaise de Denham et Clapperton, venue de Tripoli, est un lac sans issue, alimenté surtout par le Chari.

D'après diverses hypothèses, ce lac est de formation récente; avant que se produisît le soulèvement qui traverse le Sahara et le Soudan, du Touat à l'Ouganda, le Chari se serait déversé dans le Nil aux environs de Berber ou de Dongola. Il est plus simple de supposer que le Chari se jetait dans la mer Saharienne, un peu au nord ou peut-être même sur l'emplacement actuel du Tchad.

Quoi qu'il en soit, le Tchad est aujourd'hui une sorte de marais, un lac dont la profondeur ne dépasse guère six mètres, qui a été reconnu par Overweg, le seul Européen qui ait pu le parcourir avant l'explorateur Gentil, qui, pour la première fois en 1897, fit flotter les couleurs françaises sur ces flots mystérieux. M. Gentil confirma les données précédemment acquises et reconnut quelques-unes des nombreuses îles, habitées par la population indépendante des Boudouma, qui parsèment cette vaste nappe d'eau.

Sur ses rives orientales sa configuration est peu connue, bien qu'on sache qu'elles sont habitées par des populations assez denses.

Le Kanem, qui s'étend de ce côté et qui est dominé par les Ouled-Sliman, adeptes des Senoumas, et par le Ouadaï, est fort imparfaitement connu par des renseignements rares et souvent peu dignes de foi. Il est pour la France d'une importance capitale en raison de sa situation centrale et de la jonction qu'il lui procure avec ses territoires du Congo. Sa conquête et son occupation paraissent d'ailleurs assez faciles, car il ne constitue pas par lui-même un organisme politique d'une bien grande puissance.

Le Baguirmi, qui s'étend au sud du Kanem, sur les rives du Chari, est mieux connu depuis que les missions françaises ont réussi à le pénétrer et à le faire entrer dans notre orbite. C'est un pays plat, bien arrosé, habité par une population adonnée à l'élevage et à la culture. Sa richesse est caractérisée ainsi par Élisée Reclus : « Grâce à la fécondité du sol et à la richesse de la flore, le bassin du Tchad, les vallées et les plaines qu'arrose le Chari deviendront peut-être un jour la partie la plus prospère des Indes africaines. »

D'après les renseignements fournis par MM. de Béhagle et Gentil, le Baguirmi serait aujourd'hui dans un état de décadence lamentable. Ses tributaires s'affranchissent de sa domination et sa population y est réduite à un état misérable.

Le sultan Gaourang, qui règne sur ce pays, est un jeune homme dominé par ses eunuques et ses esclaves. La population libre, en butte à une tyrannie odieuse, a émigré en partie, abandonnant le pays aux esclaves qui le cultivent et aux tribus nomades qui le pillent.

Autrefois le Baguirmien excellait dans la teinture et le tissage, et c'est en étoffes qu'était payé le tribut imposé par le suzerain, le sultan du Ouadaï. Aujourd'hui c'est une industrie ruinée et abandonnée et le tribut d'étoffes a été remplacé par un tribut d'esclaves. Chaque année 3.000 esclaves de 12 à 15 ans sont prélevés sur les tribus sauvages du pays et expédiés au Ouadaï à pied, sans vivres, en convois lamentables qui sèment les cadavres sur la route. Malgré son état de décadence, le Baguirmi semble avoir retenu sous sa domination, jusqu'à l'invasion de Rabah, les territoires du Dar-Runga, gouvernés par le sultan El Senoussi el Bekir. Mais celui-ci paraît aujourd'hui s'être affranchi de tout lien de vassalité et s'être rallié à la cause française. Il ne faudrait cependant pas trop s'y fier et l'on a prétendu tout récemment que Rabah avait pu compter sur lui comme intermédiaire dans ses négociations avec le Ouadaï et le mahdi chassé de Khartoum.

Le Ouadaï, placé dans notre sphère d'influence par la déclaration du 21 mars 1899, paraît être, d'après les peu nombreux renseignements qu'on possède sur le pays, une des meilleures acquisitions que nous ayons faites dans ces derniers temps.

De tous les explorateurs qui l'ont visité, trois seulement en sont revenus pour nous laisser quelques aperçus sur le pays. Ce sont les voyageurs européens Nachtigal et Mateucci et le Tunisien Mohamed ben Omar. De leurs récits il résulte que le Ouadaï est habité par une population d'environ 3 millions d'habitants, fortement mélangée d'Arabes, sur une superficie plus grande que la France. Cette population, qui est intelligente, fanatique et belliqueuse, domine le Borkou, le Kanem et le Baguirmi et commerce avec le Bornou et le Darfour. Elle paraît fortement imprégnée de l'influence des Senoussias, contre laquelle devra entrer en lutte toute puissance européenne désireuse d'acquérir une autorité quelconque dans le pays.

On a annoncé, au mois de novembre dernier, que le grand chef de l'ordre des Senoussias avait quitté l'oasis de Koufra pour se diriger vers le Soudan à la tête de nombreux partisans.

Marche-t-il au secours du Ouadaï menacé par Rabah, ou, sollicité par ce dernier, va-t-il rendre aux Anglais le service de se joindre à cet ennemi de l'expansion française ? On le saura vraisemblablement avant peu ; mais cette nouvelle action, hostile à nos intérêts, place la mission Gentil dans une situation encore plus délicate.

Le Ouadaï, d'après sa réputation, est un pays fertile et bien arrosé. Sa partie septentrionale est un pays de transition entre le Sahara et le Soudan, pays couvert d'herbes et propre à l'élevage. Sa partie méridionale appartient au Soudan. L'ensemble du pays présente un contraste heureux avec le Darfour, contrée sablonneuse et aride. Les principaux articles de son commerce sont l'ivoire, la gomme et les plumes d'autruche. On lui prédit, pour l'avenir, de brillantes destinées au point de vue de la culture du coton.

La convention du 21 mars 1899 (1) n'a pas exactement délimité le Ouadaï. Il y a place de ce côté-là pour des difficultés à venir, car il importe à la France de ne pas laisser réduire encore la largeur de l'étroite bande de terres comprise entre le Cameroun et le Darfour, qui nous permet de faire communiquer nos territoires du Tchad avec ceux du Congo.

C'est là une question qu'il est nécessaire d'envisager au point de vue stratégique. Le Darfour est peu utile à l'Angleterre, et la France ne peut se désintéresser de son avenir. Une entente sur ce point de nos frontières communes serait désirable, dût-elle intervenir par voie de concessions réciproques.

Le Bornou et le Baguirmi ont été, comme on l'a vu, le théâtre des opérations de Rabah, lorsque celui-ci, chassé du Dar-Banda et du Dar-Fertit par le manque de munitions, chercha à s'ouvrir un chemin vers les marchés du Bornou et du Sokoto. Devenu conquérant par nécessité, il réussit à fonder un empire qui englobe une partie du Bornou et du Ba-

---

(1) Voir à l'Appendice.

guirmi et dont nous aurons l'occasion de reparler à propos du Congo français.

A la vérité, l'homogénéité de cet empire est loin d'être complète, et, sauf l'absolutisme de son gouvernement et la communauté de religion, on ne saurait lui reconnaître les caractères qui font les dominations durables. Tel qu'il est cependant il s'impose à la crainte des sociétés voisines, et aussi, comme on l'a dit à propos du Soudan central, à la surveillance des nations européennes qui possèdent, à proximité, des établissements commerciaux ou des colonies naissantes.

Après la conquête du Dar-Runga, un frère du sultan El Senoussi vint demander asile au Baguirmi. Rabah en profita pour déclarer la guerre à ce pays et l'envahir. On sait que le sultan du Ouadaï, voulant porter secours à son vassal, fut battu et obligé de se retirer. Depuis lors, Rabah, occupé à la conquête du Bornou, se serait désintéressé des affaires du Ouadaï, dont le sultan n'attend que le moment favorable pour reprendre, sur le Dar-Runga, le Baguirmi et le Kanem, ravagés par les bandes de Rabah, son ancienne autorité.

On a lu plus haut le récit de l'invasion du Bornou par Rabah, qui, à cette occasion, aurait reçu, comme ailleurs Samory, le titre pompeux de *Napoléon des noirs*. On a dit, non sans vraisemblance, que des émissaires anglais envoyés vers lui auraient réussi à éviter son entrée à Kano, tandis que des envoyés de l'État indépendant du Congo auraient, à la même époque, obtenu pour les Belges la liberté d'action du côté du Bar-el-Ghazal.

Il est certain que les troupes de Rabah, lancées sur Kano, furent retirées et que, dès ce moment, recommença l'action du conquérant vers les pays du Chari, action lente et intermittente, il est vrai, car il était, avant tout, nécessaire d'organiser et d'asseoir le nouvel empire.

Rabah y déploya un véritable talent d'organisateur. Transportant sa capitale à Dikoa, il essaya de rétablir le commerce avec Tripoli et y parvint assez facilement. Dès lors, les armes et les munitions, qu'il pouvait d'ailleurs se procurer par l'Ouest, ne lui manquèrent pas et sa puissance en fut grandement augmentée. L'administration du pays était régularisée, ainsi que la rentrée des impôts, et il est à croire que, dès ce moment, le commerce des esclaves dut reprendre avec Tripoli un nouvel essor.

En même temps, Rabah cherchait à donner à sa puissance despotique un certain caractère religieux. Il y parvenait en s'attachant un marabout fameux du nom de Chafatou, venu du Sokoto et établi au sud du Tchad, où il avait su acquérir une grande et rapide influence.

Bientôt la domination du conquérant parut être assez solidement assise pour lui permettre de songer à de nouvelles conquêtes. Le massacre tout récent de la mission Bretonnet, avant-garde de la mission Gentil, démontra suffisamment l'intention de Rabah de repousser toute entente avec la France, qu'il considère avec raison comme sa principale ennemie du moment.

Il est certain qu'il possède encore, malgré sa récente défaite de Kouna, une armée puissante, peut-être 10 à 12.000 hommes, avec une cavalerie entreprenante et une artillerie nombreuse et à coup sûr perfectionnée. Une partie de cette armée doit être occupée, il est vrai, à garder ses conquêtes, mais il lui est cependant possible de réunir un sérieux contingent avec lequel, tout en masquant nos postes du haut Chari, il pourrait exécuter sans difficulté la conquête du Ouadaï.

Ainsi pourrait se constituer autour du Tchad un empire nouveau, réunissant le Bornou, le Baguirmi, le Dar Runga, le Kanem, le Ouadaï et le Darfour et coupant définitivement nos possessions du Congo de toute communication avec nos territoires au nord du Tchad. Nous ne savons trop ce que pense de cette éventualité le cheikh des Senoussias, mais ce n'est pas avec les quelques tirailleurs que nous possédons au Congo qu'il sera possible de faire échouer un plan aussi vaste, qui intéresse et réunit contre nous à des degrés divers nos rivaux européens, arabes ou indigènes.

On ne pourra y parvenir que par un effort militaire immédiat, car tout retard contribue à l'affermissement de la puissance de Rabah. Il faudra retenir et faire entrer définitivement dans nos vues le Dar Runga, promettre un appui sérieux au Baguirmi, au Kanem et au Ouadaï, agir sur le Bornou et l'Adamaoua, dans la mesure où les traités nous y autorisent, en un mot, négocier et combattre. Si la tâche est difficile, il ne faut pas oublier qu'elle est la conséquence de nos fautes passées ; à l'heure actuelle, sur le Tchad, la France est en train d'apprendre à ses dépens, une fois de plus, ce qu'il en coûte de réparer une erreur.

*\
* *

L'empire de Rabah, s'il a le grave inconvénient d'être fondé sur une conquête imparfaite, possède aussi l'avantage d'être situé presque entièrement dans le bassin du Tchad.

Et cet avantage ne résulte pas seulement de la possession des richesses naturelles que produit la vallée du Chari ou les pays du Baguirmi et du Bornou, mais surtout du rôle attractif que joue le Tchad sur les pays environnants.

Un bassin fermé, tel que celui du Tchad, jouit, partout où il se trouve, de la propriété de concentrer sur lui les marchandises ou les idées provenant de sa périphérie, et cela non seulement en vertu de la loi physique de la gravitation, qui commande aux hommes de se servir pour leurs échanges des cours des fleuves, « ces chemins qui marchent », mais aussi par suite de cette loi géologique et militaire en vertu de laquelle celui qui est maître de la plaine possède la montagne.

La vallée attire le montagnard comme la mer attire les fleuves, et ce phénomène, plus sensible dans les régions montagneuses, conserve ses effets dans les pays relativement plats tels que ceux du bassin du Tchad.

Le lac africain joue donc, comme dans les autres bassins fermés, son rôle de pôle de convergence, et c'est dans ce fait qu'il faut voir, bien plus que dans la facilité qu'offre une nappe d'eau aux communications, la raison de l'importance instinctive que les Européens ont attribuée, après les indigènes, à l'existence du Tchad et à sa possession éventuelle.

Qui possède le Tchad doit, par une nécessité fatale, posséder le bassin de ses affluents, c'est-à-dire non seulement le Baguirmi, mais le Bornou, le Ouadaï et le Kanem, et faire rayonner, sur les lointains pays du Sahara, une influence proportionnée à l'intensité commerciale et aux besoins d'expansion qui se manifesteront sur les rives du lac.

C'est dans ce fait qu'il faut chercher, croyons-nous, la raison d'être de la *course au Tchad*, entreprise par les explorateurs, négociants ou conquérants qui, du Soudan occidental comme du Niger inférieur, du Cameroun, du Congo et de Tripoli, ont cherché de tout temps à atteindre les rives du lac africain.

Leur ardeur se trouvait encore aiguillonnée par le mystère dont était enveloppée l'existence du lac, et il n'est pas étonnant que les riverains, témoins de l'avidité des blancs à courir vers cette nappe d'eau, se soient figuré et aient répété de bonne foi que les blancs cherchaient à atteindre le Tchad pour y découvrir et y exploiter des trésors imaginaires cachés au fond des eaux.

Ces trésors sont seulement allégoriques; les vraies richesses du Tchad ne sont point cachées sous sa nappe liquide, mais se trouvent constituées par les ressources des pays riverains, par l'attraction que le lac exerce sur les populations environnantes, et par les facilités que son existence donne à leur groupement social et à leur facile domination.

* ***

On peut maintenant jeter un coup d'œil d'ensemble sur le Soudan et examiner brièvement le rôle apparemment dévolu aux puissances qui s'en vont, et à celles qui attendent le moment favorable pour entrer en scène.

D'un côté, nous avons des royaumes en décadence ou sans défenses efficaces, ou prêts à se donner, avec, dans ces derniers temps, l'inconnue qui résulte des conquêtes de Rabah et de leur répercussion lointaine.

De l'autre, nous voyons trois puissances, la France, l'Angleterre, l'Allemagne, avides de prendre chacune la plus grande part de ces riches contrées.

Le partage est déjà fait diplomatiquement ; mais de graves questions restent encore à résoudre, autant pour régulariser les traités déjà conclus et pour mieux délimiter les zones d'influence que pour parer à l'imprévu et chercher à établir sur ces régions une domination effective.

Les trois nations européennes investissent chacune le Soudan de plusieurs côtés différents :

La France, par la côte occidentale de l'Algérie et, plus au Sud, par le Congo ;

L'Angleterre, par le bassin du Niger, par le bassin moyen du Nil et, accessoirement, par les grands lacs ;

L'Allemagne, par le Cameroun et, d'une manière plus lointaine et seulement problématique, par ses territoires de l'Est africain.

De ces trois situations, la plus favorable est incontestablement celle de l'Angleterre.

Du côté du Niger, en effet, on a vu que déjà elle touchait au Bornou et par là au Tchad. Du côté du Nil, elle s'apprête, après la conquête du Soudan égyptien et la destruction des Derviches, à faire la conquête du Darfour et sans doute aussi à occuper le Bahr-el-Ghazal. Après la chute de Khartoum, elle ne trouvait plus, interposés entre ses deux blocs de possessions africaines, que les débris des bandes derviches et l'empire récent et sans doute fragile fondé par Rabah.

Dans les conférences laborieuses qui précédèrent, au milieu du bruit des armes, la convention du 21 mars 1899, ce ne fut pas un des moindres arguments des diplomates britanniques que celui qui consistait à mettre sous nos yeux l'état des forces anglaises sur le Nil et le Niger en face du néant de notre occupation du Baguirmi et du Bahr-el-Ghazal.

C'est une nécessité de premier ordre pour la France, comme pour l'Allemagne, de veiller attentivement aux événements qui se déroulent autour du Tchad.

Cette nécessité semble avoir été comprise par les Allemands, si l'on se rapporte aux récents événements du Cameroun et aux bruits d'après lesquels la mission militaire dont nous avons déjà parlé serait chargée, non seulement de reconnaître, mais d'occuper effectivement les régions de l'hinterland du Cameroun.

Quant à l'action de la France, quelle doit-elle être?

Après l'événement de Fachoda et la retraite de la mission Marchand, nos efforts doivent se porter vers l'occupation effective des pays au sud et à l'est du Tchad. Déjà des missions sont à l'œuvre, et le moment n'est pas éloigné où les Anglais seront les premiers à comprendre l'intérêt qu'ils auront à proposer la délimitation du Soudan égyptien, du côté du Ouadaï. Quoi qu'il en soit des conséquences des derniers événements africains, on ne peut s'empêcher d'envier l'activité et l'énergie de nos rivaux, qui, occupés sur tous les points du globe par des questions vitales, trouvent dans leur ténacité et leur patriotisme le moyen de faire face aux embarras du présent et de tenir toujours plus haut le drapeau de la métropole.

En vérité, on ne sait ce qu'il faut le plus admirer, de leur ardeur à poursuivre un résultat cherché, ou de leur volonté toujours plus affirmée de ne rien abandonner et d'étendre constamment leurs conquêtes.

CHAPITRE IV

LES PAYS DU CONGO

Congo français.

Le Congo français est cette longue bande de terrain qui s'étend de l'Océan au Bahr-el-Ghazal et se trouve étranglée, entre la Sangha et l'Oubangui, par les territoires du Cameroun allemand et du Congo belge.

Ses limites, aujourd'hui bien définies, ont été fixées, vers le Cameroun, par les traités franco-allemands du 24 décembre 1885 et du 4 février 1894, et, du côté de l'État indépendant du Congo, par les conventions du 5 février 1885, du 29 avril 1887 et du 14 août 1894. (Voir le chapitre relatif à l'État indépendant du Congo.)

La petite enclave portugaise de Cabinda a été délimitée par une convention franco-portugaise passée dès 1886. Du côté du Congo belge, les frontières suivent le cours du Congo, de l'Oubangui, du M'Bomou, et la France s'est réservé le droit de poursuivre sur la rive gauche de ce dernier cours d'eau les rebelles qui tenteraient de se réfugier sur le territoire du Congo belge.

Du côté du Cameroun, la convention du 24 décembre 1885 avait fixé des limites astronomiques qui furent précisées sur les cartes par le traité du 4 février 1894.

Ce traité donne accès à l'Allemagne sur la Sangha; il a eu pour résultat de rétrécir encore davantage la largeur de notre bande d'accès vers l'intérieur, qui ne compte plus que 300 kilomètres entre la Sangha et le Congo. De plus, la frontière affecte sur le cours du Chari une forme bizarre très préjudiciable à nos communications futures avec le Sahara et l'Afrique du Nord.

Malgré les désavantages résultant du tracé de la frontière vers le Chari, il est regrettable que l'on n'ait pas pu, même au prix d'une cession supplémentaire de terrains de ce côté, adopter pour limite commune une ligne oblique laissant dans notre zone d'action une partie des territoires de la rive droite de la Sangha, de manière à augmenter la faible largeur du défilé entre Congo et Sangha, qui paralyse nos mouvements vers l'intérieur.

On est aussi porté à se demander sur quels droits les Allemands ont basé leurs prétentions sur le cours du Chari. Leurs missions y sont à peine parvenues alors que nous pouvions leur opposer les droits résultant des missions Mizon, Maistre et Dybowski.

Quoi qu'il en soit, nos limites ayant été définies avec l'Allemagne, notre action s'est portée naturellement, après 1894, du côté du Baguirmi, du Darfour et du Bahr-el-Ghazal.

Dès 1892, M. de Brazza nouait des relations avec le sultan du Baguirmi; mais, depuis lors, ces relations ont subi des vicissitudes nombreuses.

Les efforts de nos explorateurs se sont portés vers deux directions différentes : du côté de la haute Sangha pour chercher à rétrécir la zone d'influence des Allemands, et vers le haut Oubangui pour empêcher les empiétements des Belges et surveiller les agissements des Anglais vers le Bahr-el-Ghazal.

Ces deux actions divergentes ne comprenaient pas la surveillance du Dar-Banda et du Dar-Fertit, d'où est partie l'expédition de Rabah contre le Baguirmi et le Bornou.

Actuellement, notre autorité est reconnue à la fois dans le bassin de la Sangha et sur le haut Oubangui, où nous avons un peu partout fait acte de prise de possession effective.

Entre ces deux directions de la haute Sangha et du haut Oubangui, nos explorations se sont exercées, surtout depuis 1895, de manière à relier nos possessions antérieures et à pousser plus avant vers le Baguirmi et le Ouadaï notre zone d'occupation ou de protectorat.

Avant de parler des dernières explorations effectuées dans l'hinterland du Congo, il convient de rappeler que la colonie est placée, par décret du 1er octobre 1897, sous l'administration d'un gouverneur de 1re classe, commissaire général du Congo français, assisté d'un lieutenant-gouverneur pour le Congo. Les territoires de l'Oubangui sont eux-mêmes placés sous l'autorité d'un lieutenant-gouverneur, qui dépend du commissaire général. L'ensemble de ces territoires est occupé par un certain nombre de compagnies de tirailleurs sénégalais, outre une force de police spéciale au Congo, créée en 1898, et composée de gardes régionaux placés sous les ordres des administrateurs.

OPÉRATIONS VERS LE TCHAD   .

Nous ne ferons que rappeler les missions qui ont établi notre influence dans les bassins de la Sangha et du Chari et auxquelles sont attachés les noms de de Brazza, Crampel (1), Mizon, Dybowski, Maistre. Nous nous occuperons plus spécialement des missions récentes dirigées par MM. de Behagle, Bretonnet et Gentil.

Mission Gentil. — La mission Maistre (1892-93) avait pénétré du Congo dans le bassin du Chari et de là dans celui de la Benoué en suivant le cours de la Kémo.

M. Gentil, ancien enseigne de vaisseau et administrateur au Congo, ayant reçu la mission de faire l'exploration du Chari et du Tchad, partit de Brazzaville, le 15 octobre 1895, avec le *Léon-Blot*, petit vapeur démontable, d'un tirant d'eau de 0ᵐ,40; accompagné d'environ 50 fusils, il remonta le Congo, puis l'Oubangui et la Kémo et enfin la Toumi, affluent de droite de la Kémo, jusqu'à Krébedgé, où fut fondé un poste par 5°46' de latitude nord, et où la mission dut quitter la voie fluviale.

On attendit trois mois à Krébedgé pour se procurer des porteurs, et, après avoir démonté le *Léon-Blot*, on se mit en marche vers le bassin du Chari, dans lequel la mission pénétra par la vallée de la Nana. La rivière n'étant pas navigable, on établit sur ses bords, en octobre 1896, le camp des Ungouras et on s'occupa de chercher une autre voie de pénétration.

On la trouva dans un affluent du Gribingui, au mois d'avril 1897. On repartit sur le *Léon-Blot* remonté et, par le Gribingui

---

(1) C'est à El-Kouti, dans le pays du Dar Runga, que Crampel fut assassiné en mai 1891 par un lieutenant de Rabah.

et le Chari, on arriva au Tchad le 1er novembre 1897. Après avoir reconnu une partie du Tchad, la mission, manquant de moyens suffisants pour pousser plus avant, rebroussa chemin et rentra au Congo par le Gribingui.

Les résultats de ce voyage furent des plus importants. Outre les renseignements géographiques rapportés sur les pays du Chari et sur le Tchad, la mission avait pris contact, sur les rives du Chari, avec les bandes de Rabah, qui, craignant de ne pouvoir se maintenir au Bornou, avait fait occuper, pour lui servir de places de retraite éventuelle, les localités de Goulfey, de Koussouri et Logone. La mission fut bien accueillie dans ces villes, dont les garnisons, craignant nos représailles au sujet du massacre de la mission Crampel, s'étaient retirées à l'approche de nos explorateurs. Le sultan du Baguirmi, bien disposé à notre égard, signa un traité de protectorat. M. Prins fut installé auprès de lui en qualité de résident avec douze Sénégalais comme escorte.

La mission avait obtenu ces résultats pacifiquement. Mais à peine était-elle de retour sur le Gribingui (1) que Rabah, désireux de réparer le préjudice causé à son prestige par le passage des Européens, faisait sa rentrée dans le bassin du Chari et détruisait les villes qui avaient accueilli M. Gentil et son second M. Huntzbüchler; en même temps il poussait devant lui les forces de Gaourang, sultan du Baguirmi, qui, ne pouvant lui résister, en était réduit à évacuer sa capitale, Massénya, avec M. Prins et son escorte et à se retirer, vers le mois de juin 1898, sous la protection de nos postes du Sud.

La mission Gentil, habilement et énergiquement conduite, a réussi à faire flotter sur le Tchad, pour la première fois, un vapeur européen et à y porter le pavillon français, déjà montré par Monteil aux Bornouans de Kouka.

Outre les résultats politiques qu'elle a obtenus, elle a eu pour effet d'ouvrir la route à la mission de Béhagle et de faciliter son action.

_____

(1) Voir le récit des événements survenus après le retour de la mission dans le chapitre relatif au Soudan central.

Mission de Béhagle. — La mission commerciale conduite par
MM. de Béhagle, Bonnel de Mézières et Mercuri a été organisée
dès la fin de 1896. Elle avait été précédée par la mission Maistre
(1892-93), au cours de laquelle M. de Béhagle (1), qui en faisait
partie, avait laissé sur le Chari un indigène algérien lettré,
Ahmed Medjekam, chargé de préparer les voies de la future
mission.

Le but de celle-ci était de parvenir dans la région du Tchad,
d'y installer des Algériens lettrés dont l'influence devait se
développer sur les pays voisins, et de regagner l'Afrique du
Nord en passant par l'Aïr.

Quatre indigènes soudanais, recrutés à Tunis, d'où ils ne
pouvaient pas parvenir à regagner leur pays, firent partie de
la mission, qui comprenait en outre six indigènes algériens
lettrés. Partie d'Oran à la fin d'avril 1897, la mission arrivait
à Loango, d'où, avec 20 tonnes de marchandises et 200 porteurs,
elle gagna Brazzaville le 1er novembre en suivant la voie du
Kouilou. Après deux mois d'attente, elle en repartit, le 1er janvier 1898, avec 150 charges et 85 hommes, qui furent portés en
cours de route au nombre de 135 hommes choisis.

M. Bonnel de Mézières, rentré en France au mois de novembre 1897 pour y organiser une nouvelle mission, en repartait au mois de mai 1898 pour le Congo, accompagné de
quatre explorateurs commerciaux et scientifiques attachés à
la mission.

Dès le mois d'octobre 1897, au moment d'atteindre Brazzaville, M. de Béhagle, apprenant les bruits alarmants qui circu-
laient sur le sort de la mission Marchand, offrit à M. Liotard le
concours des moyens dont il disposait. Cette offre généreuse
était heureusement sans objet, car ces bruits se trouvaient
sans fondement.

Au mois de mars 1898, la mission était à Bangui, d'où elle
partait pour remonter l'Oubangui. Une lettre de M. de Béhagle

---

(1) MM. de Béhagle et Bonnel de Mézières avaient fait partie de la mission
Maistre, qui avait le Tchad pour objectif, mais qui, faute de bateau, ne put y
parvenir.

à la Société de géographie d'Alger, partie du Gribingui au mois de mai, donnait sur la mission les détails suivants:

Les eaux du Gribingui, dit-il, seront hautes vers le milieu de juin. Le 15 de ce mois, je descendrai le Gribingui, et, dans les premiers jours de juillet, je serai au Baguirmi.

J'ai mis neuf mois pour monter de la côte au nord de l'Oubangui et au Gribingui, où mes charges sont rendues au complet.

. . . .

J'attends la montée des eaux, et cette attente ne sera pas inutile. A Bangui, où j'ai séjourné un mois, j'ai employé mon monde à la répression des cannibales boujies, puis j'ai fait, par terre, le chemin de Bangui à Ouadda, qui n'avait jamais été fait, reconnaissant trois tribus nouvelles: les Magba, les Abanda, les Badda-Badda; ensuite, j'ai étudié la vallée de la Kemo et celle de la Toumi.

J'en rapporte les éléments d'une carte appuyée sur de nombreux relèvements de montagnes et d'observations astronomiques.

Toutes les données anciennes sur ces rivières en seront changées, car la Kemo, après avoir fait du nord-nord-est, s'infléchit tellement à l'est qu'elle vient voisiner avec l'Oubangui à moins d'une heure de marche et à 20 kilomètres dans l'est de son confluent. C'est, au contraire, la Toumi qui vient du nord sur tout son parcours navigable.

. . . .

Si Lakdar est resté à Brazzaville avec mon Maure saharien; Salem el Dulal Ali est au poste de Krebedjé (haute Toumi), où Mercuri a construit deux bastions en pierre, et je me retrouve sur l'Oubangui, attendant l'*Antoinette*, qui doit m'apporter cent charges ces jours-ci. Aussitôt, je rallie tout mon monde, et je gagne en hâte le Gribingui.

Le 19 juillet 1898, M. de Béhagle était au poste de Gribingui, d'où le vapeur de la colonie, le *Léon-Blot*, devait le conduire au Baguirmi. Il comptait s'y trouver vers le commencement d'août, y fonder des comptoirs commerciaux en novembre et en repartir pour l'Aïr, où il pensait arriver en février 1899.

Ces prévisions ont été modifiées par l'invasion de Rabah au Baguirmi. C'est, en effet, par une lettre de M. Mercuri, datée, le 9 août, du camp de Czà, sur la rive gauche du Ba-Bousso, à quatre jours de marche de Korbol, qu'on apprenait la fuite de Gaourang et l'incendie de Massenya.

Ces événements eurent pour effet d'immobiliser M. de Béhagle pendant quelque temps. Puis, au commencement de l'année 1899, confiant dans ses propres forces et espérant pouvoir reprendre ses opérations vers le Nord, il regagna la vallée du Chari. Vers le mois de juillet, il était capturé par les bandes de Rabah et conduit au sultan qui, a-t-on dit, ordonna sa mort. Cette nouvelle parvenait en Europe à la fin du mois d'octobre, presque en même temps que celle du massacre de la mission Bretonnet.

Mission Gentil-Bretonnet. — On a vu, à propos du Soudan oriental, quelle était la situation sur les bords du Chari à la fin de l'année 1898. M. le lieutenant de vaisseau Bretonnet, l'explorateur du Niger, nommé administrateur des colonies, était à ce moment à Paris, où il venait de conduire les ambassadeurs de Gaourang et d'El-Senoussi. Le 25 décembre, il s'embarquait avec eux à Marseille pour regagner l'Oubangui et de là le Chari, où il devait précéder de quelques semaines M. Gentil, nommé commissaire du gouvernement au Chari. Ce dernier devait disposer de deux compagnies : l'une recrutée au Sénégal, l'autre d'abord destinée à la relève de la mission Marchand et commandée par le capitaine Julien. Les capitaines Robillot, de Cointet et de Lamothe, l'administrateur Pinel et le docteur Sibut, décédé peu après à Loango, étaient adjoints à la mission.

A la fin du mois de mars 1899, M. Bretonnet atteignait la Nana, où il était renforcé par la compagnie Julien et d'où il signalait les apparences favorables de la situation sur le Chari. A la fin de mai, il arrivait à N'Délé, capitale du Dar Runga. Il en repartait le 31 mai pour El-Kouti, et de là pour Togbao, où il arrivait le 15 juin, tandis que le reste de la mission Gentil se concentrait à Gribingui. A ce moment Rabah se trouvait à Kouna, à une journée de marche de Niellim, que M. Bretonnet avait choisi en raison de sa forte situation, et où il disposait, avec les lieutenants Braun et Durand-Autier, d'une trentaine de Sénégalais, de 3 canons et des 400 fusils de Gaourang.

C'est là qu'il fut attaqué, le 18 juillet, par Rabah dirigeant en personne, avec 7 à 8.000 hommes sous ses ordres, l'assaut de la position. Le petit détachement fut anéanti. Un sergent indigène, seul, parvint à s'échapper et à porter la nouvelle du désastre à M. Gentil, qui se trouvait à Gaoura, le 16 août, pressant sa marche pour secourir son avant-garde.

Il emmenait avec lui la compagnie Julien, forte d'environ 125 hommes, que M. Bretonnet avait cru pouvoir laisser en arrière. Estimant qu'avec d'aussi faibles forces il ne pourrait affronter les masses de Rabah, il établit à Gaoura un poste fortifié où il fit venir sa deuxième compagnie commandée par le capitaine de Cointet. A la fin d'août, le poste de Gaoura, placé sous le commandement du capitaine Robillot, était défendu par 280 fusils et 2 canons, force suffisante pour tenir en échec les bandes de Rabah fort éprouvées par les pertes subies à Niellim. En arrière, d'autres forces étaient concentrées à Gribingui.

Au mois de novembre, ses forces ayant été portées à 320 fusils, le capitaine Robillot marchait sur Kouna et, le 2 décembre, attaquait le camp fortifié de Rabah, défendu par 12.000 hommes, dont 2.500 fusils et 3 canons. Après un combat acharné qui lui coûta 2 ou 3.000 hommes, Rabah, blessé, s'enfuit presque seul vers le Nord.

Cette victoire, qui eut un grand retentissement dans les contrées du Tchad, nous coûtait 13 tués et 110 blessés, parmi lesquels le capitaine Robillot. Ses effectifs étaient aussitôt renforcés et le sultan du Baguirmi, réfugié à Laï, venait se joindre à lui dans son campement fortifié de Tounia.

Pendant que nos explorateurs poussaient vers le Tchad, nous ne restions pas inactifs sur la Sangha. Le poste d'Ouesso y avait été fondé par MM. Fourneau et Gaillard, dès 1891, et, en 1892, M. de Brazza nouait des relations avec le sultan de Ngaoundéré, Abou ben Aïssa. Ngaoundéré a cependant été revendiqué par l'Allemagne, à qui cette localité a été attribuée par la convention du 4 février 1894.

Mission Fourneau-Fondère. — Au mois d'août 1898, le ministre des colonies confia aux administrateurs coloniaux Fourneau et Fondère la mission d'étudier une voie ferrée entre Libreville et le bassin de la Sangha. La mission quitta, le 15 octobre, Loango, pour se rendre, par terre, à Brazzaville, avec le lieutenant Fourneau, 35 tirailleurs sénégalais et 180 porteurs.

Tandis que le lieutenant Fourneau, réquisitionné par le lieutenant-gouverneur, était occupé à soumettre les Ballalis révoltés, la mission continuait sur Brazzaville, où elle arrivait le 4 novembre et d'où elle se dirigeait par fractions successives sur Ouesso. Elle était concentrée dans ce poste le 10 février 1899 et en partait le 14, se dirigeant vers l'ouest.

Le 4 mars, elle atteignait la Mambili, large de 50 mètres, affluent de la Mossaka. Le 9, après une route pénible, elle arrivait à An-Goukou, village des Bakotas, qui s'étendent jusqu'à l'Ivindo. Le 16, elle franchissait, par une pente insensible, la ligne de partage des bassins du Congo et de l'Ivindo ; puis elle prenait la direction du nord jusqu'au 21 mars et ensuite marchait vers l'ouest. Le 2 avril, elle atteignait l'Obombé ; là elle se scindait en deux groupes : l'un, avec M. Fondère, reconnaissait l'Ivindo, arrivait le 27 avril à Boué et le 10 mai au passage du N'Iona ; l'autre groupe, avec M. Fourneau, quittait Kandjamar le 20 avril, marchait vers l'ouest et rejoignait M. Fondère au passage du N'Iona.

De là, la mission gagnait le cours du Bokooué, et tandis que M. Fondère, par la route fluviale, regagnait Libreville le 29 mai, M. Fourneau atteignait le Gabon par voie de terre le 10 juin.

Les terrains reconnus paraissent se prêter au tracé d'une voie ferrée dont l'établissement nous affranchirait en partie du tribut payé aux Belges pour le passage sur leur ligne du bas Congo.

OPÉRATIONS VERS LE NIL

La question de Fachoda.

L'expansion française vers l'Oubangui et le Nil date de 1885. Elle a été la conséquence naturelle de l'acquisition du Congo français, due à l'habileté et à l'influence de M. de Brazza.

En 1886, M. Ponel remontait l'Oubangui et fondait le poste de N'Koudja. Plus tard étaient organisés les postes de Modzaka (1888), de Bangui (1890) et des Abiras (1891).

Au mois de décembre 1891, M. Liotard, pharmacien des colonies, fut envoyé sur l'Oubangui avec la mission de défendre les territoires revendiqués par la France contre les empiétements des Belges, qui étaient installés à Bangasso et poussaient les indigènes à interdire aux Français l'accès de leur pays. Des excès avaient déjà été commis auprès de nos postes, lorsque M. Liotard reçut, à la fin de 1892, le secours de la mission du duc d'Uzès, qui était accompagné du lieutenant Julien et de 50 Sénégalais. Les Boubous furent battus en février 1893 et notre influence rétablie dans la région.

Les négociations entamées par la France avec l'État du Congo, au sujet de la fixation d'une frontière commune, ayant été rompues au mois de décembre 1892, on se décida à occuper effectivement les pays de l'Oubangui et à renforcer les moyens d'action de M. Liotard.

Une mission, organisée sur l'initiative de M. Delcassé, fut confiée, en mai 1893, au commandant Monteil. L'avant-garde de la mission, composée de 3 officiers, 7 sous-officiers français et 220 Sénégalais, partit de Brazzaville le 2 novembre 1893, sous les ordres du capitaine Decazes, et rejoignit M. Liotard, qui put, grâce à ce renfort, maintenir les droits de la France en face des indigènes et des Belges.

Ceux-ci, à l'annonce de l'envoi de la mission Monteil, firent des offres de conciliation, qui eurent pour effet de retarder le départ de l'expédition. Les négociations, entamées en avril

1894, n'aboutirent pas ; tout au contraire, le Congo s'entendait avec les Anglais et, par le traité du 14 mai 1894, obtenait la cession à bail de toute la rive gauche du Nil au sud du 10e parallèle, jusqu'au bassin du Congo.

Ce traité souleva aussitôt les réclamations de la France et de l'Allemagne et motiva l'envoi immédiat de la mission du commandant Monteil, qui fut investi, par décret du 16 juillet, de l'administration des territoires du haut Oubangui. En même temps, le Parlement votait les crédits nécessaires pour prendre des « mesures conservatoires » dans ces régions, et un bataillon était envoyé au Congo.

Devant cette attitude, l'État du Congo se décidait à renoncer aux bénéfices du traité passé avec l'Angleterre et à limiter son action aux cours de l'Oubangui et du M'Bomou, ainsi qu'au 27°40' de longitude et au parallèle 5°30'.

Il renonçait aussi à toute occupation du Bahr-el-Ghazal.

Le traité du 14 août 1894 fut rapidement exécuté. Les Belges évacuèrent les territoires au nord de l'Oubangui, qui furent aussitôt occupés par les trois compagnies de Sénégalais des capitaines Vermot, Ditte et Hossinger. Le commandant Monteil, déjà arrivé au Congo, était rappelé avec la majeure partie de l'expédition et désigné pour marcher contre Samory.

M. Liotard reprenait, comme lieutenant-gouverneur du haut Oubangui, l'administration du pays et occupait, le 10 juillet 1895, le centre de Zemio, après avoir placé sous notre autorité les tribus N'Sakarras et Azandés.

Continuant son œuvre de pénétration vers le Nil, il prenait possession, en février 1896, de Tamboura, capitale d'un sultan azandé, y était bien accueilli, et employait l'année 1896 à organiser le pays et à le relier avec nos territoires de l'Ouest. Cette organisation achevée, il se dirigeait vers le Nord, fondait un poste à Rabet et allait occuper, le 17 avril 1897, le centre important de Dem–Ziber, l'ancienne capitale du Bahr-el-Ghazal.

C'est alors qu'interviennent les opérations de la mission du capitaine Marchand.

La mission Marchand.

Partie de Marseille le 25 juin 1896, la mission Marchand débarquait le 23 juillet à Loango. Le capitaine Marchand avait avec lui les capitaines Baratier, Germain, Mangin, le lieutenant de vaisseau Morin, le lieutenant Largeau et, plus tard, le lieutenant Fouque, l'enseigne Dyé, le docteur Émily, l'interprète Landeroin, 15 sous-officiers, 150 Sénégalais, 2 vapeurs et 3 chalands démontables. De Loango à Brazzaville, les populations étaient alors soulevées, et il fallut déployer la plus grande énergie pour concentrer le personnel et le matériel sur le Congo. La mission, retardée par une maladie du capitaine Marchand survenue en cours de route, ne put quitter Brazzaville, par le Congo, que le 1er mars 1897.

Arrivé peu après sur le haut Oubangui, à Rafaï, où il rencontra M. Liotard, le capitaine Marchand s'entendit avec lui pour marcher vers l'Est, tandis que le lieutenant gouverneur se porterait vers le Nord pour occuper Dem-Ziber.

Il s'agissait de prendre les voies fluviales, puis de transporter la flottille et le matériel à travers les plateaux qui séparent les bassins du Congo et du Nil. Cette opération s'effectua au prix de difficultés inouïes.

A partir du 8 août 1897, date du départ de Zemio, on fit remonter le M'Bomou, puis le Bokou, jusqu'au confluent de la Méré, à 80 kilomètres de Tamboura, par le convoi de la mission et par la flottille, tantôt naviguant, tantôt glissant sur des troncs d'arbres établis sur des routes qui contournaient les rapides ou les chutes. Enfin, le 10 septembre, la mission était concentrée à Fort-Hossinger (Tamboura), sur la Soueh, où le matériel arrivait en octobre.

Entre temps, le capitaine Marchand avait poussé une reconnaissance jusqu'aux environs de Lado, pour s'assurer de l'état politique du pays, puis, avec quelques hommes, s'était embarqué en pirogue sur la Soueh, pour déterminer le point où la rivière devient navigable. De ce point, nommé Kodjoli, il descendit jusqu'au confluent du Ouaou, puis rejoignit le reste de la mission le 13 septembre.

A Kodjoli, point fixé pour l'embarquement de la mission, il fonda un poste, créa un atelier de réparations pour la flottille et fit construire une route de 160 kilomètres de longueur pour relier Kodjoli au poste de Méré, au confluent de la Méré et du Bokou. Peu après étaient construits Fort-Desaix (novembre 1897), un peu en amont du confluent du Ouaou, puis le poste des Rapides, destiné à relier Fort-Desaix à Fort-Kodjoli.

De Fort-Desaix, où il transporta le centre de ses opérations, le capitaine Marchand entra en relations amicales avec les Dinkas, nation qui paraît comprendre de cinq à huit millions d'indigènes, et procéda à l'occupation méthodique du pays en envoyant des garnisons à M'Bia, Ayak-Roumbek, Djou-Ghattos, Bahr-el-Arab, Meschra-el-Reck. Le pays était divisé en trois cercles : ceux du Bahr-el-Ghazal, du Rohl et du Soueh.

Dès le 12 janvier 1898, le capitaine Baratier et l'interprète Landerouin étaient partis pour reconnaître les marais du Bahr-el-Ghazal. Cette reconnaissance, exécutée malgré des difficultés naturelles inouïes, conduisit le capitaine Baratier jusqu'au lac Nô. Il rentra à Fort-Desaix le 26 mars, rapportant des renseignements qui permirent à la mission de se mettre en route peu de temps après.

Pendant ce temps, le lieutenant Largeau exécutait la reconnaissance du Bahr-el-Homeur et du Ouaou.

La mission avait été considérablement affaiblie par l'obligation de détacher les garnisons que nous avons énumérées. Dans une lettre écrite de Fort-Desaix, le capitaine Marchand rendait compte des difficultés vaincues et de celles qu'il entrevoyait pour l'avenir.

J'ai maintenant dans le bassin du Bahr-el-Ghazal, c'est-à-dire du Nil, une situation de toute-puissance, sept chalands ou boats d'acier, un vapeur sous pression, quinze pirogues creusées par mes tirailleurs, pouvant me conduire où je veux dans le bassin du Nil, où le premier vapeur français est entré à cette heure, malgré tant d'obstacles et d'hostilités. Et, tant que je serai vivant, tant qu'il restera un officier, un sergent de la mission française, notre pavillon restera dans le bassin du Nil.....

Il ne faudrait pas croire pourtant que tout est agréable dans notre situation. Nous mourons de faim d'abord, et depuis longtemps c'est la chasse à peu près exclusivement qui nous soutient. Vous savez que c'est la faim qui est la cause du désastre de l'expédition Dhanis dans notre voisinage. Les sauterelles ont ravagé le peu de plantations faites par les indigènes bougobarris, sur lesquels nous nous appuyons, et mes propres plantations sont ravagées. Comment allons-nous atteindre le Nil? Serons-nous obligés de manger l'embach des marécages? Et encore s'il ne s'agissait que de passer vite avec mes bateaux, ce serait peu.

Mais le problème est bien autrement difficile. Ici, on ne *passe* pas. Le passage ne constitue pas un droit sur le pays traversé. Il faut *occuper effectivement*, et alors chaque nouveau poste créé dans ces immenses régions presque dépeuplées, chaque centaine de kilomètres en avant, constituent un travail colossal, une lutte incessante contre l'impossible. Pourtant, le triomphe final est à ce prix. Et malgré tout, quelque obstacle nouveau qui se dresse sur notre route, nous triompherons. Il le faut pour la grandeur de la patrie.

Malgré tout, la mission, renforcée par 100 tirailleurs venus de Dem-Ziber, et comptant alors 150 Sénégalais avec des contingents indigènes, quitta Fort-Desaix le 4 juin 1898 pour gagner Meschra-el-Reck, d'où elle repartit le 17 juin pour effectuer la traversée des marais du Bahr-el-Ghazal. Le 10 juillet, le capitaine Marchand arrivait à Fachoda, où, le 23 août, la mission était rassemblée.

A peine installée, elle était attaquée, le 25 août, par une expédition de Derviches comprenant deux bateaux à vapeur et plusieurs chalands montés par 1.200 hommes avec de l'artillerie. Le combat dura toute la journée et se termina par la fuite des bateaux et des chalands, dont quelques-uns furent coulés. 700 Derviches restaient sur le terrain.

Cette opération, qui avait pour effet de débarrasser le pays schillouk de la domination derviche, fut suivie, le 3 septembre, de la signature d'un traité par lequel le sultan des Schillouks plaçait son pays sous le protectorat de la France.

Le 10 septembre, on apprenait au Caire l'occupation de Fachoda, qui était déjà connue depuis plusieurs jours à Khartoum, par le sirdar Kitchener. Sur des ordres venus de Londres, le sirdar embarquait, le 9 septembre, sur cinq canonnières, trois bataillons égyptiens de 600 hommes chacun, 100 Highlanders et plusieurs pièces d'artillerie, et remontait le Nil vers Fachoda pour y reconnaître la petite troupe d'Européens dont on n'avait encore pu déterminer la nationalité. Le 15 septembre, à Renkh, à 300 milles au sud d'Omdourman, les Anglais rencontrèrent les Derviches qui avaient attaqué Fachoda le 25 août, et, après un combat assez court, s'emparèrent de leur bateau et de leur campement.

Le 19 septembre, après avoir échangé une lettre avec le capitaine Marchand, le sirdar se présentait devant Fachoda. L'entrevue fut des plus courtoises; elle est ainsi relatée dans un *pro memoria* remis le 27 septembre par l'ambassadeur d'Angleterre à M. Delcassé, ministre des affaires étrangères :

Le sirdar arriva à Fachoda le 19 septembre et reçut MM. Marchand et Germain à son bord. Au cours de la conversation qui s'ensuivit, M. Marchand informa le sirdar qu'il était muni d'instructions de son gouvernement d'occuper le Bahr-el-Ghazal jusqu'à sa jonction avec le Bahr-el-Djebel, ainsi que le pays des Schillouks sur la rive gauche du Nil blanc, jusqu'à Fachoda.

Sir Herbert Kitchener répondit qu'il ne pouvait reconnaître l'occupation française, quelle qu'elle soit, d'aucune partie de la vallée du Nil, et protesta contre cette occupation par un écrit qu'il laissa entre les mains de M. Marchand.

Finalement, il hissa le drapeau égyptien sur un des bastions des fortifications en ruines de la ville, à environ 500 mètres au sud du drapeau français. Puis, le sirdar ayant laissé à Fachoda une garnison composée d'un bataillon de troupes égyptiennes avec quatre canons et une canonnière, sous le commandement du major Jackson, se dirigea, le 20 septembre, vers le Sud, et établit un poste sur la rivière le Sobat.

En passant par Fachoda, à son retour vers le Nord, le sirdar informa M. Marchand, par écrit, que le pays était sous l'autorité militaire et que, par conséquent, tout transport de matériel de guerre sur le fleuve était interdit.

Le chef de la tribu des Schillouks nie avoir conclu aucun traité avec M. Marchand.

Si la défaite des Derviches par les troupes anglo-égyptiennes, à Omdourman, avait eu lieu quinze jours plus tard, l'expédition française aurait été totalement détruite.

Quoi qu'il en soit de cette dernière appréciation, que l'avenir a démentie, et malgré le ton arrogant des journaux anglais qui sommaient leur gouvernement d'exiger, avant toute négociation sur le principe de la possession de Fachoda, l'évacuation de ce poste par le capitaine, devenu, depuis le 30 septembre, le commandant Marchand, le gouvernement français obtint l'autorisation de communiquer avec Fachoda par la voie du Caire. Bientôt, le capitaine Baratier partait de Fachoda pour renseigner son gouvernement, et le commandant Marchand lui-même se rendait au Caire, où il arrivait au commencement de novembre.

On se rappelle l'émotion soulevée des deux côtés de la Manche, pendant les mois d'octobre et de novembre, par les négociations diplomatiques engagées entre les deux gouvernements. Devant les exigences du gouvernement anglais appuyées par la mobilisation de la flotte britannique, le cabinet français se résigna à donner l'ordre d'évacuation de Fachoda...

Le capitaine Baratier rejoignit au Caire le commandant Marchand, et tous les deux rentrèrent à Fachoda le 4 décembre.

Pendant ce temps, les troupes françaises et anglaises étaient restées en présence à Fachoda, sans qu'aucun incident eût surgi. Ce fut une sorte de blocus pendant lequel les Anglais poussaient sur le Bahr-el-Ghazal à 15 kilomètres de Meschra-el-Reck et y plantaient le drapeau égyptien. Au confluent du Sobat, le poste anglo-égyptien établi par le sirdar Kitchener avait remplacé les deux drapeaux abyssins que la mission avait trouvés le 8 juillet, lors de son passage. Les troupes abyssines avaient passé par là peu de temps auparavant et avaient dû se retirer devant l'insalubrité du pays.

Plusieurs routes se présentaient pour rentrer en France. Par le Congo, on n'y songea pas, non plus que par l'Égypte ou par Souakim. On se décida, malgré la fatigue, à traverser l'Abyssinie.

Déjà, malgré le blocus, le capitaine Mangin était parti de Fachoda le 11 novembre, à 9 heures du soir, avec 50 Sénégalais, sur une baleinière descendant le Nil. Le lendemain, il s'engagea dans la rivière Yal, la remonta jusqu'à Ouali, et se dirigea de là sur Ouitou, à 100 kilomètres vers le Nord. Puis il se rabattit vers l'Est, arriva le 21 novembre au djebel Grabit, renvoya alors à Fachoda trente de ses Sénégalais, et poussa vers les Beni-Chongouls, vassaux de Ménélik, par Aïkan, Sourkoum et Bacher. Arrivé chez les Beni-Chongouls le 20 novembre, il en repartait le 6 décembre pour l'Abyssinie et arrivait le 13 à Lalo, sur la route du Sobat à Addis–Ababa, où il obtenait les moyens de rejoindre le commandant Marchand.

Celui–ci lui avait envoyé, le 10 décembre, le lieutenant Fouque avec 40 hommes, pour l'informer de l'évacuation. Le lieutenant, arrivé chez les Beni-Chongouls, y reçut un accueil sympathique et rencontra peu après, le 9 janvier, à Guédamé, sur la route de Goré, une forte troupe abyssine qui le retint prisonnier pendant quelques jours. Bientôt après, il rejoignait le reste de la mission, en marche sur Addis-Ababa.

Le 11 décembre, à 9 heures du matin, à Fachoda, le pavillon français était amené avec les honneurs militaires. Les Français évacuaient le fort, salués par le bataillon égyptien et emportant dix mois de vivres, les deux canons, 300.000 cartouches et 1.200 projectiles.

La flottille, remontant le Nil et le Sobat, arriva le 20 décembre au poste de Nasser, fondé par le sirdar au confluent de la Djouba et du Baro. Remontant le Baro, déjà reconnu par la mission Bonchamps, on dut, le 11 janvier 1899, s'arrêter à Itchop, chez le chef des Yambas. On laissa la flottille sous sa surveillance et on reprit par terre la route d'Éthiopie.

Les ordres donnés par Ménélik pour la réception de la mission furent exécutés. Le 24, on arrivait à Bouré, premier poste abyssin, où l'on rencontrait les docteurs Chabaneix et de Couvalette, envoyés par M. Lagarde, notre ministre auprès de Ménélik, avec des approvisionnements. Le dedjaz Tessama tint à garder la mission quinze jours à Goré, et, de ce poste jusqu'à Addis-Ababa, où l'on arriva le 10 mars, ce fut une sorte de marche triomphale où se manifestèrent la sympathie et l'admiration des Abyssins.

Après une brillante réception faite à la mission par le négus, celle-ci repartit pour Djibouti, où elle entrait le 17 avril. Deux jours après, embarquée au complet à bord du *D'Assas*, elle se dirigeait vers la France, où l'attendait la réception chaleureuse que méritaient ses exploits.

La retraite de Fachoda fut douloureuse pour le commandant Marchand et ses vaillants subordonnés. Le temps pendant lequel elle s'accomplit, du mois de décembre 1898 au mois d'avril 1899, ne le fut pas moins pour tous les cœurs français.

L'Angleterre avait à venger sur un tiers, selon la doctrine politique reprochée par lord Salisbury lui-même à son pays, doctrine que nous rappelons dans notre Introduction, les mécomptes de sa politique coloniale et les déceptions de sa diplomatie en Extrême-Orient. Elle avait à restaurer son prestige, ébranlé par plusieurs échecs vis-à-vis de l'Allemagne, de la Russie et même de l'Amérique. En s'en prenant à son ennemie héréditaire et en profitant des discordes intérieures de la France, elle faisait coup double. Elle n'y manqua pas.

Impitoyable dans ses exigences, faisant parade d'une puissance qu'il eût été intéressant d'éprouver, elle fit durement expier à la France la gloire de ses officiers et refusa d'admettre aucun des droits acquis par leur valeur et leur ténacité.

Ces droits, énoncés dans les documents diplomatiques publiés sur la question de Fachoda dans les deux livres bleus anglais et dans le livre jaune français présentés aux parlements des deux pays pendant les mois d'octobre et de novembre, ont été contestés de l'autre côté de la Manche au moyen d'arguments intéressants à rappeler.

L'exposé de ces droits et des arguments qui leur furent opposés est contenu tout entier dans trois documents diplomatiques d'une importance particulière.

Le premier de ces documents, tiré du second livre bleu publié à la fin d'octobre, est le compte rendu, adressé par lord Salisbury à sir Edmund Monson, de la conversation qu'il eut à Londres avec M. de Courcel, notre ambassadeur, le 5 octobre 1898. Nous en extrayons le passage suivant : ·

Je fis remarquer, dit lord Salisbury, qu'une occupation comme celle de Marchand, avec une escorte de cent hommes, ne pouvait conférer aucun droit, et qu'en fait, sans l'arrivée de la flottille anglaise, l'escorte de Marchand aurait été détruite par les Derviches.

L'expédition Marchand était une expédition secrète dans un territoire déjà possédé et occupé, et au sujet duquel la France avait plusieurs fois été prévenue que toute prise de possession de territoire dans cette région ne pourrait pas être acceptée par la Grande-Bretagne.

Le traité anglo-allemand qui fut communiqué au gouvernement français, et dont les clauses concernant le Nil ne furent jamais formellement contestées, constitua un premier avertissement. Le second fut donné par l'accord conclu avec le roi des Belges donnant à ce dernier, pour sa vie durant, l'occupation des territoires jusqu'à Fachoda. Cet accord existe encore et est encore en pleine vigueur. Il n'a jamais été annulé ni répudié par l'Angleterre. Il est vrai que le roi des Belges a été amené, sans aucun assentiment de la part de la Grande-Bretagne, à promettre au gouvernement français de ne pas profiter de ce traité au delà d'une certaine limite; mais cette concession de la part du roi des Belges n'a pas amoindri la signification de cet acte en tant qu'il constitue l'affirmation par l'Angleterre des droits anglais contre les objections soulevées par le gouvernement français contre cet arrangement. Les droits du khédive sur ces territoires furent expressément déclarés encore en existence.

Vint alors, en 1895, le discours de sir Edward Grey, discours qui fut suivi, en 1897, par une note formelle de l'ambassadeur anglais à Paris, informant le gouvernement français que le gouvernement anglais adhérait aux déclarations faites par son prédécesseur dans ce discours.

Si la France avait eu l'intention, pendant tout ce temps, de mettre en question nos revendications et d'occuper une portion de ce territoire pour son propre compte, elle aurait dû ne pas garder le silence.

En tout cas, si la France croyait devoir essayer, malgré ces avertissements, de se créer un droit sur ce vaste territoire, vers lequel elle envoyait une expédition secrète d'une poignée d'hommes, elle ne devait pas être surprise que sa revendication ne fût pas reconnue bonne.

M. de Courcel développa l'importance d'un accord entre les deux pays sur cette question et insista sur la conclusion de cet accord sans délai; il insista sur l'intensité du sentiment qui prévalait en France.

- Lord Salisbury insista sur ce que l'intensité du sentiment en Angleterre n'était pas moins considérable.

M. de Courcel ne fit aucune proposition précise, mais il indiqua vaguement un désir que, des deux côtés, on laissât entendre que des négociations avaient lieu sur la question de délimitation entre les territoires revendiqués par les deux pays, et il considérait comme possible que, si nous agissions ainsi, Marchand pourrait s'en retourner par le chemin par lequel il était venu.

M. de Courcel ne fit pas toutefois de proposition à ce sujet, et il indiqua assez clairement que la délimitation devrait donner à la France une bande considérable de territoire sur la rive gauche du Nil.

Je ne donnai aucune espérance sur la réalisation de cette indication.

M. de Courcel insista plusieurs fois sur l'injustice pour la France d'être exclue du Nil, alors que l'Allemagne et la Belgique y étaient admises.

Je lui fis remarquer que la possession d'une partie des bords du lac Victoria-Nyanza devait être difficilement considérée comme étant une possession sur les bords du Nil et que, quels que fussent les droits de l'État du Congo au-dessous de Lado, où commençait le Nil navigable, ces droits avaient été donnés au roi des Belges seulement sa vie durant.

L'entretien se termina sans aucune conclusion, car je n'avais aucune communication à faire, si ce n'est à répéter la revendication de notre droit, et le baron de Courcel ne suggéra aucun arrangement par lequel ce droit pût être concilié avec les prétentions ou les désirs de la France.

Les deux autres documents sont contenus dans le livre jaune distribué au Parlement français à peu près à la même date, fin octobre, que le second livre bleu anglais.

Le premier livre bleu avait été publié le 10 octobre. M. de Courcel l'avait aussitôt transmis à Paris en le résumant comme il suit :

Il appert manifestement de cette publication que la contestation entre la France et l'Angleterre, relativement aux territoires du haut Nil, est déjà ancienne, chacune des deux puissances ayant émis la prétention de comprendre ces territoires dans sa sphère d'influence respective.

La note adressée par M. Decrais au gouvernement anglais le 8 août 1894 constate le désaccord entre les points de vue des deux gouvernements à propos de l'arrangement conclu par l'Angleterre avec l'État indépendant du Congo, arrangement dont le roi Léopold a d'ailleurs abandonné en partie les stipulations à la suite des observations du gouvernement français.

Dans la conversation que j'ai eue avec lord Kimberley, le 1er avril 1895, à la suite des déclarations de sir Edward Grey (1) dans le Parlement anglais, et de la protestation que je m'étais empressé d'élever contre ces déclarations, le ministre des affaires étrangères anglais a formellement reconnu qu'une négociation était encore pendante entre nos deux gouvernements au sujet des territoires du haut Nil.

Il s'est même fondé expressément sur cette circonstance pour justifier le langage de sir Edward Grey, en arguant que l'Angleterre aurait un juste motif de se plaindre si, pendant que la négociation était ouverte, une expédition française pénétrait dans le territoire qui faisait l'objet du débat. Lord Kimberley a ajouté que, du côté du Sud, où se trouvaient alors les troupes anglaises, aucun mouvement n'avait eu lieu de la part de l'Angleterre au delà de l'Ounyoro vers le Nord, et qu'aucune instruction n'avait été donnée pouvant autoriser un semblable mouvement. En fait, a-t-il déclaré, le *statu quo* n'avait pas été modifié par l'Angleterre.

Le discours prononcé par M. Hanotaux au Sénat le 5 avril 1895 et réimprimé dans le *Blue Book*, qui vient d'être mis en distribution, rappelle les antécédents de la discussion entre la France et l'Angleterre, la prétention anglaise consignée dans la convention anglo-allemande de 1890 et les réserves constantes de la France.

Enfin, la dépêche de M. Hanotaux à sir Edmund Monson, du 24 décembre 1897, rappelle la protestation immédiate opposée aux déclarations parlementaires de sir Edward Grey et l'existence préexistante entre les deux gouvernements de France et d'Angleterre d'un litige concernant les questions du haut Nil.

. . . .

Nous devons souhaiter que l'opinion anglaise, mieux renseignée désormais, comprenne qu'il ne suffit pas de traités conclus soit avec l'Allemagne, soit avec d'autres tierces puissances, lesquels ne sauraient être opposables à la France, ni de la déclaration unilatérale d'un sous-secrétaire d'État anglais dans une Chambre du Parlement britannique, pour créer à l'Angleterre un droit supérieur à nos propres prétentions. Si les Anglais réclament les territoires du haut Nil comme rentrant soit dans leur sphère d'influence, soit dans celle de l'Égypte, les Français ne sont pas moins fondés à

---

(1) Sir Edward Grey avait déclaré que le gouvernement anglais considérerait comme un acte « non amical » toute expédition dirigée par la France sur le cours du Nil. Cette déclaration, qui date du 28 mars 1895, portait que, « par suite des revendications de l'Égypte dans la vallée du Nil, la sphère d'influence britannique couvre tout le cours du Nil (the whole Nile waterway) ».

réclamer de même, comme appartenant à leur sphère d'influence, des territoires qui sont la continuation de leurs possessions de l'Afrique centrale et qui leur ouvrent un débouché sur le Nil.

Entre ces deux prétentions concurrentes, entre ces deux sphères d'intérêt rivales, une délimitation est évidemment devenue indispensable. C'est la conclusion qui ressort naturellement du nouveau *Blue Book* anglais, et les deux gouvernements intéressés arriveront avec d'autant plus de facilité et de promptitude à ce résultat désirable qu'ils se laisseront moins influencer par l'effervescence des passions populaires.

Le troisième document est le compte rendu de l'entrevue du 12 octobre entre lord Salisbury et M. de Courcel.

Londres, 12 octobre 1898.

Aujourd'hui, de nouveau, j'ai eu avec lord Salisbury une longue conversation.

. . . .

Le ministre anglais n'admettait pas qu'on contestât son droit de revendiquer la possession des territoires ayant autrefois appartenu à l'Égypte et par conséquent de qualifier d'illégale la présence du commandant Marchand à Fachoda.

J'ai dit qu'à mon avis nous avions le droit d'envoyer nos expéditions jusqu'à ce point, si les territoires occupés ou traversés par nous étaient sans maîtres ; mais que, si la légitimité des prétentions égyptiennes était reconnue, il n'était pas prouvé que la présence de nos troupes dût nécessairement y déroger, ni qu'elle fût plus incompatible avec l'autorité du khédive que la présence des troupes anglaises dans d'autres parties de territoires plus incontestablement égyptiennes.

Lord Salisbury répondit qu'une occupation mixte de l'Égypte offrirait des inconvénients.

Je lui rappelai alors que l'Angleterre, lorsque ses troupes étaient entrées dans l'ancienne province équatoriale, n'y avait pas rétabli le pouvoir ni le pavillon du khédive. J'ajoutai qu'en ce qui concerne la région du Bahr-el-Ghazal, elle n'avait guère été sous la domination de l'Égypte que pendant trois ou quatre années, ce qui était bien peu pour fonder la légitimité inaliénable qu'on prétendait nous opposer.

Lord Salisbury me parla alors de la domination du mahdi, qu'il devait considérer comme dévolue aux troupes anglo-égyptiennes par suite de la conquête d'Omdourman.

Je répliquai que, si l'on invoquait le droit de conquête, il ne s'agissait plus de questions de droit, mais de questions de fait; qu'enfin Fachoda n'avait pas été conquis sur le mahdi puisqu'il était occupé actuellement par une troupe française, qu'à plus forte raison, on ne pourrait pas parler de domination du mahdi sur le Bahr-el-Ghazal, où nous avons pénétré il y a plusieurs années et où de nombreux postes français ont été établis. Ces territoires forment le prolongement naturel du Congo et de l'Oubangui, et le commandant Marchand avait pu y circuler sans rencontrer de troupes mahdistes, car, à ma connaissance, il n'avait eu d'engagement avec les Derviches que sur le Nil même.

Lord Salisbury me fit observer alors que nos effectifs dans les pays dont nous parlions étaient trop faibles pour constituer une occupation véritable, que nous n'étions pas réellement maîtres du pays ni capables de le défendre contre les revendications de l'Égypte.

Je répliquai qu'à la vérité notre autorité dans les territoires de l'Oubangui et du Bahr-el-Ghazal, comme probablement aussi dans une grande partie de nos territoires du Congo et du Centre africain, n'était représentée et soutenue que par une faible proportion d'Européens accompagnés d'indigènes bien armés et bien dressés en assez petit nombre pour assurer leur mobilité, et qui, suivant les circonstances, pouvaient se renforcer des réserves locales levées parmi les tribus amies.

Tel était l'usage constant des nations européennes en Afrique, et ce système avait été non seulement trouvé le plus pratique, mais universellement admis comme suffisant pour fonder des droits d'occupation effective. Nous étions organisés de la sorte pour faire face à toutes les exigences normales et locales de notre occupation. Mais nous n'avions pas songé à réunir des forces suffisantes pour combattre une armée européenne ou des troupes équipées et conduites par des Européens.

Si lord Salisbury voulait dire que le sirdar disposait de forces supérieures à celles du commandant Marchand et pouvait l'obliger à se retirer devant lui jusqu'où il lui conviendrait de le pousser, je ne contesterais pas une assertion aussi évidente, mais alors il fallait quitter le terrain de la diplomatie. Je m'empresse de dire que lord Salisbury se défendit d'avoir exprimé une semblable pensée.

En ce qui concerne la province de Bahr-el-Ghazal, lord Salisbury me dit que, ce territoire faisant précisément l'objet de contestations entre nous, il devait demander que nous nous retirions jusqu'à la ligne de partage des eaux, sauf à nous à faire les excuses de droit que nous jugerons utiles.

Sans vouloir reprendre une stérile discussion juridique, je fis observer au premier ministre que la ligne de partage des eaux dans cette contrée constituait une donnée scientifique dont la reconnaissance sur le terrain devait être fort difficile : pendant une grande partie de l'année le pays, inondé, devenait marécageux ; des filets d'eau s'échappaient les uns dans la direction du Congo, les autres vers le Bahr el-Ghazal et le Nil, sans que l'on pût parler de délimitation naturelle. Nous nous trouvions ainsi ramenés à la nécessité d'une délimitation amiable pour définir la sphère de nos protections et de nos droits réciproques.

Lord Salisbury me pressa alors, avec insistance, de lui faire des propositions si mes instructions m'y autorisaient. Je lui dis que, quoique je n'eusse pas d'instructions nouvelles, je me croyais autorisé par vos directions antérieures à revendiquer pour les territoires français du bassin du Congo la possession de leur débouché nécessaire sur le Nil, qui était la vallée du Bahr-el-Ghazal ; qu'il me semblait de l'intérêt commun de la France et de l'Angleterre de ne pas intercepter cette voie naturelle du trafic de l'Afrique centrale dont, au besoin, l'usage pourrait être garanti au commerce au moyen de stipulations spéciales, analogues à celles qui avaient été conclues pour les territoires du Niger. Nous serions arrivés aussi à définir complètement nos sphères respectives et à terminer la délimitation des territoires entre le lac Tchad et le Nil, la seule qui soit incomplète en Afrique depuis notre dernière convention. Si nous nous mettions d'accord sur ces propositions, la question de Fachoda ne serait plus une cause de difficultés et disparaîtrait d'elle-même.

Lord Salisbury me dit qu'il réfléchirait au désir que je lui manifestais de voir un accès réservé à la France sur le Nil par le Bahr-el-Ghazal, mais qu'en tout cas il aurait besoin de se concerter avec les autres membres du cabinet dont plusieurs étaient actuellement éloignés de Londres.

Nous avons tenu, malgré leur longueur, à citer les documents diplomatiques qui précèdent, parce qu'ils ne se bornent pas à discuter les événements du passé, mais surtout parce qu'ils engagent l'avenir en donnant un aperçu intéressant sur la nouvelle manière diplomatique anglaise.

Tous les arguments, même les meilleurs, ne pouvaient prévaloir contre l'orgueil britannique. Le moment était favorable. Ce fut un spectacle intéressant de voir avec quelle unanimité les partis anglais s'accordèrent pour en profiter. La France, trop défiante de ses forces, céda sur tous les points et accepta la déclaration du 21 mars 1899, additionnelle à la convention du 14 juin 1894. (Voir l'appendice.)

Par cette déclaration, la France est exclue de la haute vallée du Nil et, si on lui concède le Ouadaï et quelques déserts du Sahara, on lui impose, par contre, le régime de *la porte ouverte* dans la plus grande partie de ses territoires du Congo et du Tchad. La façon dont la Royal Niger Company a compris la liberté du commerce est un exemple de la réciprocité que nous devons attendre de nos voisins sur ce point spécial. Outre la possession du Ouadaï, qu'il nous reste à conquérir et sur lequel il faut reconnaître qu'aucun des deux pays ne possédait de droits, les deux avantages principaux de cette nouvelle convention sont, avec la délimitation désormais fixée de notre empire africain, la jonction assurée de nos deux tronçons de territoires et la nouvelle situation qui nous est créée à l'égard de la Tripolitaine.

On a vanté, par contre, la valeur de la possession du Borkou et du Tibesti, dont nous sommes encore bien éloignés. L'Angleterre n'a pas acheté trop cher, par la cession de ces régions, l'avantage de nous délimiter du côté de la basse Égypte, et, malgré les déclarations répétées faites par le gouvernement français au sujet de la question d'Égypte et de celle du Nil moyen, qui doivent rester absolument intactes, l'opinion anglaise a accueilli avec satisfaction cette partie de la déclaration qui lui a paru être comme un pas de plus fait par la France en dehors de la vallée du Nil.

Quant au Bahr-el-Ghazal, cause principale du désaccord franco-anglais, il est piquant de signaler comment le *Times*, analysant les termes de la déclaration, apprécie les avantages de sa possession et comment il dévoile les vrais mobiles de l'action engagée par la diplomatie anglaise :

La convention abandonne à l'influence anglaise tout le Bahr-el-Ghazal et toutes les anciennes provinces de l'Égypte à l'ouest du Nil, c'est-à-dire tout le bassin du haut Nil jusqu'aux grands lacs. D'après le rapport de sir W. Garstin, le territoire situé juste au-dessus de Khartoum, autour du Nil blanc, n'est, sur une grande étendue, comme on le savait d'ailleurs, qu'un marais pestilentiel ; il est douteux que toutes les ressources et toute la persévérance du génie anglo-égyptien puissent, en une génération, améliorer ce sol.

Les portions du Soudan situées plus loin, tout en étant moins désolées, ne peuvent promettre des résultats matériels avantageux. Mais ce qui incitait l'Angleterre à réclamer la possession du bassin du haut Nil, ce n'était pas l'espoir de profits matériels, c'étaient des considérations politiques et militaires. « Le Nil, c'est l'Égypte, et l'Égypte, c'est le Nil. » Comme tutrice de l'Égypte, l'Angleterre devait se préoccuper de tenir le Nil depuis la mer jusqu'aux grands lacs. Enfin, il est bon de se rappeler qu'au delà de ces districts ravagés par la malaria, s'étendent des pays dont l'Égypte a toujours tiré les plus guerrières et les plus capables de ses magnifiques troupes de soldats noirs.

Au point de vue commercial, la France obtient l'accès au Nil, c'est-à-dire égalité de traitement pour les Anglais et les Français depuis le 5e degré jusqu'au delà du 14e degré de latitude nord ; l'Angleterre, de son côté, obtient des droits analogues sur les routes de caravanes entre le bassin du Nil et le lac Tchad, ainsi que sur le M'Bomou et dans le bassin du haut Congo.

Il est vrai que cette liberté de commerce n'est stipulée que pour trente années et que, d'autre part, l'acte de Berlin place le bassin du Congo sous le régime de la liberté commerciale.

Ainsi que le dit le *Times*, le Bahr-el-Ghazal n'est point une contrée privilégiée ; mais l'arrière pays du Bahr-el-Ghazal, les régions de Dem-Ziber, de Tamboura et autres pays traversés par les affluents du Bahr-el-Ghazal ont une certaine valeur. Placés derrière une ligne de marais souvent impénétrables, ces pays ne seront jamais d'une grande utilité pour l'Angleterre, qui a attaché à leur possession la valeur d'une satisfaction d'amour-propre. Pour la France, au contraire, ils eussent été avantageux en ce qu'ils arrondissaient notre domaine déjà trop étroit, et qu'ils font partie politiquement, quoique dans un bassin différent, de nos possessions du haut Oubangui. Leur évacuation portera, il serait puéril de le dissimuler, un coup sensible à notre prestige et à nos intérêts dans cette partie de l'Afrique.

Il est vrai que le Ouadaï vaut bien le Bahr-el-Ghazal et même le Darfour, et, si les Anglais nous l'ont abandonné, c'est qu'ils reculeront encore quelque temps avant d'entreprendre la conquête des régions à l'ouest de Khartoum. Il y a apparence que nous ne tarderons pas à entrer au Ouadaï ; dès lors, il

valait mieux nous abandonner ce pays sous couleur de concession ou de compensation que de se voir obligé d'en enregistrer, dans un délai plus ou moins éloigné, la possession,
devenue effective à la suite des initiatives françaises. La discussion reste encore ouverte au sujet de la large bande à
travers laquelle il s'agira de délimiter le Ouadaï et le Darfour.

Ainsi qu'on l'a dit plus haut, c'est là une question d'un
sérieux intérêt au point de vue français; les pays anglais,
s'enfonçant profondément au milieu de la région française,
seraient un centre d'action éminemment favorable à une
action politique ou religieuse.

Il ne faut pas oublier que les Senoussias, avec leurs centres religieux de Siouah et de Koufra, verront leur influence
augmenter, dans ces régions, à la suite de la chute du madhi
d'Omdourman. Cette confrérie, aujourd'hui investie sur tout
un côté de sa sphère d'influence, par le tracé de nos nouvelles
frontières, ne peut manquer, si elle possède vraiment une
vitalité puissante, de nous faire sentir, à brève échéance, les
résultats de son action.

Du Tibesti et du Borkou, il y a peu de chose à dire. On a
considéré leur massif montagneux comme « un rempart naturel de la ligne de jonction de nos possessions méditerranéennes avec le centre africain », sans se rendre compte que le
meilleur rempart naturel est, de ce côté, formé par le désert,
principal obstacle à toute menace militaire. De leur valeur
économique, il serait imprudent de parler en ce moment où
l'on ne connaît, pour ainsi dire, ces territoires que de nom.

Il y a mieux à dire du tracé de la nouvelle frontière jusqu'au
tropique. Ce tracé a soulevé les réclamations des tiers, de
l'Italie et de la Porte. L'émotion s'est naturellement calmée,
et, dans le chapitre relatif à la Tripolitaine et à la Cyrénaïque,
on a suffisamment indiqué le véritable caractère que prend
notre occupation au nord du lac Tchad. Il est certain qu'un
jour ou l'autre on reparlera de joindre à la frontière tunisienne
cette extrémité du tracé indiqué dans la déclaration du 21 mars
1899. Ce jour-là, la conversation, si elle s'engage avec l'Italie,

se développera sur un terrain d'entente qu'il ne sera probablement pas malaisé de trouver.

Il nous resterait à examiner la situation créée par les nouvelles conventions au sujet de l'action des Belges sur le Bahr-el-Ghazal. Nous en renvoyons l'étude au prochain chapitre, relatif au Congo belge, où elle a sa place marquée (1).

Nous ne parlerons pas davantage des conventions franco-anglaises. L'analyse que nous en avons faite suffit, pour le moment, à démontrer tous les avantages que l'Angleterre en a tirés. Mais il semble que, malgré sa complète victoire diplomatique, elle ne soit pas sans inquiétude sur ce que lui réserve l'avenir. Le monde, qui a vu la France humiliée, a le pressentiment que tout n'est pas fini de ce côté. Quant aux Français, vaincus par leurs dissensions et non par l'ennemi, ils devront se rappeler que l'union devant l'étranger est un dogme social, et qu'en politique internationale le droit ne suffit pas si l'on n'a pas la force.

*
* *

La mise en valeur de nos territoires du Congo, qui s'est depuis longtemps imposée à l'attention du gouvernement français, paraît prendre, depuis peu de temps, une forme plus définie.

Ce qui nuit et ce qui nuira pour longtemps encore à la prospérité de ces vastes régions, c'est, même avant l'insécurité, l'absence de voies de communication commodes. De nombreuses concessions ont été récemment accordées au Congo et dans l'Oubangui. Mais il faut se souvenir, bien que le prix des transports ait beaucoup baissé dans ces derniers temps, qu'il n'y a pas longtemps encore, en 1896, le transport d'une tonne de marchandises, dans le haut Oubangui, dépassait 2.000

---

(1) Depuis la retraite de la mission Marchand, le Bahr-el-Ghazal a été occupé par les 10e, 11e et 12e compagnies de tirailleurs du capitaine Roulet, qui a dû déployer pour l'installation de ses postes une extrême énergie. A la fin de 1899, le poste de Gaba-Schamba a été, après une brillante occupation, évacué par le lieutenant de Tonquedec, qui s'est retiré sur Khartoum avec ses 35 tirailleurs. Il y est parvenu au mois de janvier 1900 et, de là, a gagné le Caire et Marseille.

francs. On s'est fondé là-dessus pour déclarer que tout commerce y était impossible, sans s'apercevoir que là où rien n'est organisé rien ne peut prospérer.

Ces chiffres démontrent seulement la nécessité, si souvent proclamée, de hâter la création de voies de communication rapides, autant pour desservir ces lointains territoires que pour tâcher de nous passer du chemin de fer belge du bas Congo. D'ailleurs, ce que la France cherche à se procurer dans ces régions, c'est surtout un territoire de réserve pour l'avenir, et non une contrée de rapport immédiat. Il faut aussi remarquer que toute action militaire assurant la paix dans le haut Oubangui contribue, par contre-coup, à la pacification des territoires voisins du Congo et du Tchad, et qu'au point de vue de la pacification nous sommes actuellement en assez bonne posture.

Malgré des circonstances défavorables, il se fait cependant un certain commerce par les voies fluviales entre le haut Oubangui, la haute Sangha et le Congo proprement dit. Mais il faut reconnaître que c'est le Congo qui en fournit la plus grosse part, de même que c'est le Congo qui absorbe la plus grande partie des ressources mises par la métropole à la disposition de l'ensemble de la colonie.

A propos de la subvention de 2.428.000 francs pour le Congo français, M. Doumergue exposait ainsi la situation financière de la colonie, dans son rapport sur le budget des colonies établi à la fin de 1898 :

Cette situation n'a pas été brillante jusqu'à ce jour. Le rapporteur du budget de l'exercice 1898, l'honorable M. Riotteau, en signalait le désordre l'année dernière. Il vous faisait connaître, en même temps, que la colonie avait un arriéré supérieur à la somme de 2 millions de francs. Nous avons dû nous préoccuper de rechercher quelles mesures avaient été prises pour le combler.

Des renseignements qui nous ont été fournis, il résulte que le déficit aurait été couvert à l'aide du crédit supplémentaire de 1.400.000 francs qui a été voté en cours d'exercice. Une enquête plus exacte sur la situation financière de la colonie aurait permis de constater, en effet, que l'arriéré n'était pas aussi élevé qu'on l'avait cru tout d'abord. Une pareille constatation démontre assez quel état de désordre et d'anarchie a régné jusqu'à ce jour dans l'administration du Congo français.

Sur les 1.400.000 francs de crédits supplémentaires, il restait, à l'heure où votre commission a eu à examiner le budget des colonies, un boni apparent de 1.140.000 francs. Mais ce boni est destiné à disparaître quand auront été réglées la dette du haut Oubangui envers le contingent des tirailleurs sénégalais qui y est stationné et certaines dépenses engagées pour le compte de la mission Marchand.

Il ne faut pas oublier, en effet, que, sur le budget local du Congo français, une somme de 1 million est affectée annuellement à la dotation du haut Oubangui.

A part quelques travaux d'assainissement à Libreville et la construction d'une ligne télégraphique entre Loango et le cap Lopez, d'une part, qui est terminée, et Loango et Brazzaville, pour laquelle un crédit de 50.000 francs était inscrit au budget local de 1898, on ne trouve guère de travaux publics au Congo. On n'y rencontre pas davantage, il faut le dire, trace d'une administration organisée, encore qu'il y ait bon nombre de fonctionnaires.

Nous devons reconnaître, cependant, qu'on se préoccupe enfin de l'organisation administrative du Congo. Il est, en outre, question de créer un impôt de capitation à percevoir sur les indigènes des diverses régions. Dans le bassin de la Sangha, dans la région de Loango et de Brazzaville, quelques résultats ont déjà été obtenus à cet égard. La milice, en voie de réorganisation, va être augmentée d'un deuxième bataillon. Enfin, on parle de réunir, en un seul corps des agents du Congo, l'ancien personnel des divers services.

Notre domination au Congo français est toutefois, à l'heure actuelle, plus fictive que réelle. Nous ne possédons, sur une étendue d'environ 1.800.000 kilomètres carrés, qu'un petit nombre de postes dont l'action ne peut se faire sentir que dans un faible rayon. Il y a donc lieu d'éviter toute action inconsidérée que pourrait compromettre cette situation précaire.

Il n'en faut pas moins prévoir le moment où le budget des dépenses de la colonie devra s'augmenter, pour remédier à cette situation. Aussi votre commission ne saurait trop engager le gouvernement à se préoccuper, d'ores et déjà, des moyens d'accroître, par une intelligente mise en valeur et par une bonne organisation administrative, économique et financière, les ressources locales de la colonie. Il ne saurait être question, en effet, d'exiger de la métropole des sacrifices supérieurs à ceux qu'elle consent aujourd'hui. Le but est plutôt de les réduire.

La situation commerciale du Congo se résume, depuis 1893, par les chiffres ci-après :

	Importations.	Exportations.	Totaux.
1893..........	3.166.371	2.345.014	5.511.385
1894..........	4.604.953	5.992.697	10.597.650
1895..........	5.648.881	4.948.783	10.597.664
1896..........	4.796.613	4.745.844	9.542.457 (1)

Ce tableau est quelque peu poussé au noir. Les travaux publics, notamment, ne sont pas entièrement délaissés au Congo.

Une voie mixte de communication par terre et par eau reliera bientôt Loango à Brazzaville. On remonte le Niari-Kouilou jusqu'à Kakamœka, point extrême de la navigation (74 kilomètres). Cette section possède déjà une ligne télégraphique. A Kakamœka commence la route de Brazzaville, commencée en 1897 par la Société commerciale et industrielle du Congo français et pour laquelle la colonie alloue une subvention quinquennale de 80.000 francs.

La culture a pris, dans ces derniers temps, un certain développement au Congo, par suite de l'emploi de la main-d'œuvre pénale annamite.

En 1888, on a commencé à expédier 100 forçats annamites à Libreville. L'essai réussit peu, et la nostalgie fit périr 42 condamnés. En 1894, un nouvel envoi de 100 forçats permit d'entreprendre des déboisements et des asséchements. En 1896, on a essayé de développer la culture par la main-d'œuvre annamite, en créant des postes de culture et de ravitaillement sur les principales voies de communication. Dans ces postes, des concessions sont accordées aux condamnés avec une liberté relative, et les voyageurs peuvent y trouver quelques moyens de ravitaillement et de bien-être. On cherche aujourd'hui à développer cette expérience qui a produit jusqu'ici d'heureux résultats.

---

(1) Voici les résultats pour 1897 et 1898 :

	Importations.	Exportations.	Totaux.
1897..............	3.572.462	5.278.017	8.850.479
1898..............	4.844.234	5.695.304	10.539.538

Libreville, érigée récemment en point d'appui de la flotte, est reliée à Saint-Thomas et de là à l'Europe par un câble sous-marin. C'est le port principal de la colonie, sur l'estuaire du Gabon qui forme une immense rade (23 milles sur 10) où viennent se déverser de nombreux cours d'eau. Il y règne un climat relativement sain. La température maxima y est de 30°, et l'année se divise en deux saisons : la saison sèche, du 15 mai au 15 septembre, et la saison des pluies, le reste de l'année.

Dans la colonie du Congo proprement dite, la tranquillité est parfois troublée par les incursions des Pahouins qui se soumettent cependant peu à peu à l'administration française.

Jusqu'en 1895, la colonie possédait un corps de tirailleurs gabonais qui fut alors supprimé et remplacé par des miliciens. Un arrêté du gouverneur, en date du 30 mars 1897, a décidé que la milice comprendrait un bataillon de 630 hommes répartis en quatre compagnies sous les ordres des administrateurs.

On a parlé plus haut de la création d'un deuxième bataillon de milice.

* * *

Notre colonie du Congo, avec ses dépendances, offre un immense champ d'activité à l'exploitation, sinon à la colonisation française. Nous avons indiqué plus haut le sens dans lequel devait être orientée l'expansion de ce pays dont les richesses diverses, si on ne les gaspille pas comme au Congo belge, seront une précieuse réserve pour l'avenir.

Une quarantaine de concessions ont été accordées tout récemment, dans ces pays, à plusieurs compagnies. La plus grande, celle du Haut-Oubangui, comprend 15 millions d'hectares, la plus petite porte sur 1.200.000 hectares. L'ensemble de ces sociétés représente un capital de 65 millions.

Dans le système général des possessions françaises en Afrique, le Congo a son rôle naturellement tracé.

En admettant qu'aucun incident international ne vienne,

soit obliger la France à user de son droit de préemption sur
le Congo belge, soit provoquer le partage de l'État indépendant, le Congo français, livré à lui-même, pourra acquérir
une prospérité d'autant plus grande que sa situation au
centre de l'Afrique est plus avantageuse, et qu'il ne peut
manquer d'être relié un jour à nos autres possessions de
l'Afrique occidentale.

Malgré les difficultés opposées à nos projets par le voisinage du Cameroun allemand et de la Nigeria britannique,
l'action de ces enclaves est en partie neutralisée, au point de
vue de nos communications futures, par la prise de possession des territoires à l'est du Tchad sur lesquels il nous
est possible de créer, malgré nos adversaires, la liaison par
voie ferrée du Congo français avec l'Afrique du Nord.

Ainsi qu'on l'a dit à propos du Sahara, la tâche, quoique
malaisée, n'est pas au-dessus de nos forces. Son exécution
permettrait de relever notre prestige dans ces régions, et nous
donnerait en même temps l'outil le plus précieux pour asseoir
définitivement notre domination sur le centre de l'Afrique.

Par la mainmise sur le Tchad, et par les avantages que
nous donnerait l'occupation d'une position centrale au milieu
des possessions européennes voisines, nous nous assurerions
le moyen le plus efficace de faire rayonner l'influence française, d'attirer le commerce des pays voisins et de maîtriser
les empiétements ou les tentatives d'expansion commerciale
de nos rivaux.

Tel doit être l'objectif constant de notre action dans ces
régions.

État indépendant du Congo.

Conventions internationales. — Considérations générales. — Arabes du Nord et Arabes du Sud. — Expéditions militaires de 1896 à 1899. — L'affaire Stokes. — Le chemin de fer du bas Congo. — Avenir du Congo.

Sur une étendue trois ou quatre fois égale à celle de la France, l'État indépendant du Congo occupe une des régions de l'Afrique qui comptait, il y a seulement vingt ans, parmi les moins connues. Ses limites ont été réglées par de nombreuses conventions internationales (1), et sont précisées aujourd'hui sur tout son périmètre, notamment du côté du Congo français, où le Congo, l'Oubangui et le M'Bomou servent de frontière.

On a déjà parlé du traité du 12 mai 1894 par lequel les Anglais cédaient à bail au roi des Belges les territoires du Bahr-el-Ghazal et de la province équatoriale d'Emin pacha, qui appartenaient autrefois à l'Égypte, et qui, depuis longtemps, étaient passés sous l'autorité du Mahdi d'Omdourman. Cette cession, portant sur des provinces conquises par un tiers, souleva les réclamations de la France et de l'Allemagne, et le roi des Belges dut renoncer presque aussitôt au bénéfice du traité. Il s'engagea vis-à-vis de la France, par le traité du 14 août 1894, à ne pas occuper les territoires au nord de Lado, et une délimitation précise fixa au cours du M'Bomou et à la ligne de partage des eaux du Nil, les frontières de l'État du Congo.

---

(1) 1. Convention de Berlin de 1885.
2. Acte général de Berlin du 26 février 1885.
3. Conventions entre le Portugal et le Congo, du 14 février 1885 et du 25 mai 1891.
4. Traité anglo-congolais du 12 mai 1894.
5. Traité franco-congolais du 14 août 1894.
6. Traités franco-congolais, du 5 février 1885 et du 29 avril 1887.

Bien que la France, souscrivant aux conditions de la déclaration du 21 mars 1899, ait abandonné le Bahr-el-Ghazal, le traité du 14 août 1894 ne reste pas moins en vigueur et il est probable que, dans un avenir peu éloigné, les diplomates seront encore obligés de s'en occuper.

Quant aux réclamations de l'Allemagne, elles furent apaisées par la suppression de la clause qui attribuait à l'Angleterre une bande de terrain de 25 kilomètres de large, destinée à relier l'Ouganda à ses possessions de l'Afrique australe, et à lui donner la possibilité de réaliser son rêve, de joindre l'Égypte, par une voie ferrée et une ligne télégraphique, à la colonie du Cap.

On a dit très justement que le Congo belge, appelé aussi Congo léopoldien, n'est autre chose que le territoire dévolu à une compagnie à charte, dont le président est le roi des Belges et dont la charte est contenue dans l'acte de Berlin.

Cette situation donne, en réalité, tous les droits à l'État indépendant sous la réserve de laisser le commerce libre pour toutes les nations dans le bassin du Congo. Le roi des Belges, qui est souverain absolu dans ces régions, a pu obtenir de l'Europe l'établissement de droits d'entrée et de sortie sur les marchandises; sauf cette restriction, le commerce est libre. Pour mieux établir cette liberté du commerce aux yeux du monde, les territoires du Congo ont été en quelque sorte partagés en deux parties : l'une, dite domaine privé du souverain, est sa propriété particulière qu'il fait exploiter comme il l'entend. Ce sont les régions des Bangalas, du lac Léopold II et des Stanley Falls. L'autre partie du domaine public est ouverte à tous et en particulier à des sociétés d'exploitation dont quelques-unes sont en pleine prospérité. Cet état de choses transforme pour le moment l'État du Congo en une simple affaire commerciale et fait du roi des Belges, ainsi qu'on l'a dit, le plus grand marchand d'ivoire et de caoutchouc du monde entier.

En fait, il s'entend admirablement à mettre en valeur ses immenses domaines, grâce à sa ténacité, à son activité, à sa grande situation, à ses alliances de famille et à sa qualité de souverain absolu d'un empire neutralisé par l'Europe. Il est d'ailleurs juste de reconnaître que ses grandes qualités lui ont été indispensables pour venir à bout des difficultés de toute nature qui ont assailli le jeune État dès sa fondation. Il a fallu jouer de sa neutralité, profiter des rivalités européennes, vaincre des insurrections, et par-dessus tout conquérir le pays sur les traitants arabes qui l'exploitaient depuis des siècles avec plus ou moins d'intensité.

Depuis la conquête du Soudan par l'Égypte, des expéditions de marchands arabes s'étaient organisées dans le but de se procurer de l'ivoire et des esclaves sur les territoires du Bahr-el-Ghazal. Peu à peu, des postes fortifiés, appelés *zaribas,* s'étaient fondés sur les principales routes de la contrée et, de proche en proche, les esclavagistes avaient atteint le haut Oubangui, soumettant le pays à une sorte d'organisation féodale grâce à laquelle ils avaient pu se rendre les maîtres absolus de cette région.

En même temps que cette invasion se produisait par le Nord, une autre invasion, celle des Arabes du Sud ou de Zanzibar, faisait des progrès incessants du côté du haut et du moyen Congo. Dès 1870, on les trouvait sur le Tanganyika, où ils avaient fondé, à Oujigi, une station commerciale importante. Vingt ans après, ils s'étaient avancés jusqu'au delà du haut et du moyen Congo, où ils se trouvaient en lutte incessante avec les Belges. Ceux-ci, désespérant de les soumettre définitivement, ne trouvèrent rien de mieux que de s'attacher le principal des traficants arabes, Tippoo-Tib, en le nommant gouverneur de la province des Stanley-Falls, ce qui le rendait maître de tout le pays entre ce point et le Tanganyika.

Ce fut là une action analogue à celle accomplie par Gordon-Pacha, lorsqu'il se vit obligé de traiter de puissance à puissance avec un des chefs arabes du Nord, le traficant Zobeïr, dont le favori Rabah devait devenir par la suite un des plus fameux *conquistadores* africains.

Depuis l'établissement du mahdisme, les Arabes du Nord

avaient vu leur puissance considérablement diminuer, par la fermeture de leurs débouchés du côté de l'Égypte, par les exactions du mahdi, qui arrêtait et dépouillait leurs caravanes, et par les expéditions des Derviches vers le Sud.

Repoussés vers le Chari et craignant de manquer d'armes et de munitions, ils se jetèrent du côté de l'Ouest, et, conduits par Rabah, ils réussirent, comme on l'a déjà vu, à se tailler un empire du côté du Tchad.

Quant aux Arabes du Sud, traqués de tous côtés par les Belges et les Allemands, ils essayèrent, sinon de se maintenir dans leurs États éphémères, tout au moins de sauver leur commerce en demandant seulement à leurs ennemis européens de se montrer tolérants. C'est ainsi que la traite continua par la côte de Zanzibar, trouvant par là des débouchés clandestins aux « opérations » conduites par les Arabes de part et d'autre du Tanganyika.

Mais, si les Belges, éprouvés par des expéditions meurtrières vers le haut et le moyen Congo, avaient laissé un moment de répit aux Arabes de cette région, ils n'en avaient pas moins été obligés de tourner leurs efforts contre les Derviches, qui, par leurs empiétements dans le haut Oubangui, menaçaient déjà leurs frontières du nord-est et leur faisaient craindre une jonction avec Tippoo-Tib, sur la fidélité duquel il eût été téméraire de trop compter.

Depuis 1887, après le départ d'Émin pacha, les Derviches, malgré leur marche en avant, n'avaient pas pu empêcher les Belges d'arriver à Lado, ni les Anglais de pousser jusqu'à Ouadelaï. Mais, des infiltrations s'étant produites vers l'Ouellé, l'État du Congo décida de se débarrasser définitivement du voisinage des mahdistes. Ceux-ci, attaqués le 18 décembre 1894 sur le Niéré, puis vers le confluent de l'Akka, furent repoussés et de nouveau battus le 23 décembre de la même année. Le gros de leurs forces, environ 4.000 hommes, battit en retraite vers le Nord, sur Doura, tandis qu'un gros parti allait s'enfermer dans la place forte du Legarou.

Les Belges, secondés par Pokko, frère du chef Nyam-Nyam Semio, alors protégé du Congo, s'emparèrent du Legarou après plusieurs assauts. Au commencement de janvier 1895, les Derviches abandonnaient la lutte et se retiraient sur Rédjaf.

L'année 1895 s'est passée de ce côté sans incidents bien graves. Au mois de mars 1896, s'est répandue la nouvelle de la coopération des troupes du Congo à l'expédition anglaise du Soudan. Cette nouvelle n'avait pas besoin d'être démentie aussi énergiquement qu'on l'a fait pour paraître peu vraisemblable.

Les Belges, en effet, s'étaient interdits, vis-à-vis de la France, par le traité du 14 août 1894, toute expansion au nord de Lado. Ils avaient d'ailleurs à ce moment d'autres occupations. On annonçait, au commencement de 1896, que des troubles graves avaient éclaté dans l'Arouhouimi, où l'on craignait toujours la défection de Tippoo-Tip, malgré la surveillance exercée par un résident belge installé auprès de lui.

Plusieurs fonctionnaires congolais avaient été massacrés, et l'on avait de sérieuses raisons de croire à l'extension de cette insurrection.

Ces craintes se réalisèrent en effet. Le 1er mars 1896, le major Chaltin quittait Nyangara avec 500 hommes et pénétrait dans les États du chef M'Bili, qui fut défait en trois combats et se réfugia chez son voisin N'Doruma, sultan d'une tribu azandé. Ce chef disposait de forces nombreuses, environ 5.000 guerriers, en partie armés de fusils, et avait pu imposer aux Égyptiens et aux Derviches.

Dans un premier combat, N'Bima, frère du sultan, fut battu malgré une belle résistance; le 5 avril 1896, N'Doruma, attaqué par les Belges devant sa capitale, fut vaincu après une bataille acharnée et malgré l'emploi d'une tactique habile qui faillit déconcerter ses adversaires. Repoussé après avoir perdu un millier des siens, il abandonna la lutte, et le pays fut pacifié pendant quelques mois — au moins en apparence. On ne se dissimulait pas que cette campagne devait avoir une suite. Il fallait, en effet, refouler les Derviches, qui, malgré leur défaite de Dongu, à la fin de 1894, s'infiltraient encore vers le Sud.

Le baron Dhanis fut chargé d'organiser, vers le milieu de 1896, une expédition qui devait avoir le Nil pour objectif. Pendant que le major Chaltin, avec 700 hommes, poussait vers le haut Nil et occupait Redjaf (17 février 1897), le baron Dhanis préparait la concentration de sa colonne, qui exigea pendant deux mois l'interruption du trafic sur le Congo. En mars 1897 il était à Kilo, où il signalait la révolte de son avant-garde.

Celle-ci, déjà arrivée à Ndirji, dans l'Ouellé, et comprenant un bataillon, s'était soulevée contre ses officiers et les avait massacrés en partie. Les Batélélas qui la composaient se dirigeaient vers le Sud pour rentrer dans leur pays, d'où il fallait les couper, sous peine de voir les territoires du haut Congo entrer en insurrection. Déjà, à la fin de 1886, le commandant Michaux, chargé par le baron Dhanis de poursuivre dans le pays boisé, entre le Lomami et le Lualaba, les rebelles battus en 1895 par le commandant Lothaire, leur avait infligé, le 12 novembre 1896, une sanglante défaite, à Kahoa. Il s'agissait d'empêcher à tout prix la rébellion de s'étendre et les révoltés de se réunir.

Le baron Dhanis, obligé de renoncer à son expédition vers le Nil, marcha contre les révoltés. Mais il fut paralysé par une nouvelle rébellion qui éclata dans sa colonne et subit un échec à la suite duquel il effectua une retraite de 150 kilomètres sur Kilonga-Longa et de là sur Avakubi. Par bonheur, les révoltés ne songèrent pas à profiter de leur succès et continuèrent leur exode vers le Sud ; puis ils se cantonnèrent, en avril et mai 1897, sur la Semliké, qui réunit le lac Albert-Edouard à l'Albert-Nyanza.

Le commandant Henry avait réussi, par son ascendant moral, à ramener 600 hommes au devoir. Il reçut l'ordre de partir d'Avakubi au commencement de mai et d'aller occuper Kilonga-Longa, à 110 kilomètres à l'ouest, tandis que le baron Dhanis se portait sur les Stanley-Falls et de là sur Nyangoué pour barrer la route aux rebelles.

Le commandant Henry occupa Kilonga-Longa sans difficulté et, le 4 juin, en repartit pour marcher contre les révoltés. Ceux-ci avaient déjà poussé leurs excursions au delà de la frontière de l'État indépendant et avaient assiégé dans le poste anglais de Katue le lieutenant congolais Samaes, qui s'y était réfugié avec 40 hommes. Aidé par les 17 hommes qui composaient la garnison anglaise du poste, le lieutenant Samaes repoussa les rebelles et rejoignit le commandant Henry à Mukupi.

Au mois de juin, les routes de Nyangoué et de Kassongo ayant été occupées par le baron Dhanis, le commandant Henry continua son mouvement contre les révoltés, les atteignit, le 15 juillet 1897, sur la Lindi, près du lac Albert-Édouard, leur tua 400 hommes et les rejeta dans les montagnes qui bordent le lac, où les 800 rebelles qui restaient trouvèrent un refuge. Ne pouvant percer sur Nyangouè pour rentrer dans leur pays, ils s'y cantonnèrent et purent y subsister malgré les défaites qui leur furent infligées en avril 1898 et, plus tard, dans le courant de la même année, par les petites expéditions envoyées contre eux.

L'une d'elles, dirigée par le lieutenant Stevens avec 200 hommes, fut attaquée et battue à Sungula le 4 novembre 1898. Cinq blancs furent tués ainsi que presque tous les indigènes. Après cette victoire, les rebelles marchèrent sur Kalambaré, dont la garnison (800 hommes) se joignit à eux. Une nouvelle expédition devint nécessaire. Le baron Dhanis marcha sur Kalambaré, que son avant-garde, commandée par M. Sund, trouva inoccupé, le 30 décembre 1898. Puis il poussa les rebelles vers l'Est et installa ses troupes à Sungula. Il y fut attaqué le 20 juillet 1899. Après un combat de plusieurs heures, les Batélélas, renonçant à se faire jour, prirent la fuite vers les régions à l'est de la Luama, désolées par la famine et la variole. Ils avaient laissé sur le terrain 100 morts et 60 fusils, tuant aux Congolais 25 noirs.

Cette victoire n'a point amené la fin de cette longue rébellion, qui continue encore avec des alternatives diverses. Du 8 au 12 octobre 1899, deux combats ont encore été livrés par le lieutenant Heeg aux Batélélas, qui ont eu 90 tués. Mais ce n'est toujours là qu'un épisode de la lutte.

Du côté de la Mongalla, les cannibales Budjas s'étant soulevés à la fin de l'année 1898, le major Lothaire fut chargé de les réduire et s'en acquitta assez rapidement. Parti avec

250 hommes, il infligea aux Budjas, qui l'avaient bravement attaqué, une sanglante défaite, à la suite de laquelle le pays fit sa soumission.

On a vu plus haut que le commandant Chaltin avait occupé Redjaf le 17 février 1897. Parti de Dunga le 14 décembre 1896 avec 700 hommes, 500 auxiliaires et un canon, il atteignit le Nil à Bedden, le 14 février 1897. Le 17 février il attaquait Redjaf, ville de 10.000 habitants, possédant un beau port, et seule place forte de la région. Elle était occupée par 4.000 Derviches, qui prirent position hors de Redjaf pour arrêter les Congolais. Battus à deux reprises, les Derviches évacuèrent Redjaf, abandonnant trois canons et une grande quantité d'armes et de munitions. Le commandant Chaltin poussa aussitôt sur Lado, mais n'y trouva que des ruines au milieu de marécages.

Les Derviches se retirèrent vers le Nord, mais sans cesser d'observer les Congolais qui durent être renforcés, vers la fin de 1897, par des renforts partis de Matadi au mois de juin.

L'année 1898 n'a été signalée, dans la province équatoriale, que par des événements de peu d'importance. Les incursions des Derviches ont été facilement refoulées, et le commandant Henry, venu des environs du lac Albert–Édouard, après la première défaite des rebelles, a été chargé, à la fin de 1898, d'occuper la position de Lado.

En 1899, le pays est resté calme sous le commandement du major Hanolet qui disposait, à Redjaf et dans les postes voisins, d'un effectif d'environ 2.000 hommes. Au mois d'octobre dernier, on annonçait le départ, de Djabbir, sur l'Ouellé, du major Chaltin qui se disposait à aller relever le major Hanolet et à prendre le commandement de la région.

Plus récemment, au mois de janvier 1900, on a appris l'arrivée à Khartoum du commandant Henry et de 42 Congolais en même temps que du lieutenant de Tonquedec et de ses 35 Sénégalais et d'une patrouille anglaise venant de l'Ouganda.

Telle est la situation sur le haut Nil, où l'on a craint un

moment, après la victoire du sirdar Kitchener, une attaque des Derviches fuyant devant l'armée anglo-égyptienne. Cette éventualité ne s'est point réalisée et les Congolais, occupant dans cette région tous les territoires qui leur sont dévolus par les traités, attendent encore le bon vouloir de l'Angleterre pour être fixés sur le sort définitif réservé aux territoires du Bhar-el-Ghazal.

Les succès de la politique du roi des Belges ont été dus autant aux qualités militaires des officiers congolais qu'à l'organisation donnée aux troupes de l'État indépendant.

Cette organisation est réglée par un décret du 30 juillet 1891. La durée du service est de cinq ans ; le recrutement est assuré par des engagements volontaires et par des levées ordonnées par le gouverneur dans des districts déterminés.

Après leurs cinq ans de service, les soldats doivent servir deux ans dans la réserve. Rentrés dans leurs villages, ils y sont l'objet de faveurs spéciales qui attirent sous les drapeaux un nombre croissant d'indigènes. Le nombre des engagés volontaires a atteint 4.000 hommes en 1897. Des camps d'instruction, au nombre de sept, échelonnés sur le Congo, reçoivent les recrues. Outre les troupes régulières, qui comptent environ 12.000 hommes, dont 4.000 volontaires, on doit citer les contingents auxiliaires, convoqués suivant les besoins, et qui, bien encadrés, ne manquent pas de valeur. Environ 80 bouches à feu, de divers modèles, constituent l'artillerie de l'armée congolaise.

Au point de vue de la politique extérieure, il n'est pas inutile de rappeler quelques incidents qui provoquèrent contre l'État du Congo les réclamations d'autres puissances européennes. C'est d'abord l'exécution sommaire du négociant anglais Stokes, ordonnée par le commandant Lothaire.

Au cours d'une expédition dirigée par cet officier dans le bassin du Lomami, une révolte avait été apaisée par la défaite des rebelles à Gando, les 12 et 13 septembre 1895. Grâce aux efforts et à l'énergie du commandant Lothaire, la rébellion prit fin rapidement; mais, ayant acquis la preuve qu'une alliance existait entre les insurgés et Stokes, qui les fournissait d'armes et de munitions, il lança un mandat d'arrêt régulier contre lui et le fit juger et exécuter dans les vingt-quatre heures.

Cette exécution d'un Anglais, même coupable, sur le territoire du Congo, produisit en Angleterre l'émotion d'usage. Le gouvernement anglais exigea aussitôt la mise en jugement, pour abus de pouvoir, du commandant Lothaire. Celui-ci fut jugé à Boma, le 22 avril. Sur les témoignages fournis contre Stokes, le ministère public renonça à l'accusation, et le commandant Lothaire fut acquitté le 27 avril.

Déjà, avant le procès, le gouvernement anglais avait exigé qu'en cas d'acquittement il pourrait poursuivre l'affaire en appel devant le consseil supérieur de l'État du Congo, siégeant à Bruxelles. Devant les témoignages fournis à Boma et qu'il jugea contradictoires, il obligea le gouvernement belge à faire appel du jugement. Le procès, commencé le 3 août 1896, se termina par un acquittement.

Les procédés militaires et commerciaux du commandant Lothaire avaient déjà été très attaqués, même au Congo, et les traitements infligés aux serviteurs et à la femme indigène de Stokes avaient déterminé l'Allemagne à demander à l'État du Congo une indemnité qui fut distribuée aux victimes, originaires de l'Est africain allemand. Ce fait fut suivi peu après d'un autre incident plus grave.

Une caravane d'indigènes allemands ayant été pillée dans le Manyéma, l'État du Congo reçut une note de protestation, aux termes de laquelle l'Allemagne demandait une nouvelle indemnité, en menaçant de dénoncer la convention de Berlin à la première récidive. Quelques jours avant, à l'occasion de l'affaire Stokes et des attaques portées, à l'audience, contre l'administration allemande de l'Est africain, le gouvernement allemand avait cru devoir faire des représentations au gouvernement belge. Celui-ci répondit que la question ne concernait nullement la Belgique, mais seulement le gouvernement congolais.

Tout récemment encore, à la fin de 1898, on signalait un autre motif de discorde à propos de la délimitation des frontières entre le lac Tanganyika et le lac Kifu. Certains territoires ont été revendiqués, à la fois, par les Allemands et les Congolais, et ont donné lieu à des concentrations de troupe effectuées par les Allemands à Maniema et à un renforcement du poste belge du lac Kifu. Le différend vient d'être réglé au mois de janvier 1900, lors du voyage à Berlin de M. Beernaert, président de la Chambre des représentants de Belgique, par une cession réciproque de territoires.

On a vu plus haut que le Congo n'est lié à la Belgique que dans la personne du roi des Belges. Au début de la constitution de l'État indépendant, c'est le roi des Belges qui, sur sa cassette particulière, comblait les déficits de son nouvel État (1).

De leur côté, les Belges, par crainte des charges que pourrait leur faire supporter le Congo, s'étaient refusés, malgré plusieurs tentatives faites auprès du Parlement, à sanctionner une union plus étroite des deux pays et à prononcer l'annexion de l'État indépendant. Les conseillers du roi des Belges, au contraire, s'étaient toujours efforcés de faire substituer à l'union personnelle, surtout au point de vue financier, une union plus intime avec la Belgique, qui aurait ainsi débarrassé son souverain de la crainte de voir la France réclamer plus tard le droit de préemption que les traités lui reconnaissent sur le Congo. Ces tentatives d'union auront d'autant plus de chances de réussir que l'État indépendant du Congo deviendra plus prospère. Son avenir, au point de vue économique, paraît mieux assuré depuis que se perfectionne l'exploitation du chemin de fer du Congo. De 24 millions en 1895, le commerce total a passé à 31 millions en 1896 et à 41 millions en 1897.

A plusieurs reprises, la Belgique a dû venir en aide à l'État

---

(1) Le budget de 1898 s'élevait à 14.765.000 francs aux recettes et à 17.250.000 francs aux dépenses, avec un déficit prévu de 2.500.000 francs.

du Congo, notamment à l'occasion de la construction du chemin de fer de Matadi à Léopoldville. Cette ligne, destinée à relier l'Océan avec le bief navigable du Congo, en amont de Stanley-Pool, et à supprimer l'inconvénient des rapides qui empêchent la navigation au-dessous de Léopoldville, a été étudiée dès 1885 et entreprise en 1889. D'une longueur totale de 425 kilomètres environ, elle traverse, dans la première partie de son tracé, des terrains montagneux et rocheux qui en ont rendu l'exécution fort difficile. La voie s'élève jusqu'à 500 mètres d'altitude avant de redescendre sur Léopoldville. Elle devait, dans le principe, être livrée le 31 décembre 1894, mais on a dû plus tard reporter le délai de livraison au 31 décembre 1896, et elle n'a été définitivement inaugurée qu'en juin 1898.

Les travaux ont été, en effet, des plus pénibles. Il a fallu emprunter la main-d'œuvre à toutes les colonies voisines, recruter au Dahomey des travailleurs « libres » fournis par Behanzin et, plus tard, avoir recours aux Chinois, puis aux Kroumens, aux Sierra-Leonais et aux Sénégalais. Sur 4.500 ouvriers employés sur les chantiers dans les deux premières années (1890-1892), 900 ont été victimes du climat.

Les dépenses, évaluées au début à 25 millions, ont dépassé finalement 65 millions. Le prix kilométrique de la ligne, évalué à 60.000 francs, s'est élevé à 100.000 francs vers la fin des travaux et a atteint, en certaines parties, 240.000 fr. (1).

Déjà la Belgique avait souscrit 10 millions pour ce chemin de fer et lui avait prêté cinq autres millions sur hypothèques. A la suite d'une enquête ordonnée sur place, en 1895, par le Parlement belge, qui a toujours soutenu le chemin de fer du Congo, une convention, du 11 juin 1896, vint encore garantir 10 millions d'obligations à émettre par la Compagnie du chemin de fer. Le surplus du capital fut fourni grâce à la foi et à la ténacité des fondateurs.

---

(1) Le chemin de fer du Congo aura aussi à compter, un jour, avec la concurrence du futur chemin de fer du Congo français, entre la côte et Brazzaville. Des projets ont déjà été élaborés pour sa construction par nos officiers du génie.

Au mois de juin 1896, la ligne était déjà terminée sur environ 130 kilomètres de longueur. Le reste du tracé était d'ailleurs moins difficile à exécuter, et on augmenta considérablement la rapidité de la construction, qui fut terminée à la fin de 1898.

Dès les premiers mois de l'exploitation, le rendement kilométrique de la ligne atteignit 21.000 francs, alors que 8.000 francs environ suffisaient pour couvrir le service de la dette. L'avenir du chemin de fer paraît donc assuré, d'autant plus que la Compagnie possède, tout le long de la voie, une bande de terrain de 200 mètres de part et d'autre de la ligne, et qu'elle a reçu une dotation de 600.000 hectares, dont 500.000 dans la région de la Bousira Mamboyo et 100.000 sur les rives du Congo et de ses affluents (1).

La réussite de cette exploitation est d'un heureux augure pour la future voie ferrée qui, à travers le territoire français, conduira les marchandises du Congo moyen à la côte Atlantique.

Le principe de la construction de nouveaux chemins de fer a été tout récemment posé : de Stanley-Falls, une ligne de 450 kilomètres se dirigerait vers l'Ituri et, de là, d'un côté vers le lac Albert, de l'autre vers le Tanganyika. Soit, en tout, 1.400 kilomètres. Une mission d'ingénieurs a déjà été envoyée dans la région. On estime les dépenses à 150 ou 200 millions et la durée du travail à dix années.

Un coup d'œil jeté sur la carte suffit à démontrer la grandeur

---

(1) A l'assemblée générale de la Compagnie du chemin de fer du Congo, le 18 janvier 1899, le colonel Thys a donné les chiffres suivants pour les recettes encaissées en 1898 :

Mois d'août............	801.472 fr. 49
— de septembre.....	991.659 fr. 95
— d'octobre.........	846.000 francs.
— de novembre......	745.000 francs.

correspondant à une recette annuelle de 10.152.397 francs.

Les Belges ne négligent pas les lignes télégraphiques.

Deux grandes lignes sont en construction marchant l'une vers l'autre : la première part de Boma et atteint la station de l'Équateur; la seconde part du Tanganyika et atteindra bientôt le Congo.

On a inauguré, le 10 janvier 1900, la section de Boma à Luki du chemin de fer du Mayumbé.

du travail et l'importance politique qu'on attache à son exécution. Il y a là un exemple que la France devrait suivre de son côté, non seulement au Congo, mais dans bien d'autres contrées.

Il est intéressant de citer, à propos de la salubrité du Congo et des régions voisines, le compte rendu suivant, donné par le *Temps*, d'une des séances du congrès d'hygiène de Bruxelles (1897) :

« Le congrès d'hygiène et de climatologie médicale a entendu aujourd'hui une intéressante communication sur la situation sanitaire du Congo. C'est le résultat d'une enquête ouverte à la requête de la Société royale de médecine de Belgique et confiée à une commission de six membres spécialistes de haute compétence, qui ont consacré deux ans à ce travail. Il en résulte que les régions considérées comme les plus meurtrières ne présentent pas tous les dangers que l'on croit et qu'avec un régime hygiénique strictement appliqué il est possible d'atténuer les effets de l'insalubrité. Au bas Congo, où l'on mourait jadis dans des proportions effrayantes, les décès diminuent d'année en année, grâce à l'amélioration des conditions alimentaires. Certains agents de l'État ou des sociétés commerciales y ont séjourné jusqu'à douze années à peu près impunément.

» Il en est de même dans les régions du haut fleuve. On ne pense pas cependant que le Congo puisse être autre chose qu'une simple colonie d'exploitation et non de peuplement, à l'exception de quelques plateaux très salubres. On croit que le séjour doit être interrompu par des retours au pays et des cures d'altitude.

» Dans le Congo français, la proportion de la mortalité diminue également, et M. Kermorgant, délégué du ministère des colonies de France, donne sur la situation des détails typiques. Il pense, lui aussi, qu'au moins tous les deux ans les colons doivent rentrer en Europe pour se débarrasser des fièvres paludéennes et autres principes morbides dont ils sont infestés : hématurie, insolation, albuminurie, fièvre typhomalarienne, polynévrite. »

Quelles qu'aient été les difficultés rencontrées par les Belges au Congo, on doit reconnaître qu'ils ont fait preuve, pour les surmonter, d'une énergie et d'une ténacité remarquables. Avec des ressources faibles, ils ont su créer une véritable armée indigène, environ 150 postes fortifiés, constituer plusieurs grandes Compagnies d'exploitation, dont quelques-unes sont très prospères, et refouler, presque partout, les marchands d'esclaves, qu'ils sont, sur d'autres points, encore obligés de supporter.

Entourés par les possessions des autres puissances européennes, ils ont résisté énergiquement à toutes les tentatives d'empiétement; et, si l'on a reproché au roi des Belges de vouloir réserver à sa dynastie, à l'exemple de la maison de Bragance, un royaume éventuel, la civilisation doit lui savoir gré d'avoir conquis, avec une rapidité et une décision remarquables, quoique avec des procédés parfois trop énergiques, un immense territoire précédemment voué à la barbarie.

Certes, l'avenir du Congo belge est encore incertain. Son gouvernement triomphera-t-il à lui seul des difficultés du présent et des incertitudes de l'avenir, ou bien sera-t-il définitivement contraint de placer la Belgique entre l'éventualité d'un abandon et la nécessité d'une annexion?

La France aura-t-elle l'occasion d'exercer le droit de préemption qui lui est reconnu? Ou bien y aura-t-il dans ces régions de l'Afrique un nouveau partage à effectuer entre des nations toujours plus avides?

Telles sont les questions qu'il est permis de se poser.

Pour le moment, le gouvernement de l'État indépendant, trouvant dans ses limites une zone d'action suffisante pour absorber toute son attention et toute son énergie, paraît ne se préoccuper que de la question de l'exploitation du pays. L'ère des difficultés diplomatiques semble provisoirement terminée pour cet État, à moins, toutefois, que l'imprudence de ses gouvernants ou les compétitions de ses voisins ne viennent inopinément compromettre sa sécurité ou menacer son existence.

CHAPITRE V

L'AFRIQUE AUSTRALE

Continuant le tour du continent africain, on va aborder maintenant l'étude des pays de l'Afrique australe.

Sous cette dénomination, on comprendra les possessions portugaises de l'Afrique australe, la colonie du Cap, la Rhodésia, le protectorat du Nyassaland, l'État libre d'Orange et le Transvaal.

Ces pays, qui sont le théâtre d'événements importants et qui sont en train de se développer avec rapidité, donneront lieu à une étude quelque peu détaillée, notamment en ce qui concerne les tentatives d'établissement de la domination britannique sur les territoires situés entre le fleuve Orange et le Zambèze.

On complétera l'étude de cette région par quelques considérations rapides sur l'importance stratégique et sur l'avenir de Madagascar, notre nouvelle colonie de l'océan Indien.

Possessions portugaises de l'Afrique australe.

Le litige anglo-portugais. — L'Angola. — Compagnie de Mossamédès. — Le
Mozambique. — Défiance du Portugal. — Expédition dans l'intérieur. — Chemins de fer. — Développement des ports. — Visées de l'Angleterre.

Les Portugais, qui ont rêvé un moment de constituer dans
l'Afrique autrale un vaste empire colonial allant de l'Atlantique à l'océan Indien, ont dû à leur faiblesse, autant qu'à leur
inertie, de voir l'Angleterre, par un coup audacieux, couper
en deux les territoires qu'ils s'étaient attribués, mais qu'ils
avaient négligé d'occuper, comptant sur les traités passés par
leurs négociants avec les indigènes.

Malgré les droits créés par ces traités et ceux que les Portugais tenaient des nombreuses explorations faites dans l'intérieur du pays par Serpa Pinto, Capello, etc., les Anglais
exigèrent, par un ultimatum brusquement notifié en janvier
1889, la reconnaissance des possessions acquises par des missions protestantes établies entre le Zambèze et le Limpopo.

On se rappelle l'émoi causé en Europe par l'envoi d'une
escadre anglaise devant Lisbonne. Les Portugais, forcés de
céder, signèrent le *modus vivendi* du 14 novembre 1890, puis
le traité du 28 mai 1891, fixant les limites de leurs deux colonies, désormais distinctes, de l'Angola et du Mozambique.

Angola.

Les limites de l'Angola sont fixées : avec le Congo, par les
conventions du 14 février 1885 et du 25 mai 1891; avec les
possessions anglaises, par le traité du 28 mai 1891, et, avec le
Sud-Ouest africain allemand, par la convention du 30 décembre 1886. Depuis le conflit survenu avec l'Angleterre

en 1889, les limites orientales du Congo portugais n'avaient pu être exactement définies. Ce n'est qu'en 1896 qu'un arrangement est intervenu, fixant pour frontière commune le cours du haut Zambèze et du Kabompo.

Ce n'est pas ici le lieu d'entreprendre l'étude des quatre provinces (Congo, Loanda, Benguela, Mossamédès) de l'Angola et du territoire de Cabinda, enclavé dans le Congo français et l'État indépendant du Congo.

Les événements récents qui s'y sont déroulés sont de peu d'importance. C'est une colonie qui fait peu parler d'elle, mais qui prouve les aptitudes colonisatrices des Portugais et la facilité qu'ils possèdent de se mêler aux indigènes et de les dominer. Avec de faibles moyens, et peu ou point secondés par leur gouvernement, les colons portugais ont tiré de ces immenses territoires un parti qui a pu paraître médiocre dans son ensemble, mais qui n'en reste pas moins honorable pour un pays privé de grandes ressources.

Un des premiers chemins de fer de l'Afrique australe a été créé par les Portugais entre Saint-Paul-de-Loanda et Ambaca, sur une longueur de 300 kilomètres, et ils songent très sérieusement à la mise en valeur des pays situés plus au Sud, dans la province de Mossamédès.

Une Compagnie territoriale, dite Compagnie de Mossamédès, fondée en 1894, a obtenu du gouvernement portugais, sur la frontière du Sud-Ouest africain allemand, la concession d'un territoire égalant en superficie la moitié de la France. Ce territoire, encore incomplètement reconnu, mais sur lequel des missions se trouvent à l'heure actuelle, a déjà révélé des richesses territoriales et minières qui ont donné lieu à la création de compagnies filiales. Un chemin de fer se dirigeant vers l'intérieur est déjà projeté et amorcé à l'état de route reliant Mossamédès à Humbé.

Le calme, un moment troublé de ce côté en 1897, y est aujourd'hui rétabli et la tranquillité de la région permet d'augurer favorablement de l'avenir de la Compagnie.

L'attention s'est également portée sur les territoires du Congo portugais, plus voisins du haut Zambèze. Un syndicat, fondé avec l'aide de capitaux anglo-allemands, et auquel appartiendrait M. Cecil Rhodes, aurait acquis de ce côté 45.000 kilomètres carrés du gouvernement portugais et 125.000 kilomètres carrés dans le Damaraland allemand. Ces acquisitions, mieux que toute description, démontrent la valeur de ces pays, hier encore inexplorés.

Un autre syndicat, également anglo-allemand, s'est proposé de relier, par voie ferrée de 450 kilomètres, Benguela ou un port des environs à Caconda, et de là à Cabongo, moyennant la concession de mines et de terrains de culture.

Diverses nouvelles, auxquelles on ne doit accorder qu'un caractère tendancieux, ont été lancées depuis qu'à l'automne de 1898 on a annoncé la conclusion d'un arrangement secret entre l'Allemagne et l'Angleterre au sujet du partage éventuel des territoires portugais de l'Afrique australe.

Plus positive est la convention signée à Berlin, à la fin du mois d'octobre 1899, au sujet de la construction et de l'exploitation d'une voie ferrée traversant la province de Mossamedés, le Damaraland, le Mgamiland, et aboutissant au Transvaal. Deux opinions opposées relatives à ce futur railway sont intéressantes à signaler. Le *Times* s'exprimait ainsi :

Une ligne reliant le Transvaal par la Rhodesia à Great Fish bay donnerait accès vers l'Atlantique aux grands centres miniers du Transvaal en un point qui est de 1.300 milles moins éloigné d'Europe que le Cap. D'autre part, traversant diagonalement l'Afrique allemande du Sud-Ouest, elle donnerait un immense essor au développement des possessions allemandes, et spécialement à l'exploitation des richesses minérales qu'on attribue aux territoires du Nord-Ouest allemand.

De son côté, un journal de Capetown, l'*Ons Land*, écrivait à ce sujet :

Lorsque la construction du chemin de fer du Bechouanaland fut discutée au parlement du Cap, le gouvernement anglais et M. Cecil Rhodes affirmèrent qu'on n'autoriserait la construction d'aucune ligne pouvant faire concurrence à la première.
Si maintenant M. Cecil Rhodes propose de construire une ligne

allant de Boulouwayo à la côte occidentale de l'Afrique en traversant le territoire allemand ou portugais, il oublie la promesse en vertu de laquelle le chemin de fer du Bechouanaland, appartenant à la colonie du Cap, ne doit pas avoir de concurrent.

Bien que les questions douanières relatives à ce chemin de fer aient été déjà débattues, sa construction ne peut manquer, comme on vient de le voir, de soulever bien des questions économiques et politiques.

Le Congo portugais paraît donc être entré comme tant d'autres territoires africains, dans une période d'exploitation sérieuse. Plus heureux que le Mozambique, il est assez à l'écart pour ne pas tenter pour le moment l'appétit de voisins ambitieux.

Y a-t-il cependant lieu de croire aux bruits qui ont récemment couru et qui tendaient à faire admettre l'éventualité d'un agrandissement vers le Sud et vers l'Est, du Congo portugais, moyennant la cession si convoitée du Mozambique à l'Allemagne et à l'Angleterre? C'est une question qui, si elle a été soulevée, est encore du domaine de la diplomatie. Un pareil arrangement, alors même qu'il ne serait pas du goût du Portugal, favoriserait trop d'intérêts et d'appétits pour ne pas paraître assez vraisemblable (1).

Mozambique.

La frontière de la colonie du Mozambique, tracée d'une façon bizarre, au gré des Anglais désireux de se réserver les régions aurifères de l'intérieur, enserre en des limites étroites une vaste étendue de côtes divisées entre deux provinces : celle de Mozambique, au nord du Zambèze, et celle de Lourenço-Marquès.

---

(1) L'Angola est relié à l'Europe et au Cap par le câble de la côte occidentale d'Afrique qui atterrit à Mossamédès, Benguela, Novo-Redondo et Saint-Paul de Loanda.

Les événements qui ont suivi l'invasion du Transvaal par le docteur Jameson, au début de 1896, ont attiré aussitôt l'attention sur le Mozambique.

A la fin de 1895, au moment même où M. Cecil Rhodes commençait à troubler l'Afrique australe tout entière par ses tentatives d'expansion exagérée, une révolte de Cafres éclatait dans la province de Lourenço-Marquès. Le major Musino d'Albuquerque, à la tête de 48 cavaliers, pénétrait dans le camp de Gugunhana, le chef de la rébellion, et le faisait prisonnier au milieu de ses vassaux stupéfaits. Depuis lors il ne se produisit plus, pendant plusieurs mois, que des rébellions sans importance et facilement réprimées, après la déportation de Gugunhana aux Açores.

Lors de l'enquête faite au sujet de ces événements, le gouvernement portugais crut découvrir l'action d'une mission protestante établie dans le pays où la révolte avait pris naissance. C'était une mission des Églises libres de la Suisse romande qui possède deux centres d'action dans cette partie de l'Afrique, l'un au Transvaal, l'autre dans la province de Lourenço-Marquès, avec les trois stations principales de Lourenço-Marquès, Rikatia, Antioka–Mandkasi et plusieurs annexes. Cette mission comprenait sur le territoire portugais quatorze personnes des deux sexes dont l'expulsion fut décidée. Ce fait amena des réclamations de la Suisse auprès du gouvernement de Lisbonne. Après une enquête supplémentaire, les missionnaires suisses, accusés d'avoir poussé les noirs à la révolte pour favoriser les visées de M. Cecil Rhodes, furent proclamés innocents et l'arrêté d'expulsion rapporté.

La fin de l'année 1896 fut marquée par une expédition dirigée contre les tribus namarras qui occupaient la région entre le rio Munapo et la baie de Fernao Velloso, et qui, n'ayant jamais été définitivement soumises, entravaient les relations entre l'hinterland et la côte.

Une colonne, formée à Natule et comprenant 450 hommes avec une section d'artillerie, marcha le 19 octobre 1896 sur Naguema. Malgré deux succès remportés sur les indigènes à Mojenga elle dut rentrer le lendemain à Natule.

Des renforts ayant été expédiés du Portugal, le gouverneur général, major d'Albuquerque, organisa, en février 1897, une colonne près des postes de Natule et de Matibane, au moyen de deux compagnies d'infanterie portugaise, un demi-escadron de cavalerie, deux sections d'artillerie et une troupe d'auxiliaires, environ 600 Européens et 400 indigènes. On devait remonter le fleuve Mucati et établir un poste chez les Namarras. Le départ eut lieu le 1er mars; la colonne, attaquée presque chaque jour, poussa jusqu'à Ibrahimo, y fonda un poste et rentra à Natule.

Le 23 mars, elle repartit de Matibane, traversa, le 30, le rio Sanhuti et fonda, le 1er avril, un poste à Itaculo. Puis elle fut ramenée à Mossuril.

Le 20 mai, le major quitte Ibrahimo avec 130 Européens et 200 auxiliaires et cherche à rejoindre les Namarras dans les fourrés de Matula; mais, après un vigoureux combat, il rentre le jour même à Ibrahimo. Les Namarras, épuisés, finissent par faire leur complète soumission le 1er juin 1897.

Vers la même époque un soulèvement éclatait parmi les indigènes du Gazaland contre lesquels le Transvaal dut mobiliser quelques troupes pour faire respecter son territoire. Des révoltes partielles avaient lieu également dans le district du Zambèze. Ces rébellions peu importantes furent apaisées sans difficulté dès le mois d'août 1897, mais elles motivèrent de la part de la métropole des envois de troupes qui vinrent renforcer à propos les garnisons de la colonie.

Depuis lors on n'a eu à signaler que des troubles locaux sans importance. On peut donc considérer que la colonie du Mozambique est aujourd'hui à peu près complètement pacifiée et que le moment est venu pour le Portugal de mettre en œuvre les moyens nécessaires à son développement et à son exploitation.

Il n'hésiterait peut-être pas à y consacrer les sommes nécessaires s'il n'avait lieu de craindre pour l'avenir de sa colonie, menacée au nord par les Allemands, au sud et à l'ouest par les Anglais.

Depuis que ces derniers ont jeté leur dévolu sur le Transvaal et rêvé de classer les Boërs parmi leurs sujets, ils ont poursuivi avec leur ténacité habituelle l'investissement de ces pays et ont constamment mis en discussion la question de la baie de Delagoa. La presse anglaise n'a pas manqué, dans cette circonstance, de faire le jeu de son gouvernement et de préparer les esprits aux éventualités désirées.

C'est ainsi que furent démentis, dès le mois de mars 1896, presque aussitôt que répandus, les bruits mis en circulation de l'achat de la baie de Delagoa par l'Angleterre et du débarquement de matelots allemands envoyés, disait-on, au secours du Transvaal.

Les journaux anglais, prenant en effet leurs désirs pour des réalités, ne se firent pas faute d'annoncer la cession par le Portugal, au prix de 125 millions, de la baie de Delagoa, le plus beau port de cette partie de l'Afrique, et le terminus du chemin de fer du Transvaal. Cette cession eût porté en outre sur une étendue de côtes de 480 kilomètres et sur une profondeur de 160 kilomètres.

Cette nouvelle fut bientôt suivie d'une autre tout aussi tendancieuse, d'après laquelle l'Allemagne se serait proposé de demander la neutralisation de Lourenço-Marquès.

Le Portugal répondit en faisant annoncer sa décision de renforcer ses troupes du Mozambique pour bien marquer sa volonté de conserver en sa possession exclusive la baie de Delagoa.

Depuis lors les bruits de même nature n'ont pas cessé de se renouveler à diverses époques, et, pour y couper court définitivement, le gouvernement portugais se crut obligé d'envoyer, au commencement de 1898, le major d'Albuquerque en mission à Paris, à Londres et à Berlin, pour déclarer, au nom du Portugal, que ce pays entendait maintenir tous ses droits sur le Mozambique.

Le port de Lourenço-Marquès vaut en effet la peine qu'on s'occupe de lui, car il a pris une importance qui touche non seulement aux intérêts des Anglais et de la colonie du Cap, mais aussi, d'une manière indirecte, à ceux des Français, depuis que ces derniers sont définitivement installés à Madagascar. L'acquisition de la grande île a créé entre la France et les républiques boërs des liens d'intérêt qui risqueraient d'être rompus si, par un nouveau coup de force, l'Angleterre, isolant de la mer le Transvaal et l'Etat libre d'Orange, les plaçait par cela même sous sa dépendance complète. Devant le flot, montant sans cesse, des invasions anglaises en Afrique, il est de l'intérêt de la France de s'entendre avec les États boërs et de contribuer, par son appui, à la conservation de l'équilibre politique de l'Afrique australe. Cet intérêt est aussi celui du Portugal, dont toutes les sympathies sont allées au Transvaal dans la lutte que ce pays a eu à soutenir contre l'ingérence anglaise.

Dans le but d'aider le Transvaal dans la crise économique traversée par l'industrie minière de ce pays, et afin de lui procurer la main d'œuvre nécessaire, le Portugal a consenti à permettre l'émigration de travailleurs noirs recrutés sur son territoire. Dix mille noirs étaient déjà, dès le mois d'avril 1896, acheminés sur le Witwatersrand, et, par réciprocité, le Transvaal s'engageait à faire respecter par les compagnies anglaises établies dans le pays les contrats de travail passés par elles avec les indigènes.

Lors des événements de 1889, qui amenèrent la délimitation des territoires du Mozambique, les Anglais poussés par la Bristish South Africa Company (Chartered) exigèrent le partage du Manica dont ils s'attribuèrent la plus riche partie.

Ils imposèrent en outre au Portugal l'obligation de relier le Manica (qu'on croit être le pays d'Ophir des anciens) à la côte par une voie ferrée remontant le Pongoué. Ce chemin de fer a été poussé de Fontès-Villa, en amont de Beïra, jusqu'à Chimoio. Au début de 1896, la voie atteignait Umtali, sur le territoire anglais, et on prévoyait déjà, étant donné l'activité apportée aux travaux, qu'elle arriverait à Salisbury en 1897; la locomotive n'y est entrée qu'en mai 1898. La Chartered possède donc, pour ses territoires de la Rhodesia (pays des Matabélés et de Khama) un débouché assuré vers l'océan Indien. Cette ligne a déjà été empruntée, pendant l'année 1896, pour le transport des renforts et du matériel de guerre expédiés sur Buluwayo à l'occasion de la révolte des Matabélés. Outre cette ligne et le chemin de fer projeté de Salisbury à Blantyre par Tété, sur le territoire portugais, le Mozambique est traversé par l'importante ligne de Lourenço-Marquès à Prétoria.

Ce chemin de fer est en exploitation depuis le commencement de 1895. C'est, en raison de la proximité de Prétoria, la ligne la plus favorablement tracée pour desservir le Transvaal; mais sa construction s'est heurtée au mauvais vouloir des Anglais, désireux d'obliger la république sud-africaine à faire ses échanges par le territoire de la colonie du Cap.

La voie fut construite par deux compagnies, l'une néerlandaise (1) sur le territoire transvaalien, l'autre anglo-américaine en territoire portugais. Cette dernière compagnie étant tombée entre les mains des Anglais, la défiance des Portugais, toujours en éveil depuis 1891, les a conduits à demander, au sujet de difficultés relatives à la concession, l'arbitrage de la Suisse. On annonce que la sentence arbitrale va être rendue incessamment.

Cette voie ferrée a coûté 107 millions, soit 174.000 francs par kilomètre. Elle franchit de très fortes pentes, et dans quelques sections elle possède un rail central à crémaillère qui lui permet de gravir des rampes de 5 centimètres.

Afin d'éviter la concurrence désastreuse que cette ligne était en mesure de faire aux chemins de fer du Cap, l'Angleterre a obligé le Transvaal à lui imposer des tarifs très élevés. Malgré cela cette voie ferrée transporte le cinquième des marchandises du Transvaal (2).

Deux embranchements s'en détachent : l'un vers les mines de Barberton, l'autre part de Komati, vers la frontière du Transvaal, pour aboutir à Leydsdorp. Les travaux de cette

---

(1) Cette compagnie a un capital d'environ 175 millions et exploite au Transvaal un réseau d'un millier de kilomètres.

(2) Dès 1895 la valeur des marchandises transportées a été d'environ un million de livres sterling. Les recettes de la ligne ont été de 24.347 livres sterling en 1894, de 29.849 livres sterling en 1895 pendant le premier semestre. Pendant le deuxième semestre 1895, les recettes ont été de 80.418 livres sterling et les dépenses de 46.728 livres sterling.

dernière ligne, qui doit avoir 350 kilomètres de long, ont été entrepris par la Compagnie franco-belge et commencés en novembre 1893.

Les points extrêmes des deux chemins de fer qui aboutissent à la côte portugaise sont Lourenço-Marquès et Beïra.

Ces deux ports sont en train de prendre le plus grand développement.

Lourenço-Marquès, au fond de la magnifique baie de Delagoa, n'a malheureusement pas été doté de moyens suffisants pour le commerce de transit qu'on y fait. Malgré l'établissement tout récent d'une jetée, le débarquement des marchandises est insuffisamment assuré, et beaucoup de navires vont débarquer à Durban ou à East-London, dans la colonie du Cap.

Une des marchandises principales est le bois destiné aux mines du Transvaal, qui provient des États-Unis, de Norvège et d'Australie.

Les importations, en 1895, ont atteint 1.200.000 livres sterling et les exportations 31.000 livres. De janvier en novembre 1895 les recettes de la douane se sont élevées à 75.000 livres sterling.

Une concurrence a été créée dans ces derniers temps à la ligne de Lourenço-Marquès à Prétoria. C'est la voie ferrée de Durban à Johannesburg, qui a été inaugurée le 15 décembre 1895, et qui profite des avantages que le port de Durban, quoique médiocre, s'efforce d'offrir au débarquement des transports maritimes. Bien que la distance de Durban à Johannesburg (775 kilomètres) soit supérieure à celle de Lourenço-Marquès au même point (634 kilomètres) la ligne anglaise à tarifs réduits peut lutter avantageusement avec la ligne portugaise.

On a parlé plus haut de la ligne de Beïra à Chimoio qui est prolongée sur Umtali et livrée jusqu'à Salisbury.

Cette ligne est destinée à faire une concurrence redoutable aux lignes de la colonie du Cap. De Londres à Salisbury, par Capetown, il faut 34 jours; par Beïra, 33 seulement. Une ligne de jonction a été nécessaire pour relier Beïra à Fontès-Villa, tête de ligne actuelle. Cette ligne a été terminée à la fin de 1896.

La ville de Beïra a pris dans ces dernières années un développement considérable, bien que les Portugais ne fassent guère d'efforts pour aménager son port.

De 440 livres sterling en 1892, le transit a passé, en 1895, à 143.000 livres dont les neuf dixièmes pour les marchandises anglaises.

Il est intéressant de constater à ce propos que le fret d'Allemagne à Beïra coûte meilleur marché que celui d'Angleterre au même point.

La ligne télégraphique de Beïra à Salisbury est livrée depuis le mois d'octobre 1895, et la Compagnie de Mozambique projette un chemin de fer destiné à relier Beïra au Zambèze et au Chiré.

Après ce qui vient d'être dit, il serait injuste de reprocher au Portugal, dont les ressources sont si faibles, de n'avoir rien fait pour sa colonie. Les travaux de chemins de fer, l'exploitation des mines et du territoire, l'aménagement des ports de Beïra et de Lourenço-Marquès, tout cela aurait été sans doute terminé bien plus tôt si l'Angleterre n'avait mis trop souvent obstacle à la marche paisible et continue des travaux et des réformes dans la colonie portugaise. Ses intérêts exigent que les territoires au sud du Zambèze passent sous sa domination. Le rapide développement d'une partie de la Rhodesia, et, plus encore, la volonté tous les jours mieux affirmée d'absorber les républiques boërs, commandent aux Anglais la politique d'impatience et de mauvais vouloir qu'ils n'ont cessé de suivre à l'égard du Portugal, trop gênant pour eux dans cette partie de l'Afrique.

Si les Boërs sont coupés de la mer, ils tombent sous la tutelle économique de l'Angleterre qui, maîtresse des côtes, les amènera progressivement à l'absorption politique. Pour ce résultat, la possession de Lourenço-Marquès est nécessaire, et il n'est pas de sacrifices trop étendus pour y parvenir. Après avoir essayé d'un partage, on a proposé une acquisition amiable par voie d'achat ou de location.

Les derniers bruits répandus tendent maintenant à laisser

supposer la conclusion d'un accord anglo-allemand d'après lequel on offrirait au Portugal, en échange du Mozambique, une compensation territoriale du côté de Mossamédès; tandis que les Allemands prendraient possession des territoires au nord du Zambèze, les Anglais s'adjugeraient les régions au sud du fleuve.

Il semble que, dans tout cela, on tient peu de compte des intérêts des autres peuples. Si l'Allemagne a paru aban- donner les Boërs aux Anglais, après les avoir soutenus, comme on se le rappelle, on a vu que les Boërs ne consen- tent guère à s'abandonner eux-mêmes. Quoi qu'il en soit, le moment semble venu où ces questions ne peuvent man- quer de recevoir une solution prochaine. La France a laissé ses rivaux se partager le sultanat de Zanzibar. Assistera- t-elle, toujours inactive et distraite, au partage du continent voisin de Madagascar sans réclamer pour les intérêts qu'elle possède au Transvaal comme au Mozambique?

Sud-Ouest africain allemand.

On entend par là les territoires voisins d'Angra-Pequena et
de Walfish-bay sur lesquels la maison Lüderitz, de Hambourg, avait, bien avant 1884, établi des comptoirs. Ce sont
les pays situés entre le fleuve Orange et le Kunene, délimités
à l'est par le traité de Berlin du 1er juillet 1890, et placés sous
le protectorat allemand par déclaration du 29 avril 1884.

Ces territoires du Damaraland et du Namaqualand n'ont
pas donné jusqu'ici aux Allemands les avantages qu'ils se
proposaient d'en retirer. Sur 150 kilomètres environ, à partir
de la côte, le terrain est stérile, et se relève ensuite en un
plateau de 900 mètres d'altitude moyenne, susceptible d'être
cultivé. Les missions envoyées dans ce pays y auraient, dit-on,
découvert des richesses minières importantes.

Quoi qu'il en soit, les résultats commerciaux ont été mé-
diocres et l'on n'a guère eu à se louer de l'initiative déployée
dès le début. Quant à la prise de possession du pays, elle a
été entravée par de nombreuses révoltes des indigènes, favorisés peut-être en sous main par la colonie du Cap qui, bien
qu'ayant conservé le meilleur mouillage de la côte, celui de
Walfish-bay, ne peut se consoler de l'acquisition faite par
l'Allemagne de ce vaste territoire.

Au commencement de 1896 de graves désordres se produisirent dans la colonie. Les Hereros, tribu du Damaraland,
s'étant révoltés, le gouverneur, le major Leutwein, qui avait
sous ses ordres 800 hommes environ de troupes indigènes
encadrées par des Européens, jugea ses forces insuffisantes et
demanda des renforts en Europe.

Après divers engagements, deux combats eurent lieu, les
19 et 20 avril, près de Siegfeld, dans lesquels le capitaine von
Estorff battit les révoltés. Le 6 mai, le major Leutwein, avec
350 hommes, 3 pièces, et soutenu par un parti d'indigènes,

infligea aux rebelles une nouvelle défaite sur les bords de l'Epukiro et prit la place forte de leur chef Kahimena. Les Allemands auraient subi, dans ces combats, d'assez fortes pertes, parmi lesquelles il faut compter deux lieutenants et deux sous-officiers tués.

Après ces engagements, la révolte put être considérée comme terminée. Quelques rébellions se produisirent encore dans le courant de 1897, notamment au mois de décembre, vers le nord de la colonie, Enfin, au commencement de 1898, le major Müller réussit à battre les Hottentots au Grootberg, le 26 février. Un mois après, les indigènes, commandés par le chef Hendrick Witboï, faisaient leur soumission.

Malgré la vaste étendue de leurs possessions, on est en droit de se demander si les sacrifices faits par les Allemands sont en proportion des bénéfices qu'ils en retireront.

Derniers venus au partage de l'Afrique, ils se sont empressés de mettre la main sur ces pays qui étaient encore *res nullius.*

Faut-il voir dans ce fait une prise de possession définitive, ou bien l'intention, une fois ce territoire conquis, d'en faire l'objet d'un échange par lequel l'Angleterre, désireuse d'arrondir ses possessions du Cap, lui céderait, sur un autre point du globe, un pays mieux approprié à la colonisation ?

Il est certain que les arrangements entre Européens n'ont pas encore pris fin de ce côté, et que les territoires allemands, utiles à la colonie du Cap au point de vue des débouchés qu'ils procurent, donneront lieu à de nouvelles conventions, quelle que soit l'issue de la guerre au Transvaal.

Si les bruits que l'on a rapportés plus haut au sujet des colonies portugaïses viennent à se confirmer, on assistera, de ce côté du continent africain, dans le cas de la victoire des Anglais, à une nouvelle répartition des territoires qui, de toute façon, risquera de n'être pas avantageuse pour le Portugal.

On s'est déjà inquiété en Allemagne, en dehors des sphères

officielles, des suites de la guerre du Transvaal en ce qui concerne la colonie allemande.

Au mois de décembre dernier, la Société coloniale allemande adressait au chancelier de l'Empire un mémoire du
duc de Mecklembourg, son président, dans lequel se trouve le
passage suivant :

> En effet, si, dit le mémoire, ce sont les Anglais qui ont le dessus
> au Transvaal, il ne saurait faire doute que, suivant leur tradition,
> les Boers chercheront une nouvelle patrie et émigreront dans les
> possessions allemandes. Il est probable qu'ils consentiront à se
> soumettre aux obligations du service militaire allemand. Il faudra,
> dans ce cas, avoir des cadres militaires suffisants pour les recevoir,
> et il faudra surtout prendre les mesures nécessaires pour que l'or-
> dre ne soit pas troublé dans la colonie. Si, au contraire, ce sont les
> Boers qui ont le dessus, il ne saurait faire de doute que les entre-
> prises britanniques auront immédiatement les colonies allemandes
> pour objectif et que l'expansion anglaise, refoulée du côté du
> Transvaal, cherchera à se répandre du côté des colonies allemandes.
> Dans un cas comme dans l'autre il importe que l'Allemagne ait des
> forces suffisantes pour parer à toute éventualité.

En attendant, les Allemands paraissent tenir à développer
leur colonie et à encourager l'immigration des colons germa-
niques, et surtout des femmes. Ils donnent leur attention aussi
aux travaux publics. Un chemin de fer a été entrepris pour
relier le port de Swap-Kopmund à Windhock dans l'hinterland.
Les travaux sont poussés avec activité. 130 kilomètres sont
déjà livrés, et cette ligne, qui est destinée à se prolonger plus
tard jusqu'aux confins de la Rhodesia, permettra de drainer
vers la côte les produits d'une des meilleures parties de la
colonie. Le port de Swap-Kopmund, en voie d'amélioration,
fait de sérieux progrès et verra alors son importance considérablement accrue au grand détriment du territoire anglais de
Walfish-bay, situé dans son voisinage immédiat.

Malgré des précédents peu encourageants, les Allemands
se mettent donc en situation de profiter, lentement et sans
bruit, dans cette partie de l'Afrique, des avantages que
l'avenir pourra leur offrir. Le chemin de fer dont on a parlé à
propos de l'Angola, partant de la baie des Tigres pour aboutir

au Transvaal en traversant le territoire allemand, est considéré comme devant fournir un des plus précieux éléments de prospérité de cette région, qui va, paraît-il, recevoir, au printemps de 1900, la visite d'une mission commerciale chargée de rechercher et de faire connaître ses ressources.

État libre d'Orange.

Situation générale. — Les conventions avec la République sud-africaine.

Les événements du Transvaal ont profondément remué ce petit peuple boer de l'État libre d'Orange, qui s'est rapproché de ses frères d'au delà du Vaal pour défendre son indépendance.

Son rôle est difficile. Entouré de tous côtés par les possessions anglaises, desservi par les ports et par les chemins de fer anglais, il se trouve sous la dépendance économique de cette même nation qui a obligé autrefois ses ancêtres à émigrer de la colonie du Cap pour chercher plus au Nord la satisfaction de leurs sentiments de liberté.

Il trouve heureusement dans la colonie du Cap elle-même un appui sérieux auprès de l'élément boer, des Afrikanders, qui rêveront toujours l'émancipation de la tutelle anglaise et la fondation des États-Unis de l'Afrique australe. Mais cette solution, qui aurait pour effet d'englober le Transvaal et l'État libre d'Orange dans une vaste confédération, ne paraît pas, pour le moment, exercer une grande attraction sur ces deux États, qui préfèrent de beaucoup et désirent conserver, à tout prix, leur autonomie actuelle.

C'est à ce sentiment qu'il faut attribuer le rapprochement plus intime qui s'est effectué entre les deux républiques sœurs dès l'accomplissement de l'équipée du docteur Jameson.

Au mois de février 1896, M. Steyn, candidat des Boërs, était élu à une grande majorité président de l'État libre d'Orange. Lors de l'ouverture de la session de l'Assemblée législative ou Volksraad de cet État, au mois d'avril, le nouveau président prononça un discours dans lequel il annonçait le projet de poser les bases d'une union plus étroite avec le Transvaal. Il faisait connaître aussi que toutes les mesures avaient été prises pour parer à une invasion de l'État libre d'Orange, et demandait la punition des aventuriers coupables de l'envahissement du Transvaal. A l'une des séances de cette session du Volksraad étaient venus assister le docteur Leyds, secrétaire d'État du Transvaal, et le général Joubert, commandant des forces de cet État. Diverses mesures intéressant les deux peuples y furent discutées. Telles la dénonciation des traités avec la Chartered (British South Africa Company); le refus d'entrer en pourparlers avec cette compagnie; le vote de crédits destinés à l'achat de pièces d'artillerie et de munitions diverses.

Vers le milieu du mois de mars 1896, M. Krüger, président de la République du Transvaal, eut à Viljoensdrift une entrevue avec M. Steyn, préludant ainsi à l'entente entre les deux États par une entente entre les deux présidents. Une nouvelle visite de M. Krüger eut lieu à Bloemfontein, en mars 1897. Cette visite a été rendue à Prétoria, par M. Steyn, au mois de septembre 1898. C'est au cours de la visite faite par M. Krüger à Bloemfontein que furent signées les conventions établissant des rapports plus étroits entre les deux républiques. Ces conventions constituent un véritable traité d'alliance offensive et défensive suivi d'un protocole accordant les droits civiques aux citoyens des deux républiques sur le territoire de la république sœur, et d'un accord créant un conseil de dix membres nommé par moitié par chaque nation et chargé de discuter toutes les questions d'intérêt commun.

Voici le texte de ces conventions :

La République sud-africaine et l'État libre d'Orange, en raison des nombreux liens de sang et d'amitié qui unissent les deux peuples, et pour rendre communs les intérêts des deux pays en les unissant plus étroitement par un traité, désirent créer dans ce but une union fédérative entre les deux États. Mais, sachant d'autre part que pareille union ne peut entrer en vigueur et se réaliser qu'au bout de quelques années, et animés néanmoins du désir de formuler, dès maintenant, l'expression de ce désir et de ce sentiment qui poussent les deux pays à une union fédérative, ils sont, en attendant la réalisation de cette union, convenus de ce qui suit :

1º Il existera une paix et une amitié perpétuelles entre la République sud-africaine et l'État libre d'Orange ;

2º La République sud-africaine et l'État libre d'Orange s'engagent à se soutenir mutuellement de toute leur force disponible et par tous les moyens possibles dans le cas où l'indépendance de l'un d'eux serait menacée ou attaquée, à moins que l'État qui doit fournir le soutien ne démontre le mal fondé de la cause de l'autre État.

Il est entendu entre les gouvernements des deux États qu'il est désirable qu'ils se tiennent aussi promptement que possible mutuellement au courant des affaires qui pourraient compromettre la paix et l'indépendance de l'un ou des deux pays.

Fait et signé à Bloemfontein, ce 17 mars 1897.

M.-T. Steyn,
Président d'État de l'État libre d'Orange.

S.-J.-P. Kruger,
Président d'État
de la République sud-africaine.

PROTOCOLE

Lors de la signature du traité d'alliance politique ci-dessus entre le gouvernement de la République sud-africaine et l'État libre d'Orange, il a en outre été convenu ce qui suit :

1º Les droits, privilèges et devoirs des officiers et citoyens de l'État qui accorde son appui à l'autre, ainsi que les conditions de l'approvisionnement en vivres, munitions, etc., seront réglés d'un commun accord entre les deux gouvernements, sous la réserve de l'approbation du premier Volksraad de la République sud-africaine et du Raad de l'État libre d'Orange ;

2º Les commissions des deux États, pénétrées du désir de favoriser par tous les moyens la réalisation d'une union plus intime entre la République sud-africaine et l'État libre d'Orange, prenant en considération que les citoyens des deux États par l'alliance politique actuellement existante sont déjà tenus de se prêter un mutuel appui en cas de danger, et considérant par suite qu'il est désirable de faciliter à leurs citoyens respectifs l'obtention des droits politiques dans l'autre pays, s'engagent à proposer à leurs gouvernements de recommander à la représentation nationale d'accorder dans l'autre pays les droits civiques dans toute leur étendue aux citoyens des deux États et aux descendants légitimes qui jouissent dans leur pays de tous les droits politiques, le tout sur la présentation d'un certificat délivré par les autorités compétentes du pays qu'ils quittent, établissant qu'ils sont fidèles citoyens jouissant de tous leurs droits politiques dans leur pays et après avoir prêté serment de fidélité et avoir rempli les formalités, satisfait aux dispositions qui seraient arrêtées par la suite par les représentations nationales respectives. Sont aussi compris dans la rubrique de descendants légitimes les descendants légitimes de citoyens des deux pays actuellement décédés, mais qui jouissaient au moment de leur décès de tous les droits politiques de leur pays ;

3° Les deux commissions s'engagent à recommander à leurs gouvernements respectifs de soumettre à l'approbation du premier Volskraad de la République sud-africaine et au Volksraad de l'État libre d'Orange un projet de loi tendant à l'institution d'un conseil de délégués, ainsi qu'il est convenu entre les parties.

M.-T. STEYN,   S.-J.-P. KRUGER,
Président d'État de l'État libre d'Orange.   Président d'État
                                        de la République sud-africaine.

Bloemfontein, ce 17 mars 1897.

Cet ensemble de conventions a eu pour résultat d'instituer une véritable alliance fédérale entre les deux républiques.

Mal accueilli par les Anglais, les Afrikanders du Cap virent au contraire dans ce traité l'amorce d'une fédération des États de l'Afrique du Sud, à laquelle beaucoup d'entre eux ne cachent pas leur sympathie.

Survenant au moment même où la pression de l'Angleterre devenait plus forte, où des menaces de guerre étaient proférées, où des forces anglaises de terre et de mer étaient expédiées dans l'Afrique australe, ces conventions eurent un effet salutaire sur l'esprit des Boërs et de leurs amis, en même temps qu'ils surexcitèrent vivement l'animosité du parti anglais de la colonie du Cap contre le parti adverse de l'*Afrikander Bond*. Plus récemment encore, au début de 1899, une conférence fédérale était tenue entre les délégués de l'État d'Orange et du Transwaal à la suite de laquelle les propositions suivantes étaient formulées :

Établissement d'une organisation combinée d'enseignement supérieur et des universités.

Établissement d'une cour d'appel commune pour les deux pays.

La monnaie transvaalienne aura cours légal dans l'État libre, qui partagera avec le Transvaal le droit de contrôle de la frappe monétaire.

Les citoyens de chaque État jouiront des droits de citoyen complets dans les deux pays.

L'usage de la langue hollandaise sera maintenu dans les deux États.

Les deux États auront des armements semblables.

Il y a, comme on le voit, une tendance de plus en plus prononcée à resserrer les liens qui unissent les deux républiques.

Tous ces faits dénotaient l'intention arrêtée, de la part des deux républiques, d'unir leurs efforts pour résister à l'ennemi commun qui menace leur existence même. La France, toujours sympathique aux faibles, a vu favorablement ces dispositions, en raison de l'intérêt qu'elle a toujours témoigné à ces deux petits États, et des devoirs que lui impose, dans cette partie de l'Afrique, la possession de Madagascar.

La crise anglo-transvaalienne a mis à l'épreuve les dispositions de l'État libre d'Orange à l'égard de la république sœur. Sans hésitation, l'opinion publique de l'État libre s'est prononcée, suivie par le gouvernement, en faveur d'une alliance effective.

Dès le début de la guerre, les Boers de l'État libre, se souvenant de leurs origines et soucieux de leur avenir, ont apporté à leurs frères le vigoureux appui de toutes leurs forces.

On sait quelle a été la conséquence de leurs efforts et les succès auxquels ils ont participé. On examinera dans le chapitre suivant le développement et l'enchaînement des faits qui ont forcé les Boers de l'État libre d'Orange à sortir de leur réserve traditionnelle.

L'Afrique australe britannique et le Transvaal.

La colonie du Cap et M. Cecil Rhodes. — La Chartered. — Le Transvaal et les Uitlanders. — L'équipée de Jameson. — Historique de l'expédition. — Insurrections indigènes dans l'Afrique australe. — La question des Hindous. — Prospérité du Transvaal. — Les chemins de fer, les mines, etc. — Événements politiques et militaires de 1897 à 1900.

Les événements qui se sont déroulés dans l'Afrique australe, depuis le mois de novembre 1895, ont eu pour résultat de confondre intimement l'histoire politique de la colonie du Cap, du Transvaal et de la Compagnie britannique sud africaine plus ordinairement appelée « la Chartered ».

Ces événements nous obligent à rappeler brièvement la situation de ces régions au moment où s'est préparée et exécutée, à la fin de décembre 1895, l'invasion du Transvaal.

La colonie du Cap, dont la politique était dirigée, en 1895, par M. Cecil Rhodes, compte, avec ses annexes, environ 500.000 Européens ou créoles, dont un tiers de luthériens d'origine anglaise, les deux autres tiers d'origine hollandaise ou boër et de religion calviniste (1).

C'est dans ce dernier élément de la population que se recrutaient en majeure partie les adhérents de *l'Afrikander Bond* (Union des Africains), ligue fondée par l'élément hollandais

---

(1) Population de l'Afrique Australe :

	Population blanche.	Population nègre.
Colonie du Cap	430.000	1.600.000
Natal	50.000	530.000
Rhodesia	10.000	1.000.000
Transvaal	250.000	850.000
Orange	80.000	200.000
TOTAL	820.000	4.180.000

Le Basoutoland renferme, en outre, environ 250.000 individus, et le Souaziland environ 70.000. Soit au total 4 millions et demi de nègres.

contre la prépondérance anglaise, dans le but de créer une vaste confédération sud-africaine avec la coopération du Transvaal et de l'État libre d'Orange.

Ces deux États n'acceptaient cependant cette idée qu'avec une certaine méfiance, bien que le parti des *jeunes Boërs* se soit récemment formé, au Transvaal, pour pousser à la réalisation de ce plan. Mais les *vieux Boërs* continuent la résistance, en exigeant l'exclusion de l'élément anglais des conseils de la future confédération.

Le parti anglais, tout en repoussant la formule des Afrikanders « *l'Afrique aux Africains !* » accepte d'ailleurs cette idée de confédération sud-africaine, mais sans renoncer à la suprématie qu'il exerce en raison de la grande majorité qu'il a possédée, jusqu'à ces derniers temps, dans le Parlement du Cap.

M. Cecil Rhodes, parvenu au rang de premier ministre du Cap, après avoir, depuis le jour où il abordait dans la colonie, malade et peu fortuné, connu les alternatives des mauvais jours et d'une éclatante fortune politique (1), avait eu la suprême habileté d'inspirer confiance aux Afrikanders sans éveiller la susceptibilité de l'Angleterre. Partageant en cela les désirs de beaucoup de ses compatriotes anglais devenus citoyens du Cap, il rêvait de voir le Transvaal enrichir le domaine de la colonie, mais par une annexion pure et simple et non par la création, désirée à la fois par une fraction du parti anglais et les Afrikanders, d'une grande république des Etats-Unis de l'Afrique du Sud.

Cet homme d'État dont l'habileté avait, pour certains, paru toucher au génie, et qui avait été, à la suite de ses succès

---

(1) Fils d'un clergyman, M. Cecil Rhodes fit ses études à Oxford, et vint ensuite demander au climat salubre du Cap la guérison d'une maladie réputée incurable. Là, il se lança dans des spéculations qui lui donnèrent une immense fortune, en même temps qu'il se mêlait activement à la politique de la colonie. Tour à tour impérialiste vis-à-vis des Anglais, Afrikander en face des Boërs, il a su se servir des uns et des autres au point de devenir premier ministre et d'occuper le poste le plus élevé de la colonie.

C'est ainsi qu'il a conservé six ans le pouvoir avec l'appui de M. Hofmeyr, le fondateur de l'*Afrikander Bond*, tandis qu'il obtenait à Londres, avec la coopération des plus hauts personnages anglais, l'octroi d'une charte qui plaçait sous son entière autorité au sud du Zambèze un pays plus grand que la France.

continus, surnommé le Napoléon de l'Afrique du Sud, avait
acquis sur ses concitoyens des deux partis, anglais et boër,
une sorte de dictature morale qui faisait de lui l'arbitre
reconnu, même par le gouvernement anglais, de la direction
à donner à la politique sud-africaine.

C'est que l'Angleterre, dans la crainte de voir se relâcher
les liens qui unissent le Cap à la mère patrie, et dans son
désir d'éviter les conflits d'intérêts et de sauvegarder l'unité
de l'empire, se rend très bien compte que les tendances séparatistes de la colonie du Cap résultent encore moins du désir
d'indépendance ou d'autonomie cher à toute société organisée
sur des bases distinctes, que de la composition même de cette
race nouvelle, produite par la fusion de deux peuples, et
adaptée à un sol particulier et à des mœurs spéciales.

Les colons anglo-saxons n'ont pu, en effet, résister à l'influence du milieu et à la transformation qui devait fatalement
s'opérer en eux en présence du nombre des Afrikanders d'origine hollandaise, de leur rudesse et de leur ténacité qui les a
fait comparer à nos paysans bretons ou normands.

Tandis que le plus grand nombre fusionnait avec l'élément
boër, une minorité intransigeante fondait un parti anglo-afri-
cain, espèce de ligue des patriotes anglais qui voit, dans la
politique des Boërs et dans l'existence des républiques sœurs,
un danger pour l'Angleterre, et qui pousse l'administration
anglaise à ne céder sur aucun point aux exigences de l'élément néerlandais.

M. Cecil Rhodes sut, au début, se tenir à égale distance de
ces deux partis, discerner, lui Anglais devenu citoyen d'une
nouvelle patrie, les raisons des tendances séparatistes manifestées dans la colonie, et trouver le moyen de subordonner à
son ambition personnelle les intérêts généraux de la colonie
qu'il administrait.

C'est ce qui lui permit, après avoir édifié une immense fortune dans l'exploitation des mines de diamants de Kimberley,
de tirer de nouveau parti de sa situation pour fusionner à son
profit les diverses compagnies minières dont la concession

avait été accordée aux Anglais dans le pays des Matabélés, du Machona et de Khama.

La *British South Africa Company Chartered*, fondée par lui, en octobre 1889 (1), sous les auspices de puissantes personnalités, commença par pousser l'Angleterre à déposséder les Portugais des territoires de jonction de leurs colonies de l'Angola et du Mozambique ; puis elle suscita la première guerre des Matabélés et provoqua les atrocités qui l'accompagnèrent ; elle souleva enfin l'indignation de l'Afrique australe et de l'Europe par sa tentative d'invasion du Transvaal.

Ce petit État, affamé d'indépendance, n'avait pas vu sans crainte et sans mélancolie s'abattre sur son territoire la nuée de chercheurs d'or qui, depuis 1885, sont venus l'assaillir de tous les points du monde. Tandis que des richesses immenses sortaient d'une terre d'abord réservée à l'élevage et que des villes surgissaient par enchantement au milieu des fermiers boërs étonnés, les étrangers ou *Uitlanders* en grande majorité anglais, attirés sur le sol de la république, prenaient conscience de leur force numérique et réclamaient au Transvaal des droits de citoyens.

Une telle prétention, admise sans contrôle, eût été presque immédiatement, en raison du petit nombre des Boërs, le signal de l'annexion à l'Angleterre. Sous la pression des événements, le gouvernement du Transvaal accorda quelques concessions qui ne furent pas jugées suffisantes, et, dans le courant de 1895, une campagne fut entreprise à Johannesburg pour augmenter l'agitation et pour pousser la situation à l'état aigu. Secrètement soutenus par le gouvernement du Cap et par M. Cecil Rhodes, les uitlanders réclamèrent l'augmentation de

---

(1) Au mois de juillet 1895, les administrateurs de la Chartered étaient :
Le duc d'Abercorn, président ; le duc de Fife, vice-président ;
M. Cecil J. Rhodes, administrateur-directeur ; M. Alfred Beit, M. Horace Farquhar, Lord Gifford, Comte Grey, M. Georges Cawston, M. Rochefort Maguire, administrateurs.
Le conseil d'administration possédait, au 6 juillet 1896, la vingtième partie des actions, qui étaient alors au nombre de deux millions, détenues par 14.781 porteurs.

leurs droits civiques, la suppression des monopoles tels que ceux de l'alcool et de la dynamite, enfin une réduction générale des tarifs des douanes et des chemins de fer.

Le gouvernement transvaalien et son président M. Krüger (1) se montrèrent assez disposés à accorder des concessions, mais ils firent dès le début leurs réserves sur l'opportunité des réformes et sur la nécessité de ne les effectuer qu'après y avoir mûrement réfléchi et en les entourant des garanties exigées par la population boër, peu disposée à se laisser dépouiller de ses droits de souveraineté par les nouveaux venus.

Cette hésitation fut prise aussitôt comme prétexte par les uitlanders et par le parti anglais du Cap pour proclamer que les Boërs cherchaient à temporiser pour en venir finalement à refuser toute réforme.

Le comité dit *des réformes*, déjà organisé à Johannesburg, la capitale des mines, fit aussitôt appel aux ennemis du Transvaal, au Cap comme en Angleterre.

L'appel n'avait pas besoin d'être formulé bien haut pour recevoir une réponse.

Telle était la situation vers le milieu de 1895. Les mines d'or du Transvaal, prônées partout avec exagération, avaient amené la formation d'une foule de compagnies dont certaines ne possédaient pas même un hectare de terrain dans le Wit-

---

(1) Stephanus-Johanes-Paulus Krüger est né le 10 octobre 1825. Il est Président depuis 1882, et jouit d'une très grande influence sur les Boërs. Il est simple et sans prétentions, religieux, tenace et résolu. C'est un intrépide cavalier qui a été deux fois marié; il a eu un seul enfant de son premier mariage, et seize enfants du second.

Le Président exerce le pouvoir, secondé par un *conseil exécutif* composé de sept membres : un vice-président; un commandant général, le général Joubert; un secrétaire d'État, le docteur Leyds; un sous-secrétaire d'État, et les trois ministres des mines, des télégraphes et des postes.

Le corps législatif ne comprenait qu'un seul Volksraad avant 1890; sur les réclamations des uitlanders, on lui adjoignit, en 1890, le second Volksraad. Celui-ci présente des motions que le premier Volksraad adopte ou repousse.

Le 1er Volksraad comprend 24 membres, bourgeois d'avant 1890, protestants, âgés de 30 ans et propriétaires de terres.

Le 2e Volksraad comprend aussi 24 membres qui doivent être protestants, résider et posséder au Transvaal.

watersrand. Les titres, émis souvent au-dessus du pair, avaient pu, grâce à une réclame effrénée, être placés en Angleterre, en France et en Allemagne à des cours hors de proportion avec leur valeur réelle. Et la hausse continuait toujours, menée par des syndicats de financiers qui avaient pour seul but de passer au public des titres dont l'unique valeur était quelquefois faite d'espérance.

Au nombre de ces valeurs étaient les actions de la British South Africa Company, la Chartered qui, avant même que l'exploitation de ses territoires fût commencée, se trouvait cotée à des prix dont les brusques variations dénotaient toute l'exagération. Mais le public savait que le directeur de la Compagnie était M. Cecil Rhodes, dont on connaissait l'énergie et le scepticisme, et les journaux financiers ne se faisaient pas faute de proclamer que de puissants personnages soutenaient, à Londres, le premier ministre du Cap et tenaient en échec les décisions mêmes du gouvernement britannique. Une baisse considérable succédant à une hausse continue allait fournir aux spéculateurs l'occasion attendue de réaliser d'énormes bénéfices.

Telles furent, en réalité, les causes de la conspiration qui aboutit à l'invasion du Transvaal. Les aspirations des uitlanders, les intérêts mêmes de l'Angleterre, la tranquillité des Boërs, la paix du monde, toutes ces raisons furent d'un faible poids en regard du coup de Bourse désiré, qui devait, à la fois, enrichir les spéculateurs anglais aux dépens des porteurs du continent, donner un plus grand élan à la spéculation sur la Chartered, et faire entrer, de gré ou de force, le Transvaal, avec ses mines, au nombre des territoires soumis à l'exploitation de la British South Africa Company.

L'affaire fut d'ailleurs fort bien conduite. Elle aurait abouti si l'on s'était attaqué à un peuple autre que les Boërs, nation simple, saine, croyante et courageuse.

Les uitlanders promettaient leur appui. Des armes et des munitions depuis longtemps expédiées à Johannesburg étaient gardées en dépôt dans certaines mines, des enrôlements étaient conclus, et le président de l'Union nationale de Johannesburg se faisait fort de recruter 10.000 hommes parmi les

Anglais du Transvaal et d'entraîner les Américains et les Allemands. En même temps, les forces de police de la Chartered étaient mobilisées. Des dépôts de vivres et de munitions étaient mystérieusement échelonnés sur le chemin de Johannesburg, et le chef de la cavalerie rhodésienne (1), lieutenant-colonel de l'armée anglaise, désigné pour commander, sous la direction du docteur Jameson, l'expédition en préparation, se faisait lui-même agent recruteur et donnait les derniers ordres pour les préparatifs (2).

(1) Force de police destinée à la garde de la Rhodésia c'est-à-dire des pays administrés par la Chartered sous la direction de M. Cecil Rhodes.

(2) Voici, d'après une dépêche de Pretoria publiée par le *Temps*, le résumé des documents tombés, après la défaite de Jameson, entre les mains des Boërs du Transvaal :

« Au nombre des documents compromettants pour la Compagnie à charte, et tombés entre les mains du gouvernement transvaalien, figurent en première ligne une série d'instructions adressées le 9 décembre 1895 par sir John Willoughby aux fonctionnaires de cette compagnie à Fort-Salisbury et à Boulouwayo, en prévision de tout événement. Cet officier, lieutenant-colonel des horse-guards, commandait la cavalerie rhodésienne ; il fut le chef militaire de la colonne Jameson. Dans une lettre adressée à l'*Acting administrator* de Fort-Salisbury, il mande à ce fonctionnaire que, s'il lui télégraphie le mot « Salisbury », cela signifiera qu'il faut mobiliser les escadrons de la cavalerie rhodésienne du Machonaland et du Matabéléland ; s'il télégraphie le mot « Boulouwayo », c'est qu'on aura besoin seulement de ceux du Matabéléland.

» Les capitaines Napier et Spreckly reçoivent pleins pouvoirs pour prendre toutes les dispositions nécessaires ; au second, Willoughby mande que, s'il lui télégraphie le mot « Salukwe », il faudra faire télégraphier par l'agence Reuter et les autres agences que la cavalerie rhodésienne est en marche et se dirige vers le Sud. Willoughby prévient, de plus, les commissaires civils à Boulouwayo et à Fort-Salisbury que les hommes de la cavalerie rhodésienne qui voudraient prendre part à une expédition vers le Sud, sur l'appel de Jameson, doivent signer un contrat devant le juge territorial de la Rhodésia nommé Vincent, qu'une solde extraordinaire leur sera payée par Jameson et qu'ils peuvent compter sur 1.125 francs pour trois mois de service, tous leurs frais étant payés et leur retour gratuit assuré s'ils l'exigent.

» Plusieurs cartes de la région de Pretoria, tracées sur le papier officiel de la Compagnie, ont été trouvées ; une d'elles a été faite en novembre par le major White ; une autre indique la route à suivre pour aller à Pretoria de l'endroit ainsi désigné : « Irene Estate out store », par une autre voie que le chemin de fer.

» Le gouvernement du Transvaal possède aussi des télégrammes adressés de Mafeking au docteur Jameson pendant le séjour que fit celui-ci à Johannesburg en novembre. Il existe une dépêche adressée de Mafeking par le major White à la Chartered à Capetown pour annoncer l'arrivée de selles. De Mafeking encore, Jameson télégraphie le 4 décembre à M. Gardner Williams, administrateur de la Compagnie de Beers, à Kimberley, pour lui demander cent caisses de cartouches ; le 10 décembre, Jameson télégraphie à Stevens, secrétaire adjoint de la Compagnie du Cap, de prévenir Cecil Rhodes que M. Newton, fonctionnaire impérial,

La concentration des forces anglaises se fit à Mafeking, à l'extrême frontière transvaalienne. Ces forces comprenaient 600 à 700 hommes avec 8 canons Maxim, 2 pièces de 7 et une de 12.

M. Cecil Rhodes était tenu au courant de tous les préparatifs, et les frais de l'expédition, couverts en principe par la Chartered, donnaient lieu à des souscriptions considérables de la part des principales mines du Witwatersrand.

Ainsi qu'il arrive pour tous les complots, les organisateurs, arrivés aux termes de leurs préparatifs, après avoir fixé au mois d'avril ou de mai l'invasion projetée, furent poussés malgré eux par les circonstances. La crainte de voir leurs plans divulgués (1), jointe à la hâte que l'on avait à Londres, où tout était connu des spéculateurs intéressés à l'affaire, de voir entamer les opérations, fit décider la marche bien avant la date primitivement fixée. Une dépêche du *Times* pressant les organisateurs de commencer l'attaque fut le signal déterminant.

Le 29 décembre, un télégramme de M. Cecil Rhodes arriva à Mafeking ordonnant de marcher immédiatement sur Johannesburg. La nouvelle de la marche arriva presque aussitôt à Pretoria, où l'on commençait à s'inquiéter des mouvements de

---

veut l'accompagner à Johannesburg, et que la durée de la marche est évaluée à soixante heures.

» Le 10 novembre 1895, Stevens écrit sur papier officiel de la Compagnie au major White, à Mafeking, de prendre livraison de trois maxims et de 250.000 cartouches et de les garder jusqu'à l'arrivée de Jameson. Stevens prévient de même White de l'envoi d'une centaine d'hommes des « Duke Edimbourg » ou fusiliers volontaires du Cap.

» Enfin, plusieurs documents portent le cachet de la colonie impériale du Betchuanaland, dont le secrétaire et receveur général, M. Newton, est nommé dans ceux que je viens de citer. »

(1) Extrait du carnet trouvé après le combat de Krügersdorp sur le major White :

« L'expédition a reçu la coopération des riches capitalistes Phillips, Farrar, Bailey, etc.; tous les arrangements sont entre les mains de Cecil Rhodes.....

» Lettre reçue du colonel Rhodes (frère de Cecil Rhodes) dit que l'argent peut être tiré sur la Compagnie du Sud africain ou sur Cecil Rhodes.....

» 20 décembre. — Reçu dépêche du colonel Rhodes disant qu'il enverra un télégramme chiffré quand il faudra se mettre en marche. Répondu que nous ne recevrons d'ordres que de Cecil Rhodes. »

troupes sur la frontière ainsi que de l'agitation à Johannesburg. Malgré la rapidité de la marche de Jameson, qui fut rejoint à peu de distance de Mafeking par une colonne partie de Pitsani, les Boërs purent réunir, sous les ordres du général Joubert, 900 hommes devant les flibustiers anglais, tandis que, quelques jours après, les forces transvaaliennes s'élevèrent autour de Johannesburg à plus de 12.000 hommes.

On connaît l'épilogue de la marche de Jameson. Comme à Majuba, le tir des Boërs eut les honneurs des journées des 31 décembre 1895 et 1er janvier 1896. Jameson, après avoir perdu, dit-on, 130 tués et de nombreux blessés, n'ayant reçu de Johannesburg aucun des secours promis par les uitlanders, se rendit avec ses troupes aux Boërs, dont les pertes furent insignifiantes (1).

(1) Voici d'après la *Deutsche Wochenzeitung* d'Amsterdam le récit de la bataille de Krügersdorp :

« Le 29 décembre, écrit-on à ce journal, lorsque arriva à Pretoria la nouvelle de la marche en avant de Jameson, des Hollandais ou des Allemands se réunirent aussitôt pour constituer un corps de volontaires. Cent cinquante Allemands furent autorisés officiellement à réquisitionner des chevaux, et ils formèrent un escadron avec Neumann pour chef et MM. Krantz et Wogel pour lieutenants, qui, avec l'aide des Hollandais, se chargea d'assurer l'ordre à Pretoria et dans les environs de la capitale.

» Le lendemain, 1er janvier, dès l'aube, on vit arriver une colonne de Boërs, au nombre de quelques centaines, commandés par le feldcornet Frichard. Ils avaient fourni une course de dix heures sur leurs petits chevaux nerveux, sans quitter la selle. Quels gaillards que ces Boërs! Parmi eux se trouvaient des vieillards de 70 ans qui avaient tenu à montrer à leurs fils comment on ne fuit jamais. L'un d'eux avait oublié sa veste : « Je n'ai eu que le temps, disait-il, de mettre les » mains sur mon gilet et mes culottes et de réciter un *Pater* avec ma femme et » mes enfants. » Hans Botha, qui, en 1881, avait reçu neuf balles anglaises dans le corps, faisait aussi partie de cette troupe, et il expliquait sa présence à Joubert en lui disant gaiement : « J'ai encore place entre les cicatrices pour une balle ou » deux. »

» La colonne, après un court instant de repos, galopa vers Krügersdorp, où se trouvaient réunis 900 Boërs. 300 d'entre eux surveillaient les derrières de Jameson, tandis que les autres l'attiraient vers le défilé de Krügersdorp.

» Le 31 décembre, vers 4 heures de l'après-midi, la colonne de Jameson rencontra les premières patrouilles des Boërs, mais elle continua tranquillement sa marche jusqu'au défilé de Krügersdorp. Là, il eut été facile de l'anéantir avec un seul canon, mais l'artillerie de Joubert n'était pas encore arrivée.

» A 4 heures précises, le premier coup de feu partit de la troupe de Jameson contre des Boërs qui s'étaient postés derrière des rochers. Une fusillade nourrie éclata, et le premier Boër blessé fut précisément Botha, l'homme aux neuf balles, qui, ne perdant pas son sang-froid, s'écriait : « Maintenant, au moins, c'est un chiffre rond ! »

» La première attaque de Jameson échoua et lui coûta plusieurs cavaliers. Il

Ces événements provoquèrent en Europe une émotion considérable, qui fut encore augmentée par l'envoi au président Krüger d'un télégramme dans lequel l'empereur d'Allemagne félicitait les Boërs d'avoir pu, *sans avoir besoin du concours des puissances amies*, protéger leur territoire et infliger à leurs envahisseurs une retentissante défaite.

L'émoi ne fut pas moins grand en Angleterre, où la presse se divisa immédiatement en deux partis. A la tête de l'un d'eux, le *Times* et nombre de journaux de Londres essayèrent de justifier la conduite de Jameson, cachant bien soigneusement le rôle joué par M. Cecil Rhodes, de reprocher aux Boërs leur manque de civilisation et de couvrir d'injures l'Allemagne et son empereur, qui venait prendre parti dans une querelle intéressant seulement l'Angleterre. Les journaux allemands répondirent vigoureusement, et l'on put craindre un moment, en voyant les Anglais constituer une escadre volante considérable, la rupture des relations entre les deux pays.

Par contre, un courant opposé se formait en Angleterre même, dans la presse provinciale, soutenue par certains journaux de Londres, tels que le *Truth*.

Des explications nombreuses furent demandées au gouvernement par les membres du Parlement, et M. Chamberlain, ministre des colonies, aidé par M. Curzon, après avoir désa-

---

revint aussitôt à la charge, mais le tir précis des Boërs fit de tels ravages dans sa troupe que ce fut bientôt un sauve-qui-peut général. Les Boërs entreprirent aussitôt la poursuite des fuyards et firent de nombreux prisonniers.

» Cependant, l'obscurité survint, et Jameson résolut de se diriger vers Johannesburg, d'où des bandes armées s'avançaient à son secours; mais il rencontra la troupe des Boers commandée par Frichard, venant de Pretoria, qui l'arrêta, tandis que Malan, avec environ 300 Boërs, refoulait la colonne qui venait de Johannesburg pour se joindre à Jameson.

» Le 1er janvier dans la matinée, la bataille recommença. Tout à coup arriva l'artillerie boër avec le commandant Prétorius. Elle se mit en batterie à 800 mètres des flibustiers de Jameson, et elle se disposait à faire feu quand elle vit arborer un drapeau blanc, qui n'était autre qu'une chemise de Jameson lui-même.

» C'était le dernier acte de la tragédie.

» Le 2 août, Jameson, prisonnier, faisait son entrée à Pretoria dans une voiture fermée attelée de quatre chevaux. Brisé et comme en proie à un songe, il descendit de voiture pour entrer dans la prison, clôturant ainsi dignement sa vie d'aventurier. »

voué Jameson au grand scandale de la presse chauvine, fut obligé, quelque temps après, et poussé, a-t-on dit, par de hautes influences, d'atténuer la faute commise et d'essayer de justifier en partie l'acte de flibusterie qui soulevait l'indignation de l'Europe.

A Pretoria, au contraire, le président Krüger faisait preuve de la plus haute magnanimité. Affectant de ne voir dans les flibustiers anglais que des instruments inconscients, il les fit mettre presque aussitôt en liberté provisoire. Jameson et ses compagnons, parmi lesquels quatorze officiers anglais, furent bientôt reconduits à la frontière de Natal avec la promesse de la part de l'Angleterre de les traduire en jugement.

. Mais, se montrant, par contre, justement sévère pour les instigateurs du mouvement, qu'il avait sous la main, il ordonna l'arrestation de quatre des principaux financiers ou directeurs de mines (1) qui étaient les plus compromis par les papiers trouvés sur Jameson et son entourage. Il en fut, de même de ceux des uitlanders, au nombre d'une soixantaine, qui avaient pris les armes et s'étaient le plus compromis pour porter secours à Jameson.

Celui-ci, embarqué pour l'Angleterre, où il arriva vers la fin de février 1896, fut l'objet, à Londres, d'ovations enthousiastes. Traduit en jugement avec ses complices, il fut mis en liberté sous caution en attendant sa comparution devant le jury, qui, de renvoi en renvoi, ne se produisit qu'à la fin de juillet 1896. La condamnation qui le frappa, quinze mois de prison sans travail forcé, fut diversement appréciée et constitua une satisfaction à peine suffisante pour la conscience publique (2).

A Pretoria, les choses traînèrent moins en longueur. Malgré les clameurs de la presse anglaise, malgré la concentration de troupes britanniques ordonnée sur les frontières du Trans-

---

(1) MM. Lionel Phillips, Percy Farrar, Hays Hammond et le colonel Rhodes, frère de Cecil Rhodes.

(2) Ses complices furent condamnés aux peines suivantes : le colonel Willoughby, 10 mois de prison; le major White, 7 mois; le colonel Raleigh Grey, le major Coventry et le colonel White, chacun 5 mois.

vaal pour maîtriser la révolte des Matabélés, les chefs réformistes, arrêtés dès le commencement de janvier, étaient conduits à Pretoria et laissés dans une demi-liberté. Une instruction sévère fit découvrir les motifs et les influences qui avaient fait agir les envahisseurs. Les quatre principaux accusés, ayant reconnu leur culpabilité, furent condamnés à mort le 28 avril, et des peines sévères frappèrent leurs soixante complices. Mais la clémence du président Krüger vint encore s'exercer en leur faveur, et celui-ci répondit par un nouvel acte de magnanimité aux récriminations de la presse anglaise. Les quatre principaux condamnés furent mis en liberté sous la condition de payer chacun une amende proportionnée à leur fortune et de ne plus s'occuper de politique au Transvaal. Il en fut de même des autres réformistes, qui n'eurent à subir qu'une amende ou une courte détention.

Le principal coupable restait impuni. M. Cecil Rhodes, après avoir donné dès les premiers jours de janvier sa démission de premier ministre du Cap, partait pour l'Angleterre, où ses explications ne parurent pas suffisantes au gouvernement, mais où sa situation réussit encore à imposer. Après quelques journées de séjour à Londres, il repartit brusquement pour le Cap, recruta en passant 200 Soudanais en Égypte et vint débarquer à Beïra, d'où, à la fin de mars, il gagna Salisbury dans le territoire de la Compagnie Sud africaine. Il avait à peine mis le pied en Afrique qu'une révolte éclatait parmi les Matabélés, autour de Boulouwayo, capitale de la Rhodésia.

On attribua aussitôt en Europe la cause de la révolte à quelque machination nouvelle de M. Cecil Rhodes, et les rassemblements de troupes ordonnés pour écraser la révolte parurent dirigés beaucoup plus contre le Transvaal que contre les Matabélés.

Mais les Boërs n'avaient besoin d'aucun avertissement pour se tenir sur leurs gardes (1). Soutenus par leurs frères du

---

(1) Voici, d'après une correspondance du *Temps* (avril 1895), un résumé des précautions prises au Transvaal dès le lendemain de l'invasion :

« L'attentat de Jameson a provoqué plusieurs mesures militaires au Transvaal. Le corps d'artillerie, qui ne se composait jusqu'à présent que de 120 hommes,

Cap et de l'Etat libre d'Orange, ils pouvaient, grâce à leur énergie et aux mesures prises, attendre avec confiance les événements.

* *
*

L'insurrection des Matabélès commença au milieu du mois de mars 1896, vers le moment où M. Cecil Rhodes débarquait à Beïra, de retour d'Angleterre.

Les causes apparentes, énumérées par le révérend Helm, missionnaire au Matabéléland depuis vingt ans, furent :

1º La décision de la Compagnie Sud africaine de s'emparer des troupeaux des indigènes, puis de se contenter de 45 p. 100 de tout ce qui restait de leurs troupeaux;

2º Les mauvais traitements subis par les noirs; ·

3º Le retour de Mabelé, frère de Lo Bengula, qui avait été banni du pays;

4º La nouvelle de l'invasion du Transvaal.

La révolte prit naissance dans les monts Matoppo, par le massacre de plusieurs blancs, dont les survivants se réfugièrent à Gouëlo et Boulouwayo, qui furent aussitôt bloqués. Les localités du pays s'organisèrent en toute hâte; les blancs furent

---

doit être porté à 450, et des commandes importantes en canons ont été faites au Creusot et à l'usine Krûpp. Le nombre des volontaires à cheval et à pied se double en ce moment, et les forces de police atteignent déjà 1.200 hommes pour toute la République.

» Des travaux de fortifications mettront en outre le Transvaal à l'abri d'un nouveau coup de main et lui permettront de se défendre en attendant la mobilisation, relativement lente, des forces boërs, qu'on évalue à 25.000 hommes. Ces préparatifs militaires irritent au plus haut point les impérialistes anglais, qui ne se gênent guère pour proclamer que, le Transvaal devant à tout prix devenir une possession anglaise, il est indispensable d'agir avant que le pays soit en mesure d'opposer une résistance redoutable.

» Ce langage ne paraît pas trop émouvoir les Boërs....

» En attendant, ils ne paraissent pas partager le malaise inquiet qui règne en général parmi les uitlanders; leur dernière victoire leur a donné pleine confiance en eux-mêmes. On raconte même à ce sujet une curieuse anecdote. Après la reddition de Jameson et de ses hommes, deux jeunes Boërs, le martini au poing, discutaient, sur la grand'place de Pretoria, sur les couleurs du drapeau anglais, sans arriver à se mettre d'accord. Passe un ancien : ils l'arrêtent et lui soumettent l'objet de la discussion : « Mes enfants, leur dit le vieux Burgher, je ne crois pas que » le drapeau anglais ait plusieurs couleurs. Je l'ai vu à trois reprises, à Bronkhorst· » Spruit, à Majuba-hill et enfin à Vlokfontein, et chaque fois il était blanc ! »

armés pour remplacer les troupes de police indigènes, environ
600 hommes, qui avaient déserté en masse pour passer à l'ennemi avec leurs armes ; Boulouwayo fournit immédiatement
400 volontaires, qui entamèrent la campagne avec 150 hommes envoyés de Fort-Salisbury.

La situation, fort exagérée dès le début par la presse de
Londres, servit de prétexte à l'envoi, du Cap et d'Angleterre,
de troupes qui furent concentrées sur la frontière du Transvaal, et tenues prêtes à agir soit contre les noirs, soit contre les
Boërs. Le roi Khama prêta ainsi son concours, tandis que les
Machonas, autrefois les esclaves des Matabélés, se joignaient
à eux, et que le président Krüger, dans l'intérêt supérieur de
la civilisation, offrait aux Anglais, qui d'ailleurs refusèrent ses
avances, d'autoriser le recrutement de volontaires boërs au
Transvaal.

Dès le 4 avril, la rébellion s'aggravait ; on constatait déjà
le massacre de 200 blancs, et on était sans nouvelles de
250 colons ; le télégraphe était coupé au nord et au sud de
Boulouwayo, et M. Cecil Rhodes, revenu d'Angleterre à Salisbury, n'osait quitter cette dernière localité. Pendant ce
temps, la peste bovine éclatait dans la Rhodésia et venait
ajouter aux difficultés de la situation.

Au Cap, le haut commissaire anglais, sir Hercules Robin-
son, autorisa, dès le commencement d'avril, le colonel Plumer
à lever 500 hommes et à les concentrer à Mafeking ; puis,
après avis du commandant des troupes du Cap, le colonel
Goodenough, il recruta 250 Bassoutos et proposa l'envoi de
300 hussards et de 150 hommes d'infanterie montée de Natal
avec 7 canons Maxim.

Pendant ce temps, l'insurrection s'étendait jusqu'à comprendre environ 10.000 insurgés, dont 2.000 armés de fusils
modernes, dans les monts Matoppo. Mais leur action, toute
locale et sans coordination, redoutait de s'exercer contre les
colonnes anglaises et contre les voies de communication, car
les nouvelles ainsi que les renforts arrivaient à Boulouwayo
sans difficulté.

Le 25 avril, un bataillon anglais (650 hommes) s'embarquait

d'Angleterre pour le Cap avec une compagnie d'infanterie montée, et sir Frédéric Carrington, major général, alors à Gibraltar, était désigné pour exercer le commandement en chef contre les Matabélés; mais il restait subordonné au major général sir Richard Martin, commandant militaire permanent des territoires situés au sud du Zambèze.

Le 24 avril eut lieu un combat à 15 kilomètres de Boulouwayo. Un fort parti de Matabélés fut dispersé par 700 hommes, arrivés de Mafeking avec le colonel Plumer.

A ce moment (mai 1896), on avait réuni à Boulouwayo 3.200 hommes et 25 canons. Environ 1.600 hommes avaient été tirés de la Rhodésia, 900 envoyés de Mafeking, et 600 de Salisbury, accompagnés par M. Cecil Rhodes, qui arriva à Boulouwayo le 30 mai. Là, il trouva lord Grey, récemment nommé son adjoint, d'autres ont dit son surveillant, dans l'administration de la Rhodésia.

A peine arrivé, il fit connaître ses intentions par un discours dans lequel il revendiqua, vis-à-vis des colonies voisines, l'autonomie de la Rhodésia et où il agita contre l'Angleterre le spectre des États-Unis de l'Afrique australe, en demandant une alliance défensive avec le Cap.

Quant aux Matabélés, poursuivis par de nombreuses colonnes et mal dirigés, ils furent traqués et massacrés sans pitié de toutes parts. Sir Frédérick Carrington commença, en juin, les opérations par une offensive vigoureuse.

Le 6 juin, il dégage Boulouwayo par un combat près de la rivière Umgusa, puis se porte vers les monts Matoppo et enlève plusieurs camps des rebelles.

Il change ensuite de tactique. Manquant de vivres et de moyens de transport, il investit les révoltés par une ligne de forts, d'où il les inquiète par d'incessantes reconnaissances. Enfin, il attaqué, en août, les derniers camps des rebelles, sur lesquels le colonel Plumer remporte, le 5 août, un succès décisif à Sikombo. A ce moment, les révoltés, épuisés par la lutte, écoutent les propositions de paix qui leur sont faites par Cecil Rhodes, espérant éviter ainsi une répression impitoyable.

Les tueries ordonnées par certains officiers anglais finirent par scandaliser l'opinion publique, bien que M. Chamberlain, ministre des colonies, eût déclaré qu'elles étaient motivées par la nécessité d'en finir au plus tôt avec la rébellion. C'est au nom de la même nécessité que s'effectua la concentration continuelle des troupes à Mafeking, malgré les assurances données aux Boërs, et l'envoi, le 15 juin, du Cap à Beïra, à destination de Salisbury, d'un fort détachement d'infanterie montée.

Il est insupportable, disait la *Gazette de Voss* dès le 9 mai, de parler encore de la politique coloniale de la Grande-Bretagne, qui est fondée tout entière sur des tromperies et des mensonges ; nous nous bornerons donc à cette seule remarque : nous ne croyons plus que la révolte des Matabélés ait été aussi sérieuse qu'on la représentait. Toutes les dépêches ont été fabriquées par la Compagnie, sans quoi lord Grey n'eût pu gagner si facilement Boulouwayo. L'importance de cette insurrection locale a été exagérée pour que des troupes britanniques pussent être amenées sous ce prétexte sur la frontière du Transvaal.

Il est certain qu'au début la presse anglaise avait exagéré l'importance de l'insurrection ; mais la longueur des opérations entreprises et, vers le milieu de juin, la participation à la rébellion des Machonas, puis des Ghazes, vinrent démontrer que le mouvement avait pris d'assez sérieuses proportions. Cependant, en présence des efforts faits de toutes parts (1), de la rigueur de la répression, et des renforts continuellement envoyés, on ne pouvait plus douter, dès le mois d'août, de l'écrasement de l'insurrection.

---

(1) On télégraphiait de Suez aux journaux égyptiens du 12 juin :

« Hier, ont été embarqués ici, à bord d'un paquebot allemand, pour le compte de M. Cecil Rhodes, 24 ânes égyptiens de la grande race blanche. Ces animaux, dont l'expédition a été faite par la maison Large et Cie, du Caire, seront débarqués à Beïra pour rejoindre ensuite les 200 soldats soudanais dont je vous signalais le départ clandestin il y a quelques mois. Il est à noter que l'exportation des baudets de la race blanche dite « du Hedjaz » est défendue en Égypte. Néanmoins, l'expédition d'hier sera suivie de plusieurs autres. »

C'est là un fait secondaire qui montre une fois de plus que les Anglais, lorsque leur parti est pris, ne négligent aucun moyen capable d'assurer le succès.

Les négociations entamées avec les chefs indigènes, après le combat de Sikombo et la petite expédition du major Ridley sur la rivière Gouaï, se poursuivirent sans succès jusqu'à la fin d'août.

Mais, lorsqu'on vit les chefs rebelles refuser de rendre leurs armes et faire des approvisionnements de vivres, il fallut se rendre à l'évidence et recommencer la campagne. Elle eut encore pour principal théâtre les monts Matoppo ; après deux mois de résistance, qui furent marqués, en septembre, par de petites opérations dans la forêt de Somabula, entre les rivières Glewo et Schangani, au nord de Boulouwayo, par l'épisode des cavernes de Limbalotza et, en octobre, par la prise du kraal de Wedza, à l'est de la capitale, les rebelles firent en partie leur soumission. Au commencement de 1897, le pays était pacifié à peu près complètement ; la campagne avait duré huit mois.

On y avait employé plus de 5.000 Anglais et autant d'auxiliaires indigènes. Outre les colons massacrés, elle coûta aux Anglais environ 130 tués et 170 blessés. Quant aux Matabélés, on a évalué à 40.000 le nombre de ceux qui survécurent sur les 120.000 que comptait leur peuple avant cette guerre d'extermination.

*
* *

Cette insurrection eut une rapide et profonde répercussion sur les populations indigènes de l'Afrique australe. Les Machonas, peuple énergique, voisin des Matabélés, avaient suivi leur exemple dès le mois de juin et bloqué Salisbury. Cette révolte, qui donna de graves soucis au gouvernement local, ne s'apaisa que vers la fin de 1896, par la soumission d'une partie des chefs rebelles et par la fuite de certains d'entre eux sur le territoire portugais.

Au moment où ces révoltes étaient réprimées, une autre rébellion éclatait, en décembre 1896, dans le district des Taungs, sur le territoire de la colonie du Cap, entre le Griqualand et le Transvaal. Un millier d'indigènes, conduits par le chef Galichoué, attaquèrent les forces de police et tuèrent quelques Anglais. La rébellion fut attribuée par les Anglais aux agissements des Boërs, qui durent eux-mêmes, pour protéger leur territoire contre les révoltés, concentrer quelques troupes sur leur frontière. Des renforts ayant été expédiés contre les insurgés, ceux-ci se retirèrent dans les montagnes, où ils subsistèrent quelques mois. La capture de leur chef termina la révolte et fit cesser toute inquiétude dans cette région.

Au nord du Zambèze, entre le fleuve et le Nyassa, sur la rive droite du Chiré, les Agonis s'insurgeaient également à la fin de 1896 (octobre) et, sous la conduite de leurs chefs, attaquèrent les villages et les missions le long du haut Chiré. Les Anglais dirigèrent contre eux 500 hommes, Sikhs du Pendjab et indigènes, et invitèrent les Portugais à coopérer avec eux, les territoires révoltés étant coupés par la frontière anglo-portugaise. Ces forces mirent rapidement fin à l'insurrection, qui se termina, au mois de décembre, par la capture et l'exécution de son chef.

Mais la révolte, insuffisamment réprimée, reprit au mois de mai 1898. Les Agonis, au nombre de 7.000 hommes armés de fusils, se soulevèrent dans la région des monts Domboué, où ils furent attaqués par 100 Anglais et 100 Sikhs envoyés de Zomba et accompagnés d'auxiliaires indigènes.

Après des alternatives diverses, il fallut, en 1899, organiser une expédition mixte, les forces anglaises coopérant avec une troupe portugaise. Au mois d'août dernier les Portugais faisaient leur jonction avec les Anglais et les forces réunies s'apprêtaient à attaquer le principal chef indigène.

De ce côté la colonisation fait de rapides progrès. Le mouvement de la navigation augmente considérablement sur le Chiré. Le commerce s'est élevé, pour l'année finissant le 31 mars 1899, à 100.000 livres aux importations et 40.000 aux exportations.

Afin de venir à bout des rébellions indigènes on dût constituer deux bataillons indigènes de 800 hommes, commandés par des cadres sikhs et anglais.

Dans son rapport de 1899, le commissaire du protectorat

de l'Afrique centrale signalait l'arrivée du télégraphe transafricain à l'extrémité sud du Tanganyika. Les Belges s'occupaient aussi, tout dernièrement, de relier le Tanganyika à la
ligne télégraphique de Boma à Kwamouth.

Tels sont les quelques faits qui se sont produits ces derniers temps dans ces régions. De son côté, le Transvaal a eu
à lutter contre deux chefs indigènes qui l'ont obligé, dans
le courant de 1898, à deux petites expéditions.

Par une convention anglo-transvaalienne du 10 décembre
1894, le Souaziland a été placé sous la protection du Transvaal,
et celui-ci s'est engagé à y maintenir et à y assurer la justice.
Ubunu, roi du pays, s'étant rendu coupable de plusieurs
crimes et ayant refusé de comparaître devant une cour de
justice, 1.300 Boërs, avec deux canons, furent dirigés sur Bre-
mersdorp, capitale du pays, au mois de juin 1898. Bien qu'il
disposât de 20.000 guerriers, Ubunu n'osa pas faire de résistance et s'enfuit au Zoulouland, en territoire britannique. Dès
le milieu de juillet, les Boërs commençaient à rentrer au
Transvaal, et la question de l'extradition d'Ubunu donnait lieu,
entre l'Angleterre et le Transvaal, à une nouvelle convention
réglant les droits de justice de ce dernier pays dans le
Souaziland.

Le district du Zoutpansberg fut le théâtre, au mois d'octobre 1898, d'une révolte dirigée par Mpéfou, chef des Magatos.
Des contingents boërs durent être levés et, sous le commandement du général Joubert, furent dirigés vers le Zoutpansberg. Ils furent attaqués, à la fin d'octobre, par les rebelles,
qui ne furent repoussés dans leurs montagnes qu'après un
sérieux combat. Un premier plan de campagne, qui consistait
à entourer d'un cercle de postes le pays des Magatos, fut modifié, et, grâce à l'arrivée des renforts, on se décida à attaquer
Mpéfou dans sa forteresse. Le 16 novembre 1898, celle-ci était
prise après un vif combat précédé d'un bombardement par
l'artillerie boër. Peu de temps après, la rébellion était définitivement terminée. Mpéfou, abandonné par ses partisans, les
uns capturés par les Boërs, les autres fugitifs dans la Rhodésia, traversa lui-même, au mois de décembre, la frontière

transvaalienne et se rendit aux autorités anglaises, qui l'inter-
nèrent à Boulouwayo.

*
* *

Pendant qu'au Matabéléland Cecil Rhodes essayait, tout en
détournant l'attention de l'Europe et du Transvaal, de réprimer
la révolte des noirs et d'organiser l'exploitation de la Rhodésia, le cabinet anglais hésitait toujours, malgré les demandes
réitérées de la presse européenne et du gouvernement du
Transvaal, à prendre des mesures judiciaires à l'égard de
l'ancien premier ministre du Cap. Soit par crainte des conséquences de l'arrestation de Cecil Rhodes et de l'opinion du
parti anglais au Cap, soit à cause des influences mises au
service de ce personnage, on continuait à laisser totalement
impunies les atteintes au droit des gens révélées par la publication des documents possédés par le gouvernement du
Transvaal. Alors que Jameson était poursuivi comme exécu-
teur de l'invasion d'un État ami, l'instigateur et l'organisateur
du mouvement conservait son titre de conseiller privé de la
reine et restait le directeur de la Compagnie à charte.

Cette hésitation du gouvernement anglais à sévir contre la
Compagnie et contre certains de ses administrateurs finit
par lasser la patience du gouvernement transvaalien. Le
secrétaire d'État du Transvaal, le docteur Leyds, adressa,
au milieu du mois de juin, deux importantes et instantes
dépêches au gouvernement du Cap, pour demander que
l'Angleterre se décidât à faire la lumière et la justice. Ces
dépêches, aussi modérées dans la forme que fermes dans le
fond (1), venant après les nombreuses leçons de magnanimité

(1) Voici le texte de ces documents diplomatiques, adressés par le docteur Leyds,
secrétaire d'État au Transvaal, au gouvernement du Cap :
Nº I. « J'ai l'honneur de mander à Votre Excellence, pour l'information du
gouvernement britannique, qu'en se plaçant au point de vue de la prospérité et
de la paix de l'Afrique australe, le gouvernement transvaalien doit exprimer sa
conviction que les preuves en la possession et à la disposition du gouvernement
britannique justifient complètement et nécessitent la mise en accusation de
MM. Cecil Rhodes, Alfred Beït et Rutherfort Harris, comme cela a déjà été fait

et d'habileté diplomatique données par le président Krüger, mirent le comble à l'exaspération de la presse anglaise, qui s'empressa de voir dans cet acte une tentative faite par l'Allemagne pour pousser les Boërs contre l'Angleterre. L'envoi de ces dépêches finit cependant par produire l'effet désiré de toutes parts, et, le 24 juin, la démission de M. Cecil Rhodes de ses fonctions d'administrateur de la Chartered était un fait accompli.

Mais ce n'était là qu'une mesure temporaire. L'homme *indispensable* ne devait pas tarder à reprendre ses titres et ses fonctions, et à s'imposer, comme par le passé, aux populations de l'Afrique australe.

L'opinion anglaise était cependant loin d'être unanime à admirer les hauts faits du parti anglais de la colonie du Cap. Sous la pression des membres de l'opposition, la Chambre des communes fut contrainte de nommer une commission d'enquête de quinze membres chargée de faire la lumière sur les faits qui précédèrent l'invasion de Jameson. Cette commission, qui se réunit pour la première fois le 16 août 1896, poursuivit son enquête jusqu'au mois de juillet 1897. Elle cita devant

---

pour le docteur Jameson et ses complices. Dans l'intérêt de l'Afrique australe tout entière, le gouvernement transvaalien se sent obligé de recommander avec insistance cette mesure au gouvernement britannique. J'ai aussi l'honneur de prier Votre Excellence de vouloir bien communiquer par câble cette dépêche au gouvernement de la reine, à Londres. »

N° II. « Mon gouvernement constate avec beaucoup de regrets les retards apportés à l'enquête annoncée sur la complicité et la responsabilité de la Compagnie à charte dans le fait de l'invasion du docteur Jameson et de sa bande sur le territoire boër. Mon gouvernement croit de son droit et de son devoir d'insister pour que l'enquête ait lieu sans délai, non seulement parce qu'il est la partie lésée, mais encore au nom de ses intérêts dans le bien-être général de l'Afrique australe, intérêts qui, on l'a affirmé à maintes reprises, sont également chers au gouvernement de la reine.

» Mon gouvernement est convaincu aussi de l'absolue et urgente nécessité de transférer des mains de la Compagnie à charte dans celles du gouvernement britannique le contrôle complet et l'administration civile et militaire des territoires jusqu'ici confiés à la Compagnie. J'ai pour instruction d'insister sur ce point au nom de mon gouvernement et de prier Votre Excellence de transmettre par câble cette dépêche à Londres. »

La presse de Londres, presque entière, répondit par des outrages à la demande de la petite république sud africaine.

elle tous ceux qui, par leurs actes ou leurs fonctions, avaient eu une part quelconque dans l'entreprise montée par M. Rhodes, et notamment miss Flora Schaw, la rédactrice coloniale du *Times*, dont la déposition révéla des détails piquants et des mœurs politiques singulières.

Mais, malgré les efforts des deux membres les plus indépendants de la commission, sir William Harcourt et M. Labouchère, il apparut clairement que certains membres n'avaient d'autre désir que de faciliter les confessions des accusés. M. Chamberlain lui-même ne réussit guère à éloigner les soupçons qui pesaient sur lui et que sa déposition ne parvint pas à dissiper.

Celle-ci se produisit au moment même où le ministre des colonies demandait au Parlement (1er mai 1897) de lui accorder 200.000 livres pour renforcer dans l'Afrique australe les forces de terre et de mer de l'Angleterre. La situation avec le Transvaal se trouvait alors tendue à l'excès ; les Afrikanders ne dissimulaient pas leurs préférences, et il paraissait nécessaire, par le déploiement de forces imposantes, de relever le prestige de la métropole. On parla d'envoyer 30.000 hommes au Cap et on commença effectivement à diriger quelques troupes sur la colonie ; une forte escadre fut concentrée à Durban, d'où six navires furent envoyés à Delagoa-bay.

Tous ces préparatifs ne réussirent pas à émouvoir les Boërs et le *Volksteem*, de Pretoria, trouva la meilleure réponse aux provocations anglaises : « En cas de guerre, dit-il, toute l'Afrique du Sud se porterait au secours des Boërs, et à Pretoria il y a assez de fusils et de munitions pour armer tous les Afrikanders. D'ailleurs, l'Angleterre a en ce moment assez d'affaires sur les bras, et il lui faudrait 60.000 hommes pour faire la guerre dans l'Afrique du Sud. Enfin, tout en désirant conserver la paix, le Sud africain s'est préparé à la guerre. Voilà les raisons pour lesquelles nos amis les Anglais ne tirent pas les premiers. »

Le gouvernement anglais s'était en effet renseigné sur les précautions prises par les Boërs, et M. Chamberlain, pour justifier sa demande de crédit, avait pu affirmer au Parlement,

sans être démenti, que le Transvaal venait de dépenser
125 millions en armements.

***

Avant de poursuivre le récit des événements qui ont amené
la guerre anglo-boër, il est utile de s'arrêter ici pour jeter un
coup d'œil rapide sur la situation économique de l'Afrique du
Sud au commencement de la lutte.

Une des questions brûlantes, dans l'Afrique australe, est
celle de l'émigration indienne. La question indienne est dans
ces régions le pendant de la question juive en Algérie. Les
Hindous, encouragés par les Anglais, dont certains, tels que
sir Harry Johnston, commissaire au Nyassaland, rêvent de
réaliser cette formule : « L'Afrique australe doit être l'Amérique des Indiens », ont émigré en grand nombre sur les territoires anglais aussi bien qu'à Madagascar et au Transvaal.

Cet exode, qui menace les intérêts des ouvriers et des
commerçants européens, a amené à plusieurs reprises d'énergiques protestations accompagnées de violences et de mauvais
traitements à l'égard des immigrants.

La colonie du Natal s'est montrée particulièrement réfractaire à l'entrée des Hindous sur son territoire et s'est attiré à
ce sujet de sévères admonestations, restées d'ailleurs sans
résultat, de la part de la presse britannique.

Le 6 février 1899, alors que le gouvernement anglais adressait à la France des notes diplomatiques au sujet des mesures
prises à l'égard de ses sujets hindous à Madagascar, M. le
Myre de Vilers crut devoir adresser au ministre des colonies
une lettre, reproduite par toute la presse, dans laquelle il faisait ressortir clairement la législation restrictive en vigueur
dans les colonies anglaises en vue de remédier au *mal asiatique*.
La fin de cette lettre est caractéristique :

Dans la Rhodésia, dit M. Le Myre de Vilers, on ne fait pas tant
de façons et les non-désirables disparaissent d'une manière ou d'une
autre.

Au Transvaal, les lois de la République sud-africaine édictent que les gens de couleur devront habiter des quartiers spéciaux (locations) et ne pourront exercer ailleurs un commerce quelconque. De riches Indiens, ayant protesté contre cette mesure, furent déboutés par la cour de Middelbourgh et se réclamèrent du gouvernement britannique, en leur qualité de sujets de la reine. D'autre part, les english bars, qui redoutent la concurrence des Indiens, sollicitèrent près de leur consul le maintien de l'interdiction.

Grand embarras du Foreign Office, qui, ne sachant comment sortir de cette difficulté, eut recours, d'accord avec le président Krüger, à un arbitrage devant le premier juge de la République d'Orange. Ce magistrat, M. Melius de Villiers, décida, par un avis motivé du 5 avril 1895, que la question ne pouvait être réglée que par la haute cour de la République sud-africaine.

Pour y parvenir, un riche Asiatique, Tayeb Hadji Kahn Mohamed, introduisit une instance devant le tribunal suprême de Pretoria, avec l'espoir de voir supprimer l'ostracisme dont ses compatriotes étaient victimes. La cour, après de longs débats, décida, le 8 août dernier, que les gens de couleur ne pouvaient habiter et commercer en dehors de la location, que le colportage même leur était interdit.

Ces différents faits prouvent surabondamment que, du moment où les intérêts des Anglais métropolitains sont en cause, le gouvernement de la reine ne se préoccupe guère des libertés qu'il réclame près des autres puissances en faveur de ses sujets.

Quelle que soit la sévérité des mesures qu'adoptera le général Galliéni pour entraver l'envahissement de Madagascar par les Indiens et réprimer la mauvaise conduite de ces Asiatiques, elles seront moins rigoureuses que celles appliquées par la Grande-Bretagne dans ses propres colonies.

Le libéralisme anglo-saxon ne s'exerce pas, on le voit, de la même façon sous toutes les latitudes et en particulier des deux côtés du canal de Mozambique.

*
* *

L'examen des faits récents survenus dans l'Afrique australe ne serait pas complet si l'on n'enregistrait ici les modifications imposées à l'administration de la Chartered dans le courant de 1898. Le 7 février, le gouvernement anglais faisait accepter par la Compagnie le principe d'une charte nouvelle, qui fut établie et publiée au mois d'octobre suivant. Les principales modifications portent sur les relations entre la Compagnie et les indigènes, dont les différends seront réglés à l'avenir par le ministre des colonies. Celui-ci nomme un résident en Rhodésia et laisse à la Compagnie le droit de désigner deux administrateurs, l'un pour le Matabéléland, l'autre pour le Machonaland ; il peut révoquer ces administrateurs, exerce un droit de *veto* sur les décisions de la Compagnie et conserve sous son contrôle direct les forces armées sur le territoire de la Rhodésia.

La tactique suivie à l'égard de cette compagnie est, on le voit, la même que pour la Royal Niger Company.

Les compagnies à charte anglaises semblent n'avoir d'autre but que de permettre l'occupation à peu de frais des pays convoités, de dégager la responsabilité du gouvernement britannique et de préparer les voies à l'administration anglaise. Ces résultats obtenus, elles passent, avec ou sans indemnité, sous le contrôle direct de la Couronne, et, tout en conservant leurs privilèges commerciaux, cèdent à l'administration métropolitaine des territoires à demi conquis qui sont dès lors incorporés dans l'ensemble des colonies anglaises.

* *

On a vu par ce qui précède qu'il n'a pas dépendu de la Chartered et de M. Chamberlain que le domaine de la couronne britannique ne se fût arrondi, dès 1896, par l'acquisition du Transvaal.

Certes, l'absorption de la République sud-africaine serait un beau succès en raison du prodigieux développement pris par cette contrée depuis un petit nombre d'années.

Pour le mettre en lumière, il nous suffira de citer les trois rapports successifs établis par le consul de France au Transvaal, M. Aubert, sur la situation de ce pays en 1895, 1896 et 1897 et parvenus en France vers le milieu des années suivantes.

En 1895 :

La prospérité dont jouit depuis plusieurs années la République sud-africaine n'a fait que s'accentuer en 1895 ; le commerce et l'industrie, loin de s'arrêter dans leur essor, y ont pris un développement inconnu jusqu'alors. L'immigration augmente et est principalement composée d'éléments sérieux, actifs, intelligents..... Tout semble donc contribuer à rendre ce pays le plus prospère et le plus florissant de l'Afrique du Sud. La valeur des importations dans la République sud-africaine a été, en 1895, de 245.407.000 francs, soit une augmentation de 80 millions de francs comparativement à 1894 et de 111 millions comparativement à 1893. Ces importations se sont réparties de la façon suivante :

La colonie du Cap, grâce à ses trois ports, Capetown, Port-Elizabeth et East-London, et à ses vastes ressources agricoles, a contribué pour la plus large part au trafic du Transvaal. Elle a importé, en 1895, pour 172.704.000 francs de marchandises, contre 110.598.000 francs en 1894 et 87.645.000 francs en 1893.

Natal a vu baisser ses importations en 1895. Elles ont été de 24.559.000 francs, soit 500.000 francs de moins qu'en 1894. Delagoa-bay, par contre, a importé pour 24.978.350 francs en 1895, contre 11.620.000 francs en 1894.

Les relations avec la République d'Orange ont plus que doublé en 1895. Elle a importé pour une valeur de 23.165.000 francs de produits agricoles et industriels, tandis qu'elle n'en avait écoulé que pour 11.351.000 francs en 1894. La situation financière de la République est particulièrement prospère. En 1895, les recettes budgétaires se sont élevées à 108.972.000 francs, supérieures de de 5.834.550 francs aux dépenses, de sorte qu'au 1er janvier dernier le trésor possédait un excédent total de 30.666.265 francs (1).

Le commerce français fait des progrès incontestables dans la République sud-africaine, mais il est malheureusement impossible de les chiffrer.....

L'année 1895 a vu naître 536 nouvelles compagnies au capital nominal de 77.545.470 livres sterling, pour l'exploitation des richesses de toute nature de l'Afrique du Sud et plus particulièrement du Transvaal.

Quant aux entreprises du Matabéléland et du Machonaland, les derniers événements n'ont que trop confirmé mes appréciations : elles sont aux mains de 142 compagnies.....

---

(1) Colonie du Cap (budget de 1898-99) : Recettes, 6.477.000 livres; dépenses, 7 millions de livres.

En 1896 :

Malgré tous les désastres qui l'ont frappée, malgré toutes les difficultés qu'elle a éprouvées en 1896, la République sud-africaine continue à jouir de l'ère de prospérité que la découverte des mines d'or a inaugurée pour elle.

Ni l'invasion Jameson, ni la révolution de Johannesburg et le trouble dans les affaires qui en ont été les conséquences, ni la peste bovine qui a décimé et décime encore son bétail, ni la famine qui a frappé les districts septentrionaux, par suite du manque des récoltes, n'ont pu enrayer son commerce ni entraver son industrie en 1896.

Les ressources ont cependant des bornes, et parce qu'un pays est florisssant il ne s'ensuit pas que les émigrants, si nombreux qu'ils soient, y trouvent toujours le pain assuré. De là le désappointement, les mécomptes, le découragement qui se rencontrent chez les nouveaux venus et qu'entretiennent les politiciens ambitieux, les spéculateurs aux abois et les ouvriers qui redoutent la concurrence et un abaissement de salaires.

. . . .

La valeur des importations dans la République sud-africaine a été, en 1896, de 352.203.250 francs, soit une augmentation de 107 millions comparativement à l'année précédente.

La progression est d'ailleurs constante depuis quelques années, ainsi que l'indique le relevé suivant des importations : en 1886, 12.349.775 francs; en 1887, 41.919.225; en 1888, 61.417.160; en 1889, 86.574.650; en 1890, 92.472.950; en 1891, 65.073.900; en 1892, 87.470.000; en 1893, 134.292.525; en 1894, 161.005.375; en 1895, 245.407.600; en 1896, 352.203.250.

Les importations du Transvaal en 1896, valeur en francs, se sont réparties comme suit d'après leur provenance et la voie d'importation qu'elles ont suivie :

Provenance.	Par le Cap.	Par Natal.	Par Delagoa-bay.
Europe	143.573.575	35.969.850	40.002.300
Autres pays d'outre-mer	7.324.425	2.890.825	1.848.475
Cap	49.532.725	»	»
Natal	»	36.165.150	»
Delagoa-bay	»	»	11.287.800
	200.430.725	75.025.825	53.138.575

. . . .

Les lignes internationales mettant le Transvaal en communication avec le Cap, Natal et Delagoa-bay ont été complétées, en 1895, par l'ouverture de celle de Natal. Depuis, le réseau international a été prolongé de Krugersdorp à Potchefstroom pour être continué jusqu'à Klerksdorp, et l'embranchement de Kaapmunden à Barterson a été terminé. La construction de la ligne du Selati est toujours suspendue ; mais on espère que la présence en Europe du secrétaire d'État permettra de mettre fin aux contestations auxquelles cette ligne a donné lieu. La ligne Pretoria-Pietersburg est commencée. On étudie le tracé de celle de Lydenburg. Le réseau ferré du Transvaal, qu'exploite la Compagnie hollandaise sud-africaine, a fait l'an dernier une recette de 74.120.075 francs ; le nombre des voyageurs transportés a été de 1.070.598.

. . . .

Pas plus que les autres années, je ne puis évaluer l'importance du commerce français au Transvaal. Il est cependant hors de doute que les relations directes entre la France et l'Afrique du Sud ont pris un développement inconnu jusqu'à présent, grâce aux efforts des Compagnies des Chargeurs réunis, qui ont établi un service mensuel du Havre et de Bordeaux à Delagoa-bay, par le cap de Bonne-Espérance, et des Messageries maritimes, qui desservent maintenant la côte Est, en correspondance avec les vapeurs de la Réunion à Marseille.

Ces entreprises ne peuvent manquer de favoriser notre commerce et de contribuer à nous assurer la place que nous devrions occuper dans le trafic de l'Afrique du Sud. Je ne doute pas qu'elles n'arrivent, avec la persévérance et des améliorations progressives dans leurs services, à obtenir d'aussi bons résultats que les Anglais et les Allemands, qui nous ont devancés depuis longtemps dans ces parages.

L'affluence des Français au Transvaal, que j'ai signalée dans mon dernier rapport, a déjà, m'affirme-t-on, exercé une certaine influence sur le commerce en général et, en particulier, sur celui des nouveautés, des modes, des articles de fantaisie, pour lesquels le goût français est sans rival. J'ai même — chose inouïe en Afrique — entendu des commerçants étrangers se vanter auprès de moi d'avoir des articles français.

C'est là un signe certain du progrès fait par la France dans l'estime du commerce. Reste maintenant à nos commerçants d'en tirer profit.

En 1897 :

L'année 1897 s'était bien annoncée pour le Transvaal : les esprits, si facilement excitables, s'étaient apaisés ; le commerce avait pris un développement inconnu jusqu'alors, et les négociants ont cru, par suite, pouvoir augmenter leur stock de marchandises dans des proportions considérables. Ils l'ont, toutefois, regretté et en ont éprouvé les conséquences lorsque, vers la fin de l'année, s'est fait ressentir le contre-coup des ravages causés par la peste bovine, de l'appauvrissement général de la population rurale qui en est résulté et surtout de la campagne menée en Europe, contre le gouvernement et le pays, par un groupe de financiers peu scrupuleux, mécontents de voir que leurs manœuvres financières n'avaient plus de succès auprès du public, et désireux de décharger sur autrui la responsabilité de leurs actes.

Quant à l'industrie, elle ne s'est pas arrêtée dans ses progrès; c'est ce qui me confirme dans mon opinion qu'il ne faut douter ni des ressources, ni de l'avenir du Transvaal.

La crise actuelle est, d'ailleurs, la quatrième qu'il traverse depuis une douzaine d'années et chaque fois il s'en est relevé plus vivace et plus prospère. Il est vrai que ces crises ont augmenté chaque fois d'intensité; mais cela provient de ce que, au lieu de rester purement économiques, elles se sont compliquées de questions politiques, au fur et à mesure que le Transvaal prenait une position plus prépondérante en Afrique australe et excitait, par suite, plus de jalousies et de convoitises.

. . . .

En 1897, les importations ont été de 339.695.675 francs. Le trafic par la colonie du Cap a diminué de 30 p. 100, dont ont bénéficié les lignes de Natal et de Delagoa-bay.

La production des mines d'or, qui était de 91 kilogrammes en 1884 et de 13.394 kilogrammes en 1890, a passé à 77.547 kilogrammes en 1896. En 1897, il a encore augmenté de 23.554 kilogrammes. Le nombre des ouvriers y était alors de 78.689, dont 68.780 noirs. Les dividendes payés par les Compagnies aurifères du Rand ont été de 70.425.125 francs, donnant ainsi la mesure de la prospérité de l'industrie de l'or.

En 1898, le progrès continuait. L'industrie minière gagnait plus de 16 millions de livres, soit 4 millions et demi de plus qu'en 1897. La production de l'or au Transvaal était alors de 28 1/2 p. 100 par rapport à celle du monde entier.

La proximité de notre nouvelle possession de Madagascar et les intérêts français engagés au Transvaal donnent à ces appréciations une portée considérable. Nous y reviendrons d'ailleurs lorsque nous aurons l'occasion de parler de notre nouvelle colonie de l'océan Indien et du rôle qu'elle est appelée à jouer à proximité de l'Afrique australe.

⁎

Les chemins de fer de l'Afrique australe ont pris dans ces dernières années un énorme développement. A l'ancien réseau de la colonie du Cap, prolongé récemment par la ligne qui traverse l'État libre d'Orange pour aboutir à Pretoria, il faut ajouter plusieurs voies ferrées en construction ou en projet.

La ligne de Durban à Johannesburg a été ouverte le 15 décembre 1895, en concurrence avec la ligne de Lourenço-Marquès. Cette ligne, grâce à des tarifs appropriés, cherche à s'assurer le monopole des transports de la province d'Heidelberg.

A l'Ouest, et longeant la frontière de l'État libre d'Orange et du Transvaal, la voie ferrée qui s'arrêtait à Mafeking a été prolongée sur Boulouwayo. Le prolongement de Vryburg sur Boulouwayo a été commencé en mars 1896. 930 kilomètres ont été construits en dix-huit mois, à raison d'une moyenne de 1.600 mètres par jour.

La Compagnie du chemin de fer de Betchouanaland, qui a inauguré la ligne le 5 novembre 1897, est au capital de 50 millions et calcule le prix de la ligne au taux de 75.000 francs par mille (1.609 mètres). Cette ligne est prolongée de Boulouwayo sur Salisbury (286 milles).

Cette dernière localité, qui n'existait pas il y a six ans, et qui compte actuellement, comme la première, plusieurs milliers de blancs, est également reliée par un chemin de fer, terminé en mai 1899, avec Umtali (160 milles), point où aboutit la ligne de Beïra. Celle-ci, qui s'arrête à Foutesvilla, est prolongée jusqu'à Beïra par une ligne de jonction. On prévoit aussi deux lignes partant de Salisbury et devant aboutir, l'une au lac Bangouelo, dans le nord de la colonie, l'autre à Blantyre par Tété.

La ligne de Beïra à Umtali a été construite par la Compagnie Beïra-Railway ; celles de Umtali à Salisbury, par la Machoualand Railway; celle de Mafeking à Boulouwayo par la Betchouanaland Railway.

Des propositions ont été faites à l'État libre d'Orange au mois de mai 1896, par le gouvernement du Cap, désireux d'acquérir le monopole des chemins de fer de cet État et de construire le réseau projeté par cette république. Ces propositions ont été repoussées, l'État d'Orange refusant de laisser augmenter encore l'influence anglo-saxonne sur son territoire.

Il faut aussi mentionner le prolongement de la ligne de Potchefstroom dans la direction de Klerksdorp, ainsi que l'embranchement allant de la ligne de Pretoria à Lourenço-Marquès sur les mines de Barberton, vers la frontière portugaise.

De Pretoria, une voie ferrée, livrée en mai 1899, se dirige vers Pietersburg pour desservir les districts du nord du Transvaal.

Une autre ligne en projet doit se diriger vers le Zoutpansberg.

Les recettes des chemins de fer du Cap, en 1895, ont dépassé les prévisions dans des proportions considérables, laissant un excédent qui a été destiné à améliorer le matériel et à construire des fortifications à Port-Élisabeth et à East-London.

Quant au réseau télégraphique, il se développe très rapidement. C'est par le télégraphe que M. Cecil Rhodes se propose de donner la première réalisation de sa formule : « Du Cap au Caire ». La ligne, poussée de Boulouwayo au Zambèze, a depuis longtemps franchi le fleuve et atteint Kota-Kota, sur la rive gauche du Nyassa. Vers le milieu de 1898, elle était poussée à 100 kilomètres au nord de Kota-Kota, d'où un embranchement devait aller au fort Alston, à 100 milles à l'ouest du lac. A l'heure actuelle elle atteint le Tanganyika. Blantyre possédait déjà un fil téléphonique et devait, à bref délai, être relié à Zomba.

La direction donnée à cette ligne montre que les Anglais cherchaient alors à éviter le territoire allemand et visaient, pour leur télégraphe comme pour leur chemin de fer en projet, le passage à travers l'État du Congo. Ces visées subirent un brusque changement à la fin de 1898, soit que des difficultés de tracé aient été constatées sur la rive occidentale du Tanganyika, soit qu'on ait craint de se heurter à des complications diplomatiques résultant de l'opposition mise par l'Allemagne à l'exécution du traité anglo-congolais du 12 mai 1894, qui accordait à bail à l'Angleterre une bande de terrain destinée à faire passer télégraphe et chemin de fer le long du territoire allemand.

Puisque l'Allemagne s'opposait à toute cession à bail du territoire congolais, il était aussi rationnel de s'entendre directement avec elle qu'avec l'État du Congo.

M. Cecil Rhodes essaya d'abord d'obtenir du cabinet anglais une garantie d'intérêt pour le chemin de fer tracé en territoire britannique ou tout au moins pour la partie de la ligne située au sud du Zambèze. Il ne put y parvenir.

Il partit alors pour Bruxelles, où il fut reçu, au mois de février 1899, par le roi des Belges, avec lequel il négocia, a-t-on dit, le passage à travers le Congo. Quelques jours après, au mois de mars, il était reçu à Berlin par l'empereur d'Allemagne, qui lui montrait les dispositions les plus favorables. Une convention anglo-allemande était conclue au sujet du passage d'une ligne de la Compagnie télégraphique transafricaine à travers les territoires allemands. Quant à la question du chemin de fer, tout en réservant les droits absolus de souveraineté de l'Allemagne, l'empereur se serait montré disposé à permettre sa construction et son raccordement avec le réseau allemand projeté et même, paraît-il, à lui accorder une garantie de l'État, mais à la condition que l'Angleterre agirait de même sur son territoire.

M. Cecil Rhodes quittait Berlin le 14 mars, sans avoir obtenu une réponse décisive. A de nouvelles tentatives faites pour obtenir la garantie de l'État anglais, le chancelier de l'Échiquier, sir Michael Hicks Beach, répondait, le 27 avril, que le gouvernement ne garantirait qu'une partie de la ligne déjà construite et que la garantie d'un intérêt de 2 3/4 p. 100 s'appliquait à la voie ferrée du Bechouanaland.

A l'assemblée générale de la Chartered, le 2 mai, M. Cecil Rhodes faisait la proposition suivante :

N'oublions pas qu'il y a 1,217 kilomètres à construire de Boulouwayo à la frontière allemande. Le pays ne nous est pas inconnu ; nous avons fait des inspections rapides, et tout le tracé a été suivi jusqu'au Tanganyika ; je puis affirmer que la ligne peut être construite au prix de 62.000 francs environ par kilomètre, ce qui fait 75 millions pour la ligne entière. Nous avons reçu une proposition tendant à la construction des premiers 241 kilomètres pour 12 millions de francs, ce qui fait environ 50,000 francs par kilomètre. Comment ferons-nous pour obtenir l'argent nécessaire, c'est-à-dire les 75 millions de francs? La proposition acceptée par les directeurs est celle-ci : « Nous proposons de faire un emprunt de 75 millions de francs à 4 p. 100. » Si je dis « nous », j'entends par là la Bechouanaland Railway Company ; mais le capital devra être garanti par la Chartered Company, puisqu'en réalité c'est la Chartered qui le fait. Mais je désire faire remarquer que l'argent n'est pas demandé pour quatre ou cinq années, car nous ne pouvons construire plus de 320 kilomètres environ par an. Nous sommes encore à environ 1.449 kilomètres des frontières de notre territoire ; nous pouvons donc supposer qu'il faudra quatre ans à quatre ans et demi pour achever la ligne. Des Compagnies des mines d'or, nous avons déjà reçu assez d'argent pour construire les 240 premiers kilomètres.

Le projet de M. Cecil Rhodes a été adopté à mains levées. Il ne reste plus qu'à en attendre la réalisation.

*\
* *

On a déjà parlé du bruit fait autour de l'entente anglo-allemande conclue, dit-on, à la fin de 1898 et visant principalement les territoires du Sud africain. Il y a seulement dix ans, les Anglais se trouvaient, dans cette partie du continent, en présence de deux voisins gênants : les Portugais, dont les possessions s'étendaient nominalement de l'Atlantique à l'océan Indien, et les Allemands, qui rêvaient de joindre leurs possessions naissantes de l'Est africain à leurs territoires atlantiques.

Le programme de la voie impériale « du Cap au Caire », déjà élaboré depuis longtemps, se trouvait menacé dans son avenir par ces deux rivaux des ambitions anglaises. On sait par quelle habile stratégie diplomatique les difficultés du moment furent résolues.

Le Portugal dut céder, aux menaces britanniques, les territoires du Nyassa et ceux qui devaient former la Rhodesia, et admettre la séparation de ses possessions en attendant de nouvelles exigences.

Quant à l'Allemagne, on lui fit une belle part en face de Zanzibar, mais en délimitant soigneusement son lot. On atteignait ainsi la ligne des Lacs formée par le Nyassa, le Tanganyika, le lac Kivu, l'Albert-Édouard et l'Albert-Nyanza, qui, avec les cours d'eau intermédiaires, donnaient une ligne ininterrompue de communications rejoignant le Nil.

La solution du problème était complétée par la conclusion du traité du 12 mai 1894, qui accordait à l'Angleterre une bande de terrain de 25 kilomètres de largeur le long de la frontière germano-congolaise. On sait ce qu'il advint de ce traité, ainsi que de la clause qui donnait à bail à l'État du Congo les territoires du Bahr-el-Ghazal.

Ce simple exposé du plan britannique suffit à expliquer l'action des Anglais sur les divers points de l'Afrique, depuis une quinzaine d'années, les délimitations parfois incompréhensibles de leurs possessions, leur désir inexplicable, au premier abord, de posséder tel ou tel territoire, le but de la plupart des missions britanniques, leur politique en Égypte, dans l'Ouganda, en Abyssinie, au Congo, et enfin leurs refus persistants et leur intransigeance absolue dans la question de Fachoda.

Ce plan gigantesque, qui s'est développé avec un si bel esprit de suite, cet empire sud-africain si étendu cachent cependant d'irrémédiables faiblesses. Malgré le loyalisme apparent des colonies de l'Afrique australe, des tendances séparatistes se sont manifestées avec une intensité redoutable. Les aspirations nationales sont plus fortes que les habiletés diplomatiques, et l'impérialisme britannique pourrait bien, plus tôt qu'on ne le pense à Londres, avoir à compter avec cet autre idéal rêvé par les Afrikanders : la constitution des États-Unis de l'Afrique australe.

*
* *

On s'est arrêté plus haut, dans le récit des conflits anglo-transvaaliens, à l'année 1897. La véritable cause de ces conflits, celle qui devait fournir plus tard encore de nouveaux motifs de discussion diplomatique, était le refus nettement formulé par les Boërs de reconnaître les droits de l'Angleterre à la suzeraineté sur le Transvaal.

La convention de Londres du 27 février 1884, qui est l'acte diplomatique le plus récent réglant les rapports des deux pays, réserve, par son article 4, au gouvernement britannique, un droit de sanction ou de désapprobation sur les traités conclus par la République sud-africaine avec les puissances étrangères autres que l'État d'Orange. Lors de la discussion de ce traité, le mot suzeraineté avait été, d'un commun accord, rayé du texte de la convention et lord Salisbury lui-même proclamait, en 1884, devant la Chambre des lords, le droit du Transvaal de régler souverainement sa politique intérieure et extérieure, exception faite du cas où il aurait à conclure des traités avec un État étranger. Or le Transvaal ne demanda point l'autorisation de l'Angleterre, qui, de son côté, ne fit aucune objection lorsqu'il adhéra à la convention de Genève et lorsqu'il conclut, le 3 novembre 1893, avec le Portugal, et, le 9 novembre 1895, avec les Pays-Bas, des traités d'extradition. Le Livre bleu publié au mois d'avril 1897, au moment où les relations avec le Transvaal étaient très tendues, renouvelait sur ce point les réclamations de M. Chamberlain, qui, dans le même document, ne se faisait nullement scrupule de critiquer certaines lois votées par le Volksraad.

La réponse du Transvaal à la thèse de M. Chamberlain fut caractéristique. Le gouvernement boër proposa de recourir à un arbitrage toutes les fois qu'il y aurait interprétation divergente du texte de la convention de 1884. Cette offre fut repoussée, et il y a tout lieu de croire que, si la guerre n'a pas éclaté dans l'Afrique centrale au printemps de 1897, ce résultat est dû surtout à l'attitude des Afrikanders de la colonie du Cap.

Le conflit anglo-boër était donc passé à l'état aigu en 1897. L'Angleterre avait de bonnes raisons de penser qu'elle s'était placée dans une mauvaise posture, à la fois vis-à-vis des Boërs et des Afrikanders. Il lui fallait un succès pour réparer son prestige. Elle le demanda à M. Cecil Rhodes.

A la suite d'un débat sur le sectionnement électoral de la colonie, nécessité par l'augmentation toujours croissante du nombre des électeurs, le parti anglo-saxon, auquel appartenait le premier ministre, sir Gordon Sprigg, fut, le 20 juin 1898, mis en minorité au Parlement de Capetown. La dissolution du Parlement fut prononcée, et de la campagne électorale ouverte au mois d'août, sous les auspices et avec l'aide de M. Cecil Rhodes, résulta, au mois d'octobre suivant, un Parlement dans lequel les deux partis anglais et afrikander s'équilibraient avec une voix de majorité au profit de ce dernier parti.

M. Schreiner, du parti afrikander, nommé premier ministre le 14 octobre 1898, fut cependant obligé d'accepter, avant toute autre, la discussion sur un nouveau sectionnement électoral, qui lui fut imposée à une voix de majorité, un membre afrikander ayant voté avec l'opposition. La presse dévouée à M. Rhodes triompha bruyamment, espérant que le nouveau sectionnement imposé au gouvernement aurait pour effet de donner la majorité aux Anglo-Saxons et de porter M. Rhodes au pouvoir.

Il n'en fut pas ainsi. A la suite des élections générales qui suivirent, au commencement de 1899, la réforme électorale, le parti de l'*Afrikander Bond* conquit sur le parti anglais, dit *progressiste*, une majorité d'une dizaine de voix. Ce fut, avec l'affermissement de M. Schreiner, l'écroulement des projets de M. Cecil Rhodes, qui, ne pouvant plus faire de la colonie du Cap le pivot de sa politique, dut penser à s'appuyer désormais sur les parties septentrionales de la colonie, dont les intérêts généraux sont, d'ailleurs, en opposition avec ceux de la partie méridionale.

Cet événement ne tarda pas à être suivi, comme on devait le penser, d'une politique plus agressive à l'égard du Transvaal. Les Anglais, ne pouvant plus essayer de s'appuyer sur les populations et le gouvernement du Cap, résolument acquis au Transvaal, devaient essayer de brusquer la situation pour amener, à un moment favorable, la liquidation de cette vieille question.

C'est alors qu'on vit reparaître les réclamations anglaises au sujet des questions économiques relatives à l'exploitation des mines, aux monopoles, aux tarifs de transport et surtout aux droits politiques des uitlanders.

La prétention de ces derniers, énergiquement repoussée par le Transvaal, d'acquérir, dans un temps très court, la nationalité et les droits électoraux des Boërs sans être tenus d'abandonner leur nationalité d'origine, était aussi inacceptable pour le gouvernement du président Krüger que favorable aux vues ambitieuses du gouvernement anglais. C'eût été, en effet, l'absorption rapide des Boërs transvaaliens par les uitlanders, et la mainmise de l'Angleterre, effectuée sans grande secousse, sur l'indépendance du pays.

Au mois de mai, une pétition signée de 21.000 noms d'uitlanders était adressée à M. Chamberlain. En voici le passage essentiel :

Nous avons le nombre : sur 270,000 habitants blancs du Transvaal, nous comptons pour 200,000 individus. Nous payons les sept huitièmes de l'impôt. Si le Transvaal est riche, c'est à nous qu'il le doit. Sans nous, le *veldt* serait désert; sans notre labeur acharné, la place où s'élèvent nos colossales usines servirait encore de pâture à un maigre troupeau, sous la conduite d'un pâtre misérable. C'est ce pâtre ignorant et grossier qui nous domine aujourd'hui, qui nous dicte des lois, qui, étranger lui-même, il y a moins de cinquante ans, à ce sol que son indolence n'a jamais fécondé, prétend, maître injuste et brutal, disposer de nos personnes et de nos fortunes, parce que notre arrivée sur cette terre est postérieure à la sienne de moins d'un demi-siècle. Cela est injuste. Nous réclamons le droit de participer au vote des lois qu'on nous applique.

Mais aussitôt 14.000 uitlanders signaient une contre-pétition adressée au président Krüger et désavouant la précédente. M. Chamberlain n'en prononçait pas moins, au Parlement anglais, des paroles agressives qui n'étaient guère de nature à calmer les inquiétudes dans l'Afrique du Sud. La situation se compliquait de plus en plus et entrait dans une phase critique. Une tentative fut faite pour l'améliorer. M. Steyn, président de l'État libre d'Orange, en invitant le président Krüger et sir Alfred Milner, haut commissaire de l'Afrique centrale et gouverneur du Cap, à venir conférer à Blœmfontein, essayait d'amener une entente, jugée par certains comme impossible.

Cette action du président Steyn se produisant après la conclusion du traité d'alliance du 23 mars 1896 entre l'Orange et le Transvaal, et au moment où, sous la pression des événements, l'union allait encore se resserrer entre les deux Républiques, pouvait à bon droit être considérée comme une suprême tentative en faveur de la paix. On ne parut pas lui donner en Angleterre autant qu'au Cap sa véritable importance.

A ce moment même on apprenait en Europe la découverte, à Johannesburg, d'un nouveau complot anglais. Sept personnes étaient arrêtées comme prévenues de haute trahison et déférées au tribunal boër. L'instruction de l'affaire fit connaître qu'on devait s'emparer du fort de Johannesburg et le garder en attendant l'arrivée des Anglais. Deux mille hommes avaient été enrôlés et devaient aller chercher des armes au Natal.

L'émotion produite par la découverte de ce complot n'empêcha pas l'entrevue de Bloemfontein. Elle eut lieu le 31 mai.

Les questions suivantes furent discutées : Le monopole de la dynamite, l'annexion du Souaziland demandée par le Transvaal, le paiement d'une indemnité justifiée par l'invasion de Jameson, l'adoption du principe de l'arbitrage entre les deux pays et enfin les droits électoraux des uitlanders.

Les questions du monopole de la dynamite et de l'annexion du Souaziland furent, d'un commun accord, écartées comme secondaires. Celle de l'indemnité pour l'invasion de Jameson fut admise par sir Alfred Milner, qui déclara que des instructions allaient arriver de Londres pour proposer de lui appliquer l'arbitrage.

Ce principe de l'arbitrage fut d'ailleurs réclamé par M. Krüger pour toutes les questions litigieuses intéressant les deux pays, et il en fit une question *sine qua non* de tout accord à intervenir. Sir Alfred Milner répondit que le gouvernement anglais ne consentirait jamais à l'intervention d'une puissance étrangère entre lui et le Transvaal.

Mais la question la plus importante était celle des droits électoraux des uitlanders, qui amena des débats prolongés.

Sir Alfred Milner fit à ce sujet les propositions suivantes :

1º Que le nombre des années de séjour nécessaires pour l'acquisition de ce droit soit fixé à cinq ans avec effet rétroactif;

2º Que le serment de naturalisation soit modifié;

3º Qu'une représentation équitable soit accordée au Volksraad à la nouvelle population ;

4º Que la naturalisation donne immédiatement le plein droit de vote.

Le président Krüger, au contraire, offrit :

1º De fixer la durée du séjour nécessaire pour la naturalisation à deux ans, tandis que le plein droit de vote ne serait acquis que cinq ans après ;

2º Que toutes les personnes qui se sont fixées dans le pays avant 1886 auront ce droit après deux ans ;

3º Que la population des mines soit plus largement représentée au Volksraad ;

4º Qu'une des conditions de la naturalisation soit la possession d'une propriété ayant une valeur d'au moins 150 livres sterling ou l'habitation d'une maison ayant une valeur locative d'au moins 150 livres sterling ou la jouissance d'un revenu d'au moins 200 livres sterling ;

5º Que, de plus, une des conditions pour la naturalisation soit, de la part de ceux qui la demandent, la preuve fournie d'avoir possédé la jouissance des droits civiques dans le pays où ils ont séjourné antérieurement ;

6º Que la formule de naturalisation soit conforme à celle de l'État libre d'Orange ;

7º Que toutes les propositions au président soient subordonnées à l'acceptation par le gouvernement anglais du principe de l'arbitrage dans les différends qui pourraient s'élever entre les deux pays.

Les propositions de M. Krüger furent trouvées insuffisantes et la conférence prit fin sans qu'une entente eût pu intervenir.

Ce fut une déception pour les amis de la paix. Ce fut aussi le signal du renouvellement des violences de la presse anglaise. La conférence n'avait cependant pas été inutile.

On y avait délimité un terrain d'entente sur lequel il était encore possible de négocier.

Malgré des paroles imprudentes prononcées en Angleterre, tout espoir d'arrangement n'était pas encore perdu. Si la presse anglaise jugeait à propos de partir en guerre contre le Transvaal, le gouvernement anglais, désireux de temporiser pour gagner le moment de la séparation des Chambres, trouvait encore des paroles pacifiques.

A Pretoria, le président Krüger, mettant ses promesses en action, présentait au Volksraad, le 13 juin, un texte de loi contenant toutes les propositions faites à sir Milner. En agissant ainsi, il restait fidèle à son caractère, et donnait satisfaction aux instances faites auprès de lui à la fois par les Afrikanders du Cap, désireux d'éviter le conflit, et par les Boërs de l'État libre d'Orange qui, décidés à prendre parti pour leurs frères du Transvaal, avaient de justes raisons de craindre la guerre plus encore que le président Krüger.

Le Volksraad, soucieux de sa responsabilité, ne voulut pas prendre de décision sans consulter les Burghers. Le résultat de la consultation pouvait être prévu d'avance; les Boërs, dans leur ensemble, surtout le parti des jeunes Boërs, tout en approuvant les propositions du président Krüger, déclarèrent qu'on ne saurait aller plus loin dans la voie des concessions. Il y avait là une indication pour l'Angleterre, et cette manifestation de l'opinion boër, peu sujette aux variations, aurait dû préciser la limite des exigences anglaises.

D'un autre côté, l'élément afrikander du Cap se tournait de plus en plus vers le Transvaal, donnant tous les motifs de craindre, en cas de guerre, l'explosion de graves difficultés dans la colonie.

Mais aucun fait, si important fût-il, ne semblait plus de nature à arrêter le gouvernement anglais.

L'opinion du ministre des colonies paraissait arrêtée. En présence de la lutte de la race hollandaise contre les Anglo-Saxons dans l'Afrique australe, c'était une nécessité *impériale* de faire disparaître les deux foyers autour desquels se ralliaient les Afrikanders. Le Transvaal et l'État libre étaient de trop. La fusion des races ne pouvant s'opérer qu'après la disparition de ces deux états, celle-ci devait être obtenue d'une manière ou d'une autre. Si la diplomatie n'amenait pas la soumission définitive des Boërs, la guerre devrait y pourvoir.

Les négociations continuèrent; mais, des deux côtés, les préparatifs militaires reprenaient avec activité. On annonçait d'Angleterre l'envoi de 50.000 hommes, et, dans les deux républiques, on se préparait à tout événement.

Une nouvelle tentative fut cependant faite en faveur de la paix.

Le 1er juillet, deux ministres transvaaliens se rencontraient à Blœmfontein avec MM. Hofmeyr et Herholdt, les chefs afrikanders du Cap, tandis que M. Fischer, membre du conseil exécutif d'Orange, se rendait à Pretoria auprès du président Krüger.

De ces conférences sortit la nouvelle que les concessions du Transvaal allaient être augmentées, et une sérieuse détente se produisit lorsqu'on apprit, au milieu de juillet, le vote par le Volksraad des propositions qui lui avaient été précédemment soumises et qui étaient amendées de manière à abaisser à sept années, avec effet rétroactif, le délai de séjour nécessaire pour obtenir la nationalité boër.

L'accalmie ne dura pas. On trouva bientôt en Angleterre que les concessions faites par le président Krüger étaient peu claires et d'ailleurs insuffisantes, et la campagne de presse recommença.

Le 28 juillet, à la tribune anglaise, retentissaient les dis-

cours alarmants de lord Salisbury et de M. Chamberlain. Ce
dernier émettait la prétention de constituer une commission
anglo-boër pour examiner la loi votée par le Volksraad.
C'était une intrusion de l'Angleterre dans les affaires intérieures de la République et le Transvaal ne pouvait accepter
une pareille condition, interdite d'ailleurs par les traités
existants.

Cette proposition fut présentée, le 2 août, au gouvernement
transvaalien. C'était l'acculer à un refus pur et simple. Mais,
tout en refusant, le président Krüger se déclarait, le 19 août,
prêt à accepter les propositions formulées à Bloemfontein par
sir A. Milner, c'est-à-dire la franchise électorale au bout de
cinq ans et huit sièges au Raad, à la condition qu'il ne fût plus
question de la suzeraineté anglaise.

Une telle preuve de condescendance, donnée en faveur de
la paix, aurait dû clore l'ère des difficultés. Mais le Parlement
britannique venait d'entrer en vacances, laissant M. Chamberlain sans contrôle. Les événements paraissaient devoir se
précipiter.

Le 8 septembre, contrairement aux coutumes observées en
l'absence du Parlement, un conseil de cabinet était tenu à
Londres et une nouvelle note envoyée au Transvaal.

On sommait la République sud-africaine d'accorder aux
uitlanders, sans conditions, la franchise électorale au bout de
cinq ans, et le quart du nombre des sièges du Raad.

Or, la première concession avait été, comme on l'a vu,
offerte, le 19 août, par le président Krüger, et celui-ci, en
consentant à accorder aux uitlanders dix sièges des Raads, ac-
cédait en définitive aux demandes anglaises.

On exigeait en outre l'égalité des citoyens de race hollandaise et anglaise dans les Raads, notamment au point de vue
de l'usage de la langue anglaise.

Le président Krüger, dans sa réponse du 17 septembre,
s'en tint à sa note du 19 août. Les exigences anglaises étaient
acceptées, mais toujours à la condition que l'Angleterre re-
noncerait à sa prétention de suzeraineté et s'engagerait à ne
plus intervenir dans les affaires intérieures de la République.

Il y avait donc une restriction dans l'acceptation. Le Transvaal refusait de se soumettre.

A cette réponse de la République sud-africaine, M. Chamberlain répondit, le 22 septembre, par un télégramme adressé
à sir A. Milner, dans lequel, tout en protestant de son désir de
ne pas gêner l'indépendance du Transvaal, il se déclarait
résolu à s'opposer à la prétention de la République d'être
considérée comme un État souverain international. Après
avoir insisté sur l'étendue de la franchise à accorder aux
uitlanders, il ajoutait : « Le gouvernement de Sa Majesté est
donc obligé de reprendre, sur nouveaux frais, l'examen de la
question et de formuler ses propres résolutions pour un
règlement définitif de la situation qui a été créée dans le sud
de l'Afrique par la politique dans laquelle a persisté pendant
un grand nombre d'années le gouvernement de la République
sud-africaine. Le gouvernement vous communiquera le résultat de ses délibérations dans une dépêche ultérieure. »

En attendant la réunion du conseil de cabinet convoqué pour
le 29 septembre, en vue de formuler le dernier mot des exigences anglaises, les Afrikanders, dans toute l'Afrique du sud,
prenaient résolument parti pour leurs frères du Transvaal,
donnant à l'Angleterre toutes les raisons de craindre, comme
jadis en Amérique, un soulèvement général de la colonie.

En même temps le Volksraad de l'État libre d'Orange adoptait
le 21 septembre, à l'unanimité, la décision de soutenir le
Transvaal.

L'opinion anglaise avait cru jusqu'au dernier moment pouvoir se faire illusion sur l'attitude de l'État libre. Aussi cette
décision donna-t-elle à certains journaux l'occasion de pousser
des cris d'alarme sur l'imprévoyance de la politique de
M. Chamberlain et de formuler des doutes sur la bonne
organisation de l'armée anglaise (1).

---

(1) Le *Temps* signala au mois d'août une répercussion inattendue produite en
Angleterre par les événements du Transvaal :

« L'agitation des uitlanders au Transvaal a son contre-coup sur la situation des
étrangers en Angleterre, notamment à Manchester, où la communauté israélite
est très nombreuse :

« Il existe 35.000 étrangers à Manchester, a déclaré un israélite influent à un

On était à ce moment entièrement fixé, à Londres, sur les éventualités possbiles.

Elles parurent redoutables. Le conseil de cabinet du 29 septembre, désireux d'attendre la réponse du Transvaal à la dépêche du 22 septembre, décida de remettre ses décisions à un prochain conseil fixé au 3 octobre.

Ce conseil ne fut pas tenu. On avait de bonnes raisons de temporiser. Les préparatifs continuèrent et, le 7 octobre, dans un conseil privé tenu à Balmoral, la reine signait l'appel des réserves et donnait son consentement à la convocation du parlement pour le 17 octobre.

Dès que ces graves nouvelles lui parvinrent, le président Krüger, désireux, à bon droit, de s'assurer à l'égard des Anglais de l'offensive stratégique, adressa, à la date du 9 octobre, au gouvernement britannique un ultimatum dans lequel il demandait :

a) Que tous les points du différend mutuel soient réglés par le moyen d'un arbitrage amical ou par tout autre moyen amiable qui pourrait être fixé d'accord entre le gouvernement boër et le gouvernement de Sa Majesté ;

b) Que les troupes qui se trouvent sur la frontière de cette République soient retirées immédiatement ;

c) Que tous les renforts de troupes qui sont arrivés dans le sud

---

» reporter du *Manchester Guardian*. Fort peu d'entre eux peuvent se faire natu-
» raliser à cause des droits excessifs exigés par le fisc. En 1885, le gouverne-
» ment libéral a abaissé ces droits de 5 à 1 livre sterling ; mais le parti tory, en
» revenant au pouvoir, a remis en vigueur le chiffre ancien de 5 livres sterling,
» qui, avec les autres frais, monte actuellement à 8 et même 10 livres sterling. Au
» Transvaal, ce droit n'est que de 2 livres sterling.
» Ajoutez à cela que l'uitlander est uniquement allé au Transvaal pour faire sa
» « pile d'écus » avec l'espoir de retourner un jour en Europe, tandis que les
» uitlanders d'ici sont, la plupart, fixés en Angleterre sans esprit de retour.
» Nous payons des taxes et des droits, partant nous devons avoir voix au cha-
» pitre. En ce qui concerne l'instruction de nos enfants, non seulement nous devons
» pourvoir aux frais de leur instruction religieuse, mais nous devons encore
» payer une lourde taxe pour les écoles publiques anglaises, c'est-à-dire que nous
» devons contribuer aux frais de l'instruction religieuse des enfants des autres. »
» Le *Guardian* ajoute que les israélites tiendront un grand meeting à Manchester
au mois d'octobre où ils soumettront leur demande au gouvernement. Étant
donné tout l'intérêt que le gouvernement a témoigné aux uitlanders du Transvaal,
les israélites de Manchester espèrent qu'il ne fera pas la sourde oreille aux griefs
des uitlanders en Angleterre. »

de l'Afrique depuis le 1er juin 1899 soient retirés du sud de l'Afrique dans une limite de temps raisonnable, à fixer d'accord entre les deux gouvernements, et avec assurance et garantie de la part du gouvernement du Transvaal qu'aucune attaque ou hostilité ne seront dirigées contre une portion quelconque des possessions du gouvernement britannique par la République au cours des futures négociations, dans une période qui sera fixée ultérieurement entre les deux gouvernements.

Le gouvernement du Transvaal, en conformité de cet accord, sera préparé à retirer des frontières les burghers, arrivés de la République ;

d) Que les troupes de Sa Majesté, qui sont en ce moment en route par mer, ne seront débarquées en aucune partie du sud de l'Afrique.

En même temps, il fixait au 11 octobre, à 5 heures du soir, la date à laquelle la non-réception d'une réponse affirmative serait considérée comme équivalant à une déclaration de guerre. Le 10 octobre, le gouvernement anglais donnait l'ordre à sir A. Milner de communiquer au Transvaal la réponse suivante :

Le gouvernement de Sa Majesté a reçu avec un grand regret les demandes péremptoires du gouvernement de la République sud-africaine transmises par votre télégramme du 9 octobre.

Vous informerez le gouvernement de la République sud-africaine, en réponse, que les conditions posées par le gouvernement de la République sud-africaine sont telles que le gouvernement de Sa Majesté juge impossible de les discuter.

Deux jours après, les Boërs entraient en campagne. La politique anglaise les avait convaincus de la nécessité de prévenir leurs adversaires.

*
* *

En Angleterre, l'opinion publique, savamment travaillée, se livrait déjà à des manifestations chauvines que la foule exagérait, tandis que les esprits vraiment éclairés ne cessaient de signaler l'erreur qu'allait commettre le Royaume-Uni en essayant de créer une nouvelle Irlande dans l'Afrique du sud.

Après les chefs du parti libéral et plusieurs membres indépendants du Parlement, des hommes éminents de la presse, crurent devoir dénoncer les dessous de cette guerre chère à M. Chamberlain et qui n'avait pas d'autre but que de permettre à la Chartered de-faire à la face du monde une *faillite honorable*. L'opinion publique elle-même, surtout en province, faisait sérieusement ses réserves.

Liverpool, la ville du coton, paraissait se désintéresser du conflit qui ne touchait pas à son commerce tout spécial. On y était d'autant plus à l'aise pour critiquer sévèrement la politique du gouvernement.

A Manchester, à Leeds, et dans nombre d'autres villes, les protestations furent plus vigoureuses. Mais le peuple de Londres paraissait définitivement acquis aux idées de M. Chamberlain, le héros du jour, et manifestait son ardeur belliqueuse dans de bruyants meetings.

A l'étranger, la politique anglaise était partout désapprouvée. Les Hollandais poussaient leur reine à faire, auprès de l'empereur d'Allemagne, une démarche en faveur de leurs frères d'Afrique.

Ailleurs, les gouvernements se réservaient, observant les événements. Aux États-Unis, on refusait toute intervention malgré une vigoureuse poussée de l'opinion, contraire à l'*étranglement* du Transvaal.

Dans les colonies anglaises on était, suivant les latitudes et les races, plus ou moins chaud pour la guerre.

Tandis qu'on se préparait à expédier de l'Inde des renforts encore estimés trop nombreux, par crainte des concentrations russes signalées en Turkestan, les communautés australiennes faisaient des offres de troupes, acceptées avec empressement par le gouvernement britannique.

Au Canada, malgré les invitations du parti conservateur, le gouvernement de sir Wilfrid Laurier se réservait encore au sujet de la formation d'un corps de volontaires canadiens.

De divers points du globe arrivaient à Londres des expressions de loyalisme confondues avec les nouvelles des immenses préparatifs de guerre faits par l'Angleterre.

De Malte, de Gibraltar, on signalait des envois de troupes ;
d'Italie et de la Nouvelle-Orléans, des achats considérables de
mulets ; à Chicago, on demandait des chevaux ; à diverses
usines américaines, on commandait des wagons pour renforcer le matériel des lignes sud-africaines. Enfin, on rappelait sur toutes les lignes commerciales les steamers affrétés
par le gouvernement pour le transport des troupes et du matériel.

⁎

Il en fallait plus d'une centaine pour contenir le personnel et les approvisionnements de l'armée que l'Angleterre
avait décidé de mobiliser dès le début de la guerre.

Au 1er mai 1899, les troupes anglaises détachées dans l'Afrique du Sud comprenaient :

6 bataillons et demi d'infanterie ;

2 régiments de cavalerie ;

4 batteries plus 2 compagnies d'artillerie de place ;

1 compagnie du génie ;

Des services auxiliaires.

Soit environ 8.300 hommes.

Dès le mois de juillet on admettait, en Angleterre, le renforcement de cette petite armée. Au mois d'août, on expédiait au
Cap : 2 bataillons d'infanterie et 3 compagnies du génie ; puis,
au mois de septembre, on y envoyait 4 bataillons d'infanterie
provenant chacun d'Angleterre, de Malte, de Crète et d'Egypte,
et 3 batteries. On appelait au même instant, de l'Inde au Natal,
4 bataillons, 3 régiments de cavalerie et 3 batteries. Peu
après, de nouveaux renforts portaient l'ensemble des troupes
britanniques combattantes, présentes dans l'Afrique australe
à la fin d'octobre, à :

16 bataillons et demi d'infanterie et une brigade navale ;

5 régiments de cavalerie ;

12 batteries ;

5 compagnies du génie.

Ces forces ne constituaient qu'un premier échelon. Dès la fin de septembre, le gouvernement anglais décidait l'envoi au Cap de tout un corps d'armée, et donnait le commandement en chef à sir Redvers Buller avec, pour chef d'état-major général, le général sir Archibald Hunter. Déjà, au commencement d'octobre, sir George White avait pris le commandement des troupes du Natal, destinées, suivant toutes probabilités, à recevoir le premier choc des Boërs (1).

La mobilisation, ordonnée le 29 septembre, fut consacrée par l'*Army Order* du 7 octobre. L'Angleterre mettait à la disposition de sir Buller 3 divisions d'infanterie et 1 division de cavalerie formant un total de 47.000 hommes — dont 9.000 pour les lignes d'étapes — 11.000 chevaux, 14.000 à 15.000 mulets, près de 3.000 voitures et 114 pièces. Ces forces constituaient :

32 bataillons d'infanterie ;

8 régiments de cavalerie ;

19 batteries dont 4 à cheval ;

8 compagnies du génie et services auxiliaires.

Ces unités étaient ainsi réparties, dans le principe, en ce qui concerne les *Field forces* ou troupes de campagne proprement dites :

1re *division :* Général-lieutenant lord Methuen.

Brigade de la garde : Général-major sir Colville.

Brigade anglaise : Général-major Hildyard.

2e *division :* Général-major sir C. F. Cléry.

Brigade de Highlanders : Général-major Wauchope.

Brigade de tirailleurs : Général-major Lyttelton.

3e *division :* Général-major sir W. F. Gatacre.

Brigade irlandaise : Général-major Fitz Roy Hart.

Brigade de fusiliers : Général-major Barton.

A chaque division comprenant 4 bataillons par brigade étaient rattachées 3 batteries divisionnaires, 1 compagnie d'infanterie montée et 1 compagnie du génie.

---

(1) Voir les excellents articles publiés sur « la Guerre au Transvaal » par la *France militaire* depuis le début de la campagne.

Division de cavalerie : Général-lieutenant J. D. P. French.

1ʳᵉ brigade (3 régiments) : Général-major Babington.

2ᵉ brigade (3 régiments) : Général-major Brabazon.

Ce corps d'armée fut encore renforcé au commencement de novembre par 3 bataillons et 1 batterie, soit environ 3.000 hommes. Avec les 24.000 hommes de troupes anglaises qui se trouvaient déjà dans le sud de l'Afrique et qui fournissaient au Natal une quatrième division de troupes de campagne on atteignait ainsi pour l'ensemble des forces, vers le 1ᵉʳ décembre, un chiffre d'environ 75.000 hommes.

Il faut y ajouter : la Naval Brigade de l'escadre du Cap (1.100 hommes) fournissant des détachements aux trois groupements de forces britanniques constitués en face des Boërs à la fin de novembre;

Les forces de police de la colonie du Cap et de Natal;

Les formations diverses de volontaires de la colonie;

Les détachements offerts par les autres colonies britanniques : lanciers de la Nouvelle-Galles du Sud, volontaires de Victoria et de l'Australie, de la Nouvelle-Zélande, du Canada, etc.

L'ensemble de ces forces s'élevait à environ 92.000 hommes, présents dans l'Afrique australe au 10 décembre ou bien près d'y arriver, dont 17.000 hommes environ de Local Forces et de contingents coloniaux.

Ce formidable effort, le plus considérable dans l'histoire britannique, avait nécessité l'épuisement complet de l'armée anglaise métropolitaine, vers laquelle on avait fait refluer tous les détachements coloniaux dont on avait pu disposer. L'armée active avait fourni à sir R. Buller près de 29.000 hommes; l'appel des réserves du 17 octobre avait donné environ 25.000 hommes et on avait dû ordonner aussitôt un appel de la milice, puis des volontaires pour combler les vides dans les garnisons de la métropole et occuper les stations de la Méditerranée.

Malgré les difficultés de la mobilisation et grâce aux efforts demandés aux compagnies de chemins de fer, l'embarquement des troupes s'exécuta rapidement. Les cent quinze transports affrétés commencèrent dès le 20 octobre à quitter les ports anglais; à la fin de novembre toutes les troupes du général Buller, avec les divers services, étaient débarquées dans l'Afrique australe.

Mais à ce moment de nombreux revers étaient déjà survenus. Le général en chef, obligé par les circonstances d'opérer la dislocation de ses forces dans trois directions différentes, provoquait l'envoi au Cap d'une 5e division composée, sous le commandement de sir Charles Warren, de deux brigades de 4 bataillons (colonels Woodgate et Coke), d'un régiment de hussards, de 3 batteries, d'une compagnie du génie et de services auxiliaires : soit environ 11.500 hommes.

On décidait en même temps l'envoi d'un parc de siège de 30 pièces (environ 1.200 hommes), ce qui portait à près de 13.000 hommes le chiffre des renforts, et l'on parlait déjà de former une 6e et même une 7e et une 8e division.

L'envoi de la 5e division devait porter à près de 105.000 hommes l'effectif, au 1er janvier 1900, de l'armée anglaise de l'Afrique du sud.

* *
*

Pendant que s'effectuaient, en Angleterre, la mobilisation et l'embarquement des troupes, au milieu d'une nation travaillée par la presse, trompée souvent par des nouvelles tendancieuses, énervée par l'attente des résultats et par le blâme presque unanime de la presse étrangère, la diplomatie ne restait pas inactive.

Depuis le mois de septembre, la visite de l'Empereur d'Allemagne à la cour d'Angleterre, annoncée dans les journaux allemands pour le mois de novembre, avait provoqué dans tout l'empire une opposition qui donnait la mesure des sentiments peu amicaux de la population à l'égard des Anglais. Il fallut, pour motiver cette visite, trouver des motifs de famille dont la convenance ne réussit guère à convaincre l'opinion. En réalité, l'Empereur, peu habitué à se laisser influencer par l'opinion populaire, méditait déjà sur une ligne de conduite capable de lui assurer les bénéfices d'une neutralité coûteuse

pour l'Angleterre en même temps que l'avantage des apparences de relations cordiales avec la Russie et avec la France.

Les intérêts allemands furent seuls pris en considération.
Depuis longtemps le télégramme adressé au président Kruger
après l'attentat de Jameson avait été oublié, et il n'apparut pas
que la visite des reines de Hollande à Berlin, peu après l'ultimatum du Transvaal, ait révélé, de la part de Guillaume II,
autre chose que de bonnes intentions.

Cette politique utilitaire, si bien comprise en Angleterre
même, où le sentiment ne joue son rôle que dans les moments
d'embarras ou d'inaction, se traduisit assez brusquement le
matin même de la visite à Berlin de la famille impériale de
Russie, par la publication du traité anglo-allemand réglant la
situation des deux pays aux îles Samoa et au Togoland. En
réalité, ce ne fut là qu'un succès d'apparence pour la diplomatie allemande. A Samoa, les situations respectives étaient
délimitées et l'Allemagne n'avait pas à se plaindre de son lot;
mais au Togoland les avantages de la convention allaient à
l'Angleterre.

La publication de ce traité survenant au moment de l'entrevue des deux empereurs fut diversement interprétée : les uns
la considérèrent comme une faute, d'autres comme un coup
de maître de la diplomatie de M. de Bulow. Ses résultats furent
peu appréciables.

Peu de jours après, Guillaume II se rendait à la cour anglaise. Toutes les précautions furent prises pour donner à
cette visite le caractère intime d'une entrevue de famille; et
malgré les tentatives faites par quelques personnages britanniques pour donner à l'Empereur l'occasion de manifester ses
vues, le voyage s'effectua sans que la diplomatie allemande ait
été dévoilée ou compromise. Même au retour, lors du passage
par la Hollande, il ne transpira de la visite rendue aux deux
reines que de vagues récits relatifs à des projets matrimo-
niaux : toute occasion nouvelle de manifester aux Boërs une
réelle et effective sympathie et de donner aux Hollandais une
satisfaction désirée fut soigneusement écartée.

Décidément les intérêts allemands étaient bien gardés et les allures mystérieuses de la politique germanique faisaient contraste avec le nouveau jeu diplomatique inauguré par M. Chamberlain.

On signala cependant une combinaison économique et politique à la fois, dont le Portugal devait faire tous les frais. Il s'agissait de la construction d'une voie ferrée partant du Transvaal, traversant la Rhodesia et l'Ouest Africain allemand et venant aboutir en un point — on a cité la baie des Tigres — de la province de Mossamédès. On vit dans ce projet, et peut-être à tort, l'intention de l'Allemagne non seulement de mettre en valeur des territoires délaissés, mais aussi d'empiéter sur le voisin portugais, possesseur d'une contrée réputée pour ses mines.

Ce fut là une des nouvelles les plus positives jetées en pâture à l'opinion après l'entrevue de Guillaume II et de M. Chamberlain. Il y fut cependant question d'autres éventualités; et lorsque, peu de jours après, le ministre anglais des colonies lança, dans son discours de Leicester, son appel en faveur d'une alliance entre l'Angleterre, l'Allemagne et les États-Unis, il apparut à bon nombre d'esprits réfléchis que les conversations tenues en Angleterre par l'Empereur allemand avaient pu faire naître chez certains hommes d'État britannique de trop longs espoirs et de trop vastes pensées.

Ce discours souleva des tempêtes dans la presse des deux mondes. Il n'était pas besoin de tant de paroles pour faire constater une fois de plus l'habileté pratique de la politique allemande, le désir des Anglais de maintenir, même en la payant d'un bon prix, la neutralité de l'Empereur et la volonté bien arrêtée à Berlin de faire payer cette neutralité le plus cher possible.

La Russie, de son côté, paraissait pratiquer les mêmes sentiments. Ses intérêts en Chine et sur les frontières de l'Inde, où elle concentrait des troupes, semblaient l'occuper exclusivement et, malgré la poussée de l'opinion en faveur des Boërs, cette guerre n'avait l'air de l'intéresser qu'au point de vue de sa lointaine répercussion sur les choses d'Europe et d'Asie.

L'Espagne, peu aimée des Anglais depuis la guerre américaine, s'appliquait à panser ses blessures et à porter remède à sa fièvre intérieure : l'Italie, toujours inquiète, cherchait toujours sa voie; l'Autriche, préludant à une décomposition plus complète par des déchirements intérieurs, ne songeait plus qu'à apaiser la tempête des partis, tous les jours plus violente; la Hollande, faible et impuissante, ne pouvait, malgré ses désirs, qu'émettre des vœux et formuler des souhaits.

Même aux États-Unis, qui avaient paru dès le début être poussés vers l'Angleterre, l'opinion allemande et irlandaise imposait au gouvernement une réserve à laquelle ses embarras coloniaux n'étaient d'ailleurs point étrangers.

Quant à la France, elle réservait son opinion, interrogeait ses intérêts et préparait ses forces.

***

Les Boërs n'avaient donc pas à compter sur l'Europe, malgré la justice de leur cause, malgré les efforts patriotiques tentés auprès des gouvernements du continent par le docteur Leyds, le représentant éminent du Transvaal en Europe.

Ils pouvaient au moins compter sur leurs frères de l'Afrique australe. On a vu que l'appui de l'État libre d'Orange s'était offert longtemps avant le dernier conflit diplomatique. Au Natal la minorité afrikander ne ménageait pas ses sympathies, mais se trouvait obligée, par son infériorité numérique, d'attendre l'arrivée des troupes du Transvaal pour se joindre à elles. En attendant, là comme au Cap, les éléments d'information ne manquaient pas et le service des renseignements des deux républiques put constamment y trouver de précieuses indications.

Au Cap, les chefs du parti afrikander, MM. Schreiner, premier ministre, et Hofmeyr ne réussissaient plus, dès le mois d'octobre et malgré leur loyalisme, à retenir dans le devoir le parti hollandais. Tenus en suspicion par le parti anglais, leur autorité sur les Afrikanders paraissait diminuer chaque jour. Déjà à la fin d'octobre, après les défaites anglaises autour de Ladysmith, les fermiers boërs du Natal s'étaient joints en foule à l'armée du Transvaal, tandis que, tout autour des frontières de l'État d'Orange, les défections se multipliaient. A ce moment le général Joubert, qui allait recevoir le concours des talents militaires du colonel de Villebois-Mareuil, pouvait écrire en Europe que les deux républiques disposaient de 50.000 hommes et qu'il n'était pas nécessaire de compter sur un soulèvement des Afrikanders : sur ce chiffre, les fermiers insurgés contre l'Angleterre comptaient déjà pour un nombre important. Ce nombre s'accrut encore dans le courant des mois suivants et, vers la fin de novembre, les Anglais se virent obligés de prendre de sérieuses précautions contre l'insurrection afrikander. Dans toute la région au sud du fleuve Orange, et notamment autour de Stormberg et de Naauwport, les forces des généraux French et Gatacre étaient tenues en échec et un nombre considérable de Cafres, plus de dix mille, a-t-on dit, étaient employés à maintenir la sécurité des voies ferrées. C'était là une intervention déguisée de l'élément noir dans le conflit, intervention également redoutée par les deux partis surtout en ce qui concernait la grande et belliqueuse nation des Basoutos déjà sollicitée par les Anglais.

Ce n'était pas trop de toute une armée pour maintenir intactes les voies de communication et l'on y consacra dès le mois de novembre des effectifs considérables qui réduisirent d'autant le chiffre des forces anglaises à opposer aux Boërs.

Ceux-ci, au contraire, maîtres de leurs lignes d'opérations établies sur leur territoire dans trois directions différentes, pouvaient porter en face de l'envahisseur la presque totalité de leurs forces. Les deux républiques, mettant sur pied tous les hommes valides de 16 à 60 ans, avaient pu réunir dès le milieu d'octobre près de 40.000 hommes y compris un corps allemand et des compagnies d'Irlandais et de Suédois. En ajoutant à ce chiffre l'appoint fourni par les volontaires du Cap, du Natal et de plusieurs pays d'Europe, on atteignait au mois de novembre l'effectif cité plus haut d'environ 50.000 combattants réellement disponibles pour les opérations de campagne. Celles-ci, conduites par les Anglais dans un pays fort difficile, avec des troupes braves, il est vrai, mais habituées à une vie confortable exigeant de nombreux convois, devaient nécessairement demander, pour aboutir à un résultat favorable, un temps très long et des forces considérables.

* *

Pour venir à bout de 50.000 hommes braves, habiles au tir, formant des troupes d'une mobilité remarquable et combattant dans une région difficile, il est nécessaire, à toute époque et en tout pays, de disposer d'un effectif au moins double. C'est donc 100.000 Anglais qu'il fallait mettre en première ligne, tandis que la garde des lignes d'opérations et des garnisons devait exiger, même en pays à peu près tranquille, environ 30.000 hommes. Mais si l'on ajoute, aux difficultés à vaincre, celles qui peuvent résulter de l'insurrection d'au moins 40.000 insurgés afrikanders dispersés sur un immense territoire, coupant partout routes et voies ferrées, inquiétant les garnisons et les troupes d'étapes, et risquant d'affamer les troupes de campagne, ce n'est plus 30.000 hommes mais bien 80 à 100.000 Anglais qu'il aurait fallu mettre en ligne pour permettre aux opérations de première ligne de prendre tout leur développement. On était donc en droit d'évaluer à près de 200.000 hommes l'effectif nécessaire pour entamer cette guerre dans le cas probable où l'insurrection prendrait une grande extension parmi les Afrikanders (1). On pouvait prévoir cette insurrection dès la fin de novembre : un mois plus tard elle éclatait un peu partout, et l'Angleterre s'acheminait malgré elle, en envoyant ses troupes par paquets successifs, vers l'effort militaire devenu indispensable à son prestige.

---

(1) Vers le 20 novembre le gouvernement anglais notifiait aux cabinets européens que l'état de guerre existait avec le Transvaal et l'Orange depuis le 11 octobre. L'Angleterre reconnaissait donc les Boërs comme belligérants et par suite le Transvaal comme un pays indépendant. Que devient alors la souveraineté britannique qui fut la cause effective, sinon avouée, de la guerre ?

[*]

Le délai fixé par l'ultimatum du Transvaal expirait le 11 octobre à 5 heures du soir. Le même jour, les troupes des deux républiques se dirigeaient vers les frontières, tandis qu'à l'intérieur du pays la mobilisation, mettant sur pied toute la population mâle et même des femmes et des enfants, se poursuivait activement. Le 12, les Boërs occupaient le défilé de Laing's Neek et passaient les frontières à l'est et à l'ouest.

C'est vers le Natal que le général Joubert, instruit par le passé, décida de porter son principal effort. Il y avait déjà là quelques rassemblements de troupes anglaises dont le général White venait de prendre le commandement et dont l'effectif, renforcé par une brigade des troupes des Indes, allait bientôt atteindre environ 15.000 hommes, y compris quelques corps irréguliers. Les Boërs leur donnèrent le temps de prendre l'offensive. Le général White concentrait environ 12.000 hommes à Ladysmith, bifurcation importante des lignes de l'Orange et du Transvaal, et poussait en avant, avec les généraux Simons et Yule, une forte avant-garde qui recueillait sur la ligne Glencoe-Dundee, le 18 octobre, la garnison de Newcastle. Le même jour, les Boërs de l'Orange, traversant le massif du Drakensberg, attaquaient les postes avancés du général White à Besters et à Acton-Homes. Les Boërs dessinaient donc deux offensives convergeant sur Ladysmith. Il eût été naturel, pour le général anglais, de chercher à se débarrasser, en opérant par la ligne intérieure, de l'attaque venue de l'ouest et de se porter ensuite vers l'attaque du nord. Il y songea peut-être, mais on ne lui laissa pas le temps de l'exécution. Le 20 octobre, les Transvaaliens attaquaient Glencoe, mais étaient repoussés par le général Simons, qui était mortellement blessé. C'était un succès tactique: mais l'attaque des Boërs masquait un vaste mouvement tournant qui les amenait le lendemain devant Elandslaagte, où ils trouvèrent le général White accouru en toute hâte pour secourir son lieutenant. Les Boërs, encore peu nombreux, furent repoussés, tout en infligeant aux Anglais de fortes pertes, surtout en officiers.

Pendant ce temps, le général Yule, qui avait pris le commandement à Glencoe, se retirait sur Dundee. Menacé par des forces supérieures, il dut, le 22, pour éviter d'être coupé de sa base, abandonner ses blessés et ses bagages et effectuer une retraite rapide sur Ladysmith en faisant, par un temps affreux, un large détour vers l'est. Ses troupes étaient sauvées, grâce à un nouveau et sanglant combat livré par le général White à Rietfontein, le 24 octobre; mais elles n'arrivaient à Ladysmith que le 26 octobre, épuisées et incapables, pour plusieurs jours, d'un effort sérieux.

Pendant ce temps, les Orangistes avaient continué, malgré quelques engagements, leur mouvement au sud de Ladysmith. Le général White, obligé pour recueillir son avant-garde de porter ses efforts vers le nord, contre l'ennemi le plus pressant, se laissait investir vers le sud et couper de sa ligne de communication.

Le 30 octobre, le cercle d'investissement se resserrant de plus en plus, il rassemble ses forces et tente vers le nord une sortie qui aboutit au désastre de Nicholson's Neck où deux bataillons et une batterie capitulent en rase campagne.

Le 31 octobre, Ladysmith était investi de toutes parts et les Boërs commençaient à dresser leurs batteries de siège.

Cette première entrée en contact avait coûté aux Anglais plus de 2.500 tués, blessés ou prisonniers et livré de nombreux trophées aux troupes républicaines.

Le 2 et le 3 novembre, les Anglais tentaient quelques sorties vers l'ouest et le nord, tandis que les Boërs complétaient l'investissement par l'occupation de Nelthorpe et de Pieter et poussaient un parti sur Colenso — qui était évacué à temps par les Anglais. Le général Wolf Murray recueillait et concentrait à Eastcourt toutes les troupes britanniques et se bornait à lancer en avant des reconnaissances en trains blindés très peu efficaces, tandis que les Boërs, sans trop se laisser absorber par le siège de Ladysmith, poussaient leurs partis successivement sur les lignes de la Bushman-River et de la

Mooï-River, en mettant hors de service les voies ferrées et en menaçant Pietermaritzburg.

De ce côté, les Anglais furent réduits à l'impuissance jusqu'à ce que, vers la fin de novembre, les renforts débarqués à Durban purent permettre une nouvelle offensive.

Sur les frontières occidentales, les Transvaaliens s'étaient, dès le 12 octobre, présentés devant Mafeking et, après quelques engagements, avaient coupé la voie ferrée au sud de la place, refoulé la garnison commandée par le colonel Baden Powel et assuré l'investissement par plusieurs combats livrés dans le courant d'octobre et plus tard, le 10 novembre, à Oléfantfontein.

Le 15, Kimberley était investi de la même façon, après l'arrivée de M. Cecil Rhodes désireux de se mesurer avec les Boërs à la tête d'une troupe levée et équipée à ses frais, pour défendre la *ville des Diamants*, où il avait commencé l'édification de sa fortune. Le colonel Kekewich y commandait les forces anglaises s'élevant à 3 ou 4.000 hommes.

De ce côté, les Boërs commencent par saisir Modder-River-Station et Spytfontein. Le 24 octobre et le 4 novembre, plusieurs engagements ont lieu autour de la ville qui se trouve cernée par environ 6.000 Boërs. A Kimberley comme à Mafeking, les Anglais continuent le jeu des reconnaissances en trains blindés, auxquels ils renoncent après plusieurs mésaventures qui démontrent le peu d'efficacité de ce procédé de guerre.

Dès la fin d'octobre, les Orangistes envahissent la colonie du Cap, au sud du fleuve Orange. Bientôt ils occupent Colesberg, Burghersdorp et Stormberg (26 novembre), provoquant dans toute la région le soulèvement des Afrikanders et poussant devant eux les garnisons anglaises.

Les nouvelles qui parviennent à Capetown, des rives de l'Orange et de Kimberley, sont telles qu'elles produisent une fâcheuse influence sur le général en chef et l'amènent à modifier son plan d'opérations primitif et à ordonner une nouvelle et imprévue répartition de ses troupes. Au fur et à mesure de l'arrivée des transports à Capetown, on dirige les troupes à la hâte et sans respecter l'ordre de bataille primitif sur trois théâtres d'opérations : au Natal, pour débloquer Ladysmith; dans la région Stormberg-Naawport, pour menacer Bloemfontein, et vers Kimberley, pour y secourir M. Cecil Rhodes.

Au Natal, le général Cléry prend le commandement d'environ 30.000 hommes, répartis en trois groupes, vers le 15 novembre : les troupes débarquées à Durban et dirigées aussitôt vers le nord-ouest, environ 13 à 14.000 hommes (brigades Hildyard et Barton, la moitié de la brigade Lyttelton, troupes divisionnaires et troupes d'étapes); les troupes qui se trouvent entre Pietermaritzburg et Eastcourt, 5 à 6.000 hommes, et les troupes de Ladysmith, 10 à 13.000 hommes.

Les 18 ou 20.000 hommes immédiatement disponibles pour débloquer Ladysmith sont concentrés, après quelques légers engagements, au camp de Frère, à peu de distance de Colenso, où les Boërs se retirent derrière la Tugela, organisant au nord de la rivière une forte position défensive et continuant le blocus de la place. Le général en chef sir Redvers Buller vient prendre la haute direction des troupes au commencement de décembre; elles sont alors réparties entre les brigades Hildyard, Hart, Lyttelton et Barton.

Du côté de Kimberley, lord Methuen, à la tête d'une colonne d'environ 12.000 hommes, a pour mission apparente de débloquer la ville des Diamants, de dégager M. Cecil Rhodes et, si les circonstances sont favorables, de pousser sur Bloemfontein. Il dispose d'une Naval Brigade, de la brigade de la garde (général Colville) et de la 9e brigade (colonel Pole Carrew).

Entre ces deux forces, les généraux Gatacre et French occupent, avec une dizaine de mille hommes, le premier le pays au sud de Stormberg, le second les environs de Naawport.

L'armée anglaise est ainsi répartie en trois théâtres d'opérations, sans liaison réelle entre les trois groupes de forces qui agiront isolément et se feront battre séparément.

Lord Methuen quitte Orange-River le 21 novembre, rejoint

les Boërs à Belmont, le 23, et les refoule péniblement vers le
nord en perdant 300 hommes. Le 25, à Enslin ou Graspan, les
Boërs lui mettent encore 200 hommes hors de combat. Le 28,
au passage de la Modder-River, lord Methuen perd encore
500 hommes, et il se trouve le lendemain en face des positions
de Spytfontein, fortement organisées par le général boër
Cronje. Obligé d'employer plusieurs bataillons pour garder sa
ligne d'opérations menacée par les commandos boërs qui, de
Jacobsdal, tentent des coups de main jusque vers Belmont, il
essaie cependant, les 10 et 11 décembre, à Maggersfontein,
l'attaque des positions boërs; mais il est repoussé après un
sanglant combat qui lui coûte 3.000 hommes et l'oblige à se
retirer sur Modder-River (1).

A la même date, le 10 décembre, le général Gatacre, ayant
tenté l'attaque de Stormberg, se laisse surprendre et est repoussé avec une perte d'environ 750 hommes, dont 650 prisonniers. Cette défaite provoque une nouvelle extension de la
rébellion des Afrikanders; et, tandis que les généraux Gatacre
et French se débattent au milieu de l'insurrection et cherchent
à tenir tête à l'invasion boër, on apprend le nouvel échec subi,
le 15 décembre, par le général Buller au passage de la Tugela.

Les renforts anglais débarqués à Durban à la fin de novembre s'étaient aussitôt portés sur Eastcourt, où le général Hildyard, surpris par l'offensive du général Joubert, avait été un

---

(1) Voici, d'après le correspondant du *Daily Mail* à De Aar, un aperçu du climat sud-africain au mois de novembre :

« Pour être parfaitement heureux, dit-il, dans la contrée qui s'étend du Cap au
Zambèze, il faudrait n'avoir pour tout costume, le jour, qu'une feuille de figuier
et, pendant la nuit, posséder toute la garde-robe fourrée d'un Lapon. Je me dé-
pouille pendant la journée de tout ce que la loi me permet, et je plante ma tente
à l'ombre; la nuit, je m'enveloppe d'une couverture de laine, de deux autres cou-
vertures ordinaires et d'une ample fourrure, et, malgré cela, j'ai le plaisir de
m'entendre claquer des dents jusqu'au lever du soleil.

» Au quartier général de De Aar, nous jouissons de ce qu'on appellerait commercialement un « complet assortiment » de températures. En vingt-quatre
heures, nous passons par tous les caprices possibles de l'atmosphère. Parfois,
nous en avons six variétés à la fois : sous un soleil éclatant souffle d'abord un
vent antarctique, puis survient un simoun soudanais qui nous apporte un nuage
de sable qui obscurcit le soleil et dessèche tout. A cela succède un orage tropical,
et. pour clore la journée, un éblouissant coucher de soleil comme aucun peintre
n'en saurait reproduire sur sa toile. »

moment bloqué. Après un léger combat, le 23 novembre, à
Willow Grange, le général Hildyard, renforcé par la brigade
Barton, occupait, le 26, la position de Frère, à 10 milles de
Colenso, poussant devant lui, en une retraite volontaire, les
quelque 20.000 hommes du général Joubert et du colonel de
Villebois-Mareuil, qui se retranchaient derrière la Tugela.

Le 28, les Anglais poussent jusqu'à Colenso, et, après avoir
constaté la force de la position ennemie, ils se retirent sur
Chieveley, où ils concentrent 20 à 25.000 hommes.

Les jours suivants se passent en reconnaissances et en tentatives pour entrer en communication avec Ladysmith, où
l'on exécute, les 8 et 11 décembre, deux petites sorties avec
quelque succès.

Le 15 décembre, le général Buller se décide à forcer le passage de la Tugela. Après avoir livré, l'avant-veille, un combat
d'artillerie pour essayer, mais en vain, d'obliger les Boërs à
démasquer leurs positions, il porte deux brigades (Hildyard à
droite, Hart à gauche) à l'attaque des deux gués de Colenso, la
brigade Lyttelton reliant ces deux offensives et la brigade
Barton restant en réserve.

Les deux attaques, peu préparées et mal éclairées, échouent
devant le feu des Boërs, qui essaient aussitôt de déborder la
droite anglaise. Le général Buller est alors obligé de se retirer
sur son camp de Chieveley, après avoir perdu 11 canons et
environ 3.000 hommes tués, blessés ou prisonniers.

*
* *

La nouvelle des défaites britanniques produisit partout une
émotion considérable. Dans toute l'Afrique australe, ce fut,
chez les Anglo-Saxons, un désappointement profond, dont fut
en partie victime le gouvernement de M. Schreiner. Les preuves de loyalisme qu'il fournissait chaque jour, peu appréciées
par le parti anglais, étaient sévèrement jugées par la masse
afrikander qui se détachait de plus en plus et entrait en rébellion tous les jours plus ouverte. Dans les provinces du Nord,
c'est par milliers que les Hollandais allaient rejoindre les

Boërs; à la fin de décembre, tandis que le général Buller était immobilisé sur la Tugela, que lord Methuen temporisait sur la Modder, les généraux Gatacre et French se voyaient contraints, dans la région de Stormberg-Naawport, de prendre de sérieuses mesures contre l'insurrection. Celle-ci gagnait tous les jours du terrain, et sir A. Milner pouvait commencer à entrevoir le moment où l'afrikandérisme, menacé par lui de destruction, allait lever le drapeau de l'indépendance.

La guerre allait exiger des efforts décisifs. On ne s'y trompa point en Angleterre, où la fête du Christmas fut célébrée avec quelque mélancolie. Des conseils de paix venaient du continent. On fut à peu près unanime, de l'autre côté du détroit, à ne pas s'y arrêter. La grande masse de l'opinion, peu atteinte d'ailleurs par les calamités d'une guerre qui n'éprouvait pour le moment que l'aristocratie, d'où sortaient les officiers, et la plèbe, qui fournissait les soldats, se déclarait prête à pousser la lutte jusqu'à la victoire définitive.

Ainsi soutenu, le gouvernement pouvait négliger toute opposition. Il ne pouvait cependant se soustraire aux embarras d'une situation que toute la richesse britannique ne suffisait pas à dénouer. Les dix millions de livres sterling votés en octobre avaient été rapidement épuisés et les calculateurs les plus optimistes n'évaluaient pas à moins de deux ou trois milliards la somme nécessaire pour continuer la lutte pendant quelques mois encore. Mais si les ressources ne manquaient pas, l'or immédiatement disponible se faisait rare sur la place de Londres. Il était cependant immédiatement nécessaire pour solder les dépenses engagées non seulement dans l'Afrique australe, mais dans le monde entier, partout où se poursuivaient les achats de matériel. La crise monétaire qui sévissait en Allemagne y empêchait toute exportation d'or.

Déjà on jetait les yeux sur la Russie et sur la Banque de France; et l'on rappelait avec complaisance qu'au mois de novembre 1890 celle-ci avait pu, sans trop se gêner, prêter son appui, sous la forme de 75 millions d'or, à la Banque d'Angleterre.

Mais ce qui manquait plus encore, c'étaient les soldats. L'armée active était épuisée; la réserve, la yeomanry, la milice ne pouvaient fournir que des éléments insuffisants; les enrôlements tentés à l'étranger se heurtaient à une désaffection générale. On dut, après Colenso, faire appel aux contingents coloniaux et, dans la métropole, aux engagements provoqués dans la catégorie des volontaires. Les souscriptions affluaient, mais non les hommes, et si la cité de Londres put mettre sur pied un corps d'un millier de volontaires, ce ne fut pas sans leur offrir une solde et des avantages peu ordinaires.

Les colonies offrirent quelques maigres corps de troupes. C'était, au Canada, un millier d'hommes, partout ailleurs de plus faibles contingents qui ne partaient point sans quelques protestations d'une partie de l'opinion. Il ne fallait point faire beaucoup de fond sur la persistance et l'intensité du sentiment impérialiste en dehors de la métropole et ce ne fut pas là un des moindres étonnements que l'on eut à enregistrer.

On se refusait à toucher à l'armée des Indes. Ce n'était pas trop de 65.000 Anglais pour garder cet empire bouillonnant. Que deviendraient-ils eux-mêmes en face de la moindre offensive russe? Ailleurs, aux Antilles, en certains autres points, on pouvait encore distraire quelques-uns des vingt-cinq bataillons échelonnés sur la ceinture du globe tandis que la milice irait remplacer dans la Méditerranée les bataillons dirigés sur le Cap. Ce n'étaient là que des expédients destinés à fournir des troupes mal amalgamées, d'une solidité contestable, et qui, là où la garde anglaise avait échoué, ne devaient point paraître capables de qualités plus grandes.

La 5e division (général Warren) avait débarqué en Natalie à partir du 20 décembre, avec des effectifs de guerre à peu près complets. La 6e division, placée sous les ordres du général Kelly-Kenny, s'embarquait du 15 au 31 décembre sans pouvoir atteindre son effectif de guerre. Une 7e division (général Tucker) se formait au même moment. Elle devait comprendre 10.300 hommes, 1.800 chevaux et 18 pièces, et l'on était obligé d'y faire entrer des hommes de la yeomanry et des volunteers. Mais on ne considérait pas ces deux catégories de soldats citoyens comme capables de fournir à bref délai, la première plus de 5.000 hommes, la seconde plus de 15 à 20.000 hommes vraiment utilisables.

Pour former la 8e division (général sir Leslie Rundle), on allait faire appel à ces mêmes éléments, mélangés avec des bataillons rappelés des colonies et remplacés par des troupes locales et des bataillons de milice.

Ces mesures, décidées dans leur principe lors du conseil de cabinet tenu à Londres le 16 décembre, au lendemain de la défaite de la Tugela, venaient s'ajouter à d'importantes décisions relatives au haut commandement des troupes de campagne.

Tout en conservant à sir Redvers Buller le commandement des troupes du Natal, on décidait de confier la direction des opérations au field-marschall lord Roberts of Candahar, commandant les troupes d'Irlande, et à lui adjoindre lord Kitchener comme chef d'état-major.

Lord Roberts s'embarquait à Southampton le 23 décembre, accompagné des vœux de l'Angleterre. A Gibraltar, il devait rencontrer lord Kitchener et élaborer avec lui, en cours de traversée, le plan de campagne réparateur. Il allait trouver dans l'Afrique australe, à son arrivée, les 105.000 hommes que nous avons déjà énumérés, augmentés, vers le 20 janvier, de l'effectif de la 6e division, mais diminués d'un effectif au moins égal de tués, blessés, prisonniers ou malades. A ces forces, comprenant, il est vrai, les troupes des villes bloquées et les troupes de communication, devaient s'ajouter dans le courant de février une quarantaine de mille hommes fournis par la 7e division, par divers contingents coloniaux et par des renforts expédiés d'Angleterre.

*
* *

La bataille de Colenso termine la première phase de la campagne. Une accalmie va se produire, précédant la deuxième phase des opérations, qui se terminera elle-même après Spion-kopje. A peine arrivé au Cap, lord Roberts aurait, paraît-il, imposé à ses lieutenants la temporisation en attendant le résultat des opérations que le général Buller allait entreprendre en Natalie. Sur la Modder, lord Methuen ne procède dès lors qu'à de petites opérations.

Le 31 décembre, le colonel Pilcher, qui garde sa ligne d'opérations, quitte Belmont avec 500 hommes, repousse les Boërs à Sunnyside, et entre, le 1er janvier, à Douglas qu'il ne tarde pas à évacuer. Quelques jours après, le général Babington, qui a déjà cherché à agir vers l'Ouest, pousse une reconnaissance sur Jacobsdal avec deux régiments de cavalerie (7e et 9e lanciers) et une batterie. Il est flanqué à droite par le colonel Pilcher et à gauche par le major Byrne. Le 10 janvier, il rentre au camp de la Modder sans avoir obtenu de résultat.

Le 16 janvier, nouvelle démonstration de lord Methuen contre la ligne de bataille des Boërs fortement retranchés sur la route de Kimberley. Tout se réduit à une canonnade.

Au sud du fleuve Orange, le général Gatacre occupe avec 5.000 hommes environ le camp de Sterkstrom. Il n'en sort, vers le 10 janvier, que pour détacher un millier d'hommes et deux batteries en reconnaissance sur Molteno.

Le général French, qui se trouve autour de Naawport avec 6.000 hommes et 3 batteries, repousse, le 15 décembre, une attaque dirigée sur ses avant-postes. Le 29, apprenant que Colesberg n'est occupé que par quelques Boërs, il marche sur Arundel, rejette un poste boër sur Rensburg et cherche à tourner Colesberg par l'ouest. Le 1er janvier, il attaque la ville, mais ne peut s'en emparer. Le 4, il essuie une attaque des Boërs, qui tentent de tourner sa droite. Le 6, le bataillon de Suffolk entame une attaque de nuit sur une position ennemie; il est repoussé avec une perte de 160 hommes.

Les Anglais sont réduits de ce côté à l'impuissance en attendant des renforts. Malgré l'occupation de Slingersfontein, le 9 janvier, le général French voit ses avant-postes attaqués par les Boërs les 13 et 15 janvier. Le 24 et le 25, il tente une attaque sur Plesses-Poort et ne peut que reconnaître la position ennemie. Nouvelle reconnaissance infructueuse le 30 janvier sur Rietfontein, où les Boers organisent une po-

sition défensive pour le cas où ils seraient forcés d'évacuer
Colesberg.

Pendant ce temps, lord Roberts concentre de grands approvisionnements à De Aar et Rosmead, et envoie la 6e division
(général Kelly Kenny) à Thébus, de manière à relier les généraux French et Gatacre. Il groupe de ce côté, vers la fin de
janvier, une vingtaine de mille hommes.

Vers la Rhodesia, le colonel Plumer a eu quelques engagements avec les postes boërs, à Sekwani le 23 novembre, et sur
la rivière Crocodile le 30 novembre.

A Mafeking, une sortie de la garnison, le 26 décembre, s'est
terminée par un sanglant insuccès.

A Kimberley, une petite sortie est tentée vers l'ouest le
22 décembre, et les 17, 23 et 26 janvier la place subit de violents bombardements qui causent à la garnison des pertes
sensibles.

C'est en Natalie qu'un effort décisif allait être tenté.

Tandis que la garnison de Ladysmith, en proie à la famine,
à la maladie et à la démoralisation, subissait toutes les initiatives des Boërs, le général Buller remettait en ordre, au camp
de Aiceveley, ses forces battues à Colenso.

Le 26 décembre, le général Warren, arrivé à Pietermaritzburg, lui amenait 8.000 hommes de la 5e division. Il groupait
alors l'ensemble de ses troupes, environ 30.000 hommes, en
deux divisions commandées par les généraux Cléry et Warren.

Le 6 janvier, pour soutenir une sortie tentée à Ladysmith, à
la suite de laquelle les Boërs attaquèrent Cesar-Camp et les
hauteurs de Wagon-Hill et infligèrent aux Anglais une perte
d'environ 500 hommes, la division Cléry fit une démonstration sur Colenso, mais ne tarda pas à se replier devant l'offensive esquissée par l'ennemi.

Le 11 janvier, ses préparatifs terminés, le général Buller se
décide à prendre l'offensive et à tenter un mouvement tournant vers l'ouest de Ladysmith. Il y emploie la division Warren, le général Cléry servant, avec les brigades Barton et
Lyttelton, de pivot de manœuvre. Lord Dundonald, avec l'infanterie montée et une batterie, forme une avant-garde qui se

saisit, le 11 janvier, des hauteurs de Zwartskop dominant le gué de Potgieters-Drift. Le lendemain, il passe la Tugela à Potgieters-Drift et pousse vers Acton-Homes. Derrière lui, le général Warren quitte le camp de Frère le 11, suivi par un immense convoi, et marche sur Springfield.

Le 16, il est à Tritchards-Drift, tandis que la brigade Lyttelton passe à Potgieters-Drift, et que la brigade Barton maintient les Boërs à Colenso.

Le 17, il franchit la Tugela avec les trois brigades Woodgate (brigade de Lancashire), Hart (brigade irlandaise) et Hildyard (brigade anglaise).

Sous la protection des pièces de marine placées à Zwartskop, la brigade Lyttelton progresse, le 18, sur la rive gauche, tandis que le passage s'achève et que lord Dundonald prononce son offensive vers l'ouest.

La position ennemie a son centre à Spionkopje, hauteur escarpée précédée par le plateau de Tabamyama, sur lequel les Boërs ont établi une avant-ligne.

Une première attaque est tentée sur cette avant-ligne, le 19 janvier, sans amener de résultat.

Le lendemain, la ligne anglaise, Woodgate à droite, Hart et Hildyard à gauche, Lyttelton au pivot, refoule péniblement, avec de fortes pertes, les postes boërs, et gagne trois milles au delà de la rivière. La journée du 21 est employée à repousser les Boërs sur leur position principale, qui est attaquée pendant les journées des 22 et 23. Le 24, à l'aube, l'assaillant prend pied sur le Spionkopje, où il se cramponne pendant une partie de la journée, mais qu'il est finalement obligé d'évacuer sous le feu et les attaques des Boers. Le 25 au matin, sir R. Buller donne l'ordre de la retraite au sud de la Tugela, sauf pour la brigade Lyttelton, qui est momentanément laissée sur ses positions.

Outre le général Woodgate, mortellement blessé sur le Spionkopje, l'opération a coûté aux Anglais environ 2 à 3.000 hommes tués, blessés ou prisonniers.

Les jours suivants, on se contente de mettre de l'ordre dans les unités et d'interdire aux Boërs toute tentative au sud de la Tugela.

*
* *

La deuxième phase des opérations s'achève donc, pour les Anglais, par un échec encore plus retentissant que celui de Colenso. Le sang-froid de l'opinion anglaise eut peine à y résister. Jusque-là la presse britannique avait su communi-quer à la nation sa remarquable discipline, qu'il se fût agi de répondre aux attaques de la presse étrangère ou de discuter les réparations dues pour les saisies des navires français, amé-ricains et allemands effectuées dans les eaux portugaises sous le soupçon de contrebande de guerre nécessaire à réprimer.

Les paroles énergiques de M. de Bülow, prononcées le 19 janvier à la tribune du Reichstag, précédant de peu de jours la défaite de Spionkopje, l'attitude tous les jours plus hostile de la presse européenne, l'action entamée par la Russie en Perse et en Chine, tout cela formait un faisceau de circon-stances qu'il était pénible d'enregistrer et que les quelques marques de sympathie recueillies aux États-Unis ne suffi-saient pas à contrebalancer.

L'opinion était émue profondément, mais elle se raidit dans son orgueil, et, une fois de plus, le sentiment public soutint la politique de M. Chamberlain.

Le Parlement était convoqué le 30 janvier. On s'attendait à des débats passionnés. Ils le furent, en effet, de la part de per-sonnalités brillantes de l'opposition ; mais celle-ci, profondé-ment divisée, ne réussit qu'à montrer son impuissance et à faire le jeu de M. Chamberlain. La partie la plus intéressante de ces discussions prolongées fut le duel oratoire qui s'enga-gea entre sir William Harcourt et le ministre des colonies et dans lequel on vit le gentilhomme libéral essayer, avec son esprit cultivé et vigoureux, avec son éloquence fine et pres-sante, de confondre l'ancien radical passé aux tories.

On espérait entendre évoquer avec des preuves positives les circonstances de l'équipée Jameson et le rôle joué par

M. Chamberlain. L'arme mise aux mains de l'opposition fut maniée sans vigueur et retomba sans force.

Plus instructive fut l'intervention de sir Charles Dilke qui amena les explications ou plutôt la défense du War Office, présentée par M. Wyndham, et qui jeta la lumière sur les intentions futures.

Après avoir envisagé l'effort accompli par l'Angleterre et défendu l'administration de la guerre, M. Wyndham annonçait l'acceptation des offres, faites à ce moment par les colonels, de 4.700 cavaliers et de 2.400 fantassins. Il déclarait en outre que vers le 25 février il y aurait 180.000 hommes et 410 canons en face des Boërs; enfin il évaluait les forces ennemies à 60.000 combattants possédant 110 pièces.

Ces assurances purent calmer l'opinion; elles ne parurent pas encore suffisantes à certaines personnalités militaires qui demandaient, sans trop savoir où l'on pourrait trouver des soldats, que les forces de l'armée d'opération fussent portées à 280.000 hommes, au moyen de deux levées de 50.000 hommes chacune, à exécuter dans le délai d'un mois. C'était faire état trop largement des ressources du pays ainsi que l'avenir allait le montrer (1).

---

(1) A la séance de la Chambre des communes du 8 février, M. Wyndham fit la déclaration suivante :

« La composition des forces anglaises dans l'Afrique du Sud est, en chiffres ronds, la suivante :

Armée régulière	128.000
Marine royale	1.000
Milice	9.000
Yeomanry	5.000
Volontaires	10.000
Troupes coloniales	26.000
Total	179.000

« Sur ces 179.000 hommes, 20.000 ont été levés dans l'Afrique du Sud, et 6.000 dans d'autres colonies. J'ai déjà donné en partie ces chiffres à la Chambre : je puis néanmoins ajouter qu'il a été décidé d'envoyer 17 bataillons supplémentaires de milice et 3.000 hommes supplémentaires pris dans la yeomanry, ce qui portera le total de la milice à 20.000, le total de la yeomanry à 8.000, et le grand total des forces de toute espèce à 194.000 J'exclus de ce chiffre toutes les indisponibilités, c'est-à-dire les hommes portés jusqu'ici comme tués, blessés ou manquants. De plus il faut déduire de ce total un nombre d'hommes important pour avoir le chiffre net des soldats de la ligne de combat. »

Ces chiffres comprenaient l'effectif de la 8e division, qui n'était pas encore embarquée au commencement de mars.

*
* *

Après la défaite de Spionkopje et jusqu'à la capitulation du général Cronje, se déroule la troisième phase de la campagne. Elle comprend tout le mois de février.

Au commencement de février, la répartition des troupes anglaises est la suivante :

Front oriental.

Dans Ladysmith : 10 à 12.000 hommes, dont 4.000 valides, incapables d'un effort sérieux.

Général Buller : 24 bataillons et 8 corps auxiliaires (coloniaux), 3 régiments de cavalerie, 11 batteries, 2 compagnies du génie.

Front central.

Général Gatacre : 9 bataillons et 5 corps coloniaux, 3 batteries et 1 compagnie du génie.

Général French : 7 bataillons, un groupe d'infanterie montée, 6 corps auxiliaires, 5 régiments de cavalerie, 4 batteries 1/2, 4 compagnies 1/2 du génie.

Front occidental.

Général lord Roberts, de Capetown à l'Orange : 16 bataillons, 6 corps auxiliaires, 9 batteries, 4 compagnies d'artillerie et 4 compagnies 1/2 du génie.

Général lord Methuen, sur la Modder : 14 bataillons, 4 corps auxiliaires, 3 régiments de cavalerie, 6 batteries, 5 compagnies 1/2 du génie.

Le 9 février, lord Roberts rejoint lord Methuen sur la Modder. Déjà l'ordre de se replier avait été donné au général Macdonald, qui, avec sa brigade de highlanders, le 9° lanciers et 2 batteries, avait été, le 2 février, faire une démonstration au gué de Koodoosberg. Cette démonstration donne lieu, le 7 février à un combat assez sérieux qui exige l'envoi du reste de la brigade Babington avec 2 batteries, pour protéger, le 8 février, la retraite du général Macdonald.

Dès son arrivée, lord Roberts concentre sur la Modder, par voie ferrée, toute la cavalerie disponible, forme une division à 3 brigades et 13 batteries, et en donne le commandement au général French, qui reçoit la mission de délivrer Kimberley.

Le général French part de Modder-River, le 11 au soir, passe par Ramdau, surprend le passage de la Kiet à Watterval et Dekiel Daft, et se porte, le 13, sur la Modder, qu'il traverse après avoir canonné les positions boërs à Klif-Drift et Roudeval-Drift. Le 14, continuant son mouvement à l'extrême gauche des Boërs, il pousse droit sur Kimberley et, après un engagement avec les troupes d'investissement, il entre le 15 au soir, non sans avoir subi de fortes pertes, dans la ville des Diamants. M. Cécil Rhodes est délivré.

Derrière le général French s'avancent les troupes des 6e, 7e et 9e divisions, cette dernière nouvellement formée sous les ordres du colonel Colville. Jacobsdal est occupé le 15 février.

A ce moment le général Cronje, voyant son flanc gauche menacé par l'infanterie anglaise, se décide à abandonner ses positions au nord de la Modder et à se replier vers Blœmfontein. Tandis qu'il fait filer son artillerie et ses convois devant lui, il soutient avec une arrière-garde, à partir du 16 février, des combats incessants contre des forces écrasantes. Dès le 18, arrêté à Koodoosrand, près de Paardeberg, par une attaque simultanée des forces des généraux Kitchener, Macdonald et French, il est peu à peu enveloppé par l'armée anglaise tout entière, environ 40 à 45.000 hommes. Après huit jours de combats continuels pendant lesquels il inflige aux Anglais des pertes considérables, le général Cronje, manquant de vivres et de munitions et n'ayant pu être dégagé par les attaques des commanders Dewet et Delarey, se rend à lord Roberts le 27 février, avec 4.000 hommes environ et quelques pièces légères.

Le général French, après avoir, depuis la fin de janvier, exécuté quelques petites opérations sur le front des Boërs de Colesberg à Slingersfontein, est rappelé sur la Modder River avec sa cavalerie qui est transportée par chemin de fer. Dès le 4 février les Boërs reprennent l'offensive, refoulent l'ennemi successivement sur Rensburg, le 12 février, puis sur Arundel où le général Cléments, venu de Thebus, les tient en échec jusqu'au 25 février.

Mais déjà, sur tous les théâtres d'opérations, les chefs boërs ont reçu l'ordre d'envoyer des renforts au-devant de l'armée de lord Roberts. Ils sont dès lors obligés de garder la défensive et bientôt de se retirer devant les Anglais.

D'Arundel le général Cléments pousse sur Rensburg, puis, sans grande résistance, sur Colesberg, où il entre le 28 février, et de là sur Norvals Pont.

Le général Gatacre, jusque-là immobilisé, se dirige le 23 sur Stormberg en livrant quelques combats. Aux environs de Dordrecht les faibles forces boërs sont attaquées par les 2.000 coloniaux de Brabant qui réussissent à occuper cette localité le 18 février et essaient sans grand succès de pousser plus avant.

Devant Ladysmith, sir Redvers Buller se décide à une troisième tentative pour forcer le blocus.

Le 5 février, sous la protection de 72 pièces placées sur la rive droite de la Tugela, il dirige son attaque contre la position de Spionkopje-Doorn-Kloof. La 11e brigade, à gauche, passe à Potgieters-Drift et se dirige sur Brakfontein; la brigade Lyttelton, à droite, passe au gué de Molen et marche sur les hauteurs de Vaal-Krantz, soutenue par la brigade Hildyard. Les collines entre Vaal-Krantz et Brakfontein sont occupées par les Anglais.

Le 6 février dans la journée, les Boërs renforcés dirigent une contre-attaque vers Vaal-Krantz et refoulent la brigade Lyttelton qui est relevée par la brigade Hildyard. La 11e brigade, ramenée dès la veille sur la Tugela, se maintient péniblement.

Le lendemain, les forces anglaises continuent la lutte sans succès. Dans la nuit sir R. Buller se décide à replier ses troupes derrière la Tugela sous la protection de la brigade Hildyard.

Repoussé du côté de l'ouest, le général Buller fait une nouvelle tentative devant Colenso.

Le 14 février, il attaque l'avancée occupée par les Boërs au sud de la Tugela, de Colenso à Hlangwane et à Monte Cristo. Lord Dundonald fait des démonstrations à l'extrême droite tandis que les brigades Lyttelton à droite, Hildyard au centre, Hart à gauche, prennent pied sur Hussard-Hill. Les 15 et 16, lutte d'artillerie et combat de front; le 17, la croupe du Cingolo est enlevée.

Le 18, pendant que la brigade Lyttelton prononce son mouvement vers l'est, le général Hildyard prend pied sur Monte Cristo. Le lendemain la brigade Hart s'empare de Hlangwane, entre à Colenso et pousse son avant-garde au delà de la Tugela.

Les Boërs se retirent sur Ladysmith, abandonnant leur place d'armes formant tête de pont au sud de la Tugela.

Leurs effectifs étaient déjà fortement diminués depuis plusieurs jours par suite des envois de troupes dirigés sur l'Etat libre. Ne tenant plus à enlever Ladysmith dont la garnison, réduite par la famine et la maladie, allait se trouver pour longtemps incapable de participer aux opérations, le général Joubert se décidait à lever le siège et, sous la protection d'une arrière-garde commandée par le général Bosha, il évacuait rapidement son matériel et ses convois.

Le 21 février, le général Buller attaque avec trois brigades la dernière position boer s'étendant au nord de la Tugela, de Groblers Kloof à Piéters Hill. Après un premier insuccès devant Groblers Kloof, la bataille continue le 22. Le 23, nouvel échec; les Anglais sont rejetés au delà du ruisseau Langerwacht Spruit qui longe la position boer et cherchent sur la Tugela, en aval du confluent du ruisseau, un nouveau passage où le génie jette un pont de bateaux. Le 27 février, le général Barton franchit la Tugela et cherche à déborder la gauche des Boers, tandis que les 4e et 11e brigades reprennent l'attaque de front.

Ces attaques ne trouvent devant elles que de faibles partis qui se retirent dans la soirée.

La route de Ladysmith se trouvait libre. Les Anglais

n'étaient plus qu'à 20 kilomètres de la place assiégée. Le lendemain, 28 février, lord Dundonald, lancé en avant avec une colonne légère, pénétrait dans la place à 6 heures du soir. Les Boers, faisant le vide, se repliaient dans les deux directions d'Elangslaagte et des passes de Van Reenen.

Le siège de Ladysmith avait duré cent vingt et un jours. La garnison, réduite à un état lamentable, était depuis longtemps incapable de coopérer aux opérations. Sa délivrance était due aux événements survenus sur un autre échiquier bien plus qu'aux efforts du général Buller dont l'armée, réduite à 22.000 hommes, avait éprouvé, dans ces opérations, des pertes totales s'élevant à plus de 8.000 hommes (1).

Les succès des Anglais, quoique chèrement achetés, causèrent dans tout l'empire britannique une joie débordante. Mais ils ne servirent qu'à augmenter encore les prétentions du gouvernement anglais. On ne parla plus que de l'annexion des deux Républiques et les idées pacifiques suggérées par toute l'opinion européenne ne trouvèrent à Londres aucun écho.

M. Chamberlain venait, dans la séance du 20 février, de remporter encore une victoire à la Chambre des communes à l'occasion d'une discussion soulevée à propos d'une nouvelle enquête sur le raid Jameson. De Kimberley, M. Cécil Rhodes, après avoir proclamé, dans un discours retentissant, que le drapeau britannique était « le plus grand actif commercial du monde », s'était rendu au Cap où sa présence avait encore surexcité les passions.

A la Chambre des lords, le 1er mars, le ministre de la guerre avait annoncé, au milieu des applaudissements, l'envoi de nombreux renforts. La 8e division, toujours en voie de formation, devait commencer, vers le 10 mars, son embarquement. Les difficultés du recrutement devenaient tous les jours plus sérieuses; quant aux dépenses, elles atteignaient déjà bien près de deux milliards.

----

(1) De son côté, sur un effectif de 12.000 hommes la garnison de Ladysmith avait perdu 3.000 hommes tués ou morts de maladie.

Au dehors, en présence d'une guerre qni se continuait depuis cinq mois et menaçait de durer longtemps encore, les sympathies se refroidissaient davantage. La Russie était toujours menaçante en Turkestan. La France silencieuse, l'Allemagne réservée. En Amérique l'opinion devenait chaque jour plus hostile. En Italie, il n'était plus question d'une coopération, même lointaine : « Cherchons à être pratiques, comme le sont les Anglais! Que celui qui veut notre amitié la paie ! » s'écriait un des organes les plus importants de la péninsule; et cette parole reflétait fidèlement le sentiment italien.

Au Canada, en Australie, les protestations contre les envois de troupes se faisaient tous les jours plus violentes. Au Cap, enfin, l'insurrection s'étendait constamment, ajoutant aux difficultés de l'armée d'opérations et causant des alarmes justifiées.

Telles étaient les conditions dans lesquelles allait s'ouvrir, le 1er mars, la deuxième période de la campagne.

* *
*

La capitulation de Paardeberg paraissait devoir être le point de départ d'opérations militaires très actives.

Au lieu de voir les Anglais pousser plus avant, menacer Bloemfontein et prendre les Boers en flagrant délit de concentration, on assiste, au contraire, pendant quelques jours, à un arrêt à peu près complet des hostilités.

Plusieurs causes donnent l'explication de ce fait : en premier lieu la fatigue des troupes anglaises, les pertes subies, l'épuisement de la cavalerie, que lord Roberts et lord Kitchener se proposent d'utiliser très largement; ensuite une ligne d'étapes à organiser, des effectifs à reconstituer, des renforts à recevoir; enfin, des attaques de partisans à repousser et une insurrection à réprimer qui s'annonce tous les jours plus redoutable.

Le général en chef, au milieu de ces difficultés, ne peut brus-

quer les solutions. Il concentre ses troupes, appelle ses renforts et songe à rappeler du Natal une partie du corps du
général Buller. Autour de Ladysmith, en effet, les Boers, retirés
dans le Drakensberg et vers Glencoe, ne paraissent point
décidés à changer leur défensive monotone et improductive
en une tactique plus profitable. Sur l'Orange on songe à opérer la concentration des forces des généraux Cléments, Gatacre
et Brabant. Du côté de Mafeking, qui continue à résister péniblement, on va coopérer à l'action engagée vers le Nord par le
colonel Plumer, en détachant de Kimberley une partie des
troupes de lord Methuen.

Pendant que le général Cronje attirait sur lui tous les efforts
de l'armée anglaise, le corps principal des Boers, fort d'environ 9.000 hommes, s'était retiré vers le Nord, au delà du Vaal,
emmenant avec lui tous ses convois et son artillerie de siège.
Le général Joubert, après avoir confié la direction des opérations du Natal au général Botha, se mettait en mesure de concentrer ses forces sur une position déjà reconnue au nord de
Bloemfontein. Cette petite capitale, sans valeur stratégique,
allait, avec raison, être abandonnée à l'ennemi.

Dès le lendemain de la capitulation de Paardeberg, les
présidents des deux Républiques avaient pris le parti de
demander la paix, autant pour provoquer une intervention
européenne que pour obliger l'Angleterre à dévoiler ses
conditions.

Dans une dépêche datée de Bloemfontein, 5 mars, et conçue
en des termes élevés et mystiques, ils offraient à l'Angleterre
de conclure la paix sur les bases *de la reconnaissance de l'indépendance incontestable d'États jouissant de la souveraineté internationale.*

Le marquis de Salisbury répondit, le 11 mars, par un aveu
du vrai caractère de la guerre. Le gouvernement anglais, prenant le rôle de conquérant, rejetait sommairement les propositions des présidents, déclarant n'être pas « disposé à reconnaître l'indépendance, soit de la République du sud de
l'Afrique, soit de l'État libre d'Orange ».

C'était repousser à l'avance, ainsi que le faisait remarquer
M. Delcassé à la tribune française, toute intervention étrangère.

La médiation des puissances, sollicitée par les deux présidents, se heurta, en effet, de toutes parts à une fin de non
recevoir tristement énoncée et poliment exprimée. Les Boers
n'avaient plus qu'à se résoudre à une guerre sans merci.

Pendant que ces négociations se déroulaient sans résultat,
lord Roberts, décidé à marcher sur Bloemfontein, faisait
reconnaître, le 2 mars, une position prise par quelques partis
boers vers Poplar Grove sur un front étendu de 4 milles au
nord et de 10 milles au sud de la Modder.

Le 7 mars il passe à la décision. Au nord de la rivière, la
9e division (Colville) forme la gauche; au centre marche la
7e division (Tucker) et à droite la 6e (Kelly-Kemy) soutenue
par la brigade des gardes (Pole Carrew) en réserve. A l'extrême
droite opère la division de cavalerie du général French qui,
sans attendre l'action de l'infanterie, exécute un large et
pénible mouvement tournant à la suite duquel les Boers, qui
résistent une partie de la journée, s'évanouissent vers le
Nord et vers l'Est abandonnant un canon.

L'armée anglaise se repose les jours suivants sans être
inquiétée. Le 10, après avoir reconnu, à quelques milles dans
l'Est, la nouvelle position prise par les Boers à Drietfontein,
lord Roberts se dirige contre eux, de Poplar Grove, sur trois
colonnes :

A droite, la 7e division marche sur Pétrusberg ; le centre est
formé par la 9e division et la brigade des gardes; la gauche
par la 6e division; à chaque colonne est attachée une brigade
de cavalerie.

Le combat est engagé, sans attendre l'infanterie, par la cavalerie et les troupes montées de la colonne du centre. La 6e division, qui arrive après une longue marche, s'engage aussitôt
et après un très vif combat qui coûte 400 hommes aux
Anglais, réussit à refouler les Boers. Ceux-ci résistent
cependant jusqu'à la nuit sans être menacés dans leur re-

traite par la cavalerie anglaise, épuisée par les fatigues de la journée.

Le lendemain les 40.000 hommes de lord Roberts campent à Aasvogel sur le Kaal Spruit. Le 12, ils remontent le cours du Kaal Spruit, marchant vers le sud-est, pendant que la cavalerie du général French va occuper la voie ferrée à 6 milles au sud de Blœmfontein. Dans la nuit, tandis que lord Roberts campe à 15 milles de la ville, le général French s'empare, après un léger combat, des hauteurs dominant la gare.

Le 13 mars les Anglais entrent à Blœmfontein et lancent quelques partis à la rencontre de l'ennemi qui paraît vouloir faire occuper une première ligne de défense à 35 milles vers le Nord, près de Brandfort.

Mais lord Roberts se préoccupe beaucoup moins des Boers que de la nécessité où il se trouve de changer sa ligne d'opérations, trop exposée et trop difficile le long de la Modder, et de lui substituer la voie ferrée de Blœmfontein au Cap. Dès le 15 mars au matin il lance en chemin de fer 2.000 hommes avec le général Pole Carrew qui ne tarde pas à opérer sa jonction avec les forces du général Gatacre parvenues à Spruigfontein.

Du côté du fleuve Orange, en effet, la première partie du mois de mars n'a pas été, pour les Anglais, moins profitable que sur la Modder. D'un côté comme de l'autre, les Boers combattent sans combiner leurs opérations, ils paraissent manquer d'unité de direction et se bornent à la défensive qui leur est d'ailleurs imposée par suite de l'envoi vers le nord d'une partie de leurs effectifs.

Après des engagements sans importance, le général Cléments entre à Colesberg, pousse sur Norvals Pont, passe l'Orange en bateau le 15 mars, construit un pont et progresse vers le nord.

Le général Gatacre, arrêté quelque temps devant Stormberg, entre le 7 mars à Bughersdorp. Constamment renforcé, il arrive le 11 mars devant Béthulie dont il occupe le pont après un léger combat. De là, il pousse sur Springfontein où il est rejoint par le général Pole Carrew et d'où il se relie aux troupes du général Cléments qui, de Norvals Pont, marche sur Philippolis et Fauresmith.

A droite, le général Brabant, qui dispose de 1.800 hommes, a livré, les 3, 4 et 5 mars, des combats acharnés aux Boers entre Dordrecht et Jamestown. Le 12, il arrive devant Allwal North où a lieu un nouvel engagement. Les Boers se retirent sur Rouxville.

Sur ce théâtre d'opérations, la concentration des forces britanniques, avec le général Brabant en flanc-garde, paraît être assurée le 20 mars, dans la région de Springfontein, donnant ainsi à lord Roberts la libre disposition des voies ferrées de Blœmfontein sur le Cap, Port-Elisabeth et East-London en attendant de pouvoir coopérer avec l'armée principale.

Vers Mafeking, les deux colonnes de secours subissent des échecs, celle du Sud au passage du Waal et celle du Nord, les 15 et 18 mars, autour de Labatsi.

Au Natal, les deux partis se tiennent sur la défensive et il n'y a à signaler qu'un engagement de peu d'importance, survenu le 9 mars à Itelpmaaker au nord-est de Ladysmith. Les Boers fortifient les positions du Biggarsberg et tiennent vers l'Est les défilés du Drakensberg. Dans le Zoulouland, une petite colonne anglaise, qui avait atteint Melmoth le 22 février, est repoussée vers la Tugela.

Vers le nord-ouest de la colonie du Cap l'insurrection n'a cessé de s'étendre. D'abord localisée vers Prieska et Kenhart, elle a envahi le Griqualand-West et les districts de Gordonia, Calvinia, Carnarvon et Victoria-West. Les troupes du colonel Adye, qui marchent contre les révoltés, subissent un échec le 6 mars. Lord Kitchener, envoyé de ce côté en attendant une autre mission, y organise aussitôt la répression des insurgés qu'on estimait atteindre le chiffre de 3 ou 4.000 hommes et qui commençaient à inspirer de vives alarmes.

Telle était, le 20 mars, la situation réciproque des belligérants. A ce moment, les forces anglaises dans l'Afrique australe n'étaient pas loin, y compris les renforts embarqués, d'atteindre 200.000 hommes dont 35.000 coloniaux (1). Grâce à ce formidable effort, les affaires des Anglais avaient pu être rétablies non sans de fortes pertes, évaluées à ce moment à 15.000 hommes.

Le territoire de l'État Libre était, il est vrai, envahi sur une grande étendue, mais les forces des Boers se trouvaient, la capitulation de Paardeberg mise à part, à peu près intactes. Si leur ténacité et leur énergie étaient secondées par l'union de toutes leurs forces, on pouvait dire, à juste titre, que la guerre ne faisait que commencer pour les Anglais dont les opérations devaient rencontrer des difficultés peut-être grandissantes.

**

Il serait téméraire, alors même que les événements se dessinent dans l'Afrique australe, de se livrer, au sujet de l'avenir de ces pays, à des conjectures ou à des pronostics prématurés. Ces graves questions, qui tendent à fixer le sort de tout un peuple, ne pourraient se résoudre en un jour, quand bien même la balance des faits militaires pencherait en faveur de l'un ou de l'autre des deux belligérants.

Il ne semble guère probable aujourd'hui, l'examen impartial des faits paraît le confirmer, que l'Angleterre puisse remplir le programme rêvé par certains hommes d'État britanniques, l'absorption des deux Républiques, ou même l'idéal plus modeste proposé par sir A. Milner, la destruction de l'afrikandérisme. Alors même que les Anglais mettraient à exécution leur décision de pousser jusqu'au delà de Pretoria, en admettant ce résultat obtenu et les Boers réduits à merci,

---

(1) Les troupes coloniales provenaient de :

Sud-Afrique	22.000	hommes.
Australie	3.850	—
Canada	2.800	—
Inde, Nouvelle-Zélande	1.110	—
Troupes demandées à l'Australie et au Canada à la fin de février	5.000	—
TOTAL	34.760	hommes.

il ne serait pas moins nécessaire de procéder pendant longtemps à l'occupation méthodique du pays et d'y consacrer
peut-être 60 ou 80.000 hommes. Ce serait une grosse partie
de l'armée d'opérations actuelle pour longtemps immobilisée
et l'Angleterre a autre chose à en faire, à moins de transformer
son organisation militaire au prix de sacrifices budgétaires
et d'embarras sociaux dont il est difficile de se faire une idée
exacte. Grâce à cette occupation militaire elle pourrait se
rendre à peu près maîtresse des populations, exalter la prépondérance des Anglo-Saxons, essayer de comprimer et de
réduire à néant le rôle politique des Afrikanders. Mais, à moins
de supprimer ces derniers comme des Matabélés ou de les
exporter, il faudra toujours compter avec leur nombre et avec
les qualités de leur race, leur patriotisme, leur ténacité, leur
énergie. Après avoir entamé une grande guerre pour émanciper les Uitlanders, pourra-t-on se refuser à laisser aux Afrikanders quelques droits politiques? Ce serait soulever les
réclamations de l'opinion en Angleterre même et aux colonies.
Mais alors, malgré tous les sèctionnements électoraux et les
répartitions provinciales, l'opinion afrikander, renforcée par
les éléments boers des deux Républiques annexées, fera balle
contre l'Anglo-Saxon désormais tenu à l'écart et détesté à
l'égal de tout conquérant. Sans aller jusqu'à prédire, comme
tel homme politique de Hollande, que dans dix ans l'Afrique
australe ne sera plus aux Anglais, même victorieux, il est
permis de demander jusqu'à quel point les auteurs de cette
guerre ont pensé servir la gloire de l'empire britannique.

Voilà pour l'hypothèse de la victoire anglaise décisive et
définitive. Mais aujourd'hui que les Boers, après avoir étonné
le monde par leur longanimité, l'ont surpris davantage par
leur décision et leurs victoires, il ne paraît pas hors de propos
d'envisager le cas où, aidés par l'insurrection afrikander, ils
seront parvenus, si le succès favorise leur ténacité, à lasser
leurs ennemis et à les obliger à conclure une paix quelconque.

Ce jour-là verrait la fin des espérances de M. Cecil Rhodes
et marquerait le commencement de la suprématie désormais

incontestable de la race hollandaise sous l'égide protectrice des deux Républiques. Alors pourrait se continuer, librement et pacifiquement, l'évolution plus rapide vers l'idéal politique des États-Unis de l'Afrique du Sud, au grand dommage de la puissance britannique dans le reste du monde.

De quelque façon que se déroulent les événements, il n'est guère facile de distinguer ce que la politique anglaise peut avoir à gagner à la guerre actuelle.

Madagascar.

Rôle politique et stratégique.

Coup d'œil général sur les suites de la conquête. — Négociations avec l'Angleterre et les États-Unis. — Rôle stratégique de Madagascar. — L'océan Indien, mer britannique. — Insuffisance des stations stratégiques françaises. — Madagascar, Suez et le Cap.

De nombreux ouvrages ont été écrits sur Madagascar, sa géographie, son histoire, sa conquête. Il est inutile de revenir ici sur des détails que l'on trouvera exposés ailleurs. Nous ne dirons quelques mots de la grande île, région asiatique plutôt qu'africaine, que pour signaler rapidement le rôle qu'elle est appelée à jouer, elle et ses annexes, aussi bien dans l'océan Indien qu'en regard des pays situés de l'autre côté du canal de Mozambique.

On est encore sous l'impression du remarquable rapport du général Galliéni, qui a précisé, en les imposant à l'attention de la France, les conditions dans lesquelles, au cours des dernières années, il a accompli l'œuvre de pacification et de civilisation vainement tentée avant lui.

Aussi nous ne jetterons qu'un coup d'œil des plus sommaires sur les événements accomplis depuis tantôt quatre ans.

La conquête était à peine terminée que le régime civil était substitué au régime militaire. En même temps, sans tenir compte des vœux des populations, on maintenait à leur tête, sur plus d'un point, les gouverneurs hovas partout détestés.

Le résultat de cette politique, inaugurée au moment même où l'on rapatriait la plus grande partie du corps expéditionnaire, fut loin d'être conforme à ce qu'on attendait.

Malgré les ordres donnés pour désarmer les Hovas, ceux-ci réussirent à conserver une partie de leurs armes, et, sous les ordres de chefs choisis par eux ou de personnages déjà compromis, ils constituèrent des bandes qui réussirent à tenir la campagne devant nos troupes, et à porter le trouble aux environs mêmes de la capitale.

Les désordres produits par les rebelles et les plaintes de plus en plus vives des Européens mal protégés et des indigènes soumis aux gouverneurs hovas attirèrent l'attention sur la méthode administrative adoptée à Madagascar.

Dans l'organisation première, fondée sur la superposition des résidents français aux gouverneurs hovas, on eût dû s'inspirer des essais faits dans nos autres colonies. Les résidents, mis à la tête de circonscriptions administratives d'une trop grande étendue, auraient pu être avantageusement secondés par des commandants de territoires militaires.

Peut-être aussi eût-il été possible de faire un emploi plus large des troupes indigènes, solidement encadrées par des éléments français, de manière à réduire le plus possible l'effectif des troupes blanches destinées à la garde de la colonie.

Ces critiques, très nettement formulées à la fois dans la métropole et à Madagascar, aboutirent à l'établissement, sous les ordres du général Galliéni, d'une administration qui a fait aujourd'hui ses preuves et qu'il serait téméraire de modifier avant longtemps.

Tandis que la France se heurtait à Madagascar à toutes sortes de difficultés intérieures, sa diplomatie cherchait à faire admettre par les puissances étrangères la thèse d'après laquelle les produits français devaient jouir, à Madagascar, d'un traitement de faveur.

De longues négociations ne suffirent pas à amener les Anglais et les Américains à reconnaître que, la souveraineté de l'île ayant changé de mains, les traités antérieurs se trouvaient, par ce fait, abolis. Il fallut substituer à la théorie du protectorat celle de l'administration directe de la France, et l'on dut faire voter par les Chambres (juillet 1896) une loi qui déclarait Madagascar colonie française.

Cette décision ne parut avoir, sur le moment, aucune fâcheuse répercussion sur l'esprit des indigènes, et elle permit à la France de mieux prendre en mains l'administration de l'île et de la faire servir à la pacification et au développement de sa nouvelle colonie.

Les lois d'acquisition et de vente des terres ne tardèrent pas à être modifiées dans le sens où on les comprend en Europe ; on étudia les moyens de faciliter la colonisation et la prospection des mines ; des travaux publics et des voies de communication furent entrepris et le temps ne paraît plus bien éloigné où la capitale sera reliée à la côte par une voie ferrée.

Le bruit de la découverte de mines d'or avait attiré dans l'île, dès le mois de mai 1896, une certaine quantité de mineurs venus surtout du Transvaal, et l'on s'apprêtait à donner une plus grande extension aux exploitations et aux concessions, lorsqu'éclata, au mois de juin suivant, une recrudescence de la rébellion qui, sans compromettre l'avenir de la colonie, eut pour effet de retarder la colonisation et de faire passer, par la suppression de la dynastie hova, le gouvernement de l'île entière entre les mains de l'administration française.

L'agitation ne cessa point entièrement pour cela ; les révoltes des indigènes, autrefois soumis nominalement aux Hovas, les résistances des Hovas eux-mêmes, les querelles de religion, les démêlés suscités par les Hindous, sujets britanniques, nous causèrent des difficultés qui, aujourd'hui encore, ne sont pas complètement aplanies. Malgré tout, la colonie, grâce à une administration ferme et vigilante, ne cesse de faire des progrès et de justifier nos espérances.

L'attention de la France s'est portée sérieusement sur sa nouvelle conquête, qui peut devenir pour elle une colonie d'exploitation et de peuplement, en même temps qu'une possession de haute importance au point de vue stratégique.

Madagascar occupe, par rapport au continent, une situation analogue à celle des îles Britanniques en face de l'Europe, ou du Japon vis-à-vis de l'Asie. Avec les Comores tout auprès d'elle, qui bouchent le canal de Mozambique, et qui se trouvent dans une position analogue à celle des Pescadores entre Formose et la Chine, elle est destinée à jouer un rôle de premier ordre dans la lutte pour la domination de l'océan Indien.

Du détroit de Malacca au détroit de Bab-el-Mandeb, le littoral asiatique est possédé, presque sans solution de continuité, par l'Angleterre. Avec l'Australie à l'Est et leurs territoires de l'Afrique orientale et australe, les Anglais investissent de toutes parts l'océan Indien qu'on pourrait justement qualifier de mer britannique.

La diplomatie anglaise a consenti à ne pas occuper les côtes ingrates du sud de l'Arabie, et à céder aux Italiens quelques rivages déserts de la presqu'île des Somalis. Elle a été obligée, en 1890, de reconnaître à l'Allemagne les territoires de Zanzibar et à la France le protectorat de Madagascar. Mais l'impérialisme britannique ne saurait considérer ces concessions comme définitives, ni se résoudre à admettre un partage d'influence ou une domination contestée.

Madagascar, sentinelle permanente de l'océan Indien, avec ses ports spacieux et ses baies profondes, est destinée à accaparer une grande part du transit qui, des Indes ou de l'Australie, se dirige vers l'Afrique australe.

Sa position, qui commande le détroit de Mozambique, et qui permet de surveiller à la fois Zanzibar et le Cap, est des plus heureuses au point de vue stratégique.

La fertilité de son sol, sa proximité de la côte africaine, d'où elle peut tirer l'appoint des travailleurs noirs, son climat favorable aux Européens sur les hauts plateaux, toutes ces conditions réunies permettent d'espérer pour l'île un heureux avenir.

Mais les avantages stratégiques de la grande île sont actuellement neutralisés en partie par l'Angleterre, qui tient d'un côté le canal de Suez et de l'autre côté le passage du cap de Bonne-Espérance.

Ces circonstances font de Madagascar une colonie qui, en temps de guerre maritime, devrait se suffire à elle même.

C'est une raison de plus pour l'organiser sérieusement dès le temps de paix de manière à lui permettre d'attendre les secours que tenteraient de lui porter les flottes françaises.

Cette considération, jointe au désir de posséder dans l'océan Indien un lieu de refuge éventuel, a conduit les administrations de la marine et des colonies à ériger la magnifique station de Diégo-Suarez en point d'appui de la flotte, en lui adjoignant un vaste territoire compris au nord de la ligne joignant Soavimandriana au port Rafala, avec les annexes de Nossi-Bé et de Sainte-Marie. Le projet de défense des colonies affecte à l'organisation de ce point d'appui un crédit supplémentaire de 10.500.000 francs.

Nos vaisseaux, pour atteindre Madagascar, se trouvent dans la nécessité de demander leur charbon ailleurs qu'à des ports français. Obock et Djibouti possèdent bien des dépôts de charbon, mais de là à Madagascar, la distance est trop grande pour être parcourue sans ravitaillement, par la plupart de nos navires. Du côté de l'Atlantique, la situation est encore plus mauvaise. Parti de Madagascar, le navire qui rentre en Europe ne trouve à toucher une terre française qu'au Congo et ensuite en Guinée et au Sénégal.

Les Anglais, au contraire, ont échelonné avec le plus grand soin les escales de leurs flottes. Du Cap en Angleterre, on trouve, par l'ouest, les divers points de refuge ou de ravitaillement de Walfish-Bay, de Sainte-Hélène, de Freetown et de Gibraltar; tandis que vers l'est, on rencontre Natal, Mahé, Zanzibar, Aden, Port-Saïd et Malte.

La marine française est bien moins favorisée à ce point de vue, et c'est là une lacune de notre organisation navale qui, en cas de guerre maritime, ne manquerait pas de causer l'isolement de Madagascar et de livrer ses côtes aux insultes de l'ennemi. Un port muni d'un arsenal, tel que Diégo-Suarez, répond donc pour la France à une nécessité maritime, et il serait judicieux de compléter l'organisation stratégique de Madagascar par la création d'un point d'appui analogue vers son extrémité méridionale, soit à Fort-Dauphin, soit dans la baie de Saint-Augustin.

Tel qu'il est, cependant, l'ensemble formé par Madagascar et ses annexes de la Réunion et des Comores, barre la route aux flottes anglaises allant du Cap aux Indes. A ce point de vue, nous possédons dans l'océan Indien, en quelque sorte le contre-poids du canal de Suez. Et dans le cas où celui-ci viendrait à être obstrué, notre station navale de la mer des Indes prendrait aussitôt une importance capitale. A ce titre, on ne saurait trop veiller aux intérêts maritimes de l'île, et il serait utile de lui affecter en tout temps une force navale suffisante pour lui permettre de jouer convenablement le rôle qui lui est dévolu.

CHAPITRE VI

AFRIQUE ORIENTALE

Dans l'Afrique orientale on comprendra l'étude de l'Est africain allemand et anglais, la péninsule des Somalis, l'Abyssinie et enfin l'Égypte.

Cette dernière contrée se rattache trop, en raison des événements politiques récents, aux régions de l'Afrique orientale et de l'Abyssinie, pour qu'on songe à l'étudier autrement qu'en envisageant ses rapports avec ces divers pays.

L'importance des faits qui viennent de se passer en Égypte et en Abyssinie, nous obligera à les développer avec quelques détails, et à établir en quelque sorte l'introduction des événements importants que l'avenir paraît réserver.

Est africain allemand.

Historique. — Occupation militaire. — Communications. — Avenir.

La colonie de l'Est africain allemand a été délimitée par le traité du 1er juillet 1890. Elle se trouve comprise entre l'océan Indien et les lacs Victoria, Albert-Édouard, Alexandra, Tanganyika et Nyassa. Son territoire dépasse en superficie celui de l'Allemagne entière, et est un des plus fertiles de l'Afrique.

De nombreuses explorations l'avaient parcourue jusqu'au moment (1884) où le docteur Peters et le comte Pfeil firent l'acquisition, d'accord avec des chefs indigènes, d'un territoire grand comme le quart de la France, qui fut aussitôt exploité par la *Deutsche Ostafrikanische Gesellschaft*, compagnie à charte autorisée par l'empereur d'Allemagne.

A partir de 1888, de nombreux soulèvements se produisirent dans la colonie, à cause de la suppression de la traite. Ils nécessitèrent les expéditions de Wissmann en 1889, 1890 et 1891, à la suite desquelles la compagnie à charte, dont les ressources étaient épuisées, abandonna l'administration à l'empire allemand. Le territoire fut divisé en cinq districts sous l'autorité immédiate de l'empire.

Depuis 1891, des expéditions militaires, renouvelées tous les ans, ont pu maintenir à grand'peine une sécurité relative dans le pays. Celles de 1891 et 1892 sont restées tristement célèbres par la défaite de la mission Zalewski, par les Ouahéhés, près du Nyassa, et de la mission de Bülow dans le Kilimandjaro. La répression fut partout énergiquement conduite; certains agents allemands se signalèrent même par des agissements qui retentirent jusqu'à la tribune du Reischtag.

Les Allemands aux prises, sur ces territoires, avec les Arabes chasseurs d'esclaves de Zanzibar, rencontrèrent de grandes difficultés pour organiser leur colonie et la rendre prospère.

Privés du principal port du pays, Zanzibar, qui est tombé dans le lot des Anglais, ils ont dû concentrer leurs efforts sur les ports de la côte dont le meilleur est Dar-es-Salam.

Les révoltes répétées des indigènes les ont obligés à entretenir un effectif de troupes indigènes qui s'élève à plus de 2.000 hommes et à 58 canons environ. Ces troupes sont réparties dans plusieurs postes qui surveillent le pays, tâchent de maintenir les communications et assurent la sécurité du commerce. Celui-ci n'est d'ailleurs pas encore de très grande importance (voir le chapitre relatif au Cameroun), car la mise en valeur de la colonie ne pourra commencer, comme partout ailleurs, que lorsque la tranquillité sera certaine.

Les principales difficultés que l'on y rencontre sont soulevées, comme au Congo belge, par les marchands d'esclaves qui excitent les chefs du pays contre les Européens et qui sont disposés à rester calmes dans la mesure du possible, mais à la condition que l'on ferme les yeux sur leur trafic. Celui-ci, malgré toute surveillance, s'exécute encore clandestinement à l'intérieur comme dans certains ports de la côte.

Aux alentours du Tanganyika, les esclavagistes ont constitué sur le territoire allemand, comme en territoire belge, des repaires et des lieux de dépôt et, pour en débarrasser le pays définitivement, il serait nécessaire d'engager de petites expéditions. Mais, éclairés par l'expérience acquise par eux-mêmes ainsi que par les Belges et les Anglais, les Allemands cherchent, autant que possible, à ne pas brusquer la répression.

A plusieurs reprises ils se sont trouvés en conflit avec la puissante tribu des Ouahéhés que l'on avait cru suffisamment soumise, vers 1896, pour lui confier des fusils Maüser. Cette tribu s'est encore soulevée en mars 1898 et a nécessité l'envoi d'une expédition de police (1). Mais on peut dire que ce ne sont plus là que les dernières convulsions d'un pays qui ne tardera

(1) On vient d'annoncer, au mois de mars 1900, un soulèvement de la tribu des Arasha, dans le district du Kilimandjaro. Des mesures répressives ont été prises aussitôt.

vraisemblablement pas à reconnaître qu'il n'a point perdu à la disparition des chasseurs d'esclaves.

Au mois de juin 1896 le poste de consul allemand à Zanzibar a été supprimé. Les fonctions de ce consul seront remplies par le gouverneur de l'Est africain allemand.

Par l'article 7 de la convention anglo-allemande du 14 novembre 1899 relative à la question de Samoa et du Togoland, l'Allemagne renonce à ses droits d'exterritorialité à Zanzibar pour le jour où les mêmes droits seront abolis pour les autres nations.

En attendant, les Allemands essaient, avec quelque succès, de développer le commerce de la colonie en créant des voies de communication terrestres et fluviales. Depuis longtemps ils ont concédé, de Tanga à Korogoué, un chemin de fer qui doit être prolongé jusqu'au lac Victoria. Mais les Anglais, qui font aux Allemands une concurrence redoutable par le port de Zanzibar, les ont devancés par l'établissement de la voie ferrée de Mombasa au lac Victoria à laquelle on travaille en ce moment avec activité.

Cette question des chemins de fer de l'Est africain allemand est entrée, depuis quelque temps, dans une période d'activité nouvelle.

Déjà au mois de novembre 1898 le conseil colonial allemand demandait la prolongation jusqu'à Mombo de la ligne de Tanga à Mouhésa et bientôt après le Reichstag décidait la reprise de cette ligne concédée à une compagnie.

Peu de temps après se produisit, au mois de mars 1899, la visite de M. Cecil Rhodes à l'empereur Guillaume qui attira l'attention des coloniaux allemands sur les anciens projets de liaison de Bagamoyo et de Dar-es-Salam au Tanganyika et au Nyanza. Les projets de M. Cecil Rhodes donnèrent lieu, à ce moment, dans les sphères politiques allemandes, à des discussions dans lesquelles la question fut envisagée uniquement au point de vue des intérêts allemands. Ceux-ci, de l'avis général, exigent la construction d'une ligne centrale déjà étudiée de

Bagamoyo et de Dar–es–Salam à Tabora et bifurquant, de là, sur Ujiji et sur le Nyanza.

C'est une longueur de voie ferrée de 1.800 kilomètres environ et c'est sur ce réseau que l'on tolérerait le raccordement de la voie impériale de M. Cecil Rhodes, en réservant soigneusement tous les droits de souveraineté de l'Allemagne.

L'empereur d'Allemagne, s'il est vrai qu'il ait exigé en échange de la garantie d'intérêt allemande pour la partie du Transafricain tracée sur son territoire une concession semblable du gouvernement anglais pour la ligne de la Rhodésia, aurait ainsi marqué son intention de n'avoir affaire, en territoire allemand, qu'à une compagnie concessionnaire telle qu'il eût pu s'en former en Allemagne ou ailleurs pour le même objet. Cette compagnie faisant œuvre utile aux intérêts allemands, son concours lui était acquis à l'avance, sous les réserves nécessaires. Ce furent des considérations analogues qui amenèrent la conclusion d'une convention anglo-allemande au sujet du passage du télégraphe anglais à travers la colonie.

Il semble, d'ailleurs, que l'opinion anglaise s'est beaucoup refroidie au sujet du Transafricain; et le refus récent du gouvernement anglais d'accorder une garantie d'intérêt quelconque indique suffisamment son désir de reporter sur des œuvres plus utiles ses encouragements et ses ressources. Les Allemands ne paraissent d'ailleurs pas avoir besoin du concours de l'Angleterre pour la construction de leur réseau africain qui ne tardera vraisemblablement pas à être sérieusement entrepris.

Le 16 octobre dernier, en effet, le conseil colonial émettait l'avis que le gouvernement allemand devrait se charger de construire lui-même son réseau africain. Un emprunt à 3 1/2 0/0 doit être émis à bref délai et une somme de 12 millions de marcs sera consacrée à pousser la ligne, d'ici trois ans, jusqu'au pays d'Oukami.

Le gouvernement allemand montre, par cette décision, sa ferme volonté de conserver son entière liberté d'action et de réserver soigneusement ses droits de souveraineté dans sa nouvelle colonie.

Pour l'exécution de ces voies ferrées, le capitaine Leue demande, dans la *Colonial Zeitung,* qu'on s'arrête au projet d'un chemin de fer colonial, d'un *pionierbalm* à voie étroite, « construit de la même manière et aussi vite que les chemins de fer en pays ennemi en temps de guerre ». Il en évalue le prix à 30.000 marcs le kilomètre.

C'est ce qu'on a proposé plus haut pour le Transsaharien en élevant cependant son évaluation à 44.000 francs par kilomètre.

***

L'Afrique orientale allemande est, en définitive, une colonie en voie de formation. Les difficultés qu'on a rencontrées dans l'Ouest africain se sont retrouvées, comme en tous pays neufs, dans l'Afrique orientale. Des deux côtés deux compagnies d'exploitation, essayant d'opérer elles-mêmes, ont abouti à des échecs, et l'administration a dû être assumée par le gouvernement métropolitain. Ce n'est pas avant quelques années, malgré toute l'activité et toutes les aptitudes commerciales des Allemands, que cette colonie pourra prendre son essor et se suffire à elle-même.

Cependant, comme on l'a dit, le pays est des plus riches et dans certaines parties, notamment sur les pentes du Kilimandjaro, les Européens peuvent vivre et s'acclimater. Mais ce qui manque, à l'heure actuelle, c'est la confiance des indigènes et la soumission des Arabes. La période de pacification et même de conquête est loin d'être terminée, et le commerce s'accommode mal des troubles et de l'insécurité.

Lorsqu'elle sera pacifiée et entièrement soumise, cette riche contrée, heureusement située et bien entourée par sa ceinture de grands lacs, ne peut manquer de devenir prospère et d'avoir devant elle un bel avenir.

Déjà les Allemands ont à peu près réglé leurs questions de frontières avec les colonies voisines : il leur reste à s'entendre avec les Anglais au sujet de la possession de Zanzibar qui ne peut manquer, tôt ou tard, de leur revenir par voie d'achat ou de compensation.

On a dit que le mystérieux accord anglo-allemand de 1898 réglait cette question en même temps que celle de Delagoabay. De ces deux possessions, l'une, en effet, vaut l'autre. Si Lourenço-Marquès est utile à l'Angleterre dans sa lutte contre le Transvaal, la possession de Zanzibar ne l'est pas moins à l'Allemagne pour le développement de sa grande colonie de l'Est africain. Par tradition, et pour longtemps encore, Zanzibar restera l'emporium des marchandises de ces régions. Les Allemands l'ont bien compris dès leur premier établissement, et plus tard encore, lorsqu'ils ont accueilli le sultan de Zanzibar détrôné par les Anglais, et qui, réfugié chez eux, est un prétendant naturellement désigné. Là, comme sur d'autres points de l'Afrique, nous assisterons peut-être à bref délai à d'importants changements.

Est africain anglais.

Délimitation. — Événements de Zanzibar, de l'Est africain anglais et de l'Ouganda.
— Expéditions Mac Donald, Martyr et Cavendish. — Le chemin de fer de Mombasa. — Avenir du pays.

Les territoires de l'Est africain anglais sont aussi heureusement situés et peut-être aussi riches que la colonie allemande voisine. La colonie anglaise a de plus l'avantage de posséder Zanzibar et de se trouver à proximité des Indes, d'où l'Angleterre tire sans compter des soldats et des colons pour ses possessions africaines.

Depuis la fin de 1896, tous les territoires anglais de l'Est africain, excepté l'Ouganda et les îles de Zanzibar et Pemba, sont placés sous une administration unique appelée protectorat anglais de l'Est africain. Ces territoires ont été délimités, du côté de l'Allemagne, par le traité du 1er juillet 1890, et du côté de l'Italie par les conventions du 23 mars et du 15 avril 1891.

Dès 1885, la *Compagnie britannique de l'Est africain* fut fondée, dans un but à la fois commercial et politique, au capital de 50 millions et dotée, le 3 septembre 1888, d'une charte royale lui permettant d'exploiter les territoires dépendant en partie du sultan et de Zanzibar.

C'était l'époque où le docteur Peters rejoignait dans l'Ouganda Émin pacha et le gagnait à l'idée de fonder un empire allemand s'étendant du Cameroun à Zanzibar. Les Anglais s'émurent et dépêchèrent dans l'Ouganda la mission Jackson et Gedge qui y arriva en avril 1890 et décida le docteur Peters à s'éloigner.

A ce moment intervint le traité du 1er juillet 1890 qui délimitait les sphères d'action de l'Allemagne et de l'Angleterre dans ces régions.

Depuis lors, l'activité anglaise s'est développée sur plusieurs points différents : à Zanzibar ; dans l'Est africain anglais proprement dit, c'est-à-dire entre la côte et le lac Victoria ; dans l'Ouganda et de là vers le Nil et le lac Rudolf.

Le traité du 1er juillet 1890 abandonnait aux Anglais les îles de Pemba et de Zanzibar, et un demi-protectorat avait été aussitôt imposé au sultan Saïd Ali. Celui-ci succédait à ses deux frères, Saïd Khalifa et Saïd Bargasch, le Louis XIV de Zanzibar, décédé le premier en 1888.

Après la mort de Saïd Ali, le trône devait revenir, d'après la loi musulmane, à Saïd Khaled, fils de Saïd Bargasch. Les Anglais lui préférèrent Saïd Ahmed ben Souani. La mort de ce dernier étant survenue le 25 août 1896, Saïd Khaled, qui avait de bonnes raisons de craindre d'être de nouveau évincé du trône, s'empara du pouvoir, malgré l'intervention du consul et du résident anglais et se proclama indépendant.

Les Anglais concentrèrent aussitôt six vaisseaux à Zanzibar qui fut bombardé le 27 août, et occupé après un léger combat. Saïd Khaled s'était réfugié au consulat d'Allemagne, d'où, au grand scandale de la presse anglaise, il fut transporté sur le continent, en territoire allemand. Malgré les réclamations de l'Angleterre, l'héritier légitime du trône de Zanzibar s'y trouve toujours, prêt à jouer son rôle au moment favorable.

Peu de temps après, l'Angleterre proclamait son protectorat sur Zanzibar, après avoir désintéressé l'Allemagne et la France. Celle-ci, en échange de l'abandon de tous ses droits sur Zanzibar, faisait admettre sa liberté d'action à Madagascar.

Notons en passant que, par l'article 7 de la convention anglo-allemande du 14 novembre 1899, l'Allemagne a renoncé à ses droits d'exterritorialité sur Zanzibar pour le jour où ces mêmes droits seraient abolis pour les autres nations.

Au commencement de 1896, s'était produite, entre la côte et le lac Victoria, la révolte des chefs arabes M'Bruck ben Rachid, Aziz et Selem ben Zambi.

Au commencement de 1896, s'était produite, entre la côte

et le lac Victoria, la révolte des chefs arabes M'Bruck ben Rachid, Aziz, et Selem ben Zambi.

Déjà, les années précédentes, l'attitude hostile des indigènes avait donné de graves soucis à la Compagnie de l'Est africain, qui, pour exploiter la région, avait réclamé l'aide du gouvernement anglais en vue de la construction d'un chemin de fer de 900 kilomètres allant de Mombasa au lac Victoria. Les offres du gouvernement n'ayant pas été trouvées suffisantes, la Compagnie déclara son intention d'évacuer l'Ouganda où le capitaine Lugard était en train d'établir le protectorat et de ruiner l'influence française.

Malgré l'émotion causée par cette nouvelle en Angleterre, où s'ouvrit aussitôt une souscription en faveur de la Compagnie, celle-ci maintint sa décision d'évacuer ses établissements le 1er janvier 1893. Aussitôt le gouvernement anglais, en remplacement du capitaine Lugard, qui venait de rentrer en Europe, dépêcha dans l'Ouganda sir Gérald Portal, qui y recueillit l'héritage de la Compagnie. Celle-ci fut remplacée, dans les premières semaines de 1893, par l'administration britannique.

Le gouvernement direct ne réussit pas plus que la Compagnie à charte à rallier les indigènes. Il fallut réprimer quelques révoltes et former de petites expéditions; la principale, effectuée en 1896, eut pour résultat la défaite des chefs arabes cités plus haut.

Les indigènes ayant incendié la station de Malindi, les Anglais firent venir aussitôt de Bombay un régiment entier de Sikhs du Pendjab. Ces troupes, arrivées le 15 mars à Mombasa, se joignirent aux forces de la colonie pour marcher contre les révoltés et les refouler sur le territoire allemand. Les rebelles étaient battus à Mjira, Simba, Cabina et à Takka-Ungu où Aziz était grièvement blessé. Quant à M'Bruck, il passa avec 1.100 hommes en territoire allemand, et le gouverneur de la colonie, M. de Wissmann, lui assigna une résidence au sud de Tanga.

De l'Ouganda et du décousu de la politique française en ce

pays, il y aurait beaucoup à dire, si le cadre de cet ouvrage le permettait. On se bornera à rappeler qu'après avoir obtenu le retour du docteur Peters qui y travaillait pour l'Allemagne, l'Angleterre s'y trouva en face des Pères Blancs de Mgr Hirth. A ce moment, les populations de l'Ouganda étaient divisées en trois partis : le roi Mouanga avec les catholiques auxquels on donnait le nom de *parti français,* les protestants qui arboraient le drapeau anglais, et enfin les musulmans.

Le capitaine Lugard, expédié dans l'Ouganda avec 300 hommes, y arrivait dans les derniers jours de 1890, ralliait les catholiques et les protestants qu'il jetait sur les musulmans, et, ceux-ci une fois mis hors de cause par leur défaite du 7 mai 1891, il se mettait à la tête des protestants, et, en 1892, massacrait les catholiques et obligeait Mouanga à fuir dans le pays des Boudous. Rappelé par le capitaine Lugard, Mouanga signait, au mois de mars 1892, un traité de protectorat avec l'Angleterre. Le capitaine Lugard, rentré en Angleterre, fut remplacé dans l'Ouganda par sir Gerald Portal qui continua son œuvre et prit la direction de l'administration anglaise en mars 1893, au moment où la Compagnie à charte évacuait ses établissements.

L'Ouganda, abandonné par la France, qui finit cependant par recevoir une petite indemnité pour les Pères Blancs, passait ainsi sous la domination anglaise. Cet abandon, consommé au moment même où nous eussions pu revendiquer nos droits avec succès, eut, pour notre politique dans l'Afrique centrale, des conséquences graves. Là, comme partout, les indigènes, toujours simplistes, acceptèrent, comme la meilleure, la religion du plus fort, et l'influence de la France y fut d'autant mieux anéantie que nos nationaux eux-mêmes restaient sans protection.

Au moment où les Anglais viennent de remettre en question leurs intérêts à Madagascar et reparlent des persécutions imaginaires infligées à leurs missionnaires et à leurs sujets hindous, il n'est pas inutile de rappeler le traitement infligé dans l'Ouganda aux missions et aux intérêts français. Combien vives eussent été les réclamations anglaises si, à l'exemple du capitaine Lugard, un Français eût, en territoire neutre, molesté les missions britanniques et massacré leurs partisans!

En même temps qu'il semait la division dans l'Ouganda, le capitaine Lugard faisait la conquête de l'Ounyoro et couvrait les deux pays d'un réseau de postes destinés à affirmer la domination anglaise. L'occupation de ces postes fut confiée aux anciens soldats d'Émin pacha, levés dans le pays.

Cette conquête de l'Ounyoro n'alla point sans quelques difficultés.

Le roi Kabaréga, inquiet pour lui-même après les traitements qu'il avait vu infliger à son voisin Mouanga, avait mis ses forces en mouvement et menaçait l'Ouganda. Il fallut, dans le courant de 1893, diriger contre lui le major Owen, qui le battit et occupa le pays par des postes fortifiés. Ces postes formaient, avec ceux de l'Ouganda, deux lignes continues partant de Kibero, sur le lac Albert, l'une allant vers le lac Victoria (postes de Kitanva, Hoïma, Kafou et Nakamba) et l'autre vers le Nil (postes de Masindi et Mrali, près du lac Kiodja). Une mission, sous les ordres du major Cunningham, fut dirigée, le 8 janvier 1895, de Kibero sur Ouadelaï et, de là, sur Doufilé où elle arrivait le 14 janvier, après avoir reconnu le cours du Nil, puis elle rentrait à Hoïma.

Depuis 1895, le pays était resté à peu près calme; mais Mouanga, très aimé de son peuple, ne pouvait se résoudre au sort qui lui était fait. On avait installé auprès de lui deux premiers ministres, l'un catholique, l'autre protestant, chargés de le surveiller, qui signalèrent, dès le commencement de 1897, les intrigues que le roi nouait avec ses partisans dans le Boudou. On n'y prit pas garde, mais bientôt on apprit la fuite de Mouanga, qui, parti le 6 juillet 1897, en canot, sur le lac Victoria, fut rejoint, au Boudou, par une foule de partisans de toutes religions et même par des contingents des pays voisins.

Le major Terron se trouvait alors vers le Nord, d'où il fut rappelé pour marcher contre Mouanga. Il le rejoignit, accompagné d'un bataillon de Soudanais et d'une armée de Bagandas restés fidèles, et lui livra, le 20 juillet, une bataille acharnée, à la suite de laquelle il le repoussa sur Malongo, où il lui fit subir, le 29 juillet, une nouvelle défaite. Mouanga, abandonné de ses partisans, qui se dispersèrent, se réfugia en territoire allemand.

Une accalmie se produisit alors. Les Anglais en profitèrent pour organiser, sous le commandement du major Mac-Donald, une expédition forte de plusieurs centaines de Soudanais qui devait descendre le Nil, tâcher de rejoindre l'expédition anglo-égyptienne envoyée vers Khartoum, ou tout au moins essayer une diversion sur les derrières des Derviches.

Cette expédition allait se mettre en marche en octobre 1897, lorsque les Soudanais qui la composaient, anciens soldats d'Émin pacha, mécontents des marches continuelles qu'on leur faisait exécuter depuis longtemps d'un bout à l'autre de la région des Lacs, se révoltèrent au nombre d'environ 200.

C'étaient de bons soldats, habitués depuis longtemps à la vie militaire, mais dont on avait abusé en les tenant constamment en expédition. Envoyés d'abord vers le Congo pour empêcher les rebelles de l'expédition Dhanis d'entrer sur le territoire britannique, ils avaient été ensuite dirigés successivement vers le Boudou, puis à 500 kilomètres de là, à Karrondo, du côté de Mombasa, pour rétablir l'ordre, ensuite, de nouveau vers le Boudou et, enfin, vers le lac Baringo pour servir d'escorte au major Mac-Donald dans les régions du Nil.

Fatigués par ces courses continuelles, ils se révoltèrent, se firent livrer le fort Loubouas par leurs camarades et s'y enfermèrent après avoir massacré leurs officiers anglais.

Le major Mac-Donald, réunissant les forces qu'il put se procurer, vint les y assiéger le 19 octobre, et, jusqu'au 28 novembre, ce furent des combats continuels qui coûtèrent de grosses pertes aux Anglais. Il fallait empêcher les rebelles de passer le Nil et de rejoindre le reste des troupes soudanaises de l'Ouganda, environ 1.600 Soudanais, sur lesquels il était téméraire de compter.

Le 9 janvier, pendant la nuit, les rebelles quittèrent le fort Loubouas et passèrent le Nil, marchant du côté de Mengo, capitale de l'Ouganda. La marche du lieutenant Harrisson, envoyé au-devant d'eux, fit changer leurs projets. Ils se dirigèrent vers l'Ounyoro, par la rive droite du Nil, afin d'y retrouver le roi Kabarega. Rejoints par le lieutenant Harrisson, le 23 février, au fort M'Ruli, à l'est du lac Kiodja, ils y essuyèrent, après une bataille acharnée, une défaite sanglante qui calma les inquiétudes des Anglais.

La situation, à ce moment, était, en effet, critique. Ils ne restait plus dans l'Ouganda en effervescence que 850 Soudanais fidèles, et Kabarega montrait les dispositions les plus hostiles. On avait dû demander 800 hommes de renfort de troupes indiennes qui n'arrivèrent qu'après la victoire du lieutenant Harrisson.

Les rebelles, rejetés dans les marais du lac Kiodja, se dispersèrent et rejoignirent plus tard l'Ounyoro.

Cette campagne avait coûté aux Anglais plus de 500 hommes, et il fut heureux pour eux que l'Ouganda eût été pacifié à l'avance. Aucun mouvement ne s'y produisit. Seule la garnison de Kampala avait donné quelques inquiétudes depuis la défaite de Mouanga, mais elle n'avait pas tardé à faire sa soumission.

L'expédition Mac-Donald fut alors reprise. Malgré de nouvelles révoltes qui ensanglantaient l'Ouganda depuis le mois de juillet 1898, les débris de la première mission Mac-Donald, réorganisés sous le commandement du major Martyr, se mirent en route pour descendre le Nil dans le courant du mois d'août. A ce moment, l'Ounyoro, comme l'Ouganda, entrait en rébellion, et les pays du nord de l'Ouganda étaient ravagés par les révoltés, qui se dispersèrent devant les troupes anglaises pour se reformer dans l'Ounyoro, sous la direction de Kabarega. Malgré cette révolte, les troupes anglo-indiennes, descendant le Nil, arrivaient au commencement d'octobre à Doufilé, après avoir passé à Ouadelaï et fondé des postes plus à l'est, à Fatiko et Faradjok. De son côté, au mois de novembre 1898, le major Mac-Donald était chargé d'établir deux lignes de postes allant, d'une part, du haut Nil au lac Rudolph et, d'autre part, du lac Rudolph à la rivière Sobat et au Nil de Fachoda. La jonction du Soudan égyptien à l'Ouganda paraissait ainsi assurée.

Le major Martyr, après avoir poussé jusqu'à Bedden, par la voie du Nil, avec 600 hommes, prit ensuite la rive gauche du fleuve et fit sa jonction, à Redjaf, avec le commandant Hanolet, des troupes congolaises. Mais il ne put pousser bien au delà de ce point à cause de l'impossibilité de naviguer sur le Nil, couvert de *sedd*, masses d'herbages infranchissables aux bateaux. Il se contenta, ainsi qu'il l'annonça au mois de septembre dernier, de fonder des postes le long du Nil, jalonnant ainsi sa ligne de communication avec l'Ouganda. De Fachoda à Redjaf, sur 350 milles environ, le pays est donc resté jusqu'à ce jour inoccupé par les Anglais.

Pendant ce temps, l'Ounyoro et l'Ouganda restaient insoumis.

Les rebelles, dirigés par Kabarega et Mouanga, et les Soudanais révoltés tenaient la brousse, épuisaient les troupes anglo-indiennes par une guerre de guérillas. Une expédition anglaise, celle du capitaine Kirk-Patrick, était massacrée à la sortie du lac Albert. Les forces anglaises, commandées par le colonel Evatt, réussirent cependant à atteindre les deux chefs rebelles, et, après une lutte qui coûta 300 hommes aux révoltés, les firent prisonniers. Il est probable que le pays va faire sa soumission, bien qu'on ait signalé un centre de résistance sérieux dans la forêt de Boudouga, près du lac Albert.

Tout récemment le gouvernement de l'Ouganda a été confié à sir Harry Johnston qui cumule les pouvoirs civils et militaires et sur lequel on compte pour rehausser, dans cette partie de l'Afrique, le prestige de l'Angleterre compromis par les révoltes locales aussi bien que par les insuccès de la guerre du Transvaal.

On voit, par ce qui précède, qu'avec une politique plus ferme et plus continue, l'Ouganda aurait pu devenir une possession française.

L'Ouganda à la France, c'était l'Angleterre coupée de l'Égypte vers le Sud, ou n'y accédant que par une étroite bande de territoires peu connus et contestés par l'Abyssinie. C'était une position de flanc éminemment efficace pour une action intérieure vers le Congo et l'Est africain tout entier. Les Anglais ne s'y sont pas trompés : leur hâte à refouler l'influence française, leur ténacité à organiser et à pacifier le pays sont la meilleure preuve du prix qu'ils ont attaché dès le début à la possession de la région des Lacs.

L'Ouganda est aujourd'hui possession anglaise, et l'Angleterre, on peut en être sûr, ne manquera pas de tirer parti de toutes les richesses de ce pays.

Au nord de l'Ouganda commencent les territoires jadis soumis à la domination égyptienne. Ce sont ces territoires dont l'Angleterre nous a interdit l'occupation sous les prétextes énumérés dans un chapitre précédent, en réalité pour attendre le moment favorable de les occuper elle-même.

Du côté de l'Abyssinie et du fleuve Djouba, il ne semble pas que l'activité anglaise se soit beaucoup exercée jusqu'ici, bien que la Compagnie de l'Est africain se fût réservée, lors des conventions de délimitation avec l'Italie, le droit de pousser ses opérations au delà de la Djouba. Il n'y a à signaler dans ces régions qu'une révolte des Ogaden du Jubaland, péniblement réprimée en 1898.

En résumé, grâce à sa belle position et à la possession de Zanzibar, qui tend à se développer de plus en plus, les possessions de l'Est africain anglais paraissent avoir un bel avenir, malgré les déceptions causées par les premiers essais de colonisation. L'émigration indienne, favorisée par les Anglais, permettra peut-être de donner le premier élan à la colonie. La voie ferrée de Monbasa au lac Victoria servira à drainer les denrées des pays voisins; puis, prolongée jusqu'au Nil, elle permettra d'établir une ligne mixte de communication des bords de la Méditerranée à ceux de l'océan Indien, en attendant son raccordement avec le réseau égyptien (1).

Les travaux, commencés à la fin de 1890, sont entrés depuis 1896 dans une période d'exécution active, malgré les difficultés rencontrées dans le recrutement des ouvriers. On a dû, en avril 1896, faire venir à grands frais 1.100 coolies de l'Inde, les indigènes fournissant un travail insuffisant. Depuis lors les coolies tirés de l'Inde se sont élevés à 13.000. Depuis longtemps une route relie Mombasa à Port-Alice sur le lac Victoria et 250 kilomètres de voie ferrée étaient déjà terminés à la fin de 1898, dépassant, à l'altitude de 500 mètres, la rivière Tsavo. A la suite de nombreuses reconnaissances, la longueur totale de la ligne a pu être réduite à 880 kilomètres et il a été décidé de faire aboutir la ligne à Port-Florence.

La partie la plus facile, de Mombasa à Nyrobi, dans une contrée assez plane, a progressé rapidement malgré le climat; on a pu poser le rail à une vitesse qui atteint 2.250 mètres par jour et le prix du kilomètre s'est établi, en moyenne, à environ 72.000 francs. Actuellement la plate-forme s'avance jusqu'à Kikuyu ; mais, à partir de Nyrobi, localité désignée comme devant être le futur point de raccordement du Transafricain, le pays devient beaucoup plus difficile : les altitudes dépassent 3.000 mètres, exigeant des funiculaires, et de nombreux ouvrages d'art vont devenir nécessaires.

Malgré l'active impulsion donnée aux travaux, on ne saurait compter sur une excessive rapidité d'exécution en raison du terrain, du climat et de la turbulence des indigènes ; ceux-ci, décimés par la variole et la famine qui, sur une population d'un million d'individus, leur a enlevé depuis un an plus de 60.000 personnes, éprouvés d'autre part par la peste bovine qui ruine leurs troupeaux, obligent la compagnie du chemin de fer à une surveillance incessante et onéreuse.

_____

(1) Exercice 1897-98. — Importations : 4.464.826 roupies contre 3.925.597 en 1896-97; exportations : 1.089.266 roupies contre 1.172.026 en 1896-97.
Revenus du même exercice... 755.175 francs.
Dépenses.................. 3.343.075 —
Sur 196.630 tonneaux entrés dans le port de Mombasa en 1897-98, 42.400 étaient de provenance allemande.

Quoi qu'il en soit, la zone de la mouche tsétsé est aujourd'hui traversée et les chevaux peuvent parvenir dans l'Ouganda ; la ténacité anglo-saxonne fera le reste, s'imposant une fois de plus en exemple aux Français, figés devant leur Transsaharien, d'exécution bien plus facile et bien moins dispendieuse.

Tel qu'il est, l'Est africain britannique est un pays utile au développement du plan de domination africaine cher aux Anglais. Avant la déclaration du 21 mars 1899, ceux-ci pouvaient espérer joindre le Darfour à leurs possessions du Niger, et des tentatives avaient déjà été prévues dans ce but. Il a fallu se limiter et abandonner le Ouadaï à la France. On a renoncé par cela même, mais non sans arrière-pensée, à enserrer les territoires africains entre les branches d'une étoile triangulaire formée par des zones de pays anglais, ayant pour centre le Soudan égyptien et pour extrémités l'Égypte, le Niger et l'Est africain.

L'ambition britannique, quoique réduite, est encore colossale. L'Abyssinie et le pays des Somalis sont investis étroitement et menacés de se trouver bientôt, comme le Transvaal, dans la dépendance économique, sinon politique, de l'Angleterre. Comprimées entre ce bloc de possessions et les territoires de l'Afrique australe, entre la Nigeria et le Maroc, où les Anglais menacent de prendre pied, les autres colonies européennes auront certainement du mal à se développer et seront elles-mêmes peu à peu menacées d'une absorption tout au moins partielle.

Ce jour-là, les Anglais pourront envisager avec moins d'amertume la perte des Indes, qui seront peut-être tombées avant longtemps dans la servitude économique des peuples de l'Extrême-Orient. Ils auront trouvé, par la possession de l'Afrique, le moyen de les remplacer en vue d'assurer les débouchés nécessaires à leur industrie et à leur commerce.

Région des Somalis.

Zones d'influence anglaise et italienne.

C'est la région, de forme triangulaire, qui a pour base le fleuve Djouba et pour sommet le cap Guardafui.

Si l'on en retranche le protectorat anglais de la côte méridionale du golfe d'Aden, tout ce vaste pays se trouve placé dans la sphère d'influence italienne. Cette influence s'est d'ailleurs peu fait sentir jusqu'ici, sauf par la conclusion de traités de protectorat avec quelques chefs du pays et notamment avec le sultan d'Hopia (1889).

La zone italienne est délimitée, du côté de l'Est africain anglais, par les conventions des 23 mars et 15 avril 1891, avec cette réserve que la Compagnie anglaise de l'Afrique orientale, qui depuis lors a cessé ses opérations, avait le droit de poursuivre ses entreprises commerciales dans la région italienne.

Celle-ci renferme deux catégories de territoires : ceux qui bordent l'océan Indien et qui, près de la mer, sont couverts de dunes et, plus à l'intérieur, sont arides et souvent desséchés ; l'hinterland, qui renferme les riches contrées du pays des Gallas et du Harrar, pays abyssins, et la région du Kaffa. Le plateau d'Ogaden, qui s'étend entre les deux régions et qui a une altitude moyenne de 1.000 mètres, est à peu près désert.

Jusqu'ici, l'Italie n'a pour ainsi dire rien fait pour cette nouvelle colonie, qui ne paraît pas présenter de grands éléments d'avenir. Elle est d'ailleurs étroitement limitée par les possessions anglaises de Zeïla et Berbera, et les territoires français d'Obock-Djibouti, servant de débouchés à la presque totalité du commerce de l'intérieur.

Les territoires anglais sont délimités par le protocole du 5 mai 1894, qui fixe des limites précises à la sphère d'influence italienne, mais qui lui cède tous les droits que l'Angleterre possédait sur l'hinterland, et en particulier sur le Harrar, par suite d'une convention antérieure avec la France. On verra plus loin ce que pense Ménélik de ce traité.

Les divers ports de la côte anglaise sont les débouchés naturels du pays des Somalis. Ce sont les ports de Zeïla, Bulhar, Berbera et Karam, qui font chaque année un commerce d'environ 12 millions.

Ces régions sont, par leur situation, un peu extérieures à l'Afrique, à laquelle elles se rattachent par l'Abyssinie et par les territoires voisins du fleuve Djouba. Leur fertilité intermittente, la faible densité de leur population, encore sauvage, ne permettent pas de penser qu'ils pourront se développer sans de sérieux efforts.

La mission Rennel Rodd, envoyée auprès du négus, a eu pour effet de faire admettre par Ménélik la délimitation de la côte anglaise des Somalis et la cession à l'Angleterre d'une bande de terrain de 50 à 60 kilomètres le long de la côte. Celle-ci était sous la dépendance du ministère des Indes, qui en a transmis, en septembre 1898, l'administration au Foreign Office.

On n'est pas sans inquiétudes, en Angleterre, sur le sort de cette colonie, pressée entre la zone italienne, le Harrar et la côte française des Somalis. Le développement du port de Djibouti et, plus encore, le chemin de fer de Djibouti à Harrar et prolongements menacent sérieusement les ports anglais de la côte et notamment le port de Zeïla. C'est dans ces faits, autant que dans l'importance stratégique de notre possession d'Obock, qu'il faut chercher les motifs du désir des Anglais de se faire céder cette colonie.

La question de cette cession, lancée à travers l'opinion comme celle de Terre-Neuve, au moment des affaires de Fachoda, trouve en Angleterre des partisans d'autant plus nombreux qu'il s'agit non seulement de la possession des rives du détroit de Bab-el-Mandeb, mais plus encore de l'investissement de l'Abyssinie.

Au mois de septembre dernier, des troupes britanniques envoyées d'Aden et de l'Inde débarquèrent dans la colonie.

Un mahdi s'était, paraît-il, révélé aux populations de l'intérieur qui se montraient réfractaires à l'influence anglaise. Certaines personnes virent dans ce déploiement de forces le résultat de la crainte inspirée aux négociants anglais par les suites de la guerre du Transvaal, la menace d'une intervention et l'activité déployée dans la construction du chemin de fer du Harrar.

Ce rassemblement de troupes qui pourrait, en se portant vers notre colonie, priver facilement notre marine de son principal point de ravitaillement dans ces parages, mérite d'attirer l'attention sur la nécessité de renforcer les défenses actives et passives de notre nouveau point d'appui.

Les troupes anglaises, qui parurent à Ménélik avoir un tout autre objectif que le mahdi signalé à l'attention de l'Europe, furent activement surveillées par les 5.000 Abyssins du dedjaz Berrato. Depuis lors les insuccès subis au Transvaal ont tout fait rentrer dans l'ordre sur la frontière abyssine.

Du côté de la zone italienne, il n'y a que peu d'événements à signaler dans ces dernières années. La possession même de l'hinterland est contestée par Ménélik, qui pense à reconstituer de ce côté le territoire éthiopien et à reconquérir les antiques frontières de son empire. Ces territoires ont fait l'objet de plusieurs explorations italiennes qui ont eu des destins divers.

Une de ces missions, sous les ordres du capitaine Bottego, avait pour objet de rechercher les moyens d'attirer vers Lugh le commerce des régions des lacs Rudolph et Stéphanie. La mission se dirigea d'abord de Sancurar, d'où elle partit le 22 février 1896, sur le Daka, puis chez les Amar. Elle remontait ensuite vers le Nord et, par le lac Pagadi, atteignait le fleuve Omo en juillet 1896.

Elle échappait ensuite à la poursuite du sultan Djimma et du ras Uold Ghirghiz et se réfugiait vers le lac Rudolph. De là, elle se rendit au nord du lac Stéphanie, remonta le Sagan, puis continua vers le Nord par la rive ouest du lac Rudolph. Elle se dirigea ensuite sur Sajo et de là sur Gobo, où elle fut détruite le 17 mars 1897 par une attaque des gens du degiasmac de Lega.

Deux officiers italiens seulement échappèrent, mais presque

tout le personnel de la mission, 60 personnes sur 86, fut massacré. Les deux officiers survivants furent remis à Ménélik, qui ordonna, le 22 juin, leur rapatriement. La plupart des collections recueillies par la mission put être sauvée.

Vers la même époque, M. Cecchi, consul général d'Italie à Zanzibar, accompagné de deux officiers, effectuait une tournée sur la côte somali. A environ 20 kilomètres de Magadoxo, dans la nuit du 26 au 27 octobre 1897, son campement fut assailli par un millier de Somalis et presque tout son personnel massacré. Quelques indigènes et deux marins italiens réussirent à s'échapper.

Une petite expédition, organisée pour venger cet échec, fut envoyée contre les Somalis. Après avoir dispersé les indigènes, non sans éprouver des pertes, et brûlé plusieurs villages, elle regagna la côte, rapportant quelques objets provenant de l'expédition Cecchi.

Ces événements ont montré que les Somalis sont, ainsi qu'on en avait déjà eu des preuves, réfractaires à toute influence étrangère. Le sultan de Zanzibar, autrefois maître de la côte, en fit souvent l'expérience, et il semble qu'il faudrait des moyens plus puissants que ceux employés par les Italiens pour venir à bout de ces populations et leur imposer une civilisation qu'elles ne paraissent pas beaucoup apprécier.

Côte française des Somalis et dépendances.

Obock et Djibouti. — Leur importance. — Avenir de la colonie.

Par décret du 20 mai 1896, le territoire d'Obock, ainsi que les protectorats de Tadjourah et des pays danakils, sont réunis au protectorat de la côte des Somalis au point de vue administratif, judiciaire et financier. Ils forment ensemble une colonie appelée Côte française des Somalis et dépendances.

Le chef-lieu de la colonie est Djibouti, la meilleure rade de la côte, qui est devenue, depuis le 12 novembre 1895, l'escale de la Compagnie des Messageries maritimes (ligne de la Réunion par la côte d'Afrique et Madagascar).

Obock avait pris de l'importance dans ces dernières années, comme point de ravitaillement. Il servait de dépôt de vivres, d'eau et de charbon à notre marine militaire, à qui les Anglais avaient refusé du charbon à Aden, pendant la campagne contre la Chine en 1884. Cette escale, importante au point de vue stratégique, a été tout récemment érigée en point d'appui de la flotte.

Les communications avec l'intérieur sont plus importantes par Djibouti que par Obock, et le mouvement commercial de Djibouti augmente tous les jours. Le câble d'Aden à Obock par Perim est continué jusqu'à Djibouti. Mais les caravanes venant des pays voisins du Nil Bleu, et même du Harrar, prennent encore le chemin de Zeïla et Berbera. On a cependant établi une ligne de caravanes avec le Choa, et l'on espère pouvoir, le chemin de fer aidant, détourner des territoires anglais la plus grande partie de leur commerce de transit.

La mission Lagarde, envoyée au négus au mois de mars 1897, a pu obtenir un traité de commerce qui autorise M. Ilg à créer la *Compagnie impériale des chemins de fer éthiopiens*

. et à construire la ligne de Djibouti à Harrar avec prolongement sur Entotto, le Kaffa et le Nil Blanc. Les détails de ce traité sont exposés dans le chapitre relatif à l'Abyssinie. Le chemin de fer a été poussé activement depuis sa concession, et il est terminé actuellement sur une longueur de 130 kilomètres.

Cette voie ferrée excite les plus vives appréhensions des Anglais, et sa contruction n'est pas étrangère aux bruits récemment répandus de l'acquisition de notre colonie, ardemment désirée par l'Angleterre. Mais les propositions anglaises, si elles se produisent officiellement, ne peuvent manquer d'être repoussées, car, par sa situation même et surtout depuis le développement pris par notre Indo-Chine et par Madagascar, la possession de la côte des Somalis devient de plus en plus indispensable au rayonnement de notre influence et à la libre action de nos flottes.

La colonie tire en effet de sa situation au débouché de la mer Rouge, à proximité d'Aden et de Perim, une haute importance stratégique. Elle est délimitée au Nord par le cap Doumeïrah dans le sultanat de Raheita. Le cap Doumeïrah est une position importante, située en face de Perim, et dominant la passe occidentale, de 11 milles de large, du détroit de Bab-el-Mandeb. La passe orientale, large de 2 milles, est la plus fréquentée, et est dominée du côté de l'Arabie par le promontoire de Cheik-Saïd, qui a été acheté en 1868 par une Compagnie marseillaise et qui est occupé par quelques soldats turcs.

Voici sur le détroit de Bab-el-Mandeb des renseignements intéressants tirés d'une notice de M. Romanet du Caillaud :

Le détroit de Bab-el-Mandeb, par lequel la mer Rouge s'ouvre sur l'océan Indien, a 14 milles de large ; l'île anglaise de Perim est en travers et le partage en deux passes. La grande passe, du côté de l'Afrique, a 11 milles ; mais, les fonds se relevant près de la côte, elle n'est navigable que sur une largeur de 7 milles. La petite passe, entre Perim et la côte arabique, n'a qu'un mille et demi ; elle est la plus sûre et la seule utilisée en toute saison.

L'île de Perim, que les Anglais occupent depuis 1859, est un rocher absolument aride, en forme de croissant. Son port, ouvert du côté du sud, offre, il est vrai, des profondeurs de 8 à 15 mètres, mais le point culminant de Perim n'a que 65 mètres d'altitude. Or le point culminant du massif de Bab-el-Mandeb, situé à peu de distance de la petite passe, a 270 mètres de haut. Le Bab-el-Mandeb domine donc absolument la petite passe.

A l'ouest du mont Mankhali, le promontoire oriental qui forme la baie de Cheik-Malou a des sommets fort remarquables : l'un, de 50 mètres, est à 75 mètres de la mer ; l'autre, de 91 mètres, est à 200 mètres ; puis, en s'éloignant de la rive, on trouve les cotes de 99 et de 137 mètres.

L'éperon occidental de cette même baie de Cheik-Malou n'est autre que le cap Bab-el-Mandeb.

Son extrémité est une île reliée au continent à marée basse ; on l'appelle l'île aux Huîtres ou l'île du Pilote. C'est là que se trouve le tombeau de Cheik-Malou. Le sommet de cette île est de 17 mètres.

Le premier sommet du cap Bab-el-Mandeb, distant de 160 mètres de la mer, est à une altitude de 61 mètres.

La France est maîtresse de la rive africaine du détroit de Bab-el-Mandeb ; le territoire d'Obock s'étend jusqu'au cap Deumeïrah et comprend le cap Sejarn et les îles Subach, clefs de la grande passe du côté du continent. Quant au massif de Bab-el-Mandeb, il surplombe, pour ainsi dire, la position de l'île anglaise de Perim.

Le centre de la rade de Perim est à 5 milles (soit 9 kilomètres) du mont Mankhali. De ce côté, cette rade n'est protégée que par une colline de 50 à 60 mètres de haut, défilé bien impuissant contre les batteries à longue portée établies sur un sommet de 270 mètres.

Un établissement de marine militaire unique au monde pourrait être créé dans la lagune qui s'étend au nord-est de Cheik-Saïd.

Le fond de cette lagune est sablonneux et serait facilement approfondi ; on pourrait donc y creuser un vaste bassin intérieur de 1.500 hectares et au delà, si c'était nécessaire.

Une jetée, dirigée de l'est à l'ouest, protégerait l'entrée du côté de la mer Rouge contre l'envahissement des sables poussés par la mousson du nord.

Un canal de 2 kilomètres, creusé dans le sable, rétablissant l'ancien détroit, pourrait relier ce bassin à l'océan Indien.

Là encore, pour obvier aux ensablements creusés par la mousson du sud, une jetée devrait être créée.

C'est ainsi que Cheik-Saïd peut devenir une station navale de premier ordre.

A la suite d'un dissentiment survenu, au mois de novembre 1898, entre agents français et italiens, au sujet de la délimitation de la frontière à partir du ras Doumeïrah, des pourparlers furent engagés entre les deux gouvernements et aboutirent aussitôt à une entente aux termes de laquelle le versant sud du ras Doumeïrah appartiendrait à la France. Une commission de délimitation fut nommée et, du côté français, le lieutenant Blondiaux désigné pour opérer l'abornement. Les travaux de la commission se terminaient, au mois d'août 1899, par le tracé d'une frontière suivant la ligne des hauteurs du cap Doumeïrah, mais laissant encore en litige l'île Doumeïrah située en face du cap.

Au Sud, le territoire français se termine au ras Djibouti et au puits d'Hadou. Il comprend les protectorats de Tadjourah, d'Ambalo, de Sagallo, du Gubet-Kharab et de la côte de Djibouti.

Sa superficie totale est d'environ 120.000 kilomètres carrés, par suite des conventions passées avec les indigènes, et sa population est d'environ 200.000 habitants.

Le grand ennemi de la colonie est la chaleur, qui s'élève à Obock jusqu'à 48° et descend rarement au-dessous de 17°. La bonne saison dure d'octobre au mois de mai; la température oscille alors autour de 25°. Il pleut cependant assez souvent à Obock.

Un décret du 3 mars 1886 a créé à Obock un dépôt de condamnés aux travaux forcés de race arabe; puis on y a prévu l'envoi de tous les condamnés africains ou indiens. Un autre décret du 22 octobre 1887 y a réglé la transportation annamite. On a renoncé depuis lors à y interner des arabes au milieu d'un pays musulman. Les détenus ont exécuté dans la colonie des travaux d'utilité publique tels qu'une digue, un quai, des jardins et l'hôtel du gouverneur.

La proximité de l'Abyssinie, du Harrar et du pays des Gallas donne à notre colonie d'Obock une importance toute spéciale. Nos bonnes relations ininterrompues avec Ménélik et l'éloignement dont fait preuve l'empereur pour les Italiens et les Anglais nous permettront d'attirer vers le golfe de Tadjourah les denrées des pays voisins. On a eu l'occasion de parler plus haut des convoitises anglaises et des craintes qu'avait fait naître le débarquement de troupes, récemment opéré, au mois de septembre dernier, dans la Somalie britannique. Cet avertissement ne doit pas être perdu, en raison des nombreuses précautions qu'il est nécessaire de prendre dans ces parages actuellement livrés à la domination anglaise.

La route de Djibouti à Harrar est fréquentée par les caravanes, et celle d'Abyssinie au golfe de Tadjourah, par la vallée de l'Haouach, est une des meilleures du pays. La création d'une voie ferrée de pénétration augmentera encore l'importance de la colonie. Tous nos soins doivent tendre aujourd'hui, non plus à agrandir un territoire dont les limites sont fixées, mais surtout à le défendre et à en faire le débouché le plus commode de l'Abyssinie.

Au point de vue stratégique, Djibouti tend à devenir pour la France ce qu'Aden est pour l'Angleterre, mais avec un climat meilleur et des ressources agricoles plus considérables. Son importance se développera rapidement, en même temps que les relations avec nos possessions de l'Extrême-Orient et de l'océan Indien.

Érythrée et Éthiopie.

Historique sommaire. — Expédition italienne de 1895-96. — L'armée du négus. — Amba-Alaghi. — Makallé. — Adoua. — Adigrat. — Kassala. — Influence des événements d'Abyssinie sur la politique européenne. — Politique des Français, Anglais et Italiens en Abyssinie. — Importance et développement de l'empire d'Éthiopie.

Les événements qui se sont déroulés dans la colonie italienne d'Érythrée, en 1895 et 1896, ont eu sur la politique européenne une influence telle que nous sommes tenus de les énumérer avec quelques détails.

La politique des peuples de l'Europe est actuellement si enchevêtrée, les conflits d'intérêts touchent à des questions si nombreuses qu'un succès ou un échec d'une nation quelconque dans une entreprise coloniale a une répercussion immédiate et forcée sur sa politique générale.

C'est ce qui s'est produit lors des entreprises de l'Italie en Érythrée; c'est aussi ce qui a déterminé cette puissance à écouter les conseils de l'Angleterre, puis à favoriser les desseins des Anglais en Égypte. Plus tard, l'Allemagne se serait vue obligée, dit-on, en considération de son alliée, à demander pour elle l'appui de l'Angleterre au Soudan et à se rapprocher du gouvernement britannique, malgré l'antagonisme créé entre les cabinets de Berlin et de Londres à l'occasion des affaires du Transvaal. Cette action des Anglais au Soudan aura eu pour point de départ les visées de la politique coloniale italienne et pour résultat la mobilisation diplomatique de l'Europe entière.

Nous n'entrerons pas dans les détails des premiers événements qui ont eu pour théâtre l'Abyssinie et l'Érythrée. Il nous suffira, avant d'arriver aux faits de 1895-1896, d'énumérer brièvement les événements antérieurs.

C'est le désir de jouer un rôle colonial comme grande puissance, désir légitime d'ailleurs, bien qu'on l'ait qualifié de mégalomanie, joint à la considération des pertes de forces résultant d'une émigration intensive (1), qui décida l'Italie, vers 1884, à chercher des prétextes pour mettre le pied en Afrique.

A ces motifs, il faut joindre le souvenir de l'occupation de la Tunisie, la volonté d'augmenter le prestige de l'armée italienne et de donner confiance au pays, appelé, suivant le désir de ses gouvernants, à jouer, un jour ou l'autre, un grand rôle militaire en Europe.

A l'achat de la baie d'Assab par la Compagnie de navigation Rubattino, en 1869, succéda, jusqu'en 1884, une longue période de recueillement. A ce moment, les Anglais, pour obtenir la coopération des Italiens du côté du Soudan et, plus encore, leur assentiment — d'aucuns ont dit leur complicité — dans l'occupation de l'Égypte, les poussèrent à Massaouah, où ils débarquèrent en février 1885, malgré les protestations du khédive, que renouvela le sultan, le 13 août 1888.

On doit rappeler ici que les Italiens refusèrent de reconnaître les droits de la France sur Zoula et Adulis, et que leur politique trouva à ce moment en Allemagne un appui efficace.

En 1887, premier contact avec les Abyssins, qui, refusant d'entrer en pourparlers avec les Italiens, bloquent Massaouah, battent les envahisseurs à Dogali (le 25 janvier 1887) et à Saganeiti (en août 1888). A ce moment, 20.000 Italiens furent envoyés à Massaouah, et les généraux Géné, Saletta, Asinari, San-Marzano et Baldissera se succédèrent en une année sans améliorer la situation de la colonie.

C'est à ce moment que la mort du négus Jean, tué par les

---

(1) L'émigration italienne en 1895 s'est élevée au chiffre de 293.781 personnes contre 225.323 en 1894. Plus de 200.000 personnes sont parties pour l'Amérique, dont 114.000 pour le Brésil, 44.000 pour les États-Unis et 41.000 pour la République Argentine.

Les régions qui donnent le plus d'émigrants sont la Vénétie (113.000), la Campagne romaine (32.000), le Piémont (26.000), la Lombardie (20.000). C'est la Sardaigne qui en fournit le moins (150). Ce sont donc les provinces les plus riches qui fournissent le plus fort contingent.

Derviches à Metemmeh, le 10 mars 1889, et les visées, bientôt couronnées de succès, de Ménélik sur la tiare d'Abyssinie donnèrent un nouvel élan aux entreprises des troupes italiennes. Elles occupèrent, en 1889 et 1890, Keren, Asmara et Adoua, et étendirent leur protectorat depuis Ras-Kassar jusqu'au territoire français d'Obock, sur environ 1.100 kilomètres de côtes.

Sur leurs instances, une mission envoyée par Ménélik en Italie, sous la direction du ras Makonnen, conclut le traité d'Ucciali (29 septembre 1889). La clause principale de ce traité, qui devait être le motif des expéditions futures, était ainsi conçue, dans son texte abyssin ou amharique (art. 17) :

Le roi des rois d'Éthiopie peut demander l'aide du royaume d'Italie pour les affaires qu'il aurait avec les autres royaumes d'Europe.

La traduction donnée par le texte italien était :

S. M. le roi des rois d'Éthiopie consent à se servir du gouvernement de S. M. le roi d'Italie pour traiter les affaires qu'il aura avec les autres puissances ou gouvernements.

C'est de l'interprétation de cet article 17 que sont venues les difficultés entre l'Italie et Ménélik. Ce dernier, qui travaillait à assurer son autorité en Abyssinie, évitait à ce moment toute contestation avec les Italiens. Cependant, l'extension de la colonie jusqu'au Mareb et surtout l'interprétation du traité d'Ucciali firent naître d'interminables difficultés. C'est à ce moment que les Italiens, par les conventions du 15 avril et du 24 mai 1891, délimitèrent avec l'Angleterre, qui reconnut leur protectorat sur l'Abyssinie, leurs territoires de la presqu'île des Somalis et se préparèrent à l'action militaire qui, sous les auspices de M. Crispi, revenu au pouvoir, n'allait pas tarder à s'engager.

Le général Baratieri, envoyé à Massaouah, saisissait l'occasion d'une incursion des Derviches pour les battre à Agordat en décembre 1893 et occuper Kassala en juillet 1894. C'est le moment que choisit Ménélik pour dénoncer le traité d'Ucciali.

Le général Baratieri se retourna alors contre le ras Mangacha, l'ancien rival de Ménélik, alors devenu un de ses plus fidèles lieutenants, et le battit à Coatit (15 janvier) et à Senafé (19 janvier 1895).

Ces deux victoires lui valaient, en Italie, une popularité immense, et M. Crispi lui télégraphiait :

> Je me félicite avec toi et avec l'Italie pour les victoires remportées sur les Abyssins. Nous devons louer non seulement la valeur des soldats, mais aussi la stratégie du capitaine, qui sut, en vrai garibaldien, vaincre avec des forces minimes un ennemi plus fort.

Baratieri était rentré à Massaouah lorsqu'il apprit que Mangacha avait repris la campagne. Il revint alors vers Adigrat, place forte située à un nœud remarquable de communications, s'en empara et poussa un détachement jusqu'à Autalo et Makallé. Se tournant ensuite vers Adoua, il alla y faire une entrée triomphale, après avoir proclamé Agos Tafari roi du Tigré à la place de Mangacha.

Le général Baratieri, revenu en Italie, y fut accueilli avec enthousiasme. A ce moment même, on signalait comme un fait connu de tous le bruit de la marche de Ménélik accourant du Choa avec toutes ses forces pour venger les défaites subies par son lieutenant et arrêter les empiétements des Italiens dans le Tigré, patrie de l'impératrice Taïtou (1).

Un député italien, M. Colajanni, qu'on peut citer parmi les

---

(1) Voici quel était, à la date du 1er décembre 1895, l'effectif des troupes en Érythrée (*Revue militaire de l'étranger*, décembre 1895) :

Troupes italiennes.	1 bataillon de chasseurs............	615 hommes		
	3 bataillons d'infanterie............	1.800 —		
Troupes indigènes.	8 bataillons d'infanterie............	9.600 hommes	(72 Italiens)	
	1 escadron do cavalerie............	155 —	(10 —)	
	2 batteries de montagne............	248 —	(22 —)	
Troupes mixtes.	1 compagnie de carabiniers........	174 hommes	(80 Italiens)	
	1 compagnie de canonniers.........	209 —	(100 —)	
	1 compagnie du génie..............	204 —	(146 —)	
	1 compagnie du train..............	205 —	(59 —)	

Effectif..... 13.210 hommes.

Les 16, 18 et 20 décembre 1895, partirent d'Italie cinq bataillons et de l'artillerie qui furent suivis à bref délai par sept autres bataillons et deux batteries, en sorte que l'effectif ci-dessus se trouva augmenté de 8.000 hommes.

plus clairvoyants politiques de la péninsule, analysant les
conditions auxquelles fut soumise la politique africaine de
l'Italie, n'hésite pas, en adversaire déclaré des entreprises
coloniales, à déclarer que l'Italie n'était nullement préparée
à entamer la politique d'expansion qui devait l'amener au
désastre d'Adoua.

Il s'appuyait sur l'opinion du ministre Mancini, qui, en
1881, avait dit au Parlement italien : « L'idée de n'importe quelle politique coloniale paraît inféconde, indigne de
nous. »

Il est vrai que Mancini se convertit plus tard, puisqu'il
déclarait au Sénat, en 1885, que l'Italie était « mûre et préparée pour la politique coloniale..... Il ne lui convient pas de
mener la vie d'une humble Cendrillon ménagère ».

Commençant ses expériences coloniales par l'Érythrée,
l'Italie ne devait pas tarder à s'apercevoir qu'elle se heurtait
à des difficultés redoutables.

Le peuple abyssin, affamé d'indépendance, n'a jamais été ni
conquis ni soumis par personne. Ces montagnards énergiques
et belliqueux ont résisté, grâce à leurs traditions et à leur
sentiment national, à tous les conquérants qui ont voulu,
pendant le cours des siècles, se lancer à l'assaut de leurs
montagnes. L'Égypte ancienne et les Romains renoncent
à sa conquête. Les Arabes et les musulmans se heurtent à
l'Éthiopie nombre de fois sans parvenir à l'entamer sérieusement. Les Anglais eux-mêmes, après avoir mené contre
les Abyssins une coûteuse expédition, se retirent rapidement
de leurs montagnes, évitant avec soin de s'engager à fond.
Plus près de nous, les Égyptiens essuient des désastres sans
précédents aux abords de l'Abyssinie, donnant ainsi la mesure de la valeur et de l'organisation, alors peu connue, des
habitants de l'Éthiopie.

Il est inutile de revenir ici sur le système féodal, souvent
décrit, de l'empire abyssin. Mais on lira sans doute avec intérêt les détails suivants, donnés par M. Ilg, un ingénieur suisse,
qui est un des agents de Ménélik en Europe, et qui fut un mo-

ment son ministre des affaires étrangères, au sujet de l'armée du négus (1).

Les délégués du négus exercent l'autorité administrative et militaire. Le commandement suprême est exercé par l'empereur (négus negesti), secondé par un grand connétable (ligne megnas).

Un maréchal (ras) commande l'unité principale et a sous ses ordres les généraux (dedjamatsch). L'unité tactique est le bataillon d'environ 1.000 hommes. Son chef (schalleka) est secondé par des capitaines (weto alleka) qui commandent à des compagnies de 100 hommes et ont sous leurs ordres deux lieutenants (amsa alleka) et environ dix chefs d'escouade (alleka).

Un général commande de quatre à six bataillons. Un ras dispose de 15.000 à 20.000 hommes.

L'armée est composée de réguliers renforcés par des milices (guindevel) et des troupes irrégulières (panno) peu disciplinées.

Le négus peut, en cas de besoin, ordonner la levée en masse (je-ager-tor) de tous les hommes valides. Le soldat s'habille et s'équipe lui-même; il ne reçoit de l'État qu'un fusil et un sabre.

L'artillerie comptait, en 1895, quatre batteries de six pièces de 55 millimètres portées à dos de mulet.

Les services administratifs sont réduits au strict minimum, l'armée étant toujours suivie par un nombre considérable de mulets porteurs, de femmes et d'enfants qui jouent le rôle de pourvoyeurs. Il n'est pas rare aussi que chaque soldat emmène son mulet, animal qui, en Abyssinie, plus encore qu'en Europe, est d'une sobriété extraordinaire et n'exige aucun soin.

C'est la monture nationale, et c'est grâce à elle que les armées abyssines, quoique nombreuses et encombrées de non-valeurs, possèdent une mobilité étonnante. Les cavaliers

---

(1) Conférence faite à Zurich par M. Ilg, en avril 1896.

choans eux-mêmes emmènent leurs mulets et ne montent à cheval qu'au moment du combat.

Le négus, en cas de guerre, indique à chaque gouverneur de province le nombre d'hommes qu'il doit fournir et leur assigne un rendez-vous. Tel est, dans sa simplicité, le système d'organisation de l'armée qui fit affluer vers le Tigré, dès le milieu de 1895, les contingents des provinces de l'Éthiopie.

Ménélik, parti du Choa pour se mettre à la tête de cette armée, se trouva bientôt le chef de 100.000 hommes, en avant desquels les troupes du ras Makonnen, formant une avantgarde de plus de 15.000 hommes, surprirent, le 7 décembre, à Amba-Alaghi, les 1.200 indigènes du major Toselli (1). La défaite des Italiens fut complète et un petit nombre échappa au massacre. Le général Arimondi, le vainqueur d'Agordat, qui commandait à Makallé, n'eut même pas le temps de secourir le major Toselli, qui fut tué ainsi que tous ses officiers, sauf quatre d'entre eux qui réussirent à s'échapper. Après s'être porté vers Amba-Alaghi, le général Arimondi rétrograda sur Makallé et de là sur Adigrat, laissant dans le fort de Makallé le major Galliano avec un millier d'hommes (2).

---

(1) Le détachement Toselli comprenait un bataillon indigène et deux sections d'artillerie de montagne.

(2) Voici une lettre adressée par Ménélik lui-même à un de ses amis d'Europe qui donne les détails du combat d'Amba-Alaghi :

« *Nous Ménélik II, par la grâce de Dieu roi des rois d'Ethiopie, à M. X...*

» Comment te portes-tu, mon ami ? moi, par la grâce de Dieu, je vais bien ainsi que mes armées.

» Longtemps, j'ai agi avec lenteur, n'étant pas grandement troublé par les vexations des Italiens et les outrages dont quotidiennement ils souffletaient mes ras fidèles et loyaux, en leur offrant honteusement de trahir, pour des sommes d'argent, leur patrie; j'espérais, en agissant ainsi, éviter l'effusion du sang chrétien et je pensais que je pourrais patiemment attendre qu'il leur vînt de bons conseils de sagesse de la part des autres puissances européennes. Tu l'espérais également.

» M'étant aperçu que ma patience était considérée comme pusillanimité, tandis qu'elle faisait croire à leur force, je me suis porté vers Ascianghi. Ils sont venus pour m'y surprendre. Avant que les chefs des troupes que j'avais envoyées en avant fussent arrivés, l'avant-garde des troupes italiennes, jugeant l'occasion favorable, se porta rapidement en arrière et occupa le défilé d'Alaghi; l'avant-garde du ras Mangascia campa aussitôt à Agba. Les Italiens, ayant reconnu le campement, commencèrent à tirer de loin, et nos soldats, surexcités, sans même attendre l'arrivée de leurs principaux chefs, engagèrent le combat. C'était le 28 hedar (7 décembre), Dieu nous donna la victoire; les Italiens furent tous

Pendant que les Italiens se concentraient à Adigrat et à Adagamus, le ras Makonnen investissait Makallé et coupait les conduites d'eau qui alimentaient le fort. Il fut bientôt rejoint par Ménélik avec toutes ses forces.

L'investissement de Makallé et l'impossibilité où se trouvait le général Baratieri de porter secours au major Galliano, à cause de la disproportion des forces en présence (1), causèrent en Italie une énorme impression. On commença à se rendre compte des difficultés de la situation et des efforts nécessaires pour en triompher. Ne pouvant admettre la supériorité des Abyssins, les Italiens préférèrent croire que la France et la Russie s'employaient à fournir aux négus des armes, des munitions et même des officiers. Ces bruits, que le gouvernement de M. Crispi laissa s'accréditer, firent naître une campagne de presse à laquelle les journaux français et russes eurent la sagesse de ne pas prendre part.

Déjà, après le désastre d'Amba-Alaghi, le général Baldissera avait été pressenti par le gouvernement italien sur la question de savoir s'il accepterait de prendre le commandement des troupes d'Afrique. Mais il exigeait qu'on lui donnât 50.000 hommes, qui représentaient pour l'exercice 1895-1896 une dépense d'environ 150 millions. Or, le gouvernement n'avait demandé aux Chambres que 20 millions pour terminer la campagne. Plutôt que de faire connaître la vérité au pays, M. Crispi préféra se passer des services du général Baldissera.

---

détruits. Huit officiers italiens, dont le major Toselli, furent tués; quatre furent faits prisonniers.

» Le général Baratieri (les Abyssins croyaient à ce moment que le général Baratieri était à la tête de la colonne de secours, tandis qu'il s'agissait du commandant Galliano), étant venu à leur secours, ne put résister à l'élan de nos troupes victorieuses et s'enfuit à Makallé pour y chercher aide. Nos troupes l'ont poursuivi; il est resté dans le fort. Antalo est également tombé entre nos mains sans combat sérieux, et nous y avons pris beaucoup de fusils, de munitions et deux canons.

» Et maintenant nous sommes en joie. Donne connaissance de ces nouvelles à tous nos amis afin qu'ils se réjouissent avec nous.

» Que Dieu soit loué et nous conserve sa sainte garde!

» Écrit en mon campement d'Ascianghi, le 6 tchsas 1888 (15 décembre 1895) de l'an de grâce. »

(1) Les forces italiennes réunies à Adigrat, vers le 15 janvier, étaient évaluées à 10.000 hommes.

Makallé, étroitement bloqué par Ménélik et manquant d'eau, résista jusqu'au 21 janvier. Depuis le commencement de janvier, des négociations avaient été entamées pour l'évacuation du fort. Elles furent menées à bien par l'explorateur Felter, qui était autrefois allé à la cour de Ménélik. On ne connaît pas exactement les conditions de la capitulation. On sait cependant que les Italiens obtinrent de se retirer avec armes et bagages à Adigrat et que Ménélik leur prêta des mulets pour faciliter leurs transports. Ce qu'on ignore, ce sont les conditions imposées par Ménélik, qui aurait, dit-on, exigé plusieurs millions. Les troupes italiennes furent accompagnées dans leur retraite par le ras Makonnen et encadrées pendant la marche par les troupes abyssines. En arrière s'avançait le le gros de l'armée du négus, manœuvrant derrière son avant-garde.

Le major Galliano rejoignit le corps du général Baratieri à Adagamus, le 30 janvier, avec des troupes fort éprouvées par les fatigues du siège, pendant que Ménélik marchait sur Hausen, nœud de communication important, à 40 kilomètres au sud-ouest d'Adigrat.

Les premiers jours de février s'écoulèrent, des deux côtés, dans l'expectative, les Italiens cherchant à améliorer leur ravitaillement et la défense d'une ligne d'étapes longue de 180 kilomètres, entre Asmara et Adigrat. Ménélik poussa ses troupes sur Adoua et s'y installa, tandis qu'en première ligne les ras Makonnen, Mangacha et Aloula harcelaient les Italiens et tâchaient de les attirer en dehors de leurs positions.

Vers le milieu de février, Ménélik ayant poussé des contingents vers le Mareb, Baratieri vit dans ce mouvement une menace pour sa ligne de retraite et, d'Adigrat, détacha le colonel Stevani sur Maïmerat, avec trois bataillons et une batterie (18 février). Debra-Damo reçut aussi une garnison.

Pendant ce temps, les bandes indigènes à la solde de l'Italie, travaillées par les émissaires de Ménélik, firent brusquement défection (13 février). Le 17 février au matin, un convoi italien, se retirant du Sud-Ouest sur Adigrat, fut attaqué par les bandes du ras Sebat et du ras Agos Tafari, qui essayèrent de s'emparer du col d'Alequa. Les Italiens avouèrent 97 morts, 30 blessés et 40 prisonniers.

Cette défection, peu importante par elle-même, eut pour effet de détacher des Italiens les populations encore indécises du Tigré, qui virent dans la trahison des deux ras le signe du déclin de la fortune des envahisseurs de leur pays.

Presque au même moment, un autre convoi était attaqué et enlevé entre Asmara et Adigrat, sur la ligne de communication, trop longue pour être efficacement gardée.

Sur la demande du général Baratieri, secondé d'ailleurs par l'opinion publique, des renforts importants étaient organisés pour être expédiés à Massaouah. Quatre bataillons étaient déjà partis de Naples, et suivis, les 17 et 19 février, par six autres bataillons, deux batteries, une compagnie du génie et plusieurs centaines de mulets.

En même temps, on se décidait à confier la direction des opérations au général Baldissera, qui partit aussitôt dans le plus grand secret. Les vides creusés dans l'armée italienne depuis le mois de décembre avaient motivé le rappel sous les drapeaux de 33.000 hommes de la classe 1875 et de 25.000 hommes de la classe 1874, et le départ du général Baldissera indiquait, à lui seul, que l'envoi des renforts allait continuer. On décidait, en effet, l'envoi d'une division entière sous le commandement du général Heusch. Cette division, comprenant 12.000 hommes, fut armée du nouveau fusil à petit calibre. Avec les renforts accessoires, elle devait porter à 50.000 Italiens le chiffre des troupes d'Afrique, non compris les auxiliaires indigènes (1).

Pendant ce temps, les manœuvres de Ménélik continuaient autour d'Adigrat par un lent mouvement tournant menaçant de plus en plus la ligne d'opérations italienne. Le Mareb était franchi, et l'ancien champ de bataille de Gundet occupé, dès le 24 février, par les troupes de Mangacha et d'Olié. Le major Ameglio et plusieurs bataillons étaient aussitôt envoyés vers

---

(1) Ce chiffre ne fut jamais atteint. Baldissera n'eut jamais plus de 41.000 Italiens à sa disposition.

Gundet, où l'ennemi se tint sur la défensive, tandis que les ras Agos et Sebat se dirigeaient vers l'est et le nord d'Adigrat et tombaient sur la ligne d'opérations italienne. Au même instant, Ménélik faisait annoncer l'envoi de 10.000 hommes pour occuper l'Aoussa, du côté d'Assab, dont le gouverneur demandait aussitôt des renforts.

Le 25 février, le ras Sebat livrait un combat, au nord-est d'Adigrat, au colonel Stevani, qui dégageait momentanément la ligne de communication. Au même moment, pour soutenir l'action des bataillons envoyés vers le Mareb, et pour inquiéter Ménélik, Baratieri faisait une démonstration vers Adoua avec quatorze bataillons. Mais, après avoir constaté les fortes positions des Abyssins, les Italiens rentrèrent à Adigrat.

Toutes ces manœuvres sans résultat inquiétaient de plus en plus l'opinion italienne, qui réclamait des mesures énergiques. Lors de l'embarquement des dernières troupes de la division Heusch, le 29 février, le roi d'Italie se rendit à Naples pour encourager les troupes. On avait déjà annoncé le départ du général Baldissera et fait prévoir l'envoi de nouveaux renforts. Le roi était à peine revenu de Naples que le télégraphe apportait la nouvelle du désastre d'Adoua.

Depuis la reddition de Makallé, Baratieri, comprenant que ses forces étaient insuffisantes pour l'offensive, n'eut plus qu'une pensée : se faire attaquer par Ménélik et se réserver, pour lui infliger une défaite, les avantages d'une position fortement organisée. Aussi, nous le voyons, pendant tout le mois de février, manœuvrer devant son adversaire, qui, de son côté, imbu de la même idée, cherchait à profiter de sa supériorité numérique pour menacer les communications de Baratieri, l'affamer et l'obliger à attaquer.

Ce fut cette dernière tactique qui réussit, grâce à l'avantage que possédait Ménélik de pouvoir s'approvisionner plus facilement que son adversaire et surtout de pouvoir attendre.

Le 26 février, l'armée italienne faisait des démonstrations entre Adigrat et Adoua; le 27, le général Baratieri était à Sauria, d'où il faisait opérer une reconnaissance offensive. Le colonel Stevani surveillait toujours la ligne de retraite vers

Debra-Damo, où il avait battu la veille le ras Sebat, qui était venu menacer la ligne d'étapes. Le major Ameglio s'opposait vers Gundet aux mouvements excentriques des Choans.

Pour intimider Ménélik, le général Baratieri fit incendier tout le pays. Mais, n'ayant plus même six jours de vivres à sa disposition, ne trouvant pas la sécurité pour ses ravitaillements et ne comptant plus sur des renforts, il dut, le 28 février, se décider soit à la retraite, soit à une démonstration offensive qui pût lui permettre de se retirer ensuite en conservant l'honneur des armes.

Le 28 au soir, il réunit en conseil les généraux; tous se prononcèrent contre la retraite. Dans la nuit, le général Baratieri se décida à l'offensive et prépara son ordre de mouvement (1).

Ménélik était resté dans la conque d'Adoua, tenant son armée, estimée par Baratieri à 80.000 hommes au moins, sous la protection d'avant-gardes placées sur les routes d'Abba-Garima, de Meriam-Sciavitu et de Darotacle. C'est à ces avant-gardes que se heurtèrent les Italiens.

Les colonnes italiennes (le général da Bormida à droite, le général Arimondi au centre, le général Albertone à gauche, le général Ellena en réserve) partirent le 29, à 9 heures du soir.

---

(1) Voici cet ordre de mouvement, daté du 29 février 1896 :

« Ce soir, le corps d'opérations marchera de Sauria dans la direction d'Adoua, formé de la manière suivante :

» Colonne de droite: général da Bormida. — Colonne du centre: général Arimondi. — Colonne de gauche : général Albertone. — Réserve : général Ellena.

» Les colonnes da Bormida, Arimondi, Albertone quitteront leurs campements à 9 heures du soir. La réserve partira une heure après la colonne du centre.

» La colonne de droite suivra la route du col de Zala, du col Guedam et du col Rebbi-Arienne.

» La colonne du centre et la réserve suivront la route Addi-Dichi, Gandabta, Rebbi-Arienne.

» La colonne de gauche, la route de Sauria, Addi-Cheras, Chidanc-Maret.

» Le quartier général marchera en tête de la réserve.

» Objectif : la position formée par les cols de Chidane-Maret et Rebbi-Arienne, entre les monts Semaïata et le mont Esciacio, laquelle sera occupée par les brigades Arimondi, Albertone, da Bormida.

» La colonne Arimondi, si deux brigades sont suffisantes, prendra position en réserve derrière les deux autres brigades. »

Suivent les ordres au sujet des vivres et bagages, qui doivent former une colonne par Maï-Entiscio. On peut reprocher à cet ordre de manquer de précision, de ne pas prévoir la liaison des colonnes, la coordination des mouvements, les fronts

A 6 h. 30 du matin, le général Albertone, qui s'était imprudemment avancé sur la route d'Abba-Garima, à 7 kilomètres au delà du point fixé, sans se relier au général Arimondi, engagea le combat. A 8 h. 30, il demandait des renforts au général Baratieri, qui, arrivé au mont Raïo, donna des ordres pour le faire appuyer par la brigade da Bormida. Cette brigade se laisse attirer dans une direction contraire, avançant isolée pendant 5 kilomètres.

Les brigades Albertone et da Bormida, entourées de toutes parts, furent presque détruites par les attaques furibondes des Abyssins. Ceux-ci, rampant comme des panthères, se précipitaient à l'arme froide sur les Italiens, qui eurent à peine le temps de se servir de leurs armes. Les fuyards empêchèrent le tir de l'artillerie et jetèrent le désordre dans les brigades Arimondi et Ellena, qui s'avançaient au secours des deux autres. Dès 9 h. 30 du matin, la déroute était complète, et la poursuite, énergiquement menée par la cavalerie galla, empêcha tout ralliement. Baratieri se retira presque seul sur Adi-Caïé, où il arriva le 2 mars à 9 heures du matin après avoir parcouru 120 kilomètres.

---

successifs à occuper pendant la marche, les haltes aux cours d'une opération aussi difficile qu'une marche de masse pendant la nuit.

Les troupes dont disposait le général Baratieri sont énumérées ci-après :

	Officiers	Troupe		Pièces.
		Italiens	Indigènes	
État-major...........................	8	16	10	
1) Brigade da Bormida : 7 bataillons, 4 batteries } ...	156	4.132	800	24
2) Brigade Arimondi : 5 bataillons 1/2, 2 batteries } ...	119	3.576	500	12
3) Brigade Albertone : 4 bataillons, 4 batteries } ...	85	287	4.920	16
4) Brigade Ellena : 7 batons, 2 batties à tir rapide } ...	138	4.220	1.100	12
1 compagnie du génie..........	4	180	»	»
TOTAL............	510	12.441	7.330	64

20.251

On a dit que Baratieri avait déjà appris la nouvelle de son remplacement et le désir du gouvernement d'obtenir une victoire pour la rentrée du Parlement le 3 mars.

Les Italiens perdirent 10.500 hommes tués ou blessés, 2.000 prisonniers, toute leur artillerie et leurs bagages. Leur armée n'existait plus, et, les jours suivants, les fuyards qui avaient pu échapper à la cavalerie galla et aux gens du pays, arrivèrent peu à peu à Asmara (1).

La colonie d'Érythrée était à la discrétion de Ménélik, qui dédaigna de pousser ses succès plus avant.

La nouvelle de la bataille d'Adoua, parvenue en Italie, y produisit une émotion indescriptible. Des troubles affectant une forme subversive pour la monarchie se produisirent dans un grand nombre de villes du royaume, et M. Crispi, sous la pression de l'opinion publique, dut démissionner le 4 mars.

Après de nombreuses tentatives pour former un ministère suivant ses goûts, le roi, malgré sa volonté arrêtée de poursuivre la guerre et de relever, avec l'honneur militaire, le prestige de l'armée italienne, se vit obligé, devant les troubles, qui devenaient, surtout à Milan, de plus en plus sérieux, et devant les manifestations de la Chambre, de cesser d'écouter les suggestions de M. Crispi et de faire appel au général Ricotti. Celui-ci se chargea, le 9 mars, de former un cabinet. La présidence en fut confiée au marquis di Rudini, partisan bien connu de la Triple alliance, mais également désireux de diminuer les dépenses et de modérer les ambitions des « africanistes ».

On ne pouvait cependant pas cesser les hostilités aussitôt après un désastre. Des pourparlers furent engagés avec l'Allemagne et l'Autriche au sujet de la continuation de la guerre. 140 millions furent votés par le Parlement. Et une impulsion plus vive fut donnée aux envois des renforts, malgré les désertions nombreuses qui dénotaient le peu d'enthousiasme des troupes. En même temps, des négociations étaient ouvertes avec Ménélik, auprès duquel le général Baldissera, arrivé à Asmara vers le 10 mars, envoya aussitôt le major Salsa.

---

(1) Le général Baratieri fut traduit le 8 juin devant un conseil de guerre siégeant à Adoua et présidé par le lieutenant général Delmaino. Défendu par le capitaine du génie Cantoni, il fut seulement reconnu coupable d'avoir engagé la bataille du 1er mars dans des conditions qui rendaient la défaite inévitable. Il fut acquitté le 14 juin. Il était plus à plaindre qu'à blâmer.

Celui-ci trouva, aux environs d'Adoua, le négus, qui s'était contenté de faire poursuivre les Italiens par des avant-gardes, et de les livrer aux vengeances des gens du pays. Les Choans avaient poussé jusque près d'Asmara, sans essayer d'entamer cette place, que l'on fortifiait en toute hâte.

A peine arrivé au camp choan, l'officier italien y assistait à une revue de 80.000 hommes passée par Ménélik, qui tint à lui faire constater l'état de ses troupes, de son armement et de ses approvisionnements.

Les pourparlers, engagés à la fois pour conclure la paix et pour obtenir la délivrance du major Prestinari, qui après la bataille d'Adoua s'était laissé enfermer avec un millier d'hommes et 300 malades dans Adigrat, parurent tout d'abord faire des progrès rapides. Ménélik acceptait, contre la renonciation des Italiens au traité d'Ucciali, de reconnaître leur domination jusqu'au Mareb. Mais, devant les nouvelles exigences des Italiens, qui voulaient constituer le Tigré en royaume indépendant sous un roi désigné par eux, les négociations furent rompues vers le 20 mars, et le général Baldissera dut alors s'occuper de rechercher les moyens de délivrer Prestinari.

Dès son arrivée à Massaouah, le général Baldissera, dans l'attente d'une offensive menée à fond de la part des Choans, avait pris toutes les mesures pour organiser la défense de la place en y faisant même concourir le feu des navires de guerre ancrés dans la rade. En même temps, il donnait l'ordre de concentrer les restes de l'armée à Asmara; puis, devant l'inaction de Ménélik, il se rendit dans cette dernière place et reconstitua les restes épars de l'armée du général Baratieri, avec lesquels il put reformer six bataillons indigènes et quelques bataillons italiens. Enfin, il prit ses mesures pour tâcher de secourir Kassala, menacé par les Derviches, et de délivrer Adigrat, étroitement investi par les Abyssins.

Le 17 février, la division du général Heusch, récemment débarquée à Massaouah, et comprenant environ 12.000 hommes, venait renforcer les troupes d'Asmara. Le général Baldissera disposait alors son armée de manière à protéger Massaouah en prenant Asmara pour pivot de son aile droite.

D'Asmara, une croupe montagneuse descend vers Arkiko, sur la mer Rouge. Le général Baldissera s'en servit pour y organiser une longue position défensive, sur laquelle il plaça : une division à Asmara, une brigade à Ghinda et une brigade à Saati: Arkiko était le point d'appui de gauche de cette ligne, qui n'avait pas moins de 87 kilomètres de long.

Le mois de mars s'écoula ainsi, et Ménélik, jugeant inutile de profiter de ses succès, fit annoncer au contraire son intention de retourner dans le Choa pour y passer la saison des pluies.

Pendant ce temps, la diplomatie ne restait pas inactive en Europe. Les nouvellistes n'hésitèrent pas à attribuer à l'empereur d'Allemagne une démarche tentée auprès de l'Angleterre pour inviter cette puissance à agir au Soudan en faveur des Italiens. L'Angleterre aurait saisi, dit-on, avec empressement cette occasion de rallier l'Allemagne à sa politique égyptienne, et l'on chercha à voir dans ces faits l'explication de la décision brusquement prise, le 13 mars, d'entamer une campagne contre les Derviches. En même temps, on annonçait l'envoi du colonel anglais Slade à Massaouah et à Kassala, pour y préparer, disait-on, entre ces deux points, la construction d'un chemin de fer dont on estimait déjà les dépenses à 125 millions.

Cependant, le général Baldissera, inquiet sur le sort d'Adigrat, dont les vivres commençaient à s'épuiser, rassemblait à Asmara environ 20.000 hommes et entamait vers le Nord la marche qui devait le rapprocher du major Prestinari (1). Cette marche, menée avec lenteur et prudence, commença après qu'on eut appris que Ménélik avait décidé son retour au Choa. Laissant devant les Italiens le ras Mangacha et le ras Aloula avec les bandes des ras Agos et Sebat, environ 40.000 hommes, il se dirigea sur Makallé, où il séjourna pendant les pre-

---

(1) Vers le 15 avril les forces italiennes se composaient de 40.000 hommes, dont 10.000 indigènes, et 38 pièces avec 9.300 chameaux et mulets. Elles étaient réparties entre les deux divisions Del-Maïno et Heusch, qui comprenaient ensemble cinq brigades à deux régiments, une brigade à trois régiments et les bandes indigènes du lieutenant-colonel Capelli. Le régiment alpin comptait quatre bataillons, les autres régiments trois bataillons.

miers jours d'avril. De là il reprit, précédé par les prisonniers italiens d'Adoua, le chemin du Choa.

Le général Baldissera, tout en entamant, pour éviter une bataille, des négociations avec le ras Mangacha, occupa, pendant les premiers jours d'avril, la ligne Goura-Saganéiti-Houlat. Plus tard, il organisa un camp retranché à Senafé, au moment où les Abyssins se trouvaient à Debra-Damo. Enfin, il poussa ses forces sur Adi-Caïé, et de là il marcha sur Adigrat en trois colonnes.

La colonne principale suivait la route d'Adi-Caïé sur Adigrat, flanquée sur sa droite par les contingents indigènes du lieutenant-colonel Capelli. Plus à l'est, le régiment Paganini était poussé d'Adi-Ugri sur Adoua pour y attirer le ras Aloula.

Le 2 mai, l'avant-garde, commandée par le colonel Stevani, a une légère escarmouche, à Gunaguna, avec les bandes des ras Agos et Sebat. Elle est renforcée et continue sa marche, le 3, sans incident. Le 4 mai, les Italiens arrivent à Chersaber, à une heure d'Adigrat et, sans pousser plus loin, peuvent communiquer sans interruption avec la place.

Les Abyssins s'étaient retirés sans combat au sud d'Adigrat, les négociations continuant constamment avec eux. Le détail de ces négociations n'a pas été connu ; elles se prolongèrent, au sujet des prisonniers italiens, pendant toute la première quinzaine de mai. Enfin, le 18 mai, Adigrat fut évacué, le matériel détruit, et Baldissera reprenait le chemin de Sénafé, où il arrivait le 1er juin. De là, il rentrait à Massaouah, où déjà des mesures étaient prises pour rapatrier le corps expéditionnaire, fort éprouvé par les maladies. La colonie était laissée presque entièrement à la garde des troupes indigènes (1).

---

(1) Vers le milieu de juin, les troupes d'occupation indigènes étaient réparties entre Adi-Caié (un bataillon), Adi-Ugri (un bataillon), Asmara (un bataillon), Kassala (un bataillon), Keren (deux bataillons), Arkiko (un bataillon).

Les bataillons indigènes sont de quatre compagnies de 300 hommes, chaque compagnie divisée en trois centuries commandées par des lieutenants.

A ces troupes, il faut ajouter : trois bataillons italiens (Massaouah-Saganeiti, etc.), un escadron italien (Keren), une batterie indigène (Keren), deux batteries italiennes (Annaria et Adi-Caié), une compagnie de canonniers (Asmara), trois compagnies du génie (Keren, Asmara, Adi-Caié), et une compagnie du train (Asmara).

Du côté de Kassala, les Derviches avaient, déjà avant la
bataille d'Adoua, inspiré des craintes au général Baratieri.
Celui-ci avait envoyé de Keren une petite colonne au secours
du major Hidalgo, qui défendait la place avec 2.000 hommes.
L'arrivée de ce renfort n'avait pas empêché les Derviches de
tourner Kassala par l'est, d'attaquer Sabderat le 8 mars, et de
renouveler leurs attaques, les 18 et 19 mars, avec 3.000 hommes
environ. La place manquait de vivres. Le colonel Stevani fut
alors détaché sur Agordat avec une forte colonne et chargé
d'escorter une caravane de ravitaillement qu'il fit entrer à
Kassala à la fin de mars.

Le 2 avril au matin, les Derviches, au nombre de 5.000,
attaquaient un bataillon laissé à Sabderat. Le colonel Stevani
accourut avec 2.500 hommes et quatre pièces et rejeta l'ennemi sur Tucruf en lui tuant 800 hommes, mais en perdant
lui-même 300 tués ou blessés.

Le 3 avril, les Italiens renouvelaient l'attaque sur Tucruf,
sans parvenir à déloger les Derviches de leurs positions. Le
colonel Stevani informa le général Baldissera de son intention
de renouveler l'attaque le lendemain. Mais celui-ci, voulant
se tenir à Kassala sur la défensive, rappela le colonel Stevani
et ses troupes à Agordat. Les Derviches, de leur côté, craignant une nouvelle attaque, se retirèrent sur Osobri, renonçant momentanément à toute offensive sur Kassala.

Les événements que l'on a brièvement exposés, comme les
faits antérieurs, comme l'histoire tout entière de l'Abyssinie,
sont là pour démontrer que l'Éthiopie est un pays que l'Italie
ne peut vaincre ou assimiler qu'au prix d'efforts excessifs et
au grand détriment de sa puissance en Europe.

C'est, en effet, ce qu'ont déclaré, à de nombreuses reprises,
ceux des hommes politiques italiens qui ont pu, sans parti
pris, se faire une opinion sur cette grave question. La politique coloniale italienne a, d'ailleurs, toujours été beaucoup
plus une question dynastique et militaire qu'une question
ministérielle ou nationale. De tous les premiers ministres qui
se sont succédé au pouvoir, qu'ils se soient appelés Rudini,

Cavallotti, Giolitti, Brin, Cairoli, Zanardelli ou Baccarini, aucun n'a jamais voulu prendre la responsabilité de cette politique. M. Crispi lui-même a renié l'occupation de Massaouah et la désignation du général Baratieri comme gouverneur de l'Érythrée. Par contre, aucun ministre n'a eu le courage de demander l'abandon de la politique coloniale. C'est aussi un fait reconnu que le Midi de l'Italie, contrairement à ce qu'on pense dans le Nord, a toujours été seul partisan de l'expédition africaine.

Le Nord de l'Italie plus cultivé, plus riche, dit M. Colajanni, ayant un développement industriel plus considérable, a une grande aversion pour le militarisme et pour la politique coloniale. Le Midi, avec sa *misère économique et intellectuelle*, avec des traces persistantes et considérables du régime féodal dans l'organisation de la propriété foncière et son influence sociale des classes dirigeantes, est au contraire plus militariste et africaniste. Au Nord, les idées républicaines et socialistes font des progrès rapides; au Sud, réside la force de la maison de Savoie, qui, heureusement, n'exploite pas cet état de choses. Cette différence dans l'évolution sociale des diverses régions de l'Italie explique pourquoi dans le Midi les antipathies contre la France sont plus marquées que dans le Nord, bien que ce dernier ait le plus souffert de la rupture des relations commerciales franco-italiennes. Ce fait explique aussi le *phénomène Crispi*, ce chancre rongeur de l'Italie contemporaine qui puise ses forces dans le Midi.

Telles sont, brièvement énumérées, les causes de la continuation de la politique africaniste.

Son principe se trouve dans le désir légitime de l'Italie de se montrer une grande nation, et aussi, on l'a déjà dit, dans l'impulsion donnée par l'Angleterre aux espérances italiennes (1).

---

(1) A titre documentaire, il n'est pas inutile de reproduire, pour fixer certaines causes particulières du désastre d'Adoua, les passages suivants d'un discours adressé par le général Pedotti, commandant la plus haute école militaire de l'Italie, aux officiers de cette école, au mois d'août 1896 :

« L'année a été attristée par de si douloureux événements, là-bas, en Afrique, que le cœur de tout citoyen et de tout soldat italien en a saigné, en saigne encore. L'Italie tout entière en fut angoissée et profondément remuée. L'armée fut frappée en pleine poitrine. Nous eûmes à la fin la consolation d'apprendre que, au bout

Il n'y avait plus, pour les Italiens, qu'à essayer de sauver par la diplomatie les débris de leur colonie. La question du protectorat sur l'Abyssinie était, par la force des choses, abandonnée. Il ne restait plus qu'à obtenir l'élargissement des 2.300 prisonniers conservés par Ménélik, et un traité délimitant, au mieux des intérêts de l'Italie, le territoire de l'Érythrée.

Le pape Léon XIII s'entremit pour obtenir la libération des prisonniers. Il demanda à Ménélik, par une lettre du 11 juin, portée au Choa par Mgr Macaire, de rendre la liberté aux Italiens qu'il retenait encore. Ménélik, par une lettre digne et respectueuse remise le 1er octobre à Mgr Macaire, refusa « de sacrifier une seule garantie de la paix qui se trouvait entre ses mains ». Ce refus était motivé par l'attitude imprévue du gouvernement italien, qui, après avoir déclaré, au mois de juin, la cessation de l'état de guerre, avait fait saisir et con-

---

du compte, nos soldats et nos officiers s'étaient valeureusement battus et avaient su mourir héroïquement.

» Mais qui en doutait? N'en a-t-il pas toujours été ainsi? Et pourtant la victoire n'a pas été pour nous... pas même cette fois-ci, alors que nous en avions tant besoin, qu'elle nous était si nécessaire pour notre prestige et notre renom.

. . . .

» Laissons à d'autres, et fasse le Ciel qu'ils soient peu, les doutes, les inquiétudes, les énervements. Nous, soldats, gardons-nous de céder à aucune espèce de scepticisme et de défiance.

» Mais, si c'est là, d'un côté, pour nous, un devoir imprescriptible et sacré, il est aussi de notre devoir d'examiner, d'étudier, maintenant que l'ouragan est passé, de scruter avec calme et sérénité d'esprit, avec impartialité de jugement quelles sont les causes véritables, les causes réelles de ces malheureux événements; il est de notre devoir d'en tirer tous les enseignements dont, hélas! ils sont féconds.

» Eh bien, en faisant cet examen, on voit avec une douleur, grande certes, que, parmi ces causes multiples, il en est une qui prime les autres : c'est justement le manque de discipline dans les esprits et les cœurs.

» En vérité, nous n'avons pas prouvé, là-bas, en Afrique, que nous possédons cette discipline, que nous la possédions autant qu'il faudrait.

» A la place de cette qualité — je voudrais me tromper! Combien je le voudrais! — à sa place, nous possédons des éléments funestes de désunion, un individualisme exubérant, une tendance à faire chacun ce qu'il veut et à dépasser les autres, à tout tirer à soi, à accaparer tout le mérite, toute la gloire. Funeste aveuglement d'esprit, produit par une confiance excessive et injustifiée en soi-même peut-être, mais aussi certainement produit par un sentiment qui n'a rien de beau, qui est l'opposé de l'altruisme et du désintéressement qui doit constituer essentiellement la vie militaire. »

Ce sont de belles et nobles paroles, à méditer dans tous les pays.

duire à Massaouah, au commencement d'août, le *Doelwyk*, navire hollandais qui portait 50.000 fusils à Ménélik.

Les négociations pour la paix avaient été entamées aussitôt après la bataille d'Adoua, par le major Salsa; elles s'étaient continuées, par l'intermédiaire de M. Ilg, et n'avaient donné aucun résultat au mois de septembre. A ce moment, l'opinion publique italienne, émue par les bruits de reprise de la guerre et de concentration de troupes abyssines, obtint le départ, en qualité de négociateur, du major Nerazzini.

La colonie, malgré des réductions d'effectifs, se trouvait alors à l'abri d'un coup de main. Des fortifications avaient été élevées sur la ligne du Mareb et 10 millions alloués pour les construire. Des voies de communication avaient été créées : la route d'Asmara à Keren avait été rendue carrossable, celle de Massaouah à Arkiko avait été améliorée et prolongée jusqu'à Zoula. On avait aussi étudié le prolongement du chemin de fer de Saati sur Asmara et la construction de la ligne de Massaouah à Keren.

Les négociations avec Ménélik aboutirent au traité signé le 26 octobre à Addis-Ababa. Voici le texte du télégramme adressé par le major Nerazzini à son gouvernement et reçu à Rome, *vià* Zeïla, le 15 novembre :

Addis-Ababa, 26 octobre.

J'ai signé aujourd'hui le traité de paix et une convention pour la libération des prisonniers.

La cérémonie a été solennelle.

Le traité de paix commence par la formule générale exprimant le désir de rétablir l'ancienne amitié.

Suivent les articles :

ARTICLE PREMIER. — Cessation de l'état de guerre. Il existera entre les deux pays une amitié et une paix perpétuelles.

ART. 2. — Le traité d'Ucciali est aboli.

ART. 3. — L'indépendance absolue de l'Éthiopie est reconnue.

ART. 4. — Les parties contractantes n'étant pas d'accord sur la délimitation définitive des frontières, et étant désireuses de ne pas interrompre.pour cette divergence les négociations de paix, il reste convenu que, dans le délai d'un an depuis la date du traité, des délégués spéciaux des deux gouvernements fixeront la frontière d'un commun accord. En attendant, le *statu quo ante* sera respecté et la frontière sera Mareb-Belesa-Muna.

ART. 5. — Jusqu'à délimitation définitive de la frontière, le gouvernement italien s'engage à ne pas céder de territoire à une autre puissance, et, s'il voulait abandonner spontanément une portion quelconque du territoire, celle-ci rentrerait sous la domination de l'Éthiopie.

ART. 6. — Pour favoriser les rapports commerciaux et industriels, un accord ultérieur pourra être conclu.

ART. 7. — Le présent traité sera communiqué aux puissances par les parties contractantes.

ART. 8. — Le traité sera ratifié dans le délai d'un mois depuis la date de la convention.

Pour la libération des prisonniers, le traité stipule :

Les prisonniers sont déclarés libres. Ménélik les renverra tous du Harrar pour les faire partir pour Zeïla aussitôt la ratification du traité reçue par télégramme.

La Croix-Rouge italienne pourra envoyer sa section jusqu'à Gildessa (Djaldessa), pour aller à la rencontre des prisonniers.

Le plénipotentiaire italien ayant spontanément reconnu les fortes dépenses faites par le gouvernement éthiopien pour l'entretien et la concentration des prisonniers, il est convenu que le remboursement en est dû au gouvernement abyssin.

L'empereur déclare qu'il n'en établit pas la somme, s'en remettant entièrement à l'équité du gouvernement italien.

En même temps, Ménélik prescrivait de diriger vers la côte les prisonniers italiens, qui arrivèrent à Harrar au commencement de décembre 1896 et furent, de là, rapatriés par la voie de Zeïla.

Dans la séance du 15 mai 1897, M. di Rudini, président du Conseil, demandant à la Chambre italienne un crédit de 19 millions pour l'Érythrée (exercice 1897-1898), posait les conditions auxquelles la politique italienne s'est à peu près conformée depuis lors dans ces régions.

Après avoir rappelé le passé, déclaré que l'Italie se refusait à l'abandon de Massaouah, il évaluait à deux corps d'armée et à 80 millions les ressources nécessaires pour attaquer le Choa. Et il terminait en déclarant qu'il y avait lieu :

1° De réduire au minimum les effectifs d'occupation, en limitant celle-ci à Massaouah, s'il était possible;

2° De ne céder aucun des territoires italiens, et de placer le pays sous l'autorité de chefs indigènes;

3° De faire cesser le plus tôt possible l'occupation provisoire de Kassala en rétrocédant cette place à l'Égypte;

4° De résoudre avec Ménélik la question des frontières.

Les divers points de ce programme ont été réalisés ou sont sur le point de l'être. La réduction des effectifs a permis de procéder à des économies sensibles. Le commerce a repris et s'est élevé en 1897 à 9.500.000 francs aux importations, dont 1.900.000 francs pour les produits italiens, et à 1.980.000 francs aux exportations. Le budget de la colonie pour l'exercice 1899-1900 a été fixé à 10.587.000 francs, dont 8.130.800 francs à la charge de l'Italie.

La colonie a été divisée en cinq zones : 1° le Samhar (avec Assab et les côtes); 2° l'Oculé-Cusaï; 3° Saganeiti-Gura; 4° Seraé-Hamasen; 5° Keren.

La question de Kassala, négociée avec l'Angleterre, a donné lieu à un arrangement suivi d'une rétrocession effectuée à la fin de 1897.

Quant à la question de frontières, il y a lieu de prévoir que, à moins d'exigences exagérées de la part de l'Italie, elle ne rencontrera pas d'obstacles du côté du négus.

Ménélik a continué, depuis la guerre d'Érythrée, à développer pacifiquement son empire.

Après avoir repris la plénitude de ses droits de souveraineté à l'égard de l'Italie et de l'Europe, il a placé l'Angleterre en face d'une situation nouvelle résultant de la suppression même du protectorat italien déjà reconnu par cette puissance. C'est ce qui a motivé l'envoi, au printemps de 1897, d'une mission anglaise placée sous la direction de M. Rennel Rodd, secrétaire à l'agence britannique du Caire. A M. Rodd étaient attachés plusieurs officiers destinés par leur haute stature à donner à Ménélik une haute idée de la nation anglaise. Il ne

paraît pas que ce procédé diplomatique ait beaucoup influencé
le roi des rois d'Éthiopie.

Sa réponse aux demandes anglaises fut un chef-d'œuvre de
diplomatie qui condense ses réclamations et pose les bases de
ses prétentions sur les territoires voisins de son empire.

Après avoir apprécié à sa valeur la démarche de l'Angleterre, Ménélik déclarait qu'il connaissait l'histoire de son pays
et qu'il acceptait d'oublier le passé et de nouer des relations
d'amitié et de commerce avec les Anglais. Il proposait ensuite
de délimiter les frontières anglaises vers le Harrar et l'Ogaden
sur la base, admise par l'Italie et la France, d'une bande de
50 à 60 kilomètres à laisser à l'Angleterre.

Quant à la délimitation des frontières sur les autres points,
Ménélik déclarait qu'elle lui paraissait difficile.

Au nord-est, l'Érythrée italienne n'était pas délimitée, et,
d'après le traité du 26 octobre 1896, conclu avec l'Italie, cette
puissance devait restituer à l'Éthiopie tout ce qu'elle abandonnerait de ses territoires, y compris Kassala. Il ne pouvait donc
ouvrir de négociations à ce sujet avec les Anglais.

D'ailleurs, le roi Jean, son prédécesseur, avait conclu, le
3 juin 1884, avec l'Égypte, et en présence d'un délégué
anglais, l'amiral Hewett, un traité qu'il ne demandait qu'à
observer, si l'Italie, l'Angleterre et le Khédive l'observaient de
leur côté. Or, disait Ménélik, l'Italie a fait connaître son intention de remettre Kassala à l'Égypte. Le roi des rois ajoutait
qu'il n'y avait plus lieu de conclure des traités que l'on n'ob-
servait pas et qu'il désirait, à l'avenir, ne plus en conclure
avec l'Angleterre seule, mais à la fois avec ses autres voisins,
l'Égypte, l'Italie et la France, et leur donner la sanction de tous
les États intéressés aux choses de l'Afrique.

Ménélik constatait ensuite que l'Angleterre avait abandonné
à l'Italie, par des traités successifs, outre le protectorat de
l'Éthiopie, des territoires lui appartenant dans les pays des
Somalis et du Nil Bleu, qu'elle avait donné Kassala à l'Italie,
bien que cette ville appartînt à l'Éthiopie et qu'après avoir
convenu avec la France de neutraliser le Harrar elle l'avait
abandonné ensuite à l'Italie.

Tous ces traités, qui, pour le roi des rois, n'ont jamais existé, ont été supprimés par celui du 26 octobre 1896 signé par l'Italie. A l'avenir, il n'en conclura plus qui ne soient soumis à la sanction des trois puissances citées plus haut et aussi de l'Allemagne et de la Russie. Il est nécessaire que les six grandes puissances définissent les limites de l'Éthiopie et du Soudan, qui, appartenant à l'Égypte, fait partie de l'empire ottoman, dont l'intégrité est la base du concert européen. Quant à ses prétentions du côté du Soudan égyptien, Ménélik s'en réfère à ses déclarations antérieures.

Cette réponse faisait le procès de la politique anglaise dans ces régions et mettait au point la situation de l'Éthiopie vis à vis de l'Angleterre. Elle ne fut pas, comme on le devine, du goût des journaux anglais.

Après quelques négociations, Ménélik accorda à M. Rennel Rodd les deux premières concessions visées dans sa réponse, la délimitation du Harrar, ainsi qu'un traité de commerce et d'amitié en six articles, dans lequel les conditions suivantes étaient stipulées : les routes seraient ouvertes au commerce, et les sujets anglais recevraient, en matière d'impôts, les avantages accordés aux autres étrangers; le matériel destiné à l'État éthiopien devrait passer par Zeïla en franchise; enfin, Ménélik s'engageait à ne pas tolérer sur son territoire le passage des armes destinées aux Derviches, qu'il considérait comme ses ennemis.

Les Anglais durent se contenter de ces conditions et remettre à des temps meilleurs l'occasion d'obtenir de plus grands avantages.

Ménélik a toujours paru avoir, en effet, la préoccupation de bien déterminer ses frontières. Depuis des siècles, les souverains d'Éthiopie ont revendiqué les territoires s'étendant à l'est du Nil Blanc, depuis la Nubie au nord jusqu'aux limites actuelles de l'Est africain anglais. On retrouve dans l'histoire plusieurs traces de ces revendications et des prises de possession qui en furent la conséquence. On a dit à ce sujet qu'une île située au confluent du Sobat et du Nil portait le nom arabe de Djzeiret-el-Habech, l'île des Abyssins. On a parlé aussi du souvenir des luttes entre Abyssins et musulmans et rappelé l'idée des souverains éthiopiens, renouvelée de desseins remontant, dit-on, à la plus haute antiquité, de détourner le cours du Nil dans le but d'affamer les musulmans d'Égypte.

C'est afin de procéder à l'occupation effective des territoires revendiqués par l'Éthiopie que Ménélik a envoyé ses lieutenants rayonner autour du massif abyssin. Des expéditions ont été lancées au nord-ouest vers les Beni-Chougoul entre les deux Nils, à l'ouest sur le Sobat, au sud chez les Gallas-Boranas, près du lac Rudolph, qui se sont soumis, et enfin dans l'Ogaden, où, après un échec subi en mars 1897, la domination éthiopienne fit de nouveaux progrès.

Vers le Sobat, le degamatch Demassie, accompagné par quelque dix mille hommes, a relevé le drapeau abyssin. Du côté du lac Rudolph, M. de Léontieff, nommé par le négus gouverneur des provinces équatoriales, vient de conduire 2.000 hommes, dont une compagnie de tirailleurs sénégalais, à l'occupation du pays; l'expédition partie d'Addis-Ababa en juin 1899 atteignait le 20 août le lac Rudolph, et organisait aussitôt le pays qui se soumettait sans difficultés.

A la fin de l'année 1898, au moment où la France et l'Angleterre se trouvaient en conflit aigu à propos de la question de Fachoda, on apprenait en Europe la nouvelle de la révolte du ras Mangacha, gouverneur du Tigré.

Ce prince, qui joue par rapport à Ménélik le rôle féodal qu'avait autrefois un duc de Bourgogne vis-à-vis du roi de France, poussé, dit-on, par des influences étrangères, avait choisi, pour refuser l'obédience, le moment précis où Ménélik, inquiet de la marche des Anglais sur Khartoum, avait à prévoir les mesures nécessaires à la sauvegarde de son territoire.

Le roi des rois ne perdit pas de temps. Il chargea le ras Makonnen de porter les premiers coups à Mangacha, et, à la tête d'une armée de 80.000 hommes, il se dirigea vers le Tigré pour soutenir son lieutenant. Celui-ci ne lui donna pas le temps d'arriver. Dès le mois de janvier 1899, l'insurrection était réprimée après quelques engagements. Mangacha, conduit près de son suzerain, une pierre sur les épaules, avec le cérémonial d'usage, fit humblement sa soumission. Makonnen fut installé à sa place comme gouverneur du Tigré et Ménélik rentra à Addis-Ababa, à temps pour y recevoir magnifiquement le commandant Marchand.

La marche de Ménélik vers le Nord n'avait pas été sans inquiéter fort les Italiens et les Anglais. Ceux-ci venaient de se rencontrer au sud-est de Khartoum avec les postes éthiopiens et avaient tout à craindre du contact d'une armée abyssine. Ménélik rentra au Choa à temps pour les tranquilliser.

Depuis lors, les troubles ont continué à être fomentés dans le Tigré, où le fils de Mangacha, activement surveillé par Makonnen, tient encore la campagne.

Au milieu de toutes les intrigues qui se sont produites et dénouées dans les dernières années à la cour de Ménélik, la France a continué à jouer son rôle traditionnel de désintéressement et d'amitié.

Au moment où les Anglais formaient la mission Rennel Rodd, une mission française, sous les ordres de M. Lagarde, gouverneur de notre colonie d'Obock, partait pour Addis-Ababa, où elle arrivait le 7 mars 1897. Amicalement reçue par Ménélik, à qui elle apportait les présents du gouvernement français, elle séjournait quelque temps auprès du roi des rois et obtenait de lui, au mois d'avril, un traité de commerce et un traité d'alliance renouvelant et confirmant le traité signé en juin 1843.

Ce traité détermine la frontière entre notre colonie d'Obock et l'Éthiopie et fixe à 8 p. 100 les droits à payer pour les marchandises françaises.

Le traité de commerce a trait surtout au chemin de fer de Djibouti à Harrar et prolongements. Il donne à M. Ilg le droit de créer la Compagnie impériale des chemins de fer éthiopiens, qui a pour but de construire les lignes de Djibouti à Harrar, à Entotto, à Kaffa et au Nil Blanc.

Pour la ligne de Djibouti à Harrar, la concession est de

quatre-vingt-dix-neuf ans, à dater de la fin des travaux. Aucune autre compagnie ne sera autorisée en Éthiopie. Une ligne télégraphique, qui sera doublée si besoin est, doit suivre la voie ferrée. La Compagnie reçoit toutes les terres parcourues par le chemin de fer sur une largeur de 1.000 mètres. Le chemin de fer, à l'expiration de la concession, deviendra propriété de l'État, qui reçoit une somme de 100.000 écus en actions de la Compagnie.

Le télégraphe est aujourd'hui posé jusqu'à Entotto, et le chemin de fer, dont les 80 premiers kilomètres sont en territoire français, est terminé sur une longueur de 130 kilomètres. Les Anglais se sont émus de la construction de cette voie ferrée, qui, au dire d'un de leurs journaux, serait destinée à amener la ruine des ports anglais de la côte somali et notamment de Zeïla.

Les traités conclus par M. Lagarde, survenant au moment même où la mission Rennel Rodd se présentait à Ménélik, suffisent, en regard du traité anglo-éthiopien, à caractériser la différence d'influence acquise par les deux pays en Abyssinie.

Déjà Ménélik avait pu apprécier nos diplomates et nos explorateurs : la faveur témoignée à l'un d'eux, le prince Henri d'Orléans, et à son compagnon russe, M. de Léontieff, les facilités données à leurs missions et les privilèges qui leur furent accordés en Abyssinie sont autant de marques de la bienveillance de l'empereur à l'égard de ces personnalités brillantes et de leurs pays d'origine.

Au moment même où M. Lagarde se trouvait auprès de l'empereur, arrivaient à Addis-Ababa, le 23 avril, le prince Henri, M. Bonvalot et le marquis de Bonchamps. Une caravane avait été préparée à Djibouti pour conduire les explorateurs vers le Nil Blanc. Des difficultés survenues entre le prince Henri et M. Bonvalot amenèrent M. de Bonchamps à prendre la direction de la mission. Accompagné de MM. Michel, Bartholin et Potter, M. de Bonchamps quitta Addis-Ababa le 17 mai, tandis que M. Lagarde dirigeait vers le Nil, par une autre route, le capitaine Clochette, de l'artillerie de marine, qui résidait depuis longtemps auprès de Ménélik et lui avait rendu, ainsi qu'à l'influence française, les plus signalés services.

Le but de la mission de M. de Bonchamps était de reconnaître les pays entre les plateaux abyssins et le Nil et de tendre la main à la mission Marchand.

A la fin de juin, M. de Bonchamps arrivait à Goré, chez le dedjaz Thessama, où il retrouvait le capitaine Clochette, qui devait suivre la rive droite du Sobat pendant que la mission de Bonchamps marcherait droit au Nil. De Goré, la mission arriva à Bouré; mais elle ne put atteindre le Sobat, par suite de la mauvaise volonté des chefs abyssins, qui, ne comprenant pas les ordres données par Ménélik, obligèrent M. de Bonchamps à revenir à Goré, où le capitaine Clochette venait de mourir à la fin d'août 1897. La bienveillance de Ménélik ayant levé toutes difficultés, la mission, renforcée par le personnel attaché au capitaine Clochette, se remit en marche, traversa le Baro au delà de Bouré et suivit la rivière jusqu'au Sobat supérieur. Là, M. de Bonchamps, abandonné par une partie de son personnel noir et ne possédant pas de bateaux pour descendre la rivière, dut, le 24 décembre, revenir sur ses pas. Il était à Goré en février 1898; il y retrouva le dedjaz Thessama, et rentra le 5 avril à Addis-Ababa.

Le dedjaz Thessama avait déjà reçu de Ménélik l'ordre de pousser vers le Nil. Accompagné de MM. Febvre et Potter, du colonel russe Artamonoff et de 5.000 Abyssins, le dedjaz s'est dirigé vers le Sobat, qu'il a descendu, ainsi que le Nil, en se portant vers le Nord.

Arrivé au confluent du Nil et du Sobat vers le mois de juin 1898, il y plantait le drapeau éthiopien; puis, ne pouvant, à cause du climat défavorable aux Abyssins des hauts plateaux, se maintenir sur le Nil Blanc, il regagnait la région montagneuse, où il recueillait à Goré, au mois de février 1899, la mission Marchand tout entière.

Depuis que l'Angleterre est engagée dans l'Afrique australe, elle a laissé sommeiller la question d'Éthiopie. La délimitation des frontières avec le Soudan est toujours pendante et les Anglais espèrent que Ménélik leur donnera le temps de la résoudre à leur profit. Le capitaine Harrington, représentant de l'Angleterre, vient de rejoindre Addis-Ababa, chargé d'une nouvelle mission et de nombreux cadeaux pour le négus et son entourage. Il y aura retrouvé M. Lagarde, ministre de France, soucieux, ainsi que son collègue de Russie, de ne laisser porter aucune atteinte aux intérêts de l'Europe en Éthiopie.

L'Abyssinie paraît avoir, dans l'est du continent africain, un grand rôle à remplir. La puissance de Ménélik, longtemps ignorée, s'est brusquement révélée par le coup de foudre d'Adoua.

On avait espéré que l'Érythrée deviendrait rapidement une colonie de peuplement en même temps que Massaouah aurait été l'*emporium* de produits de l'Abyssinie et du Soudan. Ces espérances ont duré l'espace d'une campagne, et l'Italie s'est retrouvée meurtrie, avec des défaites à réparer, une armée à relever et une colonie à reconstituer.

L'Angleterre elle-même attend avec quelque anxiété que Ménélik dévoile ses projets, et cherche à s'attirer les bonnes grâces de l'empereur et à remplir son rôle au Soudan égyptien, tout en ménageant soigneusement les susceptibilités du roi des rois.

La France et la Russie paraissent en ce moment en bonne situation dans ces régions, où l'échec de Fachoda pourrait bien être vengé par d'autres que par des Français.

L'Abyssinie a grandement gagné aux derniers événements. Grâce à l'Italie et aussi aux rivalités européennes, Ménélik et son peuple ont pris confiance en eux-mêmes et dans les destinées de leur pays. L'Europe ne les effraie plus, et leur éducation militaire s'est trouvée faite en même temps que le prestige de l'empereur victorieux créait l'unité de la nation.

Ces faits sont dignes de fixer l'attention sur ce pays. Un facteur nouveau, inconnu jusqu'ici, vient de naître en Afrique, et les conséquences de son apparition sont de nature à modifier, de plusieurs façons et sur bien des points, l'équilibre des forces dans les parties voisines du continent.

Une des erreurs des Abyssins, qui tient à la prudence ou à la magnanimité de Ménélik, a été de ne pas pousser leurs succès à fond. On a voulu y voir une lacune intellectuelle de l'esprit éthiopien. C'est là certainement une exagération.

Si l'esprit militaire et politique de ce peuple a consenti, pour le moment, à s'accommoder de succès brillants, il est vrai, mais à demi productifs, il n'est pas dit qu'il en soit de même à l'avenir. En tout cas, cette idée se trouve contredite par la vigueur, par l'effrayante énergie de sa tactique du champ de bataille, grâce à laquelle il a su pousser aux dernières limites les conséquences immédiates du combat et faire subir à l'envahisseur les désastres les plus cruels parmi ceux que l'histoire mentionne.

La politique italienne en Érythrée doit être faite maintenant de recueillement et de prudence. Ménélik n'ayant pas de fils, sa mort sera peut-être le signal d'une désagrégation dont l'Italie pourra profiter. Jusque-là, elle devra patienter. Que sera, d'ici là, la politique anglaise ? Probablement ce que Ménélik lui-même la fera. Car il possède, pour le moment, l'initiative militaire et politique, et il pourrait bien s'en servir pour faire de l'histoire à sa manière.

Égypte et Soudan égyptien.

Occupation anglaise. — Expéditions contre les Derviches en 1896. — La caisse de la dette. — Les forces du mahdi. — Préparation de l'expédition. — L'armée égyptienne. — Occupation de Souakim par les troupes des Indes. — Opérations vers Souakim et Dongola. — Expéditions de 1897 et 1898. — Occupation du Soudan. — Politique anglaise en Égypte. — L'Égypte et les Indes. — Les voies ferrées. — La mission des Anglais en Égypte.

Les événements qui ont eu l'Égypte pour théâtre, depuis l'intervention anglaise, ont influé profondément, non seulement sur l'avenir de cette partie de l'Afrique, mais aussi sur les rapports réciproques des peuples de l'Europe.

A ces titres, ils méritent qu'on les développe au double point de vue de l'action diplomatique engagée par l'Angleterre et des expéditions récentes qu'elle a entreprises contre l'empire du mahdi de Khartoum.

Depuis leur descente en Égypte, les Anglais ont compté sur la lassitude créée par la durée de leur présence aux bords du Nil, autant que sur les événements imprévus qui pouvaient surgir en Europe, pour transformer leur mission temporaire en une prise de possession définitive.

Les réclamations répétées de la France avaient trouvé devant elles les divers ministères anglais proclamant leur désir de rester fidèles à la parole donnée concernant l'évacuation, mais retardant constamment l'échéance, par suite, disait-on, de la nécessité d'établir sur les bords du Nil un état de choses conforme aux intérêts collectifs de l'Europe, au bien-être de l'Égypte et aux nécessités de la civilisation.

La Turquie, bien que puissance suzeraine, était incapable d'engager une action décisive; constamment ballottée entre des intérêts contraires, elle n'agissait que par impulsion et trouvait à peine le temps de s'intéresser aux destinées de son ancienne possession.

Quant à la France, obligée de subordonner à des intérêts plus puissants ses désirs d'intervention, elle se voyait contrainte d'attendre l'occasion favorable de se prononcer. Et l'Angleterre, continuant son jeu de bascule politique, tirait profit des divisions du continent pour éterniser une occupation profitable à ses intérêts immédiats.

Cette situation pouvait se prolonger indéfiniment, car il était toujours possible de trouver des raisons pour démontrer que l'Égypte était incapable de se gouverner et de se protéger elle-même. Parmi ces raisons, l'une de celles qui ont été le plus souvent mises en avant était la nécessité imposée à l'Angleterre de donner la sécurité aux frontières méridionales de l'Égypte. De cette vague formule on pouvait tirer cette conséquence, que la sécurité complète ne pourrait être assurée qu'à la condition de détruire la domination du mahdi, représentée comme une menace latente pour les possessions du khédive.

Cette menace devenait cependant tous les jours moins effrayante, car l'empire du khalife, bien que doué d'une sérieuse force de résistance, se trouvait évidemment incapable d'entreprendre contre l'Égypte la moindre action offensive.

On se rendait déjà compte, en Europe, que l'Angleterre ne lâcherait sa conquête que contrainte par la force. Aussi, lorsque se répandit, à la fin de janvier 1896, la nouvelle que la Turquie avait demandé à l'Angleterre l'évacuation de l'Égypte, ce fut dans la presse anglaise et européenne le signal d'une grosse émotion.

L'Égypte était calme et prospère ; le mahdisme, de l'avis même des Anglais, était en décadence, et les raisons ordinairement données par l'Angleterre avaient perdu de leur valeur. Aussi, comme le dit alors un journal anglais, la nouvelle de l'indiscrète demande de la Turquie fut « la plus sérieuse information que l'on ait publiée depuis dix ans ». On attribua à l'action occulte de la France et de la Russie la raison de l'initiative prise par la Turquie.

Ce fut un feu de paille. Les événements d'Abyssinie vinrent, au moment voulu, créer une utile diversion à l'attention de l'Europe et donner à l'Angleterre de nouvelles raisons pour justifier son occupation.

Et, lorsqu'après le désastre d'Adoua la Triple alliance demanda, dit-on, pour l'Italie, la coopération des Anglais, ce fut avec empressement que le cabinet britannique offrit son aide pour agir du côté de Kassala, car il comprit aussitôt qu'après un pareil service rendu à la Triple alliance celle-ci ne penserait plus à lui demander compte de sa présence en Égypte.

Comme tout se tient en politique, on n'a point manqué d'établir une corrélation entre la question d'Arménie, la mauvaise humeur qu'elle provoqua de la part du sultan contre les Anglais et le soulèvement qui se produisit plus tard en Crète, et que l'on mit sur le compte de la politique britannique.

Il est possible qu'il n'y ait là que des coïncidences fortuites, mais il est à remarquer que le soulèvement des Crétois est venu à point pour absorber l'attention de la Turquie et la distraire de toute idée d'action sur les bords du Nil.

D'après les déclarations de M. Curzon à la Chambre des communes, ce fut le 10 mars 1896 que le cabinet anglais reçut une dépêche du gouvernement italien demandant une diversion pour dégager Kassala. Suivant une version que l'on n'a point démentie, l'initiative de cette demande serait venue de l'Allemagne, qui aurait suggéré à l'ambassadeur d'Angleterre à Berlin l'idée d'une expédition anglo-égyptienne au Soudan.

Les réflexions du cabinet anglais ne furent pas longues; le projet qu'on lui proposait entrait à ce moment trop bien dans ses vues pour n'être pas accepté avec empressement.

Aussi, dès le 12 mars, une expédition sur Dongola était décidée, et l'on informait le soir même lord Cromer, l'agent britannique au Caire, et sir Kitchener, le sirdar de l'armée égyptienne, de la décision du gouvernement anglais. On a dit que ces deux représentants de l'Angleterre en Égypte ne furent même pas consultés par leur gouvernement.

On a constaté aussi que ce n'est que le 13 mars, après que le sirdar eut donné, par télégraphe, les premiers ordres de préparation de l'expédition, que lord Cromer en informa le premier ministre égyptien. Quant au khédive, on ne lui donna avis que dans la soirée de l'expédition que son armée allait entreprendre.

Le cabinet anglais avait en effet ses raisons de ne pas consulter lord Cromer, dont les sentiments étaient déjà connus, ainsi que le prouve la phrase suivante, insérée dans son rapport annuel sur les événements égyptiens de l'année précédente :

Il ne s'est rien produit qui présente un intérêt spécial, par rapport à l'administration militaire, dans l'année qui vient de s'écouler. A l'exception d'une petite attaque sur un village du district de Ouadi-Halfa et d'une insignifiante incursion du côté de Tokar, les forces des Derviches, dans le voisinage immédiat des avant-postes égyptiens, bien que l'effectif en soit considérable, ont maintenu une attitude strictement défensive.

Au point de vue exclusivement égyptien, la nécessité d'une expédition au Soudan ne paraissait donc point immédiate.

Quant à la diversion à exécuter en faveur des Italiens, si elle se trouvait amplement motivée par les demandes adressées à l'Angleterre, d'autres raisons étaient venues convaincre celle-ci de la convenance qu'il pourrait y avoir à motiver le prolongement de l'occupation, mais aussi de la nécessité d'empêcher tout empiétement des Italiens du côté du Soudan.

Dans le cas où la paix eût été conclue avec Ménélik, les Italiens auraient fort bien pu chercher du côté des Derviches une compensation motivée par leurs échecs et leurs pertes territoriales.

L'Angleterre avait bien autorisé l'occupation de Kassala par les Italiens à un moment où elle était incapable de l'occuper elle-même; mais elle avait pris soin de mentionner que, Kassala ne se trouvant pas dans la sphère d'influence italienne, cette occupation n'avait qu'un caractère provisoire. Ce que l'Angleterre ne pouvait permettre, c'était une extension des possessions italiennes aux dépens du Soudan égyptien, qu'elle considérait toujours comme sa propriété éventuelle; et elle se décidait alors, ne pouvant guère agir autrement, à mettre la main sur des territoires jadis dédaignés.

En définitive, les causes de l'intervention anglaise au Soudan sont les suivantes :

1° Le désir de déférer aux demandes de la Triple alliance, et de ranger définitivement de son côté, dans la question d'Égypte, l'Allemagne, l'Autriche et l'Italie ;

2° Le moyen d'assurer son occupation en Égypte en saisissant un nouveau motif de la prolonger ;

3° La nécessité de ne pas laisser tomber en d'autres mains les territoires du Soudan égyptien nécessaires à son projet de chemin de fer transafricain, alors si en faveur auprès de l'opinion anglaise ;

4° La possibilité, si la fortune lui souriait, de pousser jusqu'à Khartoum et de prendre définitivement possession du Soudan.

***

Avant tout, l'Angleterre avait à envisager la question diplomatique. Déjà la diplomatie avait mis de son côté trois grandes puissances. La Turquie était occupée ailleurs, et il était facile de lui susciter d'autres embarras sur plusieurs points de son empire.

La Russie était tout entière aux fêtes du couronnement du czar, et, jusqu'au mois de juin, on avait de ce côté-là un répit assuré.

La France paraissait irréductible ; mais on pouvait essayer de lui susciter à elle-même des difficultés diplomatiques ou coloniales. Elle était d'ailleurs sérieusement engagée à Madagascar.

Les autres puissances ne pouvaient être ni utiles ni nuisibles ; la Belgique cependant pouvait aider les Anglais par une diversion engagée du côté du Congo. Des propositions furent faites dans ce sens au roi des Belges ; mais justement l'État du Congo venait de terminer, en 1895, une campagne heureuse contre les Derviches, et, d'autre part, ses engagements avec la France lui interdisaient d'opérer au nord de Lado. Les ouvertures de l'Angleterre ne furent pas accueillies avec empressement, et l'on ne tarda pas à démentir les bruits, habilement lancés par la presse anglaise, de la coopération des Belges à l'attaque du Soudan égyptien (1).

Il serait trop long d'énumérer les nombreux incidents qui vinrent se greffer sur les événements du mois de mars 1896. Il nous suffira de mentionner les débats du Parlement anglais, les polémiques entre la presse française, anglaise et allemande et les protestations de l'opinion publique en Égypte.

Il fallait aussi trouver de l'argent pour payer les dépenses de l'expédition.

L'Angleterre, se plaçant toujours, vis-à-vis des puissances, sur le terrain d'une expédition entreprise dans l'intérêt de l'Égypte et dont l'exécution devait être assurée par l'emploi presque exclusif des troupes égyptiennes, soutint que l'Égypte seule devait en faire les frais.

Dès l'annonce de l'action entreprise au Soudan, l'opinion publique égyptienne s'était vivement alarmée, prévoyant bien que les frais en seraient supportés par l'Égypte seule. Le khédive, sous la pression des Anglais, et désireux d'ailleurs de reconquérir les territoires du Soudan, n'avait pas paru faire de difficultés pour adopter les avis de lord Cromer.

Aussi, dès que la décision du cabinet de Saint-James eut été prise, une demande fut adressée à toutes les grandes puissances afin d'obtenir leur assentiment pour affecter 500.000 livres, prélevées sur la caisse de la Dette égyptienne, aux frais de l'expédition. Le conseil des ministres khédiviaux décidait, en même temps, que le budget égyptien supporterait toutes les

---

(1) Le *Mouvement géographique*, de Bruxelles, avait publié, au mois de mars 1896, une étude qui donnait les renseignements suivants sur le madhisme :

« Les madhistes ont été chassés du Bahr-el-Ghazal, à la suite d'un soulèvement des indigènes dinkas, originaires d'une région dans laquelle les partisans du khalife ne possèdent plus que la vieille zériba de Dem-Ziber. Sur le Nil, ils ont abandonné Ouadelaï et Lado. Leur camp le plus méridional sur le fleuve est Bor, situé au nord du 6ᵉ degré de latitude.

» Quant à l'État du Congo, ses troupes n'occupent aucun point de l'enclave de Lado, ni sur le Nil même, ni dans l'intérieur. Mais il est fortement établi sur le haut Ouellé, où le fort de Dangu, le point le plus oriental de sa ligne de défense, est gardé par des canons et plus de 1.000 hommes de troupe, sous les ordres du commandant Chaltin. »

dépenses, et que l'on demanderait à la commission internationale de la Dette publique (1) un premier crédit de deux millions et demi.

Les grandes puissances à qui l'Angleterre s'était adressée lui accordèrent sa demande, à l'exception de la France et de la Russie, qui refusèrent l'autorisation d'engager sur les fonds égyptiens, dont elles avaient le contrôle, une expédition qui ne paraissait pas pour le moment nécessaire.

Les délégués des puissances à la commission de la Dette partagèrent leurs votes de la même façon, et alors la question se posa de savoir si l'unanimité des délégués était nécessaire pour accorder l'autorisation demandée.

Le gouvernement égyptien trancha cette question dans le sens de la négative et requit la caisse de la Dette de verser immédiatement une partie de la somme totale qu'il réclamait.

Le versement fut effectué; mais l'opération fut aussitôt attaquée par le syndicat des porteurs de titres français devant le tribunal mixte du Caire (2). En même temps, le Conseil législatif du Caire, dont les opinions reflètent celles des indigènes, protestait contre l'emploi des fonds provenant de la caisse de la Dette.

L'impression qui résulta de cette protestation fut grande dans les sphères indigènes, et elle suffit à démontrer combien l'expédition était impopulaire parmi les Égyptiens.

Le syndicat des porteurs français était appuyé par une action parallèle engagée par les commissaires français et russe de la caisse de la Dette; mais cette action fut aussitôt combattue par les autres commissaires ainsi que par le gouvernement égyptien.

Le procès commença le 13 avril. Après de longs débats, le tribunal se déclara compétent, contrairement à la demande du gouvernement égyptien, et, le 8 juin, il rendit un jugement

---

(1) Cette commission est composée de six délégués, nommés chacun par l'une des six grandes puissances.

(2) Ce tribunal connaît des contestations entre sujets égyptiens et étrangers. Il comprenait cinq juges : le président était Français; les juges étaient l'un Hollandais, l'autre Portugais, les deux autres Égyptiens.

donnant raison sur tous les points à la thèse de la France et de la Russie. Il déclara que la décision de la commission de la Dette avait été prise en violation des statuts de cette institution et condamna le gouvernement égyptien à la restitution des sommes déjà perçues.

*
* *

Tous ces incidents eurent naturellement leur répercussion en Angleterre, où une partie de l'opinion était nettement défavorable à l'entreprise soudanaise. La question du Transvaal n'était pas réglée, la révolte des Matabélés commençait, les difficultés avec le Venezuela et les États-Unis étaient loin d'être terminées, et l'opposition trouvait dangereux d'avoir à faire face à de nouvelles questions surgissant en Égypte.

La presse anglaise, séparée en deux camps, était prise à partie par les journaux français et russes. Quant à la presse de la Triple alliance, elle se tenait, sauf celle de l'Italie qui se montrait enthousiaste, dans une réserve pleine de réticences et même de froideur.

Au Parlement anglais, les questions adressées aux ministres sur leurs intentions devenaient de plus en plus fréquentes, et lord Salisbury, ainsi que MM. Chamberlain et Curzon, qui avaient la charge d'y répondre, ne réussissaient pas plus à satisfaire la curiosité des questionneurs qu'à démontrer la nécessité de l'expédition, à justifier les actes de leur gouvernement et à éviter des demi-révélations qui les placèrent plus d'une fois en contradiction avec leurs précédentes déclarations. La publication d'un livre vert, que le nouveau ministère italien dut effectuer pour éviter à ce moment l'exagération des attaques de M. Crispi, mit au jour des documents qui placèrent M. Curzon et le cabinet britannique dans une posture assez délicate à l'égard du gouvernement italien et de l'opposition anglaise (1). Il fut question un moment du rappel de l'ambas-

(1) Au nombre de ces documents, certains visaient la demande adressée, en dé-

sadeur d'Italie, et il fallut de hautes interventions pour éviter une explosion de susceptibilités qui eût été désastreuse pour l'avenir immédiat de la politique anglo-italienne.

D'autres questions étaient aussi soigneusement tenues dans l'ombre par le cabinet anglais : telles l'attitude de lord Cromer et sa répuguance cachée à affirmer, contrairement à son opinion antérieure, l'utilité de l'expédition, la nature des négociations entamées avec la Triple alliance et, enfin, les explications demandées par le sultan sur la nature de l'expédition.

Dès le début, le sultan n'avait pas manqué de demander, à la fois, à l'Angleterre et au khédive, en quoi devaient consister les opérations projetées contre les Derviches. Des deux côtés on s'en tira par des explications évasives sur la nécessité de reconquérir une province perdue.

De tous ces faits résultait clairement l'impression que l'expédition, engagée pour tenter une diversion en faveur des Italiens, avait réellement pour but d'empêcher que Kassala, évacué par l'Italie, ne tombât à la charge de l'Égypte, de réduire définitivement le madhisme et de reconquérir le Soudan (1).

Le programme était vaste et, pour plusieurs motifs, justi-

---

cembre 1895, par l'Italie, appuyée par l'Allemagne, de débarquer une expédition à Zeïla, pour prendre, par le Harrar, l'Abyssinie à dos.

Le gouvernement anglais avait toujours évité de s'expliquer sur cette demande qui mettait en cause la France et ses droits sur le Harrar.

Dans la séance du 2 juin 1896, M. Curzon fut obligé d'avouer que le cabinet anglais s'était montré disposé à accéder aux demandes de l'Italie, mais sous certaines restrictions qui empêchèrent d'y donner suite.

(1) Au moment où le *Times* se faisait remarquer parmi les journaux anglais pour l'exagération de ses idées de conquête, le *Daily Chronicle* se fit un malin plaisir de reproduire un leading article paru dans ce journal le 22 février 1884.

« Le général Gordon, disait alors le *Times*, a clairement expliqué au gouvernement anglais et au peuple anglais quelles étaient ses vues personnelles sur la politique à suivre au Soudan : « Je dois dire que ce serait une iniquité de recon-
» quérir ces populations et de les faire passer sous la domination de l'Égypte,
» sans la garantie d'un bon gouvernement futur. Il est évident que nous ne pour-
» rons pas les soumettre sans une dépense exagérée en argent et en hommes.
» Le Soudan est une possession inutile, l'a toujours été et le sera toujours.
» Aucun de ceux qui ont vécu au Soudan n'a pu retenir cette réflexion : Quelle
» possession inutile est ce pays ! Peu d'hommes sont capables de supporter son
» effrayante monotonie et son climat mortel. » Telle est, ajoutait le *Times*,
l'opinion réfléchie de l'homme qui connaît le mieux le Soudan et qui l'a étudié avec des yeux plus clairvoyants que n'importe quel Européen ou Oriental. »

fiait l'aversion des Égyptiens et leur crainte de voir engager leurs finances dans des opérations sans but avoué et sans résultat certain.

*
* *

Le madhi, qu'on allait combattre, et le Soudan, qu'on allait envahir, étaient deux forces qui, mises au service l'une de l'autre, avaient déjà fait reculer plusieurs tentatives d'invasion.

Si le fanatisme des Derviches effrayait la race timide des fellahs, la rigueur du climat du Soudan était bien faite pour intimider les soldats britanniques. On avait proclamé, à la fin de 1895, que le madhisme n'était plus qu'un organisme en décadence; mais, à certains signes qui s'étaient manifestés depuis que l'expédition était résolue, il avait paru que le prophète Abdullah possédait encore une puissance capable de s'opposer énergiquement à toute tentative d'invasion [1].

Slatin-Pacha, l'ancien gouverneur du Darfour, évadé d'Omdurman, après douze ans de captivité, évaluait alors à 4.000 fusiliers, 5.000 lanciers, 2.000 cavaliers le nombre des Derviches cantonnés dans les régions voisines de Dongola. Mais ce n'était là qu'une faible partie des forces du khalife, qui comprenaient 40.000 fusiliers, dont 22.000 armés de remingtons,

---

[1] Le khalife Abdullah el Taachi a succédé au madhi Es Sayid Abdullah Ibn es Sayid Hamadulla, qui mourut le 22 juin 1895. Il reçut de lui une proclamation d'investiture ainsi conçue :

« Moi, le madhi, je dis d'Abdullah : Il est de moi comme je suis de lui. Observez à son égard la même révérence que vous m'avez témoignée; soumettez-vous à ses ordres comme aux miens; croyez en lui comme en moi. Ne vous défiez jamais de ses paroles ou de ses actes : il est gardé par le « Khudr », sa force repose en Dieu et en ses prophètes. Si quelqu'un d'entre vous profère une mauvaise parole ou entretient une mauvaise pensée contre lui, vous subirez la destruction : vous perdrez ce monde-ci et le monde à venir. »

Abdullah est issu de la tribu noire des Taachi, la plus noble des tribus Baggaras, qui sont la terreur du Soudan. Les Baggaras, qui sont renommés pour leur bravoure, ont formé l'appui le plus précieux du premier madhi. C'est eux qui formaient la garde du khalife et qui dominaient le Soudan, après avoir fait le vide autour d'eux, chassé leurs ennemis et opprimé les tribus suspectes, arabes et noirs sédentaires.

Ces derniers sont les Oulad Ballad du Sennaar, du Kordofan et du Darfour.

64.000 lanciers, 6.600 cavaliers et 75 canons. En outre, on comptait 30.000 soldats noirs irréguliers.

Les centres principaux du Soudan égyptien étaient : Omdurman, résidence du madhi (où étaient les arsenaux et une fabrique de cartouches), sous le commandement de son frère Yakoub ; El-Obeid, El-Fasher et Sakkha, sous les ordres de Mahmoud ; Berber, sous le commandement d'Osman Digma ; Ghedaref et Adarama, sous celui d'Ahmel Fehdil ; Dongola, où commandait, en 1895, Yunes ed Deghem, avec environ 8.000 hommes, 4.000 irréguliers et 8 pièces.

Dès le moment où l'expédition fut résolue, Abdullah eut tout loisir de renforcer ses postes avancés vers l'Égypte et de concentrer ses forces. Attendrait-il les Anglais à Dongola ou les attirerait-il vers le Sud en se retirant sur Khartoum ? Cette dernière tactique, la plus redoutée au point de vue des résultats à proclamer, aurait été aussi la plus défavorable pour les envahisseurs, car elle les aurait mis,. sans combat, aux prises avec toutes les difficultés d'un pays sans ressources et d'un climat meurtrier.

*
* *

Campagne de 1896. — L'ordre de préparer définitivement l'expédition fut transmis le 16 mars, dans la nuit, à sir Herbert Kitchener, sirdar des troupes égyptiennes.

A ce moment, les troupes qui occupaient l'Égypte étaient de deux sortes :

1° L'armée égyptienne : 13 bataillons dont 4 de Soudanais, 10 escadrons, 5 batteries, soit environ 13.000 hommes sous le commandement du sirdar ;

2° Les troupes anglaises : 3 bataillons d'infanterie, 1 escadron de dragons, 1 batterie, 1 compagnie du génie, soit 4.200 hommes, commandés par le général Knowles. Toutes ces troupes étaient en garnison au Caire, sauf un bataillon à Alexandrie et des postes à Assouan et à Ouady-Halfa.

L'armée égyptienne, tenue en médiocre considération par les Anglais, est cependant l'héritière de belles traditions mili-

taires. Formée par un Français, le colonel Selves, c'est elle
qui, sous Ibrahim pacha, battit les Turcs à Konieh et à
Nezib, et décida l'indépendance de l'Égypte. Les bataillons
égyptiens ont une belle allure, quoique formés de fellahs,
paysans timides qui, sous les armes, paraissent cependant
susceptibles d'acquérir de sérieuses qualités militaires, surtout s'ils sont encadrés par des officiers européens. Les bataillons noirs sont plus estimés et constituent une troupe
excellente. On a dit que la préoccupation des Anglais était
de ne pas dépasser une certaine limite dans l'œuvre de réorganisation et de perfectionnement de cette armée, et qu'ils
avaient le souci constant de ne pas former des chefs de valeur,
et de ne donner que des rôles secondaires aux officiers égyptiens, qui ne peuvent dépasser le grade de lieutenant-colonel.

L'armée égyptienne occupait, en temps normal, le Caire,
Korosko, Assouan, Ouady-Halfa, et quelques autres points
secondaires.

Les préparatifs de l'expédition commencèrent dès la réception, par le sirdar, de l'ordre transmis par lord Cromer.

Aussitôt, la flottille des bateaux Cook fut réquisitionnée et
des approvisionnements envoyés à Ouady-Halfa. L'armée
égyptienne seule devait, dans le principe, fournir le corps
expéditionnaire, qui fut porté à 12.000 hommes au mois d'avril
par la convocation de deux classes de réservistes.

L'armée anglaise devait servir de soutien aux Égyptiens et
n'entrer en ligne qu'en cas de besoin. Cependant, on avait
prévu le remplacement, en Égypte, des bataillons du corps
d'occupation qui seraient envoyés à Ouady-Halfa, au moyen
de troupes tirées de Malte et de Gibraltar et remplacées elles-
mêmes par des bataillons venus d'Angleterre.

Le 22 mars, le sirdar Kitchener quittait le Caire pour Ouady-
Halfa, avec un bataillon anglais, qui y était relevé par le bataillon d'Alexandrie. Il était accompagné de son état-major,
dans lequel le service des renseignements était dirigé par le
major Wingate, avec Slatin-pacha pour adjoint. Sir Kitchener
arrivait le 30 mars à Sarras. Les ordres étaient donnés pour
concentrer le corps expéditionnaire à Ouady-Halfa, où l'on

comptait, le 20 avril, 10 bataillons, 7 escadrons, 600 mehara et de l'artillerie. Déjà, le 20 mars, Akascheh avait été occupé par les meharistes, bientôt rejoints par de la cavalerie. On put alors entreprendre, avec une compagnie du génie, les travaux de réfection du chemin de fer, déjà entamé en 1884, entre Ouady-Halfa et Akascheh. Ce dernier point était fortifié, des postes échelonnés à Semneh, Ouady-Atir, Ambigol, Tangour et Souki, sur le tracé de la voie ferrée, qu'on décida de pousser jusqu'à Abou-Fatmeh, à 64 kilomètres de Dongola. Une ligne télégraphique entreprise jusqu'à Akascheh devait être achevée le 25 avril.

Le 23 mars, une faible reconnaissance des Derviches était repoussée à Akascheh, et on apprenait que le madhi renforçait ses troupes de Dongola par un corps venu d'Omdurman. 8.000 hommes y étaient concentrés avec Mahmoud Oudi Chara, et 4.000 hommes étaient poussés sur Souardeh, sous les ordres de Hamouda, un des chefs derviches les plus renommés.

Au commencement d'avril, l'expédition, sur des ordres venus de Londres, éprouva un temps d'arrêt.

L'opposition faite par la France et la Russie au prélèvement des fonds de la caisse de la Dette et l'attitude peu décidée de l'Italie donnèrent au cabinet anglais des hésitations qui furent d'ailleurs de courte durée. Le khalife venait de proclamer la guerre sainte, et on annonçait une levée de 120.000 Derviches, en même temps que du côté de Souakim venaient se produire quelques menus faits qui dénotaient l'esprit d'offensive toujours professé par Osman Digma, le vieil ennemi des Anglais et des Italiens.

*
* *

A la fin de mars, des engagements avaient eu lieu dans les monts Erkowitz, au sud-ouest de Souakim, entre les Arabes alliés et Osman Digma, qui avait avec lui environ 3.000 hommes dont 200 fusils. Après avoir tenté de saisir les passes de Kor-Wintry, qui mènent à Souakim, il fut repoussé et rentra dans les montagnes. Il revint à la charge peu après, tandis que des bandes nombreuses couraient le pays entre Assouan et Berber. Mais il éprouva, le 10 avril, près de Tokar, un échec à la suite duquel les garnisons de Tokar et de Souakim (trois bataillons), réunies le 15 avril sous les ordres du colonel Lloyd, le refoulèrent vers le Sud-Ouest (1).

Les hostilités continuèrent avec Osman pendant tout le mois d'avril sans amener aucun résultat, mais l'émotion causée en Angleterre par cette diversion amena le gouvernement anglais à décider l'envoi à Souakim d'une brigade venue des Indes.

Cette décision, prise sans l'assentiment du Parlement, souleva de vives réclamations. On prétendit que le cabinet britannique n'avait pas le droit, sans autorisation du Parlement, de faire sortir des Indes des troupes indigènes, qui dans le cas d'un transport sur le sol anglais pouvaient faire courir des dangers à la métropole. On passa outre, mais M. Curzon affirma à cette occasion que le cabinet anglais n'avait point l'intention d'employer sur le Nil les troupes des Indes; celles-ci étaient destinées seulement à remplacer à Souakim les troupes égyptiennes appelées du côté de Dongola. En même temps, il croyait devoir déclarer qu'il n'existait aucun accord entre l'Italie et l'Angleterre au sujet d'une action commune au Soudan.

Le 22 mai, le colonel Egerton partait de Bombay avec un bataillon d'infanterie, débarquait à Souakim peu de jours après et y prenait le commandement. A la fin de mai on avait rassemblé à Souakim environ 2.900 hommes de troupes des Indes (deux régiments d'infanterie, un régiment de lanciers, une batterie, une compagnie du génie) qui furent portées au milieu de juin à l'effectif de 4.340 hommes.

Cet envoi de troupes causa un certain émoi aux Indes, à la suite de l'intention manifestée par le gouvernement anglais de faire payer les frais d'opérations au budget indien. En Angleterre et ailleurs, ce rassemblement de troupes fit croire, con-

(1) La voie ferrée de Trinkitat à El-Keb fut achevée dans les premiers jours de juin.

trairement aux dires de M. Curzon, à la volonté arrêtée de diriger les opérations de Souakim sur Kassala.

Ces bruits étaient confirmés au même instant par l'insistance du général Baldissera à demander au gouvernement italien l'évacuation de Kassala. Mais aucun fait ne se produisit immédiatement à l'appui de cette opinion. D'ailleurs l'excessive température du mois de juillet allait bientôt interrompre les opérations.

Du côté du Nil, on avait fait de grands efforts pour constituer un service de sûreté de première ligne avec les tribus arabes des bords du fleuve. Celles-ci, craignant les représailles des Derviches, n'avaient pas répondu avec un grand empressement aux invitations des Anglais. Cependant, sur la rive droite, les tribus arabes entre Korosko et Abou-Hamed avaient promis leur concours, ainsi que les Kababish et les Foggaras.

Le 1er mai, avait lieu une escarmouche entre les Derviches et les Égyptiens (trois escadrons et un bataillon) aux environs d'Akasheh. Depuis lors, la concentration des troupes avait continué, et au commencement de juin on y avait rassemblé dix bataillons (répartis en trois brigades, l'une de quatre, les deux autres de trois bataillons), quelques escadrons et deux pièces.

Le 7 juin, après une marche de nuit, ces forces surprirent les Derviches qui s'étaient avancés à Ferkeh, à 20 milles au sud d'Akasheh, sous les ordres de Hamouda. Le combat de Ferkeh fit honneur aux troupes égyptiennes, qui infligèrent des pertes sérieuses à l'ennemi (d'après les Anglais 800 tués ou blessés, 450 prisonniers).

Le lendemain, Souardeh était occupé par la cavalerie et les méharistes.

Une température torride interrompit alors les opérations.

A ce moment, la distribution des forces des belligérants était la suivante :

Dans la vallée du Nil, de 10.000 à 12.000 Anglais et Égyptiens (sirdar sir Kitchener) ;

A Souakim et Tokar, 4.300 Indiens (colonel Egerton) ;

A Kassala, 2.000 Italiens et indigènes (major Hidalgo).

En face de ces trois groupements on trouvait, vers le milieu de juillet, y compris les renforts envoyés ou sur le point de rejoindre (1) :

A Dongola et Debbeh, environ 20.000 Derviches (Mahmoud Oudi Chara ou Yunes ed Deghem);

A Adarama, 8.000 à 10.000 hommes (Osman Digma);

Sur la ligne de l'Atbara à Gos-Rejeb (Ahmed Fehdil), à Osobri (Ahmed Ouled Ali) et à El-Fascher (Nourel Taachi), de 8.000 à 10.000 hommes;

Au centre, à Omdurman, les forces restantes du mahdi, commandées, dit-on, par Yakoub, couvertes par le désert et par les lignes de l'Atbara et du Nil, se tenaient prêtes à se porter, suivant les circonstances, sur le point menacé.

Cette dislocation des forces des Derviches, rationnelle au point de vue stratégique, était certainement inquiétante pour les Anglais; aussi se produisit-il, après le combat de Ferkeh, un temps d'arrêt que le sirdar mit à profit pour organiser le poste de Souardeh, où il établit deux bataillons, deux escadrons et une batterie. A ce moment, le chemin de fer atteignait Ferkeh et les communications télégraphiques venaient d'être assurées. Des reconnaissances étaient poussées vers le Sud, et le Camel-Corps, avec deux escadrons de cavalerie, prenait pied à Keddem, d'où s'enfuyait Osman Izrac.

Il restait une centaine de kilomètres à parcourir pour parvenir à Dongola, but fixé pour l'expédition pendant la campagne de 1896.

Pendant que les Derviches se montraient à Hafir et à Kerma (en face d'Hafir, sur la rive droite), le sirdar concentrait ses troupes à Fereig, à 85 kilomètres de Dongola et à 36 kilomètres de Kerma. Lui-même y arrivait le 4 septembre. De là, l'armée anglo-égyptienne, suivant les deux rives du Nil et soutenue par la flottille, se porta sur Burgneh, et de là sur Kerma, qui fut occupé sans résistance le 19 septembre. Hafir, bombardé par

---

(1) D'après les dépêches anglaises, avant même le combat de Ferkeh, le khalife décida de faire face de tous côtés à ses ennemis. Il donna l'ordre d'assiéger de nouveau Kassala et envoya 12.000 hommes à Dongola et 6.000 hommes à Osman Digma.

l'armée du sirdar et par ses canonnières, fut occupé le même jour après un léger combat. Les canonnières, dépassant l'armée, remontaient, jusqu'à Dongola, le Marakah des Mameluks, le Doungou des Nubiens et le Dongola-el-Djedidieh des Arabes, appelé aussi El-Ordeh (le campement) par les Turcs.

Le sirdar, après avoir fait passer presque toute son armée sur la rive gauche, fit poursuivre les Derviches qui se retiraient sur Dongola. Lui-même, avec toutes ses forces, environ 15.000 hommes, campait, le 22 septembre, à 8 kilomètres de Dongola. Le 23, à 5 heures du matin, il se mit en marche : les 1re et 2e brigades avec deux maxims en tête, appuyées par les quatre canonnières; venaient ensuite un détachement anglais puis les 3e et 5e brigades, la cavalerie et le Camel-Corps et enfin l'artillerie.

Après un court combat d'infanterie et une charge de la cavalerie, les Derviches se retirèrent vers le Sud, poursuivis vers Debbeh, après avoir abandonné 500 prisonniers et une grande quantité d'approvisionnements. Peu après, Debbeh était occupé ainsi que Merawi et Korti. Le 9 octobre, le sirdar repartait pour Le Caire.

La campagne de 1896 était terminée.

*
* *

Campagne de 1897. — Pendant le reste de l'année 1896 et le début de l'année suivante, on s'occupa de préparer la campagne de 1897. La province de Dongola était restée occupée par 12.000 Égyptiens. Ces troupes furent portées à 20.000 combattants par l'envoi de renforts successifs, qui les complétèrent à 13 bataillons égyptiens de 800 hommes, 6 bataillons noirs à 1.200 hommes, 10 escadrons de 120 sabres, 7 batteries de 6 pièces et 3 compagnies de mehara à 80 hommes sans compter les pionniers et services accessoires. L'ensemble, qui ne comprenait que des indigènes, s'élevait à plus de 35.000 hommes, 42 pièces et 7.000 animaux.

Les communications étaient déjà assurées avec Le Caire par la voie ferrée du Caire à Assouan, par le cours du Nil, puis par le chemin de fer de Ouady-Halfa à la troisième cataracte. En outre, une autre voie ferrée devait relier à travers le désert Ouady-Halfa à Abou-Hamed, sur une longueur de 230 milles, et être terminée au moment où le corps expéditionnaire atteindrait ce dernier point. On projetait en même temps une autre ligne destinée à relier Souakim à Berber.

Le sirdar Kitchener arrivait à Merawi le 13 juillet. Le 29, l'avant-garde partait de Merawi et entrait à Abou-Hamed, le 7 août, après un assez vif combat. A cette nouvelle, le mahdi ordonnait la concentration de ses troupes sur Metemmeh, où son lieutenant Mahmoud rassemblait une armée. Osman Digma reçut l'ordre d'abandonner les environs de Souakim, et Berber fut évacué. Les tribus arabes auxiliaires du sirdar s'en emparèrent aussitôt, le 7 septembre, et, le 12, le général Hunter, commandant l'avant-garde, y pénétrait, bientôt suivi par sir Herbert Kitchener. Lès canonnières étaient aussitôt lancées jusqu'au confluent de l'Atbara, que l'une d'elles remontait à 40 kilomètres en amont.

Bientôt on apprenait la retraite d'Osman Digma, qui traversait l'Atbara le 23 septembre, se rendant à Metemmeh, et la soumission de la plupart des tribus à l'est du Nil. A la fin de septembre, la voie ferrée était poussée à 15 milles d'Abou-Hamed, qu'elle devait atteindre en octobre, pour être continuée de là sur Berber. Cette place était déjà reliée aux postes du Nil par le télégraphe de campagne.

Le 13 octobre, le sirdar rentrait au Caire et partait de là pour l'Angleterre.

A la fin d'octobre, les canonnières poussèrent une reconnaissance à 64 kilomètres au delà de Metemmeh, rapportant des renseignements sur les troupes derviches qui occupaient cette place. Avec quelques escarmouches d'avant-postes, cette reconnaissance clôtura les opérations de la campagne.

Il restait à régler la question de Kassala. Des pourparlers avaient été engagés depuis le mois de juillet avec l'Italie pour affranchir cette puissance des charges de l'occupation. L'Italie consentit à tenir cette place jusqu'après la fin de la campagne de 1897. Ce n'est que lorsque les troupes égyptiennes se furent solidement installées à Berber que l'Italie se trouva dégagée, par l'arrivée à Kassala d'une troupe anglo-égyptienne, de la responsabilité onéreuse de l'occupation de cette place.

* *
*

Campagne de 1898. — Au début de la campagne de 1898, le sirdar Kitchener disposait, entre l'Atbara et Abou-Hamed, de 13.000 hommes environ, comprenant les forces égyptiennes (9.000 fantassins, 900 cavaliers et chameliers et 4 batteries) et les troupes anglaises stationnées au camp de Darnali, au sud de Berber, sous les ordres du général Gatacre, et comptant 4 bataillons (Warwikshire, Lincoln, Seaforth et Cameron Highlanders), environ 3.000 hommes.

Au mois de mars, on avait poussé le chemin de fer jusqu'à 100 kilomètres de Berber et décidé de le continuer vers l'Atbara et Khartoum (1).

La concentration de l'armée anglo-égyptienne s'effectua sur l'Atbara, d'où elle remonta le Nil sous la protection des canonnières. Le 26 mars, profitant de dissentiments qui s'étaient élevés entre l'émir Mahmoud et Osman Digma, le sirdar lançait sa flottille sur Chendi avec trois bataillons égyptiens, qui enlevaient la ville et détruisaient les ouvrages fortifiés. Mahmoud s'était dirigé vers l'Atbara et Berber par la rive droite du Nil, espérant surprendre l'armée anglo-égyptienne. Surpris lui-même, il était allé s'établir dans un camp à Dakheïla, sur l'Atbara, attendant l'attaque du sirdar. Après une marche effectuée dans la nuit du 7 au 8 avril, celui-ci se présenta avec 13.000 hommes, 12 maxims et 24 pièces devant le camp fortifié de Mahmoud, qui disposait de forces à peu près égales. Après avoir fait bombarder le camp ennemi, il le prit d'assaut, faisant 4.000 prisonniers, parmi lesquels Mahmoud lui-même, et s'emparant d'un butin considérable. Les Derviches eurent 3.000 tués, tandis que les troupes du sirdar perdaient 500

---

(1) On annonçait, en décembre 1898, que le chemin de fer serait prolongé le plus tôt possible d'Omdurman sur le confluent du Sobat.

hommes tués ou blessés, dont 112 Anglais. Le sirdar rentrait peu après à Berber, et la marche en avant fut ajournée au mois de juillet.

On avait décidé, devant la résistance des Derviches et les nouvelles venues d'Omdurman, de renforcer le corps expéditionnaire de quatre bataillons anglais tirés de Malte et de Gibraltar et de détachements égyptiens prélevés sur les garnisons du Nil.

A la reprise des hostilités, à la fin de juillet, la composition de l'armée du sirdar était la suivante :

1° Une division anglaise (général Gatacre), comprenant :

1re brigade (général Wanchope) :

        1er bataillon Cameron Highlanders;
        1er   —   Seaforth Highlanders;
        1er   —   Warwikshire;
        1er   —   Lincolnshire.

2e brigade (général Littleton) :

        1er bataillon Northumberland;
        2e   —   Lancashire;
        1er   —   Grenadiers-Guards;
        2e   —   Rifle-Brigade.

Cavalerie : 21e lanciers.
Artillerie : 2 batteries de campagne;
          1 batterie de mortiers;
          2 canons Maxim.

Soit 7.500 hommes.

2° Un corps égyptien (général Hunter), comprenant 4 brigades d'infanterie, 900 cavaliers et chameliers et 4 batteries. Soit 15.000 hommes.

3° Les canonnières (commodore Keppel).

L'ensemble de ces forces s'élevait à environ 23.000 combattants, auxquels il faut ajouter les troupes d'étapes, pionniers, auxiliaires, etc.

Le quartier général était établi au camp de l'Atbara, où se trouvaient trois batteries, la cavalerie et la moitié du Camel-Corps.

La 1re brigade anglaise était à Darnali.

La 2ᵉ brigade anglaise se dirigeait du Caire vers l'Atbara.

Deux brigades égyptiennes étaient à Berber avec deux batteries.

Le reste des troupes à Kamir et environs.

Au commencement d'août, la marche fut reprise vers Khartoum. L'artillerie et quelques détachements d'infanterie furent embarqués sur la flottille, tandis que le reste des troupes prenait par la rive gauche du Nil.

On s'attendait à une action sérieuse à Metemmeh; mais, arrivé au défilé de Shabluka, signalé par les reconnaissances comme la position la plus dangereuse, sur le Nil, avant Khartoum, on constata que les Derviches avaient abandonné la lutte et s'étaient retirés sur Omdurman.

Le 26 août, le corps expéditionnaire était concentré à Hegaia. Il en repartait aussitôt, précédé par les auxiliaires indigènes, et arrivait devant Omdurman le 2 septembre. Les Derviches, au nombre de 35.000, y attendaient l'attaque du sirdar. Celui-ci, grâce à l'armement et à la discipline de ses troupes, battit complètement les troupes du mahdi dans un combat qu'un journal anglais a appelé « une grande bagarre plutôt qu'une bataille ». Malgré le grand courage dont ils firent preuve, on a dit que les derviches laissèrent sur le terrain 10.000 des leurs, parmi lesquels Yakoub, le fils du mahdi.

Cette victoire fit tomber entre les mains du sirdar Omdurman, centre de la puissance du mahdi, avec son arsenal, ses approvisionnements et de nombreux prisonniers.

Le khalife fugitif fut traqué par les troupes anglo-égyptiennes, tandis que les canonnières remontaient les deux Nils. Les communications télégraphiques étaient aussitôt établies avec Le Caire, et des postes avancés établis autour de Khartoum et d'Omdurman.

Pendant que le sirdar Kitchener, à la nouvelle de l'arrivée d'Européens à Fachoda, remontait le Nil avec des forces imposantes et prenait contact avec le commandant Marchand (voir le chapitre relatif au Congo français), on s'occupait de poursuivre le mahdi et de réduire les Derviches, qui, sous le commandement d'Ahmed Fedil, tenaient encore la province de Ghedaref.

Battu une première fois par le colonel Parson, Ahmed Fedil subissait, le 26 décembre, une nouvelle défaite à Rosaires. Il réussissait à s'échapper et à se rapprocher du Nil, qu'il essayait, au mois de janvier 1899, de traverser du côté de Kosseiros, pour se joindre aux forces du khalife.

Celui-ci s'était retiré à Serquellah, d'où, ne se trouvant pas en sûreté au milieu de ses partisans, il avait, au mois de mai, pris la direction du Sud, pour s'éloigner davantage de Khartoum et des petites expéditions lancées autour de cette place malgré les maladies qui décimèrent au mois de mars l'armée anglo-égyptienne.

Du côté du Darfour, on avait tenté sans grand succès de nouer des relations. Vers l'Abyssinie, une reconnaissance qui remontait le Nil Bleu fut arrêtée à Famaka par les autorités éthiopiennes et obligée de se retirer. L'Abyssinie paraissait bien gardée, sinon sur le Nil Blanc lui-même, au moins au pied des plateaux, là où le climat commence à devenir favorable aux Abyssins. Il n'est pas inutile de rappeler, au moment où les forces anglo-égyptiennes traitent en pays conquis les territoires de la rive droite du Nil, les termes de la lettre adressée par Ménélik, en 1891, aux chefs d'État européens :

Partant de Tomat, la limite de l'Éthiopie embrasse la province de Ghedaref et arrive jusqu'à la ville de Kargay, sur le Nil Bleu. En indiquant aujourd'hui les limites actuelles de mon empire, je tâcherai, si Dieu veut m'accorder la vie et la force, de rétablir l'ancienne frontière de l'Éthiopie jusqu'à Khartoum et jusqu'au lac Nyanza avec les pays gallas.

Les Anglais ont réussi à faire évacuer Fachoda. Le négus se montrera-t-il aussi accommodant à leur égard que le gouvernement français? Nous le saurons avant peu.

L'Angleterre menace en effet de plus en plus les territoires du négus. Ne pouvant faire suivre au Transafricain la rive du Nil, marécageuse et enfiévrée, elle paraît décidée à en rejeter le tracé au pied des plateaux éthiopiens, de manière à les investir plus étroitement encore.

Après la campagne de 1898, toute l'activité anglaise se reporta sur les questions commerciales et sur celle des chemins de fer. Du khalife qui paraissait à bout de forces, du Darfour, du Kordofan et même de l'Abyssinie il ne fut plus question. Tout au plus, pour entretenir la curiosité anglaise, fit-on annoncer, au printemps et à l'été de 1899, la formation d'une expédition contre le khalife en même temps qu'on déclarait le Bahr-el-Ghazal inutilisable. Après le chemin de fer du Nil, qui a atteint Omdurman au mois de janvier 1900, on s'occupait de son prolongement et aussi de la ligne de Souakim à Berber (1).

D'ailleurs les événements du Transvaal vinrent dériver l'attention vers des sujets plus importants. Il semblait qu'on allait laisser s'endormir les questions du Soudan égyptien, lorsqu'on apprit brusquement en Europe, à la fin de novembre 1899, la défaite définitive et la mort du khalife.

Au commencement de 1899, Ahmed Fedil avait réussi à traverser le Nil Blanc avec quelques troupes et à rejoindre le mahdi. A ce moment celui-ci paraissait posséder une armée de 5.000 hommes traînant après elle un grand nombre de femmes et d'enfants. Un moment, au mois d'octobre dernier, après diverses vicissitudes, il parut dessiner une vague offensive sur Khartoum. C'était plutôt une reconnaissance. Dès la fin de septembre des troupes égytiennes évaluées à 2 brigades d'infanterie, 3 batteries avec des détachements de cavalerie et de méharistes, se mettaient en mouvement avec le dessein d'entamer une action contre le khalife. On annonçait leur concentration à 150 milles au sud-ouest d'Omdurman et à 70 milles environ du camp du khalife.

Le 22 novembre, le colonel Wingate, qui surveillait dans le

---

(1) On a annoncé l'inauguration, le 26 août dernier, par le sirdar Kitchener, du pont de l'Atbara, fourni par des maisons américaines, qui en avaient obtenu l'adjudication. A ce moment les officiers et soldats du génie anglais avaient posé 587 milles de rails au nord du pont et 122 au sud. Bel exemple à suivre pour notre futur Transsaharien!

Kordofan, avec quelques troupes, les mouvements des derviches, atteignait Ahmed-Fedil à Nelisa et le battait en lui tuant 400 hommes. Ce succès arrivait à point pour consoler les Anglais de leurs premiers échecs au Transvaal.

Deux jours après, grâce à une marche de nuit, le colonel Wingate, bien renseigné sur les mouvements ennemis, rejoignait le khalife à Oum-Debrikat et mettait ses troupes en déroute dans un combat où il trouva la mort.

Le récit que donne le colonel de la mort du khalife est dramatique :

Aussitôt que les troupes anglo-égyptiennes eurent emporté le camp des derviches, on apprit qu'Abdullahi et la plupart de ses émirs se trouvaient parmi les morts. Le colonel Wingate se dirigea immédiatement vers le lieu où gisait, disait-on, le khalife. En route, un jeune garçon de quinze ans, saisissant la main du major Watson, lui dit : « Le khalife est mort. Je suis son fils. » Puis il conduisit l'officier anglais près du cadavre de son père.

Le corps du khalife était étendu, enroulé dans une peau de mouton criblée de balles. Sur son cadavre étaient tombés ses deux principaux émirs, Ali Wad Helu et Ahmed Fedil. Puis autour de lui gisaient dix ou douze autres émirs, et tous les hommes de sa garde du corps.

Le colonel Wingate contemplait l'imposant spectacle de ces braves étendus dans l'immobilité de la mort, lorsque d'un monceau de cadavres émergea un petit homme qui n'était autre que Yunis Deghemi, l'ancien émir de Dongola.

Il conta comment les derviches, n'ayant pu réussir à tourner les Anglo-Égyptiens et commençant à se débander devant le terrible feu de ceux-ci, le khalife appela ses émirs et leur dit : « Je ne fuirai point. Je mourrai ici. Je vous prie de rester près de moi, et nous mourrons ensemble. » Ils y consentirent, et avec la garde du corps se placèrent devant leur chef.

Le khalife s'assit sur sa peau de mouton et, avec ses compagnons, attendit tranquillement la fin.

Le colonel Wingate a fait enterrer sur le lieu même où ils étaient tombés Abdullahi et ses fidèles, par leurs propres gens et avec leur cérémonial. Les derniers défenseurs du mahdisme reposent dans un site magnifique à peu de distance de l'île d'Abba qui en fut le berceau.

Les forces des derviches étaient anéanties. Osman Digma avait pu fuir avec quelques partisans et, après avoir passé le

Nil, s'était réfugié près de Tokar. C'est là qu'il fut pris, peu de jours après, et envoyé à Suez.

Le 20 janvier 1900, El Obeid était occupé et l'influence anglaise essayait aussitôt d'entamer le Darfour.

Ces événements survenaient à point pour sauver les Anglais des graves complications que les insuccès subis au Transvaal auraient pu amener au Soudan. L'Égypte dégarnie de troupes anglaises et le corps d'occupation réduit à moins de 2.000 hommes, les esprits allaient s'échauffer aux récits des défaites britanniques et le *Conseil législatif* du Caire, appelé, au mois de janvier, à voter sur les dépenses du Soudan, allait proclamer, aux applaudissements des Égyptiens, que le Soudan faisait partie intégrante de l'Égypte.

Au même instant l'attitude des troupes égyptiennes de Khartoum causait de graves soucis à l'administration anglaise et partout le long du Nil on sentait, à des signes divers, que le prestige britannique risquait, quelle que fût l'issue de la guerre du Transvaal, de rester gravement compromis, alors même qu'il n'y eût à craindre aucune action panislamique du côté des Turcs ou des Senoussias.

***

Pendant que ces événements se déroulaient sur le Nil, les Anglais continuaient en Égypte leur politique d'absorption (1).

---

(1) Un correspondant militaire anglais, M. Oppenheim, qui a suivi les opérations du Soudan, a fait ressortir, dans la *Nineteenth Century*, les facilités de la guerre de Khartoum. Il signale que le succès de la campagne qui aboutit à la victoire d'Omdurman est dû à la sagesse d'une préparation qui a pu être soignée jusque dans ses plus infimes détails. Le sirdar a eu la possibilité de complètement maîtriser le facteur temps : il lui était aisé de prévoir, six mois à l'avance, à quel jour du mois d'août et de septembre la pleine lune ou la crue du fleuve favoriserait l'opération qu'il projetait.

Au Soudan, un large fleuve sert de ligne de communication, ligne que le désert même préserve de tout péril, fleuve que sillonnent avec une relative facilité de lourdes embarcations, efficacement protégées par les maxims des canonnières.

Du dernier point de concentration au sud de la sixième cataracte, les deux divisions n'ont qu'à parcourir 40 milles pour gagner leur champ de bataille. Elles exécutent cette manœuvre, posément, à raison de 8 milles par jour et dans une formation on ne peut plus avantageuse : le front de marche s'étale sur

Peu à peu, mais de façon continue, l'administration égyptienne passait entre leurs mains, et ils pouvaient disposer,
sans soulever les réclamations de l'Europe, de ce que l'on
a pu appeler le capital de l'Égypte. C'est ainsi qu'ils alié-
naient, après avoir épuisé toutes les ressources dont ils
pouvaient légalement disposer, les bateaux de la Khedivieh,
entreprise maritime du gouvernement égyptien desservant
la Syrie, la Grèce et la Turquie. Cette atteinte aux droits
de l'Égypte, qui en d'autres temps eût soulevé de nombreuses oppositions, s'accomplit, au mois de janvier 1898,
sans trop de réclamations de la part de l'opinion publique
européenne.

Peu à peu les Égyptiens oublient la France. La langue
française recule devant la langue anglaise. En 1889, la proportion du nombre des étudiants était d'environ 74 pour 100
pour le français, 26 pour 100 pour l'anglais. En 1898, cette
proportion s'est abaissée à environ 35 pour 100 pour la langue
française, alors qu'elle remontait à 65 pour 100 pour la langue
anglaise.

Les entreprises anglaises se développent partout avec une
importance et une rapidité croissantes. La National Bank,
banque anglaise, émet déjà des banknotes, tandis que les entreprises françaises, frappées d'anémie, en butte à une concurrence énergique, renoncent à la lutte ou sont menacées d'une
liquidation prochaine (1).

Au Soudan, la convention anglo-égyptienne du 19 janvier 1899 a posé les bases d'une sorte de condominium sur
lequel l'Égypte ne se fait aucune illusion. Les deux drapeaux
sont hissés côte à côte : un seul d'entre eux représente la

---

près de 10 milles ; les bagages suivent sans retard, car la profondeur est insignifiante. (*France militaire.*)

Il est certain qu'on ne saurait comparer les difficultés de la guerre soudanaise
avec celles auxquelles l'armée anglaise s'est heurtée au Transvaal.

(1) Le commerce de l'Égypte a atteint 600 millions en 1897. Les importations
ont atteint environ 250 millions ; celles d'Angleterre ont augmenté de 12 millions
pendant que celles de France diminuaient de 2 millions. Depuis sept ans, les importations belges et allemandes ont quintuplé et augmentent encore.

réalité dominante. Le collège anglais de Khartoum, bientôt
édifié, symbolisera à brève échéance cette domination, que la
France a perdue, que l'Égypte subit et à laquelle elle s'habitue
tous les jours davantage (1).

* * *

L'Égypte, que les anciens considéraient comme une terre
d'Asie, s'est de plus en plus rapprochée de l'Europe, surtout depuis que l'œuvre française du canal de Suez a été achevée. La
création de cette nouvelle voie de communication fut, encore
plus que la situation stratégique de l'Égypte, le motif déterminant de l'occupation de ce pays par les Anglais. Comprenant
aussi qu'un événement imprévu de la politique européenne
peut les obliger à évacuer le pays, ils font en ce moment leurs
efforts pour créer entre la Méditerranée et les Indes une nouvelle voie de communication encore plus rapide que celle du
canal.

Habitués à escompter à l'avance les succès de leur diplomatie, ils rêvent déjà de se réserver, par le protectorat de
la Perse et de la Turquie d'Asie, le moyen de posséder, le
long des rivages du golfe Persique, un chemin de fer anglais
qui viendrait déboucher en face de Chypre, possession anglaise.

Les Anglais ont la vague inquiétude de ne pouvoir conserver
indéfiniment leur situation en Égypte. Ils sentent que la durée
de leur occupation serait à la merci d'une entente de l'Allemagne avec la France et la Russie. Ils se souviennent que cette
entente s'est récemment produite en Extrême-Orient, et que
pour l'Égypte elle dépend seulement de concessions réciproques. Aussi sa mission sur les bords du Nil, dont elle parle si
souvent, ne paraît-elle avoir d'autre but que de préparer à ce

---

(1) Pour tout ce qui concerne les principes politiques qui ont guidé les Anglais
dans l'établissement de leur domination au Soudan, se reporter au chapitre relatif
à la mission Marchand (Congo français).

pays un avenir tel qu'il se trouve incapable de porter ombrage à ses intérêts, si elle se trouve obligée d'en sortir même pour y céder la place à une puissance européenne.

Pour cela, il est nécessaire qu'elle possède le Soudan avec la côte de la mer Rouge, que le chemin de fer de la Méditerranée aux Indes soit achevé et que les territoires traversés soient placés sous la tutelle anglaise, même au prix d'un partage, avec les Russes, de la Perse et de la Turquie.

Ce jour-là, le canal de Suez ayant été lui-même préalablement neutralisé, l'évacuation de l'Égypte aura fait un pas décisif. Ce jour-là aussi, les Anglais auront pris soin de détourner d'avance vers d'autres rivages le commerce que fait l'Égypte avec le Soudan. Le projet d'une voie ferrée reliant Berber à Souakim a récemment fait jeter un cri d'alarme sur les bords du Nil. On y comprend que la construction de ce chemin de fer aurait pour effet immédiat de rejeter vers Souakim, devenue ville anglaise, et de là sur les vaisseaux anglais, les marchandises du Soudan.

Cette voie ferrée aurait encore un autre résultat non moins désastreux pour l'Égypte : celui de permettre le transport, par la voie la plus rapide, des pèlerins musulmans qui, de l'Afrique centrale, se dirigent vers La Mecque, sans emprunter, comme aujourd'hui, le territoire égyptien..... à moins que ce résultat ne soit obtenu par un moyen encore plus simple : la création, déjà rêvée par le mahdi de Djerboub, mais alors sous les auspices de l'Angleterre, d'une métropole saharienne ou soudanaise du culte de Mahomet et d'une cité sainte rivale de La Mecque. Cela fait, et l'exploitation du Soudan complétée par l'établissement de la voie ferrée de Mombassa à Khartoum, l'Égypte, décapitée en partie de son rôle commercial et dépouillée du transit universel, ne serait plus qu'un pays agricole qu'on pourrait livrer à ses destinées sans inconvénient pour les intérêts de l'Angleterre, dont « la mission en Égypte » serait alors véritablement accomplie.

La France n'est pas la seule puissance intéressée à ces questions. Même sans attendre la liquidation de la Turquie et de la Perse, il y a lieu de penser que l'équilibre nouveau qu'on essaie d'établir en Extrême-Orient rappellera l'attention sur la question des grandes voies de communications maritimes. Les événements peuvent donner naissance à des complications subites du côté de l'Égypte, et ailleurs encore; les groupements politiques peuvent changer, et la question d'Égypte, dont la solution a paru s'éloigner, pourrait bien donner lieu à des surprises prochaines.

CONCLUSION

_____

Chaque région, étudiée séparément, a donné lieu à une conclusion partielle. On se bornera ici à jeter sur l'Afrique un coup d'œil d'ensemble après avoir procédé à un examen général et rapide des résultats donnés par les méthodes de colonisation française et anglaise.

Les nombreux traités conclus depuis vingt ans au sujet des délimitations africaines ont abouti à la reconnaissance des zones d'influence, désormais fixées, tout au moins dans leurs lignes générales.

On ne saurait affirmer, cependant, que le choc des intérêts contraires n'amènera pas des bouleversements et des dislocations. L'ère des compétitions est loin d'être définitivement close, les affaires du Transvaal en sont le témoignage, et il n'est point malaisé de dénoncer dès maintenant les régions sur lesquelles porteront les contestations futures.

Ce qui semble préoccuper le plus l'opinion française, avide de résultats immédiats, ce n'est pas tant le souci de conserver et de consolider l'empire colonial si rapidement acquis que le désir légitime, quoique prématuré en certains points, de le mettre en valeur et de procéder sans délai à son exploitation.

Celle-ci ne saurait être efficacement assurée sans méthode et sans continuité, et l'on sait combien, jusqu'à ce jour, ces qualités nous ont fait défaut.

Les méthodes de colonisation successivement employées

par l'administration française ont eu surtout le mérite d'être multiples et variées.

On a tenté bien des moyens, mis en pratique de nombreuses conceptions : on ne paraît avoir suivi nulle part, sans tâtonnements, une ligne de conduite fondée sur la connaissance approfondie des pays et des races.

Il est des principes généraux qu'on peut appliquer à coup sûr à tout gouvernement, à tout essai de colonisation; il en est d'autres qui, discutables et contestés même dans la métropole, doivent être rejetés sans hésitation dans des colonies nouvellement créées.

L'homme d'État éminent qui, soucieux de l'avenir et prévoyant les nécessités futures, a eu la gloire de jeter les bases de notre puissance coloniale, Jules Ferry, dans son rapport sur l'organisation du gouvernement général de l'Algérie, posait des principes d'administration qu'on peut considérer comme applicables à toute colonie.

Il repoussait avec force l'idée d'assimilation des indigènes, s'élevait hautement contre la pensée de gouverner de Paris nos diverses colonies et demandait en leur faveur une large décentralisation.

Ce sont les mêmes principes que suivent les Anglais dans leur administration coloniale et qu'ils appliquent de longue date au Canada, au Cap et ailleurs.

Nos voisins, disait Jules Ferry, ont tiré de leurs longues et nombreuses expériences coloniales la conclusion qu'il faut laisser beaucoup d'indépendance administrative aux pouvoirs locaux. A ceux-ci la libre initiative, au pouvoir métropolitain le contrôle.

C'est cette même pensée qui inspire la conclusion donnée par M. Edmond Demolins au tableau qu'il trace de la *prétendue supériorité des Allemands* (1) :

.Dans le premier moment, ces énormes mécanismes donnent à une société toutes les apparences extérieures de la puissance poli-

---

(1) *A quoi tient la supériorité des Anglo-Saxons,* par Edmond Demolins, préface de la 2ᵉ édition, page xv.

tique et de la puissance sociale, parce qu'ils centralisent brusquement et brutalement dans une seule main toutes les forces vives de la nation, lentement constituées par les régimes antérieurs..... Mais précisément parce que ce régime centralise toutes les forces vives, il finit par les atrophier, par les stériliser, et alors arrive la profonde et parfois irrémédiable décadence..... L'empire d'Allemagne, s'il persiste dans la voie où il est engagé — ce qui est très probable — n'échappera pas à cette loi fatale..... Et, pendant que la race anglo-saxonne grandira de plus en plus par les œuvres fécondes et sans cesse renouvelées de l'initiative privée et du self-government, la vieille Allemagne perdra de jour en jour, par l'excès de la puissance politique, ses fortes vertus qui ont fait et qui font encore sa puissance sociale.

Cette erreur de la centralisation, combinée avec notre méconnaissance des races conquises et des nécessités sociales qui s'imposent, avec notre sensiblerie d'êtres trop civilisés, avec notre tendance à appliquer à nos sujets, sans discernement, des principes sociaux que nous ne sommes pas même parvenus à nous assimiler, nous a conduits à la plupart de nos déceptions coloniales (1).

C'est ainsi que, dans nos plus récentes conquêtes, on a prématurément supprimé le régime militaire, sans attendre que le temps ait complété l'œuvre de la pacification en faisant disparaître les germes de révolte, sans consulter les enseignements du passé, le plus lointain comme le plus proche, et sans étudier, pour les mettre en pratique, les procédés de conquête et de colonisation romains ou britanniques.

C'est ce qui nous laisse aller, sous la pression de belles formules ou d'idées admises sans discussion, à franciser nos indigènes, à vouloir, par l'école, « les élever graduellement jusqu'à nous », idée féconde en surprises futures et que les Anglais se gardent soigneusement d'appliquer.

L'exemple de leurs colonies leur apprend tous les jours que

---

(1) Dans un récent rapport sur les colonies françaises, adressé au Foreign Office, sir Austin Lee, attaché commercial à l'ambassade d'Angleterre à Paris, cite avec soin le chiffre des fonctionnaires que nous entretenons dans nos colonies : Martinique, 973; Guadeloupe, 1.152; la Réunion, 904; Sénégal, 620; Guinée, 241 pour 42 colons; Côte d'Ivoire, 348 pour 51 colons; Dahomey, 553 pour 33 colons; Congo, 580; Tahiti, 235.

des races si différentes de la nôtre, imbues d'un mode de penser que nous ne leur enlèverons pas, puisant leur morale dans des religions que nous avons peine à comprendre, sont incapables d'adapter à leur cerveau, avant de très longues années, nos principes sociaux, et ne prennent, à notre premier contact, que nos vices apparents. C'est un fait partout reconnu que l'indigène, frotté de notre civilisation, a perdu la moralité et les qualités de sa race, sans rien acquérir des vertus de la race conquérante.

Il suffit, pour s'en rendre compte, de parcourir l'Algérie, qui est à nos portes, et de comparer les indigènes des villes à ceux de la campagne. Ce résultat a fait naître le scepticisme au sujet des effets produits par l'instruction publique aux colonies. Il n'a pas peu contribué à rendre les Anglais implacables en ce qui concerne la sujétion de leurs indigènes.

On a distingué avec raison les colonies d'exploitation des colonies de peuplement. Mais on ne saurait donner à ces termes un sens absolu. Un peuple ne fonde pas de colonies sans attacher à cette fondation l'idée d'exploitation.

Toutes les colonies sont des pays d'exploitation; mais certaines d'entre elles, particulièrement favorisées, peuvent devenir des colonies de peuplement. Dans les unes comme dans les autres, la race conquérante doit conserver, avec un soin jaloux, le prestige sans lequel toute domination devient éphémère.

Mais nous avons beau chercher sur la carte du monde, nous n'y trouvons nulle part des *colonies d'éducation*. Les hommes qui s'expatrient ne sont généralement pas des rêveurs — *Primo vivere, deinde philosophari* — et jusqu'ici les nations, même les plus policées, n'ont eu, sans doute, ni le temps ni les moyens de s'appliquer, autrement qu'en paroles, à une œuvre aussi élevée.

Partout les races en présence ont obéi à ce principe supérieur et éternel qui commande à l'une de subjuguer l'autre, et nous ne constatons de fusion véritable que là où cette fusion était déjà préparée par des similitudes et non pas rendue impossible par des dissemblances.

On pourra multiplier les écoles, prodiguer les faveurs et les emplois, développer les besoins des indigènes et leur faire absorber nos produits, faire luire à leurs yeux l'éclat de notre civilisation, on n'empêchera pas les races, quels que soient les rapprochements lentement obtenus, de se heurter un jour pour la domination ou pour l'indépendance.

Nos idées françaises, résultat de la philosophie de plusieurs siècles pendant lesquels notre race a vécu repliée sur elle-même, ont besoin de se modifier au contact des autres sociétés humaines.

La Déclaration des Droits de l'Homme ne s'est pas imposée sans discussions et sans luttes, en Europe même, au milieu de sociétés similaires. Brusquement appliquée aux pays d'outre-mer, elle y serait incomprise et amènerait sûrement la faillite de toute colonisation. Et, d'ailleurs, en vertu de quels principes, puisés parmi ceux qu'elle pose, chercherait-on à l'imposer?

La centralisation excessive dont souffre l'administration de nos colonies n'a pas eu seulement pour effet de dénaturer la compréhension de leurs besoins; elle a aussi développé, par une loi fatale, l'abus de la réglementation, qui use les caractères, comprime les initiatives et étouffe la prospérité.

Ici, on décrète des impôts comme dans la métropole, sans crainte de stériliser les germes de développement les plus précieux de toute colonie, sans se rappeler la parole profonde de lord Chatham au Parlement britannique : « Milords, c'est une doctrine que je porterai avec moi jusqu'à la tombe : un pays ne possède pas, sous le ciel, le droit d'imposer ses colonies; cela est contraire à tous les sentiments de justice et de politique; il n'est point de nécessité qui puisse le justifier. »

Ailleurs, on hésite à employer le moyen de colonisation reconnu, par les autres peuples, comme le moins coûteux, sinon le meilleur : la constitution de grandes compagnies d'exploitation coloniale.

Ce n'est pas par de tels procédés qu'on développera les colonies et les facultés colonisatrices d'une nation.

Il serait facile d'opposer à ce manque de méthode les procédés anglais, dont on a pu constater plus haut l'efficacité, la permanence et la continuité. Il nous suffira d'en signaler rapidement les résultats.

Sir R. Giffen, le statisticien anglais, en établissant, au mois de février 1899, devant l'Institut royal des colonies, le bilan de l'empire britannique depuis 1871, donnait les chiffres suivants, qu'il est utile de méditer.

La population totale de l'empire est de 407 millions d'âmes, soit le quart de celle du globe ; les Anglais comptent dans ce total pour 50 millions, les sujets anglais pour 357 millions, augmentant de 112 millions depuis 1871.

Le commerce total s'est élevé, en 1897, à 35 milliards dont 26 milliards pour les pays anglais, 9 milliards pour les pays sujets, et en augmentation de 11 milliards depuis 1871.

Les impôts de tous les pays britanniques ont produit, la même année, 6 milliards et demi.

Si, maintenant, après ce formidable exposé de la prospérité britannique, on veut savoir comment les populations d'origine européenne apprécient la domination anglaise, il nous suffira de citer — citation dont on excusera la longueur, en raison de son intérêt — ces paroles d'un Canadien français, sir Wilfred Laurier, premier ministre du Canada (1) :

Oui, si l'empire britannique s'est élevé aux magnifiques proportions qu'il présente au monde, et que la France, seule, je crois, de toutes les nations de l'Europe, consciente de sa force et de sa grandeur, a su reconnaître et apprécier, il ne s'est élevé, il ne s'est maintenu, il ne saurait se maintenir que sur les larges assises de la liberté, de la liberté civile, politique et religieuse, de la liberté qui sait respecter les croyances, la langue, les institutions, les lois, les coutumes de tous les éléments divers qui, sur tous les points du

---

(1) Discours prononcé, le 19 juillet 1897, au banquet de la chambre de commerce anglaise de Paris, auquel assistaient, avec sir Wilfred Laurier, premier ministre du Canada, sir Gordon Sprigg, premier ministre du Cap, et M. G.-H. Reid, premier ministre de la Nouvelle-Galles du Sud.

globe, reconnaissent la suzeraineté de la couronne portée aujour-
d'hui avec tant d'éclat par Sa Majesté la reine-impératrice.

En parcourant cette ville, belle entre toutes les villes, j'ai remarqué sur la plupart de ses édifices publics la fière devise que les
armées de la République promenèrent à travers l'Europe : Liberté,
Égalité, Fraternité. Eh bien, tout ce qu'il y a dans cette devise de
vaillance, de grandeur et de générosité, nous l'avons aujourd'hui
au Canada : c'est là notre conquête.

La Liberté, nous l'avons absolue, complète, plus complète — par-
donnez à ma fierté nationale l'affirmation que j'en fais — plus complète que dans n'importe quel autre pays au monde ; liberté pour
notre religion, avec son culte, ses cérémonies, ses prières, ses coutumes ; liberté pour notre langue, qui est langue officielle comme
la langue anglaise ; liberté pour toutes ces institutions que nos
ancêtres apportèrent de France, et que nous regardons comme un
héritage sacré.

L'Égalité, nous l'avons. Et quelle autre preuve vous en donnerais-
je que, dans ce pays, en majorité de race anglaise et de religion protestante, les dernières élections générales ont porté au pouvoir un
homme de race française et de religion catholique qui a toujours
affirmé haut sa race et sa religion ?

La Fraternité, nous l'avons. Il n'y a pas parmi nous de domination de race sur race. Nous avons appris à respecter et aimer ceux
que jadis nous avons combattus, et à nous en faire respecter et
aimer. Les vieilles inimitiés ont cessé ; il n'y a plus de rivalité, il
n'y a que de l'émulation. Et je dois rendre cette justice à mes compatriotes de race anglaise que notre fierté nationale comme descendants de la France, ils la comprennent, ils l'apprécient, ils l'admi-
rent, et qu'ils n'en ont que plus de respect pour nous. De nos
anciennes luttes, il nous reste à nous, descendants de la France,
une relique que nous conservons avec un amour passionné. C'est un
drapeau de la France, non pas de la France d'aujourd'hui, mais de
l'ancienne monarchie. Il existe parmi nous une tradition soigneusement conservée, que ce drapeau flotta victorieusement tout un
jour sur les remparts de Cavillon, lorsque le marquis de Montcalm
y repoussa les assauts répétés de l'armée anglaise. Ce drapeau, qui
rappelle une victoire française, nous le promenons solennellement
dans nos cérémonies religieuses, dans nos processions patriotiques, et jamais nos compatriotes d'origine anglaise n'ont songé à
s'en offenser, ou à nous en faire un reproche. Si ce n'est pas là la
fraternité, messieurs, qu'est-ce donc que la fraternité ?

A cette apologie du régime accordé à leurs colonies de peuplement, on pourrait opposer, il est vrai, les traitements infligés par les Anglais aux indigènes de leur empire. En dehors

même de l'Afrique, où nous avons relevé des faits pénibles pour la réputation britannique, on pourrait citer bien des exemples, parmi lesquels celui des Indes.

Bien des esprits, en Angleterre, considèrent avec quelque mélancolie l'avenir réservé à l'empire indien en constatant le travail souterrain qui se fait dans cette vaste agglomération de 300 millions d'Hindous, en général avides d'instruction et de diplômes, prenant peu à peu conscience d'eux-mêmes, cherchant partout un appui, ayant au cœur la haine silencieuse de l'orgueil britannique et du particularisme anglo-saxon.

L'empire noir de la France, aussi bien que son Indo-Chine, devra devenir autre chose qu'une parodie de l'empire des Indes.

Il ne faut pas voir seulement dans ces vastes contrées, conquises par nos armes et par notre influence, des territoires d'exploitation analogues à ceux que les Belges sont en train d'épuiser au Congo. Tout a une fin, même les ressources naturelles des plus vastes empires. L'expérience tentée au Congo léopoldien a pu se développer jusqu'à ces derniers temps dans des conditions à peu près favorables. Les révoltes continuelles, multiples, toujours furieuses, qui se produisent depuis peu, suffiraient à démontrer que la patience humaine, même celle de nègres vaincus et épouvantés, a des limites étroites.

La France doit laisser à d'autres cette politique aux profits momentanés. Qu'elle reste fidèle, avec des idées plus rassises, à son passé, à ses traditions, à ses initiatives généreuses, tout en maintenant avec force et modération — *suaviter in modo, fortiter in re* — les sujétions imposées. Qu'elle cesse de s'abandonner et de s'abaisser elle-même et qu'elle considère avec confiance, l'esprit tendu vers l'avenir, les résultats acquis dans ce dernier quart de siècle, au prix de sacrifices que l'histoire jugera sans doute insignifiants.

N'est-ce pas un spectacle réconfortant que celui de nos domaines du Soudan et du Congo, conquis par quelques héros, soumis sans efforts véritables et déjà facilement administrés? N'est-il pas encourageant de constater que toutes ces populations ont appris à aimer nos officiers, ces administrateurs-nés des peuples primitifs, qui leur apportent, avec une administration dont la justice et la douceur sont pour eux chose toute nouvelle, le bénéfice de la disparition des conquérants habitués à ne leur laisser le choix qu'entre l'oppression ou la suppression?

C'est là qu'il faut chercher la raison véritable de la fidélité constante, ininterrompue, témoignée aux blancs venus de France par leurs serviteurs ou leurs auxiliaires noirs, ainsi qu'on l'a rappelé à propos de la mission Cazemajou : « C'est une chose connue de toute l'Afrique, que jamais un interprète, jamais un noir dévoué à un Français ne doit revenir sans le corps de son blanc ou sans son blanc vivant (1). »

A ce point de vue des dévouements provoqués et obtenus, des grands horizons découverts sur la psychologie nègre, l'œuvre de la France en Afrique mérite qu'on fonde sur elle de solides espérances, car elle paraît devoir être vraiment civilisatrice, féconde et durable.

Mais il ne s'agit pas seulement d'acquérir des colonies, il faut savoir les conserver pour les faire servir à la grandeur de la patrie.

Notre histoire est pleine de souvenirs des établissements fondés par des Français sur tous les points du globe qui, par la suite, ont été abandonnés ou cédés à prix d'argent ou annexés par d'autres puissances. L'exemple de l'Espagne, du Portugal, de la Hollande, est là pour nous prouver que les colonies ne se défendent pas toutes seules, que les liens qui les attachent à la métropole se relâchent à la longue, que le patriotisme y revêt, sous la pression des intérêts, une forme nouvelle, que le loyalisme s'y refroidit fatalement et que le séparatisme — puisqu'il faut employer cet affreux mot nouveau — émergeant

---

(1) Discours de M. le comte d'Agoult, député du Sénégal. Séance de la Chambre du 19 janvier 1899.

en un jour des bas-fonds égoïstes, y devient peu à peu la
religion nouvelle.

C'est une destinée qu'il serait puéril de méconnaître, un
enseignement qu'il serait imprudent de négliger. Les colonies
sont comme les enfants naturels d'un père aux instincts trop
puissants. Les soins attentifs qui leur sont prodigués dès leur
jeune âge ont pour effet de les constituer en vigoureux reje-
tons qui ne peuvent se défendre d'envisager par la suite, avec
une secrète jalousie, les traitements de faveur accordés aux
enfants légitimes. Devenus grands et forts, il leur tarde de s'affranchir des liens trop lourds qu'on a le tort de leur imposer.
Les entraves, les obstacles accumulés ne servent qu'à leur faire
paraître la sujétion plus odieuse et, sans empêcher les destins
de s'accomplir, n'aboutissent qu'à rendre la méfiance plus profonde, la séparation plus complète, les souvenirs plus amers.

Les Anglais ne méconnaissent pas cette loi d'évolution sociale. Ils sont dans la vérité. Leurs colonies pourront abandonner la métropole : ils en auront fait auparavant des collec-
tivités pareilles à la mère-patrie par la langue, par les idées,
par les besoins, par les tendances.

Qui pourrait nier, dès lors, que la puissance, l'influence, la
grandeur commerciale de la métropole ne soient pas constamment accrues par ces sociétés jetées à travers le monde et qui
continuent, malgré toute scission, à graviter autour de leur
centre d'attraction naturelle ?

La séparation des États-Unis a pu être un rude coup
porté à l'orgueil du peuple anglais. La diminution de grandeur et d'influence subie par l'Angleterre a été rapidement
réparée.

L'Amérique du Nord est devenue un creuset dans lequel,
chaque année, viennent se fondre et s'amalgamer intimement
des milliers d'immigrants : un flambeau aux puissantes radia-
tions projetant à travers le monde le rayonnement des mœurs
et des idées anglo-saxonnes.

Demain, le Canada, le Cap, l'Australie se détacheront à leur
tour, comme des fruits mûrs, de la souche commune. Ils res-
teront quand même ce qu'on les aura faits : des pays britanni-

ques ; et le citoyen anglais pourra, plus que jamais, voguer à travers le monde, en affirmant partout que nulle part il n'est étranger.

De même que les peuples appelés latins se tournent toujours, par tradition et par instinct, vers la Rome antique pour y chercher leurs aspirations et leurs modèles, ainsi ces sociétés nouvelles tourneront leurs préférences et leurs affinités vers le peuple qui a cimenté leur édifice soc'al et façonné leur cerveau dans le moule de son propre génie.

C'est une loi naturelle des sociétés humaines. Il leur faut aboutir à la décrépitude et à la mort. Si, durant le cours de leur existence plus ou moins éphémère, elles ont eu la force de pousser autour d'elles des rameaux vigoureux, la puissance de les diriger convenablement, la philosophie d'envisager leur avenir sans amertume, leur postérité sera digne d'elles, les continuera vaillamment et perpétuera à travers les âges le souvenir de leur grandeur et de leur civilisation.

Notre France moderne n'aura-t-elle pas la hauteur de vues nécessaire pour réaliser par la réflexion le rôle grandiose que Rome accomplissait autrefois par instinct, sans posséder les enseignements de l'histoire, en obéissant simplement à la loi de son expansion naturelle ?

En Afrique, ce rôle lui est facilité par la proximité du pays, par la situation même des régions conquises, qui peuvent lui fournir de merveilleuses colonies de peuplement sur toute la côte méditerranéenne et sur quelques points du rivage atlantique ; par la nature des indigènes, qui se laissent gouverner facilement à la condition de toujours les traiter avec justice, mais en sujets et non en électeurs ; par la constitution même de son empire colonial, formant aujourd'hui un bloc qu'il suffit de consolider et d'embellir davantage.

Dans le Nord, l'Algérie est une magnifique base d'opérations futures, un centre de puissance qui doit rester à tout moment intangible. Près de la Tunisie, qui s'assimilera facilement, la Tripolitaine ne nous est pas fermée. Quant au Maroc, quelles que soient les compétitions étrangères, nous devons plus que jamais nous préparer à lui imposer nos volontés au moment opportun : c'est une nécessité nationale d'où dépend la liberté de nos mouvements à venir.

Ce bloc de possessions se défendra par lui-même. Il suffira de lui donner, avec les libertés nécessaires, les moyens de développer ses vastes ressources militaires et, le moment venu, de savoir les utiliser.

Entre cette Afrique méditerranéenne et nos possessions du Sénégal-Soudan, s'étendent les espaces du Sahara tous les jours pénétrés davantage. Nous en avons parlé assez longuement pour faire admettre l'impérieuse nécessité du Transsaharien militaire, si amèrement et si sournoisement combattu, de cet outil indispensable de défense et d'attaque, sans lequel notre empire soudanais et congolais, semblable, lui aussi, à une statue au socle d'argile, pourra être sapé, disloqué, émietté par des attaques multiples et faciles.

Entre le Maroc et le Sénégal, l'Espagne possède quelques rivages : c'est pour elle un territoire d'attente, un pied pris dans le Moghreb en vue des liquidations futures. Il deviendra possible un jour de s'entendre avec l'Espagne au sujet du rio de Oro, qui n'apporte d'ailleurs aucune entrave à notre action ni à notre développement.

Il n'en est pas de même des enclaves étrangères de la côte occidentale d'Afrique.

La Gambie anglaise, la Guinée portugaise, la Sierra-Leone elle-même deviendront, il est vrai, de moins en moins nuisibles à notre action et pourront, sans secousse, passer sous notre domination pour peu que nous ayons la volonté arrêtée de surveiller leurs destinées. La question commerciale résoudra la question politique, le jour où ces colonies, économiquement investies, seront devenues des territoires peu productifs pour leurs possesseurs.

La République de Libéria, protégée de loin par les Américains, visée par les Anglais comme un complément de leur Sierra-Leone, donnera lieu auparavant à des difficultés probables. Mais tous ces territoires n'ont pas pour nous l'importance menaçante de l'Achantiland et du Togoland, bases d'opérations funestes pour notre boucle du Niger, vastes contrées permettant une concurrence commerciale active, centres d'une résistance efficace contre notre influence et notre domination.

La Nigeria et le Cameroun forment plus loin un bloc de précieuses régions fermées à notre activité, séparant en deux parties éloignées nos territoires du Niger et du Congo et donnant à notre empire africain les allures déséquilibrées d'un homme infirme, boiteux ou manchot.

Les empires ainsi fondés par le hasard de conquêtes improvisées sont comme un héritage tombant entre les mains d'un prodigue. Ils ne peuvent prétendre à une durée certaine. Il faut en prendre notre parti. La leçon de Fachoda nous a préparé un avenir nuageux qu'il faudra éclaircir un jour ou l'autre, peut-être pas au moment opportun.

Il faut nous y préparer avec ténacité, en envisager les suites avec virilité et, le moment venu, parler haut et ferme, en vrais fils de la Gaule. A quoi nous servirait de mettre en valeur, en ce moment, ces régions du Congo-Chari, d'y dépenser nos hommes et nos ressources si, par notre inertie future, nous les destinions d'avance à la conquête étrangère?

Les leçons du passé et notre situation actuelle nous dictent la conduite à tenir dans ces régions. Ce sont des territoires d'attente qu'il faut relier fortement à l'Algérie, notre centre de puissance, par un Transsaharien venant de l'Aïr, sur le Tchad et vers le Ouadaï, aboutir en des points formant de solides bases d'opérations offensives.

La défense du Congo doit se concevoir au Kanem-Ouadaï, et toute entreprise contraire sera une perte de forces et un avantage donné à l'adversaire.

Du Congo belge il n'y a qu'à retenir, pour le faire valoir en temps utile, le droit de préemption dévolu à la France et qu'à surveiller attentivement les manœuvres et les compétitions qui ne peuvent manquer de se produire à bref délai.

Les colonies portugaises, menacées par plusieurs, ont des destins obscurs. Un avenir prochain verra peut-être leur dislocation sans que la France se soit assuré, dans l'Angola, au moins le dépôt de charbon qui lui est indispensable entre Libreville et Diégo-Suarez.

Dans l'Afrique australe, la partie est engagée entre Anglais, Allemands et Boers, et la situation ne saurait tarder à se dénouer d'une manière peut-être inattendue.

Dans l'Est africain, l'Angleterre et l'Allemagne pacifient et développent leurs territoires ; l'Italie reste inactive, et le négus se demande avec inquiétude quelle situation lui est réservée par les récents événements.

Sur le Nil, les Anglais affermissent leur occupation, enserrent davantage le pays dans leurs filets, s'apprêtent ouvertement à en exclure l'influence et les entreprises françaises et constituent le Soudan en gardien menaçant de leur conquête égyptienne.

Comme nous le disions plus haut, l'ère des difficultés n'est pas près de se clore en Afrique. Les conventions déjà conclues ne sont que le prélude des traités à venir.

L'Histoire se répète souvent, et la Paix n'est pas de ce monde. Plus que jamais les Français du xxe siècle auront le devoir d'envisager froidement les éventualités redoutables et de s'écrier, prêts à tout, comme les Romains à l'approche des flottes carthaginoises ou du tumulte gaulois : *Caveant consules !*

APPENDICE

———

Convention anglo-française du 14 juin 1898.

Le Gouvernement de la République française et le Gouvernement de Sa Majesté la Reine du Royaume-Uni de La Grande-Bretagne et d'Irlande, Impératrice des Indes, ayant résolu, dans un
esprit de bonne entente mutuelle, de confirmer le Protocole avec
ses quatre Annexes, préparé par leurs Délégués respectifs pour la
délimitation des possessions françaises de la Côte d'Ivoire, du Soudan et du Dahomey et des colonies britanniques de la Côte d'Or et
de Lagos, et des autres possessions britanniques à l'ouest du Niger,
ainsi que pour la délimitation des possessions françaises et britanniques et des sphères d'influence des deux Pays à l'est du Niger,
les soussignés :

Son Excellence M. Gabriel Hanotaux, Ministre des affaires étrangères de la République française,

Et Son Excellence le Très honorable Sir Edmund Monson, Ambassadeur de Sa Majesté la Reine du Royaume-Uni de la Grande-Bretagne et d'Irlande, Impératrice des Indes, près le Président de la
République française, dûment autorisés à cet effet, confirment le
Protocole avec ses Annexes, dressé à Paris le 14 juin 1898, et dont
la teneur suit :

PROTOCOLE

Les soussignés, René Lecomte, Ministre plénipotentiaire, Sous-
Directeur adjoint à la Direction des affaires politiques du Ministère
des Affaires étrangères ; Louis-Gustave Binger, Gouverneur des
colonies hors cadres, Directeur des affaires d'Afrique au Ministère

des Colonies; Martin GOSSELIN, Ministre plénipotentiaire, Premier
secrétaire de l'Ambassade de Sa Majesté Britannique à Paris; William EVERETT, Colonel dans l'armée de terre de Sa Majesté Britannique, et Assistant adjudant-général au bureau des renseignements au Ministère de la Guerre; délégués respectivement par
le Gouvernement de la République française et par le Gouvernement
de Sa Majesté Britannique à l'effet de préparer, en exécution des
déclarations échangées à Londres le 5 août 1890 et le 15 janvier
1896, un projet de délimitation définitive entre les possessions
françaises de la Côte d'Ivoire, du Soudan et du Dahomey, et les
colonies britanniques de la Côte d'Or et de Lagos, et les autres possessions britanniques à l'ouest du Niger, et entre les possessions
françaises et britanniques et les sphères d'influence des deux Pays
à l'est du Niger, sont convenus des dispositions suivantes, qu'ils
ont résolu de soumettre à l'agrément de leurs Gouvernements respectifs.

ARTICLE PREMIER. — La frontière séparant les colonies françaises
de la Côte d'Ivoire et du Soudan de la colonie britannique de la
Côte d'Or partira du point terminal Nord de la frontière déterminée
par l'arrangement franco-anglais du 12 juillet 1893, c'est-à-dire de
l'intersection du thalweg de la Volta noire avec le 9e degré de latitude Nord, et suivra le thalweg de cette rivière vers le Nord jusqu'à
son intersection avec le 11e degré de latitude Nord. De ce point elle
suivra dans la direction de l'Est ledit parallèle de latitude jusqu'à
la rivière qui est marquée sur la Carte n° 1 annexée au présent
Protocole, comme passant immédiatement à l'est des villages de
Souaga (Zwaga) et de Sebilla (Zebilla). Elle suivra ensuite le thalweg
de la branche occidentale de cette rivière en remontant son cours
jusqu'à son intersection avec le parallèle de latitude passant par le
village de Sapeliga. De ce point la frontière suivra la limite septentrionale du terrain appartenant à Sapeliga jusqu'à la rivière Nouhau
(Nuhau) et se dirigera ensuite par le thalweg de cette rivière en remontant ou en descendant, suivant le cas, jusqu'à un point situé à
3.219 mètres (2 milles) à l'est du chemin allant de Gambaga à Tingourkou (Tenkrugu), par Baukou (Bawku). De là, elle rejoindra en
ligne droite le point d'intersection du 11e degré de latitude Nord
avec le chemin indiqué sur la carte n° 1 comme allant de Sansanné-
Mango à Pama par Djebiga (Jebigu).

ART. 2. — La frontière entre la colonie française du Dahomey et
la colonie britannique de Lagos, qui a été délimitée sur le terrain
par la Commission franco-anglaise de délimitation de 1895, et qui
est décrite dans le rapport signé le 12 octobre 1896 par les Commissaires des deux nations, sera désormais reconnue comme la
frontière séparant les possessions françaises et britanniques de la
mer au 9e degré de latitude Nord.

A partir du point d'intersection de la rivière Ocpara avec le
9e degré de latitude Nord, tel qu'il a été déterminé par lesdits Commissaires, la frontière séparant les possessions françaises et britanniques se dirigera vers le Nord, et suivra une ligne passant à
l'ouest des terrains appartenant aux localités suivantes : Tabira,
Okouta (Okuta), Boria, Tere, Gbani, Yassikéra (Assigere) et Dekala.
De l'extrémité Ouest du terrain appartenant à Dekala la frontière
sera tracée dans la direction du Nord, de manière à coïncider autant
que possible avec la ligne indiquée sur la Carte n° 1 annexée au
présent Protocole, et atteindra la rive droite du Niger en un point
situé à 16.093 mètres (10 milles) en amont du centre de la ville de
Guiris (Géré) [port d'Ilo], mesurés à vol d'oiseau.

Art. 3. — Du point spécifié dans l'article 2, où la frontière séparant les possessions françaises et britanniques atteint le Niger,
c'est-à-dire d'un point situé sur la rive droite de ce fleuve, à 16.093
mètres (10 milles) en amont du centre de la ville de Guiris (Géré)
[port d'Ilo], la frontière suivra la perpendiculaire élevée de ce point
sur la rive droite du fleuve jusqu'à son intersection avec la ligne
médiane du fleuve. Elle suivra ensuite, en remontant la ligne médiane du fleuve jusqu'à son intersection avec une ligne perpendiculaire à la rive gauche et partant de la ligne médiane du débouché
de la dépression, ou cours d'eau asséché, qui, sur la Carte n° 2
annexée au présent Protocole, est appelé Dallul Mauri et y est indiqué comme étant situé à une distance d'environ 27.359 mètres (17
milles) mesurés à vol d'oiseau d'un point sur la rive gauche en face
du village ci-dessus mentionné de Guiris (Géré).
De ce point d'intersection, la frontière suivra cette perpendiculaire jusqu'à sa rencontre avec la rive gauche du fleuve.

Art. 4. — A l'est du Niger, la frontière séparant les possessions
françaises et britanniques suivra la ligne indiquée sur la Carte n° 2
annexée au présent Protocole.
Partant du point sur la rive gauche du Niger, indiqué à l'article
précédent, c'est-à-dire la ligne médiane du Dallul Mauri, la frontière suivra cette ligne médiane jusqu'à sa rencontre avec la circon-
férence d'un cercle décrit du centre de la ville de Sokoto avec un
rayon de 160.932 mètres (100 milles). De ce point elle suivra l'arc
septentrional de ce cercle jusqu'à sa seconde intersection avec le
14e degré de latitude Nord. De ce second point d'intersection elle
suivra ce parallèle vers l'Est sur une distance de 112.652 mètres
(70 milles), puis se dirigera au Sud vrai jusqu'à sa rencontre avec le
parallèle 13° 20' de latitude Nord; puis vers l'Est, suivant ce parallèle sur une distance de 402.230 mètres (250 milles); puis au Nord
vrai jusqu'à ce qu'elle rejoigne le 14° parallèle de latitude Nord;
puis vers l'Est sur ce parallèle, jusqu'à son intersection avec le mé-

ridien passant à 35' est du centre de la ville de Kuka; puis ce méridien vers le Sud jusqu'à son intersection sur la rive Sud du lac
Tchad.

Le Gouvernement de la République française reconnait comme
tombant dans la sphère britannique le territoire à l'est du Niger,
compris entre la ligne susmentionnée, la frontière anglo-allemande
et la mer.

Le Gouvernement de Sa Majesté Britannique reconnaît comme
tombant dans la sphère française les rives nord, est et sud du lac
Tchad, qui sont comprises entre le point d'intersection du 14e degré
de latitude Nord avec la rive occidentale du lac et le point d'inci-
dence sur le lac de la frontière déterminée par la convention franco-
allemande du 15 mars 1894.

Art. 5. — Les frontières déterminées par le présent Protocole
sont inscrites sur les Cartes nos 1 et 2 ci-annexées.

Les deux Gouvernements s'engagent à désigner, dans le délai
d'un an pour les frontières à l'ouest du Niger, et deux ans pour les
frontières à l'est de ce fleuve, à compter de la date de l'échange des
ratifications de la Convention qui doit être conclue aux fins de confirmer le présent Protocole, des Commissaires qui seront chargés
d'établir sur les lieux les lignes de démarcation entre les possessions
françaises et britanniques, en conformité et suivant l'esprit des stipulations du présent Protocole.

En ce qui concerne la délimitation de la portion du Niger dans
les environs d'Ilo et du Dallul Mauri visée à l'article 3, les Commissaires chargés de la délimitation, en déterminant sur les lieux la
frontière fluviale, répartiront équitablement entre les deux Puissances contractantes les îles qui pourront faire obstacle à la délimitation fluviale telle qu'elle est décrite à l'article 3.

Il est entendu entre les deux Puissances contractantes qu'aucun
changement ultérieur dans la position de la ligne médiane du fleuve
n'affectera les droits de propriété sur les îles qui auront été attribuées à chacune des deux Puissances par le procès-verbal des Commissaires dûment approuvé par les deux Gouvernements.

Art. 6. — Les deux Puissances contractantes s'engagent réciproquement à traiter avec bienveillance («*consideration*») les chefs
indigènes qui, ayant eu des traités avec l'une d'elles, se trouveront,
en vertu du présent Protocole, passer sous la souveraineté de
l'autre.

Art. 7. — Chacune des deux Puissances contractantes s'engage à
n'exercer aucune action politique dans les sphères de l'autre, telles
qu'elles sont définies par les articles 1, 2, 3 et 4 du présent Protocole.

Il est convenu par là que chacune des deux Puissances s'interdit
de faire des acquisitions territoriales dans les sphères de l'autre,

d'y conclure des traités, d'y accepter des droits de souveraineté ou de protectorat, d'y gêner ou d'y contester l'influence de l'autre.

Art. 8. — Le Gouvernement de Sa Majesté Britannique cédera à bail au Gouvernement de la République française, aux fins et conditions spécifiées dans le modèle du bail annexé au présent Protocole, deux terrains à choisir par le Gouvernement de la République française de concert avec le Gouvernement de Sa Majesté Britannique, dont l'un sera situé en un endroit convenable sur la rive droite du Niger entre Leaba et le confluent de la rivière Moussa (Mochi) avec ce fleuve, et l'autre sur l'une des embouchures du Niger.

Chacun de ces terrains sera en bordure sur le fleuve sur une étendue de 400 mètres au plus, et formera un tènement dont la superficie ne sera pas inférieure à 10 hectares, ni supérieure à 50 hectares. Les limites exactes de ces terrains seront indiquées sur un plan annexé à chacun des baux.

Les conditions dans lesquelles s'effectuera le transit des marchandises sur le cours du Niger, de ses affluents, de ses embranchements et issues, ainsi qu'entre le terrain ci-dessus mentionné situé entre Leaba et le confluent de la rivière Moussa (Mochi), et le point à désigner par le Gouvernement de la République française sur la frontière française, feront l'objet d'un règlement dont les détails seront discutés par les deux Gouvernements immédiatement après la signature du présent Protocole.

Le Gouvernement de Sa Majesté Britannique s'engage à donner avis quatre mois à l'avance au Gouvernement de la République française de toute modification dans le Règlement en question, afin de mettre ledit Gouvernement français en mesure d'exposer au Gouvernement britannique toutes représentations qu'il pourrait désirer faire.

Art. 9. — A l'intérieur des limites tracées sur la Carte n° 2, annexée au présent Protocole, les citoyens français et protégés français, les sujets britanniques et protégés britanniques, pour leurs personnes comme pour leurs biens, les marchandises et produits naturels ou manufacturés de la France et de la Grande-Bretagne, de leurs colonies, possessions et protectorats respectifs jouiront, pendant trente années, à partir de l'échange des ratifications de la Convention mentionnée à l'article 5, du même traitement pour tout ce qui concerne la navigation fluviale, le commerce, le régime douanier et fiscal et les taxes de toute nature.

Sous cette réserve, chacune des deux puissances contractantes conservera la liberté de régler sur son territoire et à sa convenance le régime douanier et fiscal et les taxes de toute nature.

Dans le cas où aucune des puissances contractantes n'aurait notifié douze mois avant l'échéance du terme précité de trente années son intention de faire cesser les effets du présent article, il continuera à être obligatoire jusqu'à l'expiration d'une année à partir du jour où l'une ou l'autre des puissances contractantes l'aura dénoncé.

En foi de quoi les Délégués soussignés ont dressé le présent Protocole et y ont apposé leurs signatures.

Fait à Paris, en double expédition, le quatorze juin mil huit cent quatre-vingt dix-huit.

> Signé : René LECOMTE.
> Signé : G. BINGER.
> Signé : Martin GOSSELIN.
> Signé : William EVERETT.

ANNEXE

Bien que le tracé des lignes de démarcation sur les deux cartes annexées au présent Protocole soit supposé être généralement exact, il ne peut être considéré comme une représentation absolument correcte de ces lignes, jusqu'à ce qu'il ait été confirmé par de nouveaux levés.

Il est donc convenu que les Commissaires ou Délégués locaux des deux pays, qui seront chargés, par la suite, de délimiter tout ou partie des frontières sur le terrain, devront se baser sur la description des frontières telle qu'elle est formulée par le Protocole.

Il leur sera loisible, en même temps, de modifier lesdites lignes de démarcation en vue de les déterminer avec une plus grande exactitude et de rectifier la position des lignes de partage, des chemins ou rivières, ainsi que des villes ou villages indiqués dans les cartes susmentionnées.

Les changements ou corrections proposés d'un commun accord par lesdits Commissaires ou Délégués seront soumis à l'approbation des Gouvernements respectifs.

> Signé : René LECOMTE.
> Signé : G. BINGER.
> Signé : Martin GOSSELIN.
> Signé : William EVERETT.

Déclaration anglo-française du 21 mars 1899.

L'article 4 de la convention du 14 juin 1898 est complété par les dispositions suivantes, qui seront considérées comme en faisant partie intégrante :

1° Le Gouvernement de la République française s'engage à n'acquérir ni territoire ni influence politique à l'est de la ligne frontière définie dans le paragraphe suivant, et le Gouvernement de Sa Majesté Britannique s'engage à n'acquérir ni territoire ni influence politique à l'ouest de cette même ligne.

2° La ligne frontière part du point où la limite entre l'État libre du Congo et le territoire français rencontre la ligne de partage des eaux coulant vers le Nil de celles qui s'écoulent vers le Congo et ses affluents. Elle suit en principe cette ligne de partage des eaux jusqu'à sa rencontre avec le 11e parallèle de latitude nord. A partir de ce point, elle sera tracée jusqu'au 15e parallèle, de façon à séparer en principe le royaume de Ouadaï de ce qui était en 1882 la province du Darfour; mais son tracé ne pourra, en aucun cas, dépasser à l'ouest le 21° degré de longitude est de Greenwich (18°,40' est de Paris), ni à l'est le 23e degré de longitude est de Greenwich (20°,40' est de Paris).

3° Il est bien entendu, en principe, qu'au nord du 15e parallèle, la zone française sera limitée, au nord-est et à l'est, par une ligne qui partira du point de rencontre du tropique du Cancer avec le 16e degré de longitude est de Greenwich (13°,40' est de Paris), descendra dans la direction du sud-est jusqu'à sa rencontre avec le 24e degré de longitude est de Greenwich (21°,40' est de Paris) et suivra ensuite le 24e degré jusqu'à sa rencontre au nord du 15e parallèle de latitude avec la frontière du Darfour telle qu'elle sera ultérieurement fixée.

4° Les deux gouvernements s'engagent à désigner des commissaires qui seront chargés d'établir, sur les lieux, une ligne frontière conforme aux indications du paragraphe 2 de la présente déclaration. Le résultat de leurs travaux sera soumis à l'approbation de leurs gouvernements respectifs.

Il est convenu que les dispositions de l'article 9 de la convention du 14 juin 1898 s'appliqueront également aux territoires situés au sud du 14°,20' de latitude nord et au nord du 5° degré de latitude nord, entre le 14°,20' de longitude est de Greenwich (12° est de Paris) et le cours du haut Nil.

Fait à Londres, le 21 mars 1899.

(*L. S.*). Signé : Paul CAMBON.
(*L. S.*). Signé : SALISBURY.

Décret du 17 octobre 1899
portant réorganisation du Soudan français.

ARTICLE PREMIER. — Les territoires ayant constitué jusqu'à ce jour les possessions du Soudan français cessent d'être groupés en une colonie ayant son autonomie administrative et financière.

Les cercles de Kayes, Bafoulabé, Kita, Satadougou, Bamako, Ségou, Djenné, Nioro, Gombou, Sokolo et Bougouni sont rattachés au Sénégal.

Les cercles de Dinguiray, Siguiri, Kouroussa, Kankan, Kissidougou et Beyla sont rattachés à la Guinée française.

Les cercles ou résidences d'Odjenné, Kong et Bouna sont rattachés à la Côte d'Ivoire.

Les cantons de Kouala ou Nebba, au sud de Liptako, et le territoire de Say, comprenant les cantons de Djennaré, Diongoré, Folmongani et Botou, sont rattachés au Dahomey.

Les cercles ou résidences des circonscriptions dites : région du nord et région du nord-est du Soudan français, savoir ceux de Tombouctou, Sumpi, Goundam, Bandiagara, Dori et Ouahigouya, ainsi que les cercles ou résidences de la circonscription dite région de Volta, savoir ceux de San, Ouaghadougou, Koury, Sikasso, Bobo-Dioulassou et Djebougou, forment deux territoires militaires, relevant de l'autorité directe du gouverneur général, placés sous la direction de deux commandants militaires.

ART. 2. — Le gouverneur général de l'Afrique occidentale française est chargé de la haute direction politique et militaire des sous-territoires dépendant du Sénégal, de la Guinée française, de la Côte d'Ivoire et du Dahomey.

ART. 3. — Un officier général ou supérieur remplit à Saint-Louis, auprès du gouverneur général, les fonctions de commandant supérieur des troupes de l'Afrique occidentale. Son autorité s'exerce, au point de vue militaire, et sous la haute direction du gouverneur général, dans les colonies du Sénégal, de la Guinée française, de la Côte d'Ivoire et du Dahomey.

Les troupes placées sous son commandement sont, selon les nécessités politiques, réparties entre ces diverses colonies.

ART. 4. — Les recettes et dépenses des cercles ou résidences de l'ancienne colonie du Soudan français rattachés au Sénégal, y compris ceux des deux territoires militaires, formeront un budget spécial, incorporé, par ordre au budget du Sénégal, sous le titre de budget du haut Sénégal et du moyen Niger.

Ce budget spécial est préparé, chaque année, par le gouverneur général en conseil privé. Le gouverneur général ordonnance les dépenses, mais il peut sous-déléguer les crédits qui sont à sa disposition.

Il est pourvu à l'exécution des engagements financiers pris par l'ancienne colonie du Soudan français sur les ressources de ce budget spécial.

ART. 5. — Les recettes et dépenses des territoires rattachés à la Guinée française, à la Côte d'Ivoire et au Dahomey sont inscrites respectivement aux budgets locaux de ces différentes colonies.

ART. 6. — Toutes les dispositions contraires au présent décret sont et demeurent abrogées.

FIN

TABLE DES MATIÈRES

CHAPITRE II

AFRIQUE OCCIDENTALE

Paris et Limoges. — Imprimerie militaire Henri Charles-Lavauzelle.

Paris et Limoges. — Imprimerie et librairie militaires Henri CHARLES-LAVAUZELLE.